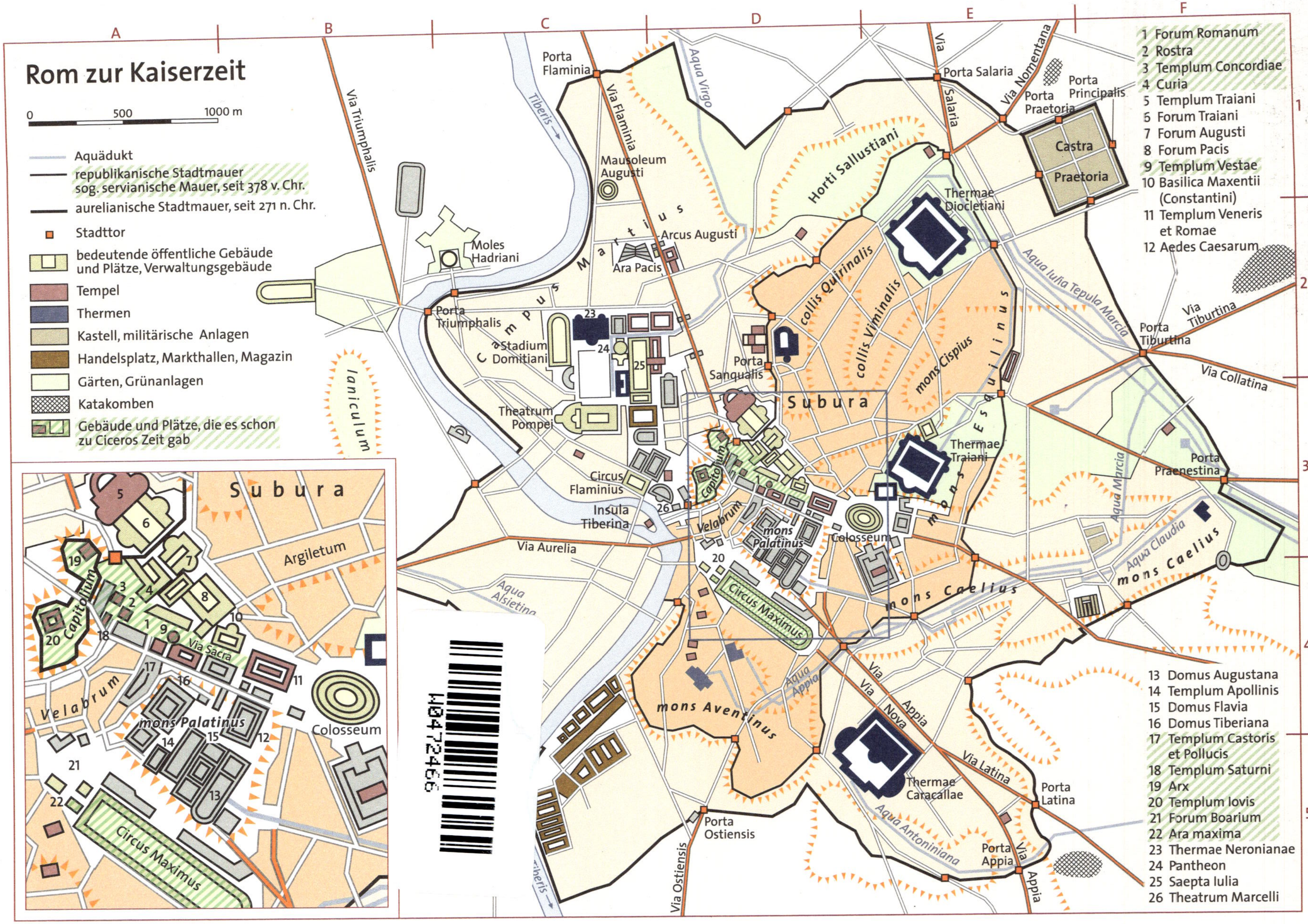

Rom zur Kaiserzeit
0
500
1000 m
Aquädukt
republikanische Stadtmauer sog. servianische Mauer, seit 378 v. Chr.
aurelianische Stadtmauer, seit 271 n. Chr.
Stadttor
bedeutende öffentliche Gebäude und Plätze, Verwaltungsgebäude
Tempel
Thermen
Kastell, militärische Anlagen
Handelsplatz, Markthallen, Magazin
Gärten, Grünanlagen
Katakomben
Gebäude und Plätze, die es schon zu Ciceros Zeit gab
1 Forum Romanum
2 Rostra
3 Templum Concordiae
4 Curia
5 Templum Traiani
6 Forum Traiani
7 Forum Augusti
8 Forum Pacis
9 Templum Vestae
10 Basilica Maxentii (Constantini)
11 Templum Veneris et Romae
12 Aedes Caesarum
13 Domus Augustana
14 Templum Apollinis
15 Domus Flavia
16 Domus Tiberiana
17 Templum Castoris et Pollucis
18 Templum Saturni
19 Arx
20 Templum Iovis
21 Forum Boarium
22 Ara maxima
23 Thermae Neronianae
24 Pantheon
25 Saepta Iulia
26 Theatrum Marcelli
Via Triumphalis
Porta Flaminia
Via Flaminia
Aqua Virgo
Tiberis
Mausoleum Augusti
Arcus Augusti
Ara Pacis
Moles Hadriani
Porta Triumphalis
Campus Martius
Stadium Domitiani
Ianiculum
Theatrum Pompei
Circus Flaminius
Insula Tiberina
Via Aurelia
Aqua Alsietina
Via Ostiensis
Porta Ostiensis
Porta Salaria
Via Salaria
Via Nomentana
Porta Praetoria
Porta Principalis
Castra Praetoria
Horti Sallustiani
Thermae Diocletiani
collis Quirinalis
collis Viminalis
mons Cispius
Esquilinus
Porta Sanqualis
Subura
Thermae Traiani
Aqua Iulia Tepula Marcia
Porta Tiburtina
Via Tiburtina
Via Collatina
Aqua Marcia
Porta Praenestina
Aqua Claudia
mons Caelius
Capitolium
Velabrum
mons Palatinus
Colosseum
Circus Maximus
mons Aventinus
Aqua Appia
Via Appia
Via Nova
Via Latina
Thermae Caracallae
Aqua Antoniniana
Porta Latina
Porta Appia
Argiletum
Via Sacra
A
B
C
D
E
F
1
2
3
4
5

Adeamus! 2

Nordrhein-Westfalen

Herausgegeben von:
Dr. Johanna Nickel
Volker Berchtold
Prof. Dr. Markus Schauer

Erarbeitet von:
Maya Bose (Engelskirchen)
Victoria Bovelet (Köln)
Jessica Dahmen (Köln)
Claudia Frielingsdorf (Overath)
Anna Katharina Frings (Köln)
Birgit Heuser (Wiehl)
Anna Kolonko (Mönchengladbach)
Ricarda Langen (Köln)
Dominik Licher (Köln)
Oliver Meuser (Bonn)
Benjamin Müllenmeister (Köln)
Fabian Neuwahl (Düsseldorf)
Sebastian Neuwahl (Köln)
Dr. Johanna Nickel (Köln)
Melanie Schölzel (Nürnberg)
Dr. Ursula Tröger (Köln)

Beratende Mitarbeit:
Frank-Martin Sünkel

Cornelsen

Adeamus! 2

Nordrhein-Westfalen

Herausgeber:
Dr. Johanna Nickel, Volker Berchtold, Prof. Dr. Markus Schauer

Erarbeitet von:
Maya Bose, Victoria Bovelet, Oliver Meuser, Jessica Dahmen, Claudia Frielingsdorf, Anna Katharina Frings, Birgit Heuser, Anna Kolonko, Ricarda Langen, Dominik Licher, Benjamin Müllenmeister, Fabian Neuwahl, Sebastian Neuwahl, Dr. Johanna Nickel, Melanie Schölzel, Dr. Ursula Tröger

Redaktion:
Stefanie Ohmsen, Martin Fruhstorfer (Leipzig), Louisa Pabst (Glienicke/Nordbahn)

Illustrationen und Karten:
Barbara Steinitz: alle außer:
Dorothee Mahnkopf: S. 39 o.; Roland Beier: S. 36, 62 r., 64 o., 179, 182–184, 189, 192;
Erika Heiligendorff: S. 17, 39 u., 43 u., 53, 57 o., 80, 82, 218 u.;
Achim Norweg: Vorsatz; Ingrid Schobel: Nachsatz

Umschlaggestaltung:
Babylon & Kienecker, Berlin

Bildnachweis Cover:
Bridgeman Images/Tarker; Shutterstock/Cookie Studio

Layoutkonzept:
Christiane Gerstung, Buch- und Projektgestaltung, München

Layout und technische Umsetzung:
Mega14, Marion Röhr

1. Auflage, 1. Druck 2022

Alle Drucke dieser Auflage sind inhaltlich unverändert
und können im Unterricht nebeneinander verwendet werden.

Druck: Mohn Media Mohndruck, Gütersloh

ISBN 978-3-06-122409-7 (Schülerbuch)
ISBN 978-3-06-122411-0 (E-Book)

PEFC
PEFC/04-31-1033

PEFC zertifiziert
Dieses Produkt stammt aus nachhaltig bewirtschafteten Wäldern und kontrollierten Quellen.
www.pefc.de

Quellenverzeichnis der lat. und griech. Originaltexte

Livius' Geschichtsschreibung – Aus der Geschichte lernen
S. 10 Liv. praef. 9; **S. 12** *nach* Liv. 1,5; **S. 15** *nach* Liv. 1,6 f.; **S. 16** *nach* Liv. 1,56; **S. 19** *nach* Liv. 1,58–60; **S. 20** *nach* Liv. 2,9; **S. 23** *nach* Liv. 2,13; **S. 24** *nach* Liv. 2,34; **S. 27** *nach* Liv. 2,40; **S. 29** *nach* Nep. frg. 59; **S. 31** Sall. Cat. 25

Caesars Gallischer Krieg – Rom expandiert
S. 33 Caes. Gall. 1,1; **S. 34** *nach* Caes. Gall. 1,7; **S. 37** Caes. Gall. 1,11 f.; **S. 38** Caes. Gall. 6,17; **S. 41** Caes. Gall. 6,13–16 *und* 6,21 *in Auswahl* [**dig. Lesetext** Caes. Gall. 6,27]; **S. 42** *nach* Caes. Gall. 7,4; **S. 45** Caes. Gall. 7,88 f.; **S. 47** Caes. Gall. 7,77; **S. 49** Tac. Germ. 4 *und* 9

Ciceros Reden – Worte gegen Terror
S. 52 *nach* Cic. Mil. 26; **S. 55** Cic. Mil. 28 f.; **S. 56** Cic. Mil. 11; **S. 59** Cic. Mil. 10 f.; **S. 60** *nach* Cic. Mil. 87; **S. 63** Cic. Mil. 93 f. [**dig. Lesetext** Cic. Mil. 87 f.]; **S. 65** Cic. Mil. 76–78; **S. 66** Cic. inv. 1,1

Ovids Dichtung – Liebeskunst und Verwandlungsmythen
S. 69 Ov. trist. 4,10,19–26; **S. 70** *nach* Ov. trist. 1,3; **S. 73** Ov. ars 1,1–152 *in Auswahl*; **S. 74** Suet. Aug. 28; **S. 77** Ov. ars 3,101–128 *in Auswahl*; **S. 78** Ov. met. 1,1–4; **S. 81** Ov. met. 1,504–565 *in Auswahl* [**dig. Lesetext** Ov. met. 6,349–381 *in Auswahl*]; **S. 83** Ov. met. 15,829–839; **S. 84** Ov. met. 15,868–870 *und* Ov. met. 15,871–879; **S. 85** Ov. met. 3,448–456

Senecas Briefe – Anleitung für ein glückliches Leben
S. 87 Ps. Oct. 377–384; **S. 88** Sen. epist. 89,4 f.; **S. 91** Sen. epist. 1 *in Auswahl*; **S. 92** Sen. epist. 76,9 f.; **S. 95** Sen. epist. 16 *in Auswahl*; **S. 96** Sen. epist. 9,8; **S. 99** Sen. epist. 3,1 *in Auswahl* [**dig. Lesetext** Sen. epist. 47 *in Auswahl*]; **S. 101** Sen. epist. 7 *in Auswahl*; **S. 102** Sen. epist. 89,21 f.

Phaedrus' Fabeln – Von Tieren lernen
S. 104 Phaedr. 1 prol.; **S. 106** Phaedr. 1,13; **S. 107** Phaedr. 1,1; **S. 108** Phaedr. 5,3; **S. 109** Phaedr. 1,4 [**dig. Lesetext** Phaedr. 1,26]; **S. 110** Aesop 155

Abkürzungen

Abl.	Ablativ
Abl. abs.	Ablativus absolutus
AcI	Accusativus cum Infinitivo
Adj.	Adjektiv
adj.	adjektivisch
Adv.	Adverb
Akk.	Akkusativ
Akt.	Aktiv
Dat.	Dativ
Dekl.	Deklination
erg.	ergänze
f	feminin
F	Formenlehre
Fut.	Futur
Gen.	Genitiv
Ggw.	Gegenwart
griech.	griechisch
GZ	gleichzeitig, Gleichzeitigkeit
Imp.	Imperativ
Imperf.	Imperfekt
Ind.	Indikativ
Inf.	Infinitiv
KNG	Kasus, Numerus, Genus
Konj.	Konjugation
Konj.	Konjunktiv
kons.	konsonantisch
kons. Konj. (ĭ)	Konsonantische Konjugation mit i-Erweiterung
L	Lektion
lat.	lateinisch
m	maskulin
m.	mit
n	neutrum
Nom.	Nominativ
P.	Person
Pass.	Passiv
PC	Participium coniunctum
Perf.	Perfekt
Pl.	Plural
Plqupf.	Plusquamperfekt
PPA	Partizip Präsens Aktiv
PPP	Partizip Perfekt Passiv
Präp.	Präposition
Präs.	Präsens
Prät.	Präteritum
röm.	römisch
S	Satzlehre
s.	siehe
Sg.	Singular
Subj.	Subjunktion
Subst.	Substantiv
subst.	substantivisch
u. a.	unter anderem
v. a.	vor allem
Übs.	Übersetzung
Verg.	Vergangenheit
Vok.	Vokativ
VZ	vorzeitig, Vorzeitigkeit
WH	Wiederholung
z. B.	zum Beispiel
z. T.	zum Teil

Packen wir's an – Originaltexte lesen mit *Adeamus!*

Du hast mit *Adeamus!* Band 1 Latein gelernt und kannst nun die lateinischen Texte lesen, die die Römer selbst in der Antike gelesen haben.

In **sechs Sequenzen** lernst Du sechs lateinische **Autoren**, ihre **Werke** und den **historischen Hintergrund** kennen:

In der ersten Sequenz (L 27–30) stellt der Geschichtsschreiber **Livius** in seinem Werk *Ab urbe condita* die Geschichte Roms dar; in der zweiten Sequenz (L 31–33) berichtet der Feldherr **Caesar** über den Gallischen Krieg; in der dritten Sequenz (L 34–36) verteidigt **Cicero** den mutmaßlichen Mörder Milo in einem Gerichtsprozess; in der vierten Sequenz (L 37–39) gibt der Dichter **Ovid** Tipps für die Liebe und erzählt in den Metamorphosen Verwandlungsgeschichten, die die Kunst bis heute beeinflussen; in der fünften Sequenz (L 40–42) schreibt der Philosoph **Seneca** Briefe mit Ratschlägen für ein glückliches Leben an seinen Freund Lucilius; in all diesen Sequenzen lernst Du sowohl neue lateinische Wörter als auch neue Grammatik. In der Extra-Sequenz zu **Phaedrus** dagegen gibt es keinen neuen Wortschatz und keine neue Grammatik, hier geht es nur ums Lesen: In seinen Fabeln spielen Tiere die Hauptrolle. Diese Sequenz kann im Anschluss an die erste Sequenz oder auch später bearbeitet werden.

Lernen mit *Adeamus!*

Adeamus! Band 2 hat 17 Lektionen, die klar gegliedert sind. Jede umfasst vier Seiten.
Auf der ersten Seite bekommst du eine Einführung in das Thema und in den Wortschatz der Lektion: Die deutsche Sachinformation und ein einfacher lateinischer Text enthalten neue Vokabeln, die du dir auf diese Weise leicht merken kannst.

Lernwort Dunkelbraun sind neue Vokabeln auf den ersten beiden Seiten jeder Lektion.
Themenwort Hellbraun sind lateinische Wörter, die zu einem Thema gehören, die du aber nicht lernen musst.

Eigennamen kannst du im Eigennamenverzeichnis nachschlagen.

Auf der **zweiten Seite** lernst du weitere Vokabeln und die neue Grammatik kennen. Gelegentlich wird auch bereits bekannte Grammatik wiederholt. Mit den Aufgaben kannst du dir den neuen Stoff selbst erschließen – den vollständigen Stoff zum Lernen findest du jeweils im Grammatik-Teil (ab S. 177).

Auf der **dritten Seite** findest du im oberen Teil zum Wortschatz und zu jedem Grammatikschritt direkt die passenden Übungen, im unteren Teil findest Du Übungen zur Vorbereitung auf den lateinischen Lesetext.

W kennzeichnet Wortschatzeinführung und Wortschatzübungen.

G kennzeichnet die Grammatikschritte auf der Einführungsseite, im Grammatik-Teil und auf der Übungsseite.

WH kennzeichnet die Wiederholungs-Grammatikschritte auf der Einführungsseite im Grammatik-Teil und auf der Übungsseite.

Z kennzeichnet eine zusätzliche Übung, die auch etwas anspruchsvoller sein kann.

S kennzeichnet die Übungen, die gezielt auf den Lesetext vorbereiten und sprachliche Hilfen für schwierige Stellen bieten.

MK kennzeichnet Aufgaben, in denen du den Umgang mit Medien (z. B. Abbildungen, Büchern oder dem Internet) übst.

Auf der **vierten Seite** findest du den Lesetext. Den lateinischen Text zu lesen, zu verstehen und zu übersetzen ist das Ziel jeder Lektion.

Zu jedem Lesetext gibt es als weitere Hilfe auch eine **binnendifferenzierte Textfassung**, in der **grammatikalische Strukturen dargestellt oder Hinweise zur Übersetzung** gegeben werden (S. 112–136).
Subjekte, Prädikate, Akkusativobjekte, **Subjunktionen** werden so gekennzeichnet.
⌞Adverbiale Bestimmungen⌟, *neue Grammatikthemen*, {Partizipialkonstruktionen}, <AcI> werden so gekennzeichnet.
Die Bezüge von Genitivattributen werden stets so gekennzeichnet und an schwierigen Stellen auch Appositionen, Partizipien und Prädikativa.
Die Bezüge von Relativpronomina werden so gekennzeichnet.
kennzeichnet Übersetzungshilfen bei Stolpersteinen.

Vielfältige Möglichkeiten zur digitalen Vorbereitung bietet euch außerdem LateinLex (www.lateinlex.de), wo unter *Adeamus! N* Texte aus dem Buch in unterschiedlichen Schwierigkeitsgraden aufbereitet sind.

Jeweils drei (in der ersten Sequenz vier) Lektionen ergeben eine **Sequenz**. Jede Sequenz wird mit einer **Vertiefungslektion** abgeschlossen. Sie umfasst ebenfalls vier Seiten: Übungen und einen lateinischen Lesetext sowie eine Doppelseite zum kulturellen Kontext der jeweiligen Sequenz.

→ Zu jeder Sequenz gibt es ein **Diagnoseblatt zur Überprüfung** deiner gelernten Kompetenzen sowie einen **digitalen Zusatztext** (außer zur ersten), die du im Internet auf www.cornelsen.de über die Suche nach dem Webcode **qoxudi** findest.

Alle **Methoden**, die du für die Bearbeitung der Aufgaben, Übungen und Übersetzungen brauchst, findest Du gesammelt auf S. 137–146.

Im **Lernwortschatzteil** findest du ebenfalls am Ende jeder Sequenz eine Extraseite **„Üben und Behalten".** Sie verrät dir Tipps und Tricks, mit denen du Wörter leichter lernen und besser behalten kannst. Mit den Übungen auf der Seite kannst du das immer gleich ausprobieren.

Wir wünschen dir nun viel Freude und Erfolg beim Lateinlernen!

Livius' Geschichtsschreibung – Aus der Geschichte lernen

Titus Livius (ca. 59 v. Chr.–17 n. Chr.)

Beruf:	Geschichtsschreiber	
Eigenschaften:	akribisch, patriotisch, sittenstreng	
Lebensweg:	**49–31 v. Chr.:**	Ausbildung in seiner Heimatstadt Patavium (Padua)
	30 v. Chr.–17 n. Chr.:	Er geht nach Rom und verfasst das Geschichtswerk *Ab urbe condita.*

Die Geschichtsschreibung des Livius. Livius' 142 Bücher *Ab urbe condita* umfassen die Zeit von der Gründung Roms *(Ab urbe condita)* 753 v. Chr. bis zum Tod von Augustus' Stiefsohn Drusus 9 v. Chr. Entsprechend der römischen Tradition ist das Werk „annalistisch" (→ *annus*), d. h. nach Jahren, gegliedert. In jedem Jahr werden die wichtigsten Ereignisse festgehalten, u. a. Wahlen und Kriege. Allerdings geht Livius' Geschichtsschreibung über die reine Auflistung von Ereignissen hinaus. Charakteristisch sind anschauliche Episoden, in denen Livius den Römern seiner Zeit anhand beispielhafter Personen *(exempla)* die Traditionen und Wertvorstellungen der Vorfahren nahebringen möchte.

Statuenporträt von Titus Livius vor dem österreichischen Parlament in Wien. Josef Lax. 1900

Aus dem Vorwort von Livius' Geschichtswerk

Ad illa mihi prō sē quisque ācriter intendat animum,	*Darauf soll mir ein jeder seine volle Aufmerksamkeit richten,*
quae vīta, quī mōrēs fuerint,	*wie das Leben und wie die Sitten waren,*
per quōs virōs quibusque artibus domī mīlitiaeque	*durch welche Männer und durch welche Eigenschaften in Krieg und Frieden*
et partum et auctum imperium sit.	*unsere Herrschaft geschaffen und vergrößert wurde.*

Das „Prinzipat" des Augustus. Nach Beendigung der Bürgerkriege machte Octavian das zu seinem Programm, was alle wollten: Frieden. Der Senat verlieh Octavian weitreichende Befugnisse, Ehren und schließlich 27 v. Chr. den Beinamen „Augustus" („der Erhabene"): Auch wenn Augustus sich als Erneuerer der Republik inszenierte, war er doch als „Princeps" („führender Mann") Alleinherrscher.
Sein Ziel war es, für Ordnung und Stabilität innerhalb des Staates zu sorgen. Darüber hinaus wollte er den Römern unter den veränderten Umständen ein Gefühl von historischer Kontinuität und nationaler Identität vermitteln. Hierzu förderte er die altrömischen Sitten und Gebräuche, z. B. durch die Wiederbelebung des Götterkults, und verfolgte eine strenge Sittenpolitik. Er förderte Kunst, Literatur und Geschichtsschreibung. Zeitgenossen feierten seine Herrschaft als „goldenes Zeitalter" *(aurea aetas)*.

Augustus bringt als Pontifex Maximus („Höchster Priester") mit bedecktem Haupt Opfer dar. Neben seinem linken Bein befindet sich ein Behälter zur Aufbewahrung amtlicher Dokumente. Statue. 1. Jh. v. Chr.

Livius und Augustus. Livius war ungefähr so alt wie Augustus. Der neuen Staatsform stand er zwar kritisch gegenüber; Augustus' Bemühungen, an die Werte der Frühzeit anzuknüpfen, unterstützte er jedoch. Denn auch Livius war der Ansicht, dass es durch den langen Bürgerkrieg in der Gesellschaft keine Einigkeit mehr über die zentralen Werte gab und sogar ein Werteverfall zu beobachten war. Er trug Augustus aus den ersten Büchern seines Geschichtswerks über die Königszeit und die frühe Republik vor. Augustus förderte ihn und so widmete Livius den Rest seines Lebens seinem Werk *Ab urbe condita*.

1. *Stelle Gründe dafür zusammen, warum Menschen sich seit jeher für ihre Geschichte interessieren.*
2. *Die Geschichtsschreibung des Livius wird auch als „exemplarische Geschichtsschreibung" bezeichnet. Arbeite aus dem Text heraus, was damit gemeint sein könnte.*
3. *Arbeite aus den Lesetexten dieser Sequenz heraus, inwiefern die dargestellten Personen als Vorbilder* (exempla) *für die Römer gelten könnten.*

Gründungsgeschichten: Von Aeneas zu Romulus

Bronzeplastik der Wölfin, die Romulus und Remus säugt. Ca. 5. Jh. v. Chr.

Söhne des Mars. 15 Generationen nach Aeneas hatte in Alba Longa Numitor die Herrschaft inne **(obtinēre)**; als Ältester war er des Thrones würdig **(dīgnus, -a, -um)**. Sein jüngerer Bruder Amulius aber forderte **(pōstulāre)** aus Neid **(invidia)** und Gier **(cupiditās, -ātis)** die Herrschaft über Alba Longa. Deshalb beschloss **(dēcernere, -ō)** er, Numitor zu vertreiben und selbst König zu werden. Numitors Tochter Rhea Silvia machte er zur Vesta-Priesterin, da man den Vestalinnen nicht erlaubte **(permittere, -ō)**, Kinder zu bekommen. So wollte er verhindern, dass Numitor einen Thronerben hatte. Dennoch gebar sie zwei Söhne – dem Mythos nach war Mars der Vater. Amulius ließ die beiden Kinder aussetzen, doch sie wurden von einer Wölfin gerettet und später von dem Hirten Faustulus aufgezogen. Als junge Männer **(adulēscēns, -entis)** fanden sie ihre wahre Abstammung heraus und rächten sich an Amulius. Nach ihrem Sieg über Amulius konnte Numitor erneut über Alba Longa herrschen **(regere, -ō)**.

Rache für das erlittene Unrecht

Rōmulus et Remus **adulēscentēs** scelera, quae Amūlius rēx commīserat, cōgnōverant. Itaque frātrēs īrā saevā īncēnsī Amūlium armīs petere **dēcrēvērunt**. Amūlius frātribus diū resistēbat et urbem ācriter dēfendēbat. Postrēmō tamen victus est.

Nichts ohne Augurium. Die Zeichendeutung **(augurium)** hatten die Römer von den Etruskern übernommen. Oft sah man außergewöhnliche Erscheinungen als Vorzeichen **(prōdigium)** an. So verstand man beispielsweise einen Blitzschlag in einen Tempel als warnendes Zeichen der Götter. Vor jeder wichtigen Staatsentscheidung holten die Römer auch aktiv Vorzeichen ein: Indem sie Zeichendeutungen vornahmen **(augurium agere)**, wollten sie herausfinden, ob die Götter zustimmten. Am wichtigsten war die Vogelschau: Ein Priester führte eine Vogelschau durch und interpretierte aufgrund von Art und Anzahl, Flug und Stimme der Vögel den Götterwillen.

MK *Erstelle ein digitales Plakat, auf dem du das Fortleben des* ***augurium*** *bis heute darstellst. Recherchiere dazu z. B. die Begriffe „Inauguration", „inaugural speech", „Tanti auguri!".*

W G1 Ansturm der u-Deklination

Amulius:

Impetus frātrum mē nōn terret. **Impetum** eōrum nōn timeō. Quamquam vīs huius **impetūs** māgna est, tamen huic **impetuī** resistere possum. Hōc **impetū** certē nōn vincor.

Nam anteā **impetūs** hostium mē nōn terrēbant. Illōs **impetūs** nōn timēbam. Quamquam vīs illōrum **impetuum** māgna erat, tamen illīs **impetibus** resistere poteram. Illīs **impetibus** victus nōn sum.

a. *Erschließe die Bedeutung von **impetus**.*

b. *Bestimme Kasus und Numerus jeder Form von **impetus** im Text.*

c. *Lege eine Deklinationstabelle zur u-Deklination an.*

Amulius erinnert sich weiter:

Aliquandō **manus** hostium ad urbem accessit. Cīvēs et **cōnspectum** mīlitum et **impetum exercitūs** timuērunt. Sed cīvēs arma in **manibus** habuērunt. Arma eīs māgnō **ūsuī** fuērunt.

d. *Ordne den neuen Wörtern die Bedeutungen zu: Anblick – Nutzen – Heer – Schar – Hand. Achtung: Ein Wort hat zwei verschiedene Bedeutungen.*

G2 Kampfesmut im neuen Modus

Rōmulus et Remus tam fortiter pūgnābant, ut Amūlium dēnique vincerent.
Rōmulus et Remus tam fortiter pūgnant, ut Amūlium dēnique vincant.

e. *Übersetze die Sätze und erschließe Tempus und Modus der neuen Form.*

Frātrēs tam fortiter pūgnant, ut nihil timeant,
ut dolōrem nōn sentiant,
ut rēgem superent,
ut eīs glōria semper sit.

f. *Übersetze die Sätze und beschreibe die Bildung der neuen Form in der jeweiligen Konjugation.*

G3 Bekannter Kasus in neuer Funktion

Amūlius: „Potentiam valdē amō: Meus amor potentiae māgnus est.
Rēgnum cupiō. Mea **cupiditās** rēgnī māgna est.“

g. *Erschließe jeweils mithilfe des ersten Teils eine geeignete deutsche Übersetzung für den markierten Genitiv.*

h. *Die Genitive haben die Funktion eines Objektsgenitivs. Erkläre den Begriff.*

W **1. Latein lebt weiter. Erschließe die Bedeutung dieser italienischen Wörter.**
degno – l'adolescente – permettere – invidioso – il decreto

W **G1** **2. Wer tanzt aus der Reihe? Begründe.**
a. impetum – maritum – locum – avum
b. exercitui – impetui – usui – iacui
c. usum – conspectum – manuum – exercitum
d. maribus – carminibus – aedibus – manibus

3. Ordne die Formen in die richtige Amphore ein.

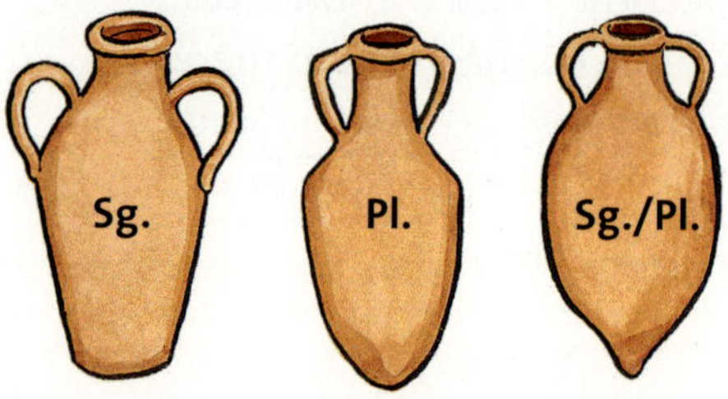

impetus – conspectu – manuum – exercitibus – usui – exercitus

G2 **4. Brüder oder falsche Freunde?**
a. **Gib an, welche Verbformen im Konjunktiv Präsens stehen.**
postulem (O) – postulemus (N) – postulat (R) – obtineatis (C) – obtineas (D) – obtine (L) – decernat (M) – decernens (S) – decernant (A) – potestis (I) – possitis (U) – possis (S)
b. **Ordne die Buchstaben der ausgewählten Formen richtig an und setze sie ein.**
„Audi, Reme frater: Postulo, ut urbem novam ___."
c. **Übersetze die Forderung und gib an, wer spricht.**

5. Romulus' Pläne nach dem Sieg über Amulius.
1. „Cum Numitor avus Albam Longam iterum regat, civitas felix est. 2. Itaque nos fratres avum iterum atque iterum rogabamus: ‚Permitte, ut urbem relinquamus!' 3. Nunc patria decedere nobis licet, nunc id agimus, ut[1] magnam gloriam nobis paremus. 4. Cum multa pericula instent, ego tamen bono animo sum[2]: 5. Tam fortis sum, ut dei nobis certe adsint."

1) **id agere, ut ...**: alles daran setzen, dass ...
2) **bonō animō esse**: guten Mutes sein

G3 **6. Ein Genitiv – zwei Möglichkeiten**
a. **Übersetze die Ausdrücke auf zwei Arten (z. B. timor patris – die Furcht des Vaters / die Furcht vor dem Vater).**
ira adulescentium – cura matris – invidia fratris
b. **Ordne die Ausdrücke je nach Übersetzung den Personen zu.**
Numitor – Rhea Silvia – Romulus und Remus – Amulius

Z **7. Finde passende Wortverbindungen und übersetze sie im Nominativ.**
exercitus – conspectu – manus – usui

primo – vehementis – magno – ea

S **8. Ordne die Wörter nach Sachfeldern und finde eine Überschrift für jede Gruppe.**
avus – timere – hostis – exercitus – gladius – defendere – condere – frater – invidia – impetus – urbs – cupiditas – arx

9. Ganz schön (heraus)fordernd!
Postulo, ut ...
... urbem conditam imperio regam.
... regnum mihi concedas.
a. **Übersetze die beiden Forderungen.**
b. **Entwirf ein Gespräch zwischen Romulus und Remus, das thematisch zur Überschrift der Übung passt. Nutze dafür deine Ergebnisse aus *a*.**

Aller Anfang ist …

Nach dem Sieg über Amulius setzen Romulus und Remus ihren Großvater Numitor wieder als Herrscher von Alba Longa ein. Jetzt wollen sie ihre eigene Stadt gründen.

a. *Stelle mithilfe von Wörtern und Wendungen aus Z. 1–15 eine begründete Vermutung an, worüber die Brüder streiten und welche Lösung Numitor anbietet.*
b. *Gliedere Z. 16–21 anhand der Konnektoren und erschließe den Inhalt mithilfe der Abbildung.*

Romulus und Remus während der Vogelschau. Kupferstich von Matthäus Merian d. Ä. (1630)

Rōmulus et Remus adulēscentēs urbem condere voluērunt in iīs locīs, in quibus ā Faustulō inventī erant. Sed frātrēs cupiditāte rēgnī atque invidiā incēnsī iterum atque iterum inter sē contendēbant. Rōmulus: „Audī“, inquit, „Reme: Ego dīgnus imperiō sum. Tam fortis sum, ut moenia nostra ab impetū hostium dēfendere possim. Certē deī mihi permittunt, ut urbem conditam imperiō regam.“ Remus respondit: „Ego audāciam tuam neque probō neque timeō: Cum prīmum locum inter nōs frātrēs obtineam, postulō, ut rēgnum mihi concēdās.“ Tum Numitor avus ā frātribus cōnsultus dīxit: „Cum inter vōs nōn sit discrīmen[1] aut aetātis aut dīgnitātis[2], hoc cōnsilium dō: Agite augurium, ut rēctē dēcernātis! Optō, ut prōdigia vōbīs ūsuī sint.“

Die Brüder gehen auf Numitors Vorschlag ein: In Begleitung mehrerer Zeugen unternehmen sie eine Vogelschau und erwarten das Vorzeichen der Götter.

Prīmō[3] Remus sex vulturēs[4] aspexit et rēgnum sibi vindicāvit. Sed frātrī duplex[5] numerus vulturum[4] sē ostendit; itaque Rōmulus manūs ad caelum tollēns: „Deī“, inquit, „mihi rēgnum tribuērunt, quia duodecim vulturēs[4] mīsērunt!“ Deinde Rōmulus exercitū suō impetum in comitēs frātris fēcit; Remus in turbā gladiō ictus[6] cecidit. Postremō Rōmulus urbem novam condidit, quae ā nōmine eius appellāta est: Rōma.

1) **discrīmen**, -inis n: der Unterschied 2) **dīgnitās**, -tātis f: die Würde, das Ansehen, die Stellung 3) **prīmō**: zuerst 4) **vultur**, -is m: der Geier 5) **duplex**, -icis: doppelt 6) **icere**, icō, īcī, ictum: treffen

c. *Arbeite aus beiden Textteilen Gründe für den Streit von Romulus und Remus heraus.*
MK ***d.*** *Rivalisierende Brüderpaare kommen in vielen Erzählungen vor. Recherchiere die Geschichte von Kain und Abel und vergleiche sie mit der von Romulus und Remus.*
e. *Livius will Vorbilder zeigen. Diskutiere, ob die handelnden Personen sich dafür eignen.*

Brutus – ein „Dummkopf“ als Staatsgründer?

Porträt des Lucius Iunius Brutus. Bronzebüste. 4.–3. Jh. v. Chr.

Es lebe die Republik! Nach der Stadtgründung festigte Romulus seine Herrschaft, schuf den Senat als beratende Versammlung und vergrößerte die Bevölkerung, indem er Einwanderer anwarb und Frauen von den benachbarten Sabinern rauben ließ. Am Ende seines Lebens wurde er in den Götterhimmel aufgenommen. Auf Romulus folgten sechs weitere Könige, von denen ein jeder seinen Beitrag zur Entwicklung der Stadt leistete. Doch durch die tyrannische Herrschaft des siebten Königs Lucius Tarquinius, der dafür sogar den sprechenden Beinamen „Superbus“ bekam, geriet die Königsfamilie so sehr in Verruf, dass die Römer sie vertrieben **(expellere, -ō)**. In ihren Augen hatten Lucius Tarquinius Superbus und seine Familie nichts als Elend **(miseria)** über den Staat gebracht, hatten das Volk **(plēbs, plēbis)** unterdrückt **(opprimere, -ō)** und getäuscht **(fallere, -ō)**. Die Patrizier, der römische Adel, übernahmen die Herrschaft und nannten die neue Herrschaftsform „Republik“. Sich selbst **(ipse, -a, -um)** stellten sie als besonders lobenswert **(laudābilis, -e)** dar.

Der erbittertste Gegner des Tarquinius Superbus war sein Neffe, der Tribun **(tribūnus)** Lucius Iunius Brutus. Auch „Brutus“ war ein sprechender Beiname: „der Dummkopf“ – und doch wurde er für die Römer zum Vorbild **(exemplum)**! Wie aber konnte er mit seiner angeblichen Dummheit **(stultitia)** politisch erfolgreich sein?

Wer schlau ist, stellt sich dumm

Tarquinius quondam cupiditāte rēgnī atque māgnā invidiā impulsus patrem et frātrem Brūtī interfēcerat. Brūtum autem nōn necāverat, quia eum nōn timēbat: Nam Brūtus **stultitiam** iam diū fingēns rēgem **fallēbat**. Sīc sē servābat et īram in pectore retinēns tempora sua exspectābat.

Der Senat – Machtzentrum der Republik. Das zentrale Entscheidungsorgan in der Republik war der Senat, anfangs ein 300köpfiger Ältestenrat, dessen Mitglieder ausschließlich Patrizier waren. Der Senat beriet die beiden Konsuln, die höchsten Beamten (→ Bd. 1, L 11). Da die Patrizier nie wieder einen König dulden wollten, hatte jeder Amtsträger mindestens einen Kollegen (Prinzip der Kollegialität) und die Amtszeit war auf ein Jahr beschränkt (Prinzip der Annuität).

Die *Curia Iulia* war der Sitz des römischen Senats. Sie befindet sich noch heute auf dem Forum Romanum.

1. *Erläutere, inwiefern „Superbus“ ein sprechender Beiname des Tarquinius ist.*
2. *Recherchiere eine Übersicht über die republikanische Staatsordnung und erläutere ihre Organe.*

W G1 Ein re-ales Ding – die e-Deklination

RE	-s, -s, -s, -m, -rum, -ī, -ī, –, -bus, -bus

a. *Setze die vollständigen Formen von **rēs, reī** (die Sache, das Ding; die Angelegenheit) zusammen und ordne sie nach Kasus und Numerus.*

Saepe virī bonī **reī pūblicae** praeerant. Per multōs **diēs** noctēsque dē salūte **reī pūblicae** cōgitābant et, cum **rēs adversae** īnstābant, bene **reī pūblicae** cōnsuluērunt. Iī virī semper fīdī erant. **Fidēs** eōrum semper māgna erat.

b. *Ordne den Ausdrücken mit **rēs** folgende Übersetzungen zu: Staat – Unglück (Achte auf den Numerus!).*

c. *Bestimme die beiden weiteren neuen Wörter der e-Deklination nach KNG und erschließe ihre Bedeutung.*

G2 Tarquinius Superbus – so ein Angeber!

Rēx sum, cum ... ego virtūte meā multōs hostēs vīc-erim.
virtūte meā multī hostēs victī sint.
Rōmānī virtūte meā saepe victōrēs fu-erint.
vōs virtūte meā māgna praemia accēp-eritis.

d. *Übersetze die Sätze und erschließe Tempus und Modus der neuen Formen.*

e. *Beschreibe die Bestandteile der neuen Formen.*

W

1. ***Wortverwandtschaften. Nenne jeweils ein dir schon bekanntes lateinisches Wort, das in diesen neuen Wörtern steckt.***

miseria – laudabilis – opprimere – fides – expellere

G1

2. ***Bilde zu den Adjektiven die passende Form von res.***

a. publicae – publicam – publicā

b. adversarum – adversis – adversas – adversae

3. ***Dieselbe Endung – und doch ganz anders! Bestimme die Formen.***

a. fide – permitte – Brute

b. vici – diei – numeri

c. rerum – postulatum – adulescentium

G2

4. ***Gesucht und gefunden. Nenne alle Formen im Konj. Perfekt. Achtung: Eine Form ist mehrdeutig! Nenne sie und begründe.***

invenerunt – expulsus sit – commoveris – permisisti – timuerant – regam – contendant – defenderit – condita est – impellerentur – tetigeritis – effugiebam

5. ***Brutus' geheime Gedanken über seinen Onkel Tarquinius.***

a. Übersetze.

1. „Tarquinius Superbus rex, cum cupiditate regni incensus sit, omnes adversarios[1] necare vult. 2. Patrem fratremque meum iam interfecit. 3. Cum stultitiam fingam, a periculis tutus sum. 4. Sed Tarquinius, cum signo deorum commotus sit, filios Delphos[2] mittere vult, ut oraculum[3] consulant. 5. Ego quoque Delphos[2] contendere et oraculum[3] audire volo!"

1) **adversārius**, -ī m: der Gegner 2) **Delphōs** *(Akk.)*: nach Delphi 3) **ōrāculum**, -ī n: das Orakel

MK ***b. „Wer als erster die Mutter küsst ..." – Recherchiere die Bedeutung dieses Satzes für den Ausgang der Geschichte.***

Z

6. ***Das Konjunktiv-Quartett. Aus eins mach' vier! Ergänze die fehlenden Formen.***

Konj. Präsens	Konj. Imperfekt	Konj. Perfekt	Konj. Plusquamperfekt
postuletur			
			rexissemus
	falleretis		
parcas			
			oppressus essem
	appellarentur		

S

7. ***Ordne jedem Substantiv mindestens ein inhaltlich passendes Adjektiv zu. Gleiche es – wo nötig – im Genus an.***

lectus – scelus – oratio – vir – fides – res	alienus – tristis – clarus – novus – laudabilis

8. ***Erschließe die im Zusammenhang passende Bedeutung von condere.***

1. Romulus urbem Romam condidit.
2. Gladius in pectore Remi conditus est.

9. ***Wer zuletzt lacht ...***

a. Übersetze den unvollständigen Satz.

Brutus, cum omnes fefellerit multos per annos, stultitiam non iam fingit et ...

b. Wähle eine oder mehrere Ergänzungen aus, vervollständige deine Übersetzung und begründe deine Wahl.

orationem de rebus adversis habet – res ad arma venit – rem publicam liberam condit

Lucretias Opfer und die Gründung der Republik

In der Nacht schleicht sich Sextus Tarquinius, der Sohn des Königs Tarquinius Superbus, zu Lucretia, der Ehefrau des Collatinus. Er bedroht sie, vergewaltigt sie und flieht. Daraufhin ruft Lucretia ihren Ehemann und Brutus um Hilfe. Die Männer erreichen kurze Zeit später das Haus.

MK
a. *Nenne die Personen der Geschichte und stelle ihr Verhältnis zueinander grafisch dar.*
b. *Im ersten Teil des Textes (Z. 1–9) kommt mehrfach ein römischer Wertbegriff vor: Nenne ihn und stelle eine begründete Vermutung an, welche Bedeutung er für diese Geschichte hat.*
c. *In der zweiten Hälfte (Z. 10–21) des Textes liegt der Fokus auf Brutus. Belege dies am Text.*

Lucrētiam trīstem in lectō sedentem inveniunt. Adventū suōrum flēre coepit. Marītō causam quaerentī respondit: „Vae mihi[1]! Omnia perdidī, cum meam pudīcitiam et fidem tuam perdiderim! Vestīgia[2] virī aliēnī, fīliī Tarquiniī rēgis, in lectō sunt nostrō. At corpus tantum est oppressum, mēns mihi mānsit in fidē.“ Fideī testis mors ipsa fuit: Ferrum, quod sub veste habēbat, in pectore condidit. Hāc rē Lucrētia apud Rōmānās exemplum fideī est.

Brutus spricht zum Volk. Illustration. 1880/1881

Bestürzt schwören Brutus und Collatinus Rache an Lucius und Sextus Tarquinius.

Cum virī rēbus adversīs adductī corpus Lucrētiae in forum portāverint, cīvēs Rōmānī scelere novō Tarquiniī et calamitāte Collātīnī valdē commoventur. Quam ob rem praecō[3] populum ad Brūtum tribūnum vocat. Nunc tandem tempus ultiōnis[4] adest: Brūtus, cum omnēs fefellerit multōs per annōs, stultitiam nōn iam fingēns ōrātiōnem clāram habet dē vī ac cupiditāte Sextī Tarquiniī, dē caede crūdēlī et trīstī Lucrētiae, dē lūctū Collātīnī. Addit superbiam rēgis ipsīus miseriāsque et labōrēs plēbis. Rēs venit ad arma. Cum rēx ex urbe expulsus sit, duo cōnsulēs laudābilēs creantur, L. Iūnius Brūtus et L. Tarquinius Collātīnus. Illō diē est condita rēs pūblica ... lībera!

1) **vae mihi**: weh mir *(verzweifelter Ausruf)* 2) **vestīgium**, -ī n: die Spur 3) **praecō**, -ōnis m: der Herold, der Bote
4) **ultiō**, -iōnis f: die Rache

d. *Arbeite aus Lucretias Worten und Taten heraus, welche Wertvorstellungen hier deutlich werden.*
e. *Zeige, wie Brutus Lucretias Handeln für den politischen Umbruch instrumentalisiert.*
f. *Diskutiert, inwiefern die Geschichte zur exemplarischen Geschichtsschreibung des Livius passt.*
MK
g. *Recherchiere, welche Rechtsstellung Ehefrauen zur Zeit des Livius hatten; vergleiche deine Ergebnisse mit der aktuellen Situation in Deutschland.*

Was ist der Wert von Werten?

Republikanische *virtus* gegen Tyrannen. Die neue Republik wurde nicht von jedem begrüßt: Die Tarquinier empfanden ihre Vertreibung als Unrecht **(iniūria)** und versuchten mithilfe des mächtigen Etruskerkönigs Porsenna nach Rom zurückzukehren. Porsenna belagerte Rom und schlug sein Lager **(castra, -ōrum)** nahe **(prope)** dem Ufer **(rīpa)** des Tibers auf dem Hügel Ianiculum auf. Die Römer schickten Gesandte zu Porsenna. Als Garantie für einen Waffenstillstand forderte er junge Frauen **(virgō, virginis)** als Geiseln **(obses, obsidis)**. Aufgrund ihres Verhaltens wurden sie zu den Held(inn)enfiguren der Frühzeit gezählt und wurden Beispiele für die römische *virtus*, an die sich die Römer später mit Stolz und Bewunderung **(admīrātiō, -ōnis)** erinnerten. Denn sie hatten große Gefahren für den Staat auf sich genommen, dessen Rettung ihr einziges **(sōlus, -a, -um)** Ziel war.

Etruskische Reiter. Silbertafel. 540–520 v. Chr.

Ein König hilft einem König

Tarquinius, cum ad Porsennam rēgem fūgerit, populum Rōmānum duōs cōnsulēs creāvisse audit. Īrā incēnsus ā Porsennā pōstulat, ut impetum in urbem Rōmam faciat: „Brūtus māgnam **iniūriam** mihi fēcit: Mē fefellit et ex urbe expulit. Ades mihi!" Haec verba Tarquiniī animum Porsennae commovent. Quam ob rem rex **castra prope rīpam** Tiberis pōnit.

Werte verbinden. Für das Selbstverständnis der Römer waren bestimmte Wertvorstellungen von großer Bedeutung. Dies waren z. B. *fidēs, labor, pudīcitia*. Sie beruhten auf dem Sittengesetz der Vorfahren **(mōs māiōrum)**, das als „ungeschriebenes Gesetz" ein Orientierungspunkt für das eigene Verhalten war. Die *virtus* und die damit verbundene Ehre *(honos/honor)* waren so wichtig für die Römer, dass man sie als Götter verehrte und ihnen eigene Tempel weihte.

Sesterz mit personifizierter Darstellung von Honos und Virtus. 71 n. Chr.

MK *1. Ordne der Darstellung von Honos und Virtus auf der Münze die passenden Attribute (Füllhorn – Speer – Schwert – Zepter) zu und stelle Vermutungen darüber an, was durch ihre Attribute ausgedrückt werden soll.*

2. Prüfe für die oben genannten römischen Wertbegriffe, ob diese auch für unser heutiges Selbstverständnis eine Bedeutung haben.

3. Diskutiert, inwiefern Wertvorstellungen bzw. Werte für alle Menschen und zu allen Zeiten gleich und gleich wichtig sind.

G1 Was heute nicht ist, wird bald sein – die Hoffnungen des Tarquinius

Tarquinius:

1. Hodiē Rōmam nōn petimus. — Sed mox Rōmam petēmus.
2. Hodiē hostēs mihi nōn serviunt. — Sed mox hostēs mihi servient.
3. Hodiē rēs adversās nōn superō. — Sed mox rēs adversās superābō.
4. Hodiē hostēs mē nōn timent. — Sed mox hostēs mē timēbunt.
5. Hodiē haud laetus sum. — Sed mox laetus erō.
6. Hodiē hostēs vincere nōn possumus. — Sed mox hostēs vincere poterimus.

***a.** Vergleiche die linke mit der rechten Spalte: Welches Tempus geben die Formen in der rechten Spalte an? Übersetze dann die Sätze.*

(1) superābis, superābimus	(2) timēbitis, timēbit	(3) serviam, serviēs
(4) petet, petētis	(5) erit, erunt	(6) poteris, poteritis

***b.** Ordne die Formen für jede Konjugation in eine Tabelle ein.*

***c.** Leite eine Regel ab, die erklärt, wie das neue Tempus in der a- und e-Konjugation, wie in der i- und konsonantischen Konjugation und wie von **esse** und **posse** gebildet wird.*

***d.** Ergänze die fehlenden Formen.*

W Wohin gehst du, Tarquinius?

***e.** īre heißt „gehen". Erschließe die Bedeutung der Komposita mithilfe der dir bekannten Präfixe. Ordne den beiden übrigen Komposita die folgenden Bedeutungen zu: hinüber-, zugrunde gehen.*

G2 So geht īre

īmus – eō – it – ītis – eunt – īs

***f.** Ordne die Formen von **īre** im Präsens. Nenne die abweichenden Formen.*

īstī – iimus – īstis – iī – iit – iērunt

***g.** Ordne nun die Formen von **īre** im Perfekt. Nenne die abweichenden Formen.*

eant – ībat – īrēs – īssēs – ierim – ierant – ībitis

***h.** Erschließe Modus und Tempus jeder Form und vervollständige das Konjugationsschema.*

G1 *1. Alles Futur? Gib die Sätze an, die im Futur stehen.*

1. Porsenna versichert dem Tarquinius: 2. „Du wirst von deinem Volk zu Unrecht verachtet. 3. Meiner Ansicht nach müssen Menschen von einem König regiert werden. 4. Deshalb werde ich dir helfen. 5. So werden die Römer bald besiegt werden. 6. Und wir beide werden zu Helden."

2. a. Alles Futur! Ergänze das fehlende Tempuszeichen für das Futur und übersetze.

opta__s – crea__ntur – move__nt – add__tur – consul__mini – fall__nt – decern__m – expell__mus – pot__tis

b. Wirklich nur Futur? Aus welchen Verbformen kannst du noch andere Tempora bilden? Fülle die Lücken entsprechend (z. B. ***opprim__nt*** *→* ***opprimunt, opprimant****).*

3. Futur, Konjunktiv Präsens oder etwas ganz anderes? Entscheide.

a. condatis – condetis
b. commovent – commovebunt
c. audiemus – audimus
d. erat – erit
e. optet – optabit

W *4. Latein international. Nenne das jeweils zugrundeliegende lateinische Wort.*

exit – transit area – to admire – initially – to perish

G2 *5. Wörterschlange: Finde sechs Formen von* ***ire****.*

imuseatisiremitisibitibas

6. a. Alles ***ire*** *oder was? Suche die Formen heraus, die nicht von* ***ire*** *stammen können.*

eas – ii – iis – i – ite – ibo – iterum – eum – is – irem – iter – iram – eo – issetis – itur – ei

b. Einige Formen können von ***ire*** *oder* ***is, ea, id*** *stammen. Nenne diese.*

Z *7. In welchen Sätzen könntest du auch auf eine wörtliche Wiedergabe des Futurs verzichten? Begründe.*

1. Romani Porsennae promiserunt: „Tibi, o Porsenna, virgines dabimus, si nobis parces." 2. Tum Porsenna: „Quando mihi virgines dabitis?" 3. Romani: „Virgines mox aderunt. Omnes Romani virtutem virginum semper laudabunt."

S *8. Ordne den Komposita von* ***ire*** *inhaltlich passende Ausdrücke zu. Zu einem Kompositum passen zwei Ausdrücke.*

redire – exire – transire	ex urbe – in patriam – Romam – flumen

9. Nachdem der Etruskerkönig Porsenna dem gestürzten König Tarquinius Superbus seine Hilfe zugesagt hat, wendet er sich an einen Weissager. Kann das denn alles stimmen?

1. „Iuvenis in castra tua veniet et sine manu dextra[1] e castris exibit." 2. „Vir Romanus pontem[2] delebit et inter tela vestra Tiberim transiens magna pericula suscipiet." 3. „Virgo Romana obses erit et tamen libera flumen transibit."
4. „Postremo tu pacem cum Romanis facies et Tarquinius in exilium ibit."

1) **dexter**, -tra, -trum: rechts
2) **pōns**, pontis m: die Brücke

a. Übersetze.

b. Stelle eine begründete Vermutung an, welcher Aussage der König am wenigsten Glauben schenken wird.

Eine wahre Heldentat

Der etruskische König Porsenna hat den Hügel Ianiculum auf der gegenüberliegenden Tiberseite besetzt. Rom hat mit ihm einen Waffenstillstand ausgehandelt: Dafür musste Rom Porsenna vornehme Jungfrauen als Geiseln stellen, unter ihnen auch die junge Cloelia. Bei Einbruch der Nacht plant diese mit den anderen Geiseln die Flucht aus dem Lager der Feinde.

MK ***a.** Erstelle mithilfe des Einleitungstexts und der Karte vorne im Buch eine Skizze der räumlichen Gegebenheiten und der Position der Figuren zu Beginn des Textes.*
***b.** Erschließe aus den Komposita von* **īre** *und deren Ergänzungen, was Cloelia plant und was die anderen Frauen befürchten.*

Cloelia und ihre Gefährtinnen fliehen über den Tiber. Gemälde von Gerard Sanders. 1754

Cloelia: „Audīte," inquit, „virginēs: Porsenna rēx obsidēs imperāvit, ut pācem cum patribus faceret et exercitum ab Iāniculō dēdūceret. Nōs autem obsidēs in castra hostium abductae fēminae līberae ē castrīs exībimus!" Ūna ex obsidibus: „Quōmodo virginēs mīlitēs Porsennae superāre poterunt?" Cloelia: „Audī, amīca: Ego dux agminis virginum erō. Cum castra Etruscōrum forte[1] prope rīpam Tiberis posita sint, ego custōdēs fallam et vōs ipsa ad rīpam dūcam. Perīcula subībimus et ..." Tum illa: „Nōs inter tēla hostium flūmen trānseuntēs mortem obībimus!" Cloelia: „Nōn perībimus. Tiberim tam celeriter trānatābimus[2], ut tēla hostium vītāre[3] possimus. Hōc modō vōs omnēs incolumēs domum redībitis." Sed illa: „At Porsenna īrā incēnsus lēgātōs Rōmam mittet, ut nōs iterum obsidēs dēpōscat[4]." Cloelia: „Sī Porsenna nōs obsidēs dēpōscet[4], ego sōla redībō." Virtūte Cloeliae commōtae virginēs cōnsilium iniērunt ē castrīs Porsennae fugere – et profectō omnēs incolumēs Rōmam rediērunt.

Tatsächlich forderte Porsenna erneut Geiseln, unter ihnen auch Cloelia.

Porsenna admīrātiōne commōtus: „Virtus tua laudābilis est. Quam ob rem tibi nōnnūllās obsidēs dōnābō. Ipsa eās obsidēs, quās vīs, ēlige!" Cloelia: „Impūbēs[5] ēligam; nam eam aetātem ab hoste līberāre volō, quae maximē opportūna[6] iniūriae est."

1) **forte** *(Adv.)*: zufälligerweise 2) **trānatāre**: durchschwimmen 3) **vītāre**: ausweichen
4) **nōs dēpōscere**: unsere Auslieferung verlangen 5) **impūbēs**, -um m/f: *hier:* die jüngsten Geiseln
6) **maximē opportūnus** *(m. Dat.)*: *hier:* einer Sache besonders ausgeliefert

***c.** Erkläre, inwiefern es erstaunlich ist, dass Livius den Begriff* **vir-tus** *auf Cloelia anwendet. Beschreibe mit eigenen Worten, worin sich Cloelias* **virtus laudābilis** *zeigt.*
***d.** Nenne eine Person aus der heutigen Zeit, die sich durch eine besondere Leistung oder Eigenschaft auszeichnet. Gib an, welche(r) Wertbegriff(e) diese am besten zum Ausdruck bringen.*

Patrizier und Plebejer – Wer hat die Macht im Staate?

Der Auszug der Plebejer aus Rom. Kupferstich von B. Barloccini nach einer Vorlage von C. C. Perkins. 1849

Streit im Innern – Ständekämpfe. Seit der Gründung der Republik kam es immer wieder zu Konflikten. Denn alle Macht lag bei den Patriziern **(patriciī, -ōrum)**; die Plebejer **(plēbēiī, -ōrum)** hingegen, die nichtadlige Bevölkerung, konnten keine politischen Ämter besetzen. Viele von ihnen waren Kleinbauern und lebten in Armut, mit wenig Hoffnung **(spēs, speī)** auf Besserung. Außerdem mussten sie für die Republik in den Krieg ziehen: Wenn die Feldherren sie vom langen **(longus, -a, -um)** Kriegsdienst entließen **(dīmittere, -ō)**, waren ihre Felder verödet und sie konnten sich und ihre Familien nicht mehr ernähren **(alere, -ō)**. Doch die Plebejer verfügten über ein Druckmittel, um sich gegen die Patrizier zu erheben **(surgere, -ō)**: Streik. Mehrfach demonstrierten sie ihre Stärke, indem sie Rom einfach verließen. Die innerhalb **(intrā)** der Stadt verbliebenen Patrizier mussten nachgeben **(cēdere, -ō)**; für die Plebejer wurde das Amt des Volkstribunen **(tribūnus plēbis)** eingerichtet: Dieser konnte nun deren Interessen durchsetzen und gegen Senat und Amtsträger sein Veto einlegen.
Zu dieser Zeit kämpfte der Patrizier Gaius Marcius erfolgreich gegen die Volsker, ein Nachbarvolk Roms, und erhielt wegen seines Sieges über ihre Stadt Corioli den Beinamen Coriolan. Bei den Plebejern machte er sich aber verhasst, da er im Senat eine Senkung der hohen Getreidepreise mit der Forderung verband, das Amt des Volkstribunen wieder abzuschaffen. Doch die Volkstribunen stellten ihn vor Gericht.

Klare Standesvorstellungen: Coriolan spricht zu den Patriziern

„Sī **plēbēiī** annōnam[1] veterem volunt, iūs[2] prīstinum patribus reddere dēbent. Cūr plēbem potentem esse sinimus? Cūr **intrā** moenia nostra hominibus dē plēbe **cēdimus**? Cūr hanc servitūtem turpem sustinēmus? Ego, quī Tarquiniō rēgī nōn servīvī, plēbī numquam serviam: **Patricius** sum!“

1) **annōna**, -ae f: der Getreidepreis 2) **iūs**, iūris n: das Recht

Römische Ständegesellschaft. Eine Ständegesellschaft ist dadurch gekennzeichnet, dass man in einen Stand hineingeboren wird und diesen nicht wechseln kann. Dies galt auch für die frühe römische Gesellschaft, in der es noch eine strenge Trennung zwischen Patriziern und Plebejern gab. Erst im Verlauf der Ständekämpfe (494–287 v. Chr.) erhielten die Plebejer Rechte, die ihnen mehr Einfluss verschafften, z. B. das Amt des Volkstribunen, das passive Wahlrecht für Staatsämter und die Möglichkeit, in der Plebejer-Versammlung Gesetze zu beschließen. Plebejer gelangten als Konsuln in den politischen Führungskreis der konsularischen Familien. Diese bildeten nun eine eigene Schicht des Amtsadels (Nobilität).

MK *„Stand heute?“ Recherchiere die heutigen Begriffe Mittelstand, Familienstand, Standesamt, Berufsstand und erkläre sie.*

W G1 Was bei der Getreideernte so alles getragen wird

a. ***ferre*** *bedeutet „tragen, bringen". Erschließe die Bedeutungen der Komposita mithilfe der dir bekannten Präfixe.*

b. Auch hinter ***au-ferre*** *steckt eine Präposition, die du kennst. Nenne sie.*

(1) **ferō – fert – ferimus – fers – ferunt – fertis**

(2) **fertur – ferris – feror – feriminī – ferimur – feruntur**

c. Ordne die Formen von ***ferre*** *im Indikativ Präsens Aktiv (1), dann die im Passiv (2). Nenne jeweils die Formen, die von denen der konsonantischen Konjugation abweichen.*

tulistī – ferret – ferēbāmus – lātus est – ferās – feret

d. Erschließe Modus, Tempus und Genus verbi jeder Form und beschreibe deren Bildung.

G2 Morgen ist heute schon gestern – Zukunftspläne der Plebejer

„Rōmam relinquēmus.
Virī nostrī **patriciōs** dēserent.

Cum Rōmam relīqu-erimus, **patriciōs** nōn iam iuvābimus.
Cum virī nostrī **patriciōs** dēseru-erint, **patriciī** nōn vincent."

e. Übersetze und erschließe dabei, wie du das neue Tempus wiedergeben kannst.

f. Erkläre das zeitliche Verhältnis zwischen den Handlungen in Neben- und Hauptsatz.

g. Erkläre, wie die neuen Formen zusammengesetzt sind und inwiefern die Form ***deseru-erint*** *(3. P. Pl.) abweicht.*

W

1. *Da steckt Latein drin. Erkläre die Bedeutung der Wörter und führe sie auf ihren lateinischen Ursprung zurück.*

Konferenz – Referat – Schwiegertochter in spe – Alimente – Ablativ – intramuskulär

G1

2. *Ordne die Formen von* ferre *in die richtige Amphore ein.*

tulisse – latum sit – ferri – feremus – feratur – tuleratis – latus eras – ferres – latum esse – tulistis – feramur – fers – tulisset – latae essetis – fertur – ferebamini

3. *Wer tanzt aus der Reihe? Begründe.*

a. ferus – ferunt – fert – ferimus

b. protulero – intulerim – abstulerimus

c. ferret – feret – conferes – auferemus

d. illos – illata – ille – illud

e. relatum est – abstulerunt – illati sunt – protulerat

f. tuli – tulisti – tuti – tulit

G2

4. *Bilde die entsprechende Form im Futur II*
a.* *der Verben im Plusquamperfekt,
b.* *der Verben im Perfekt.

alitur – desperaverant – aluisti – cessi – videres – cedat – vocata est – fueras – surgerem – surreximus – venerat – habueram – falli – perrexisti – cesseras – motus erat – moveri – cognovi

Z

5. *Wer hat's gesagt? Setze die Prädikate passend ein und weise die Sätze einem Sprecher oder einer Sprecherin zu.*

1. „Si Tiberim celeriter ___, liberae erimus."
2. „Si primus vultures[1] ___, ego urbem regam."
3. „Si regem ___, rem publicam liberam condere poterimus."
4. „Cum vos fratres me ___, consilium vobis dabo."

tranataverimus[2] – expulerimus – consulueritis – aspexero

Numitor – Romulus/Remus – Brutus – Cloelia

1) **vultur**, -ris m: der Geier
2) **trānatāre**: hindurchschwimmen

S

6. *Erschließe passende Übersetzungen für* ferre *und Komposita.*

1. Coriolanus spem plebis abstulit.
2. Tum ille urbi Romae bellum intulit.
3. Coriolano relatum est homines ad castra accedere.
4. Homines ad castra Coriolani se contulerunt.

7. *Das sagt eine Mutter, als sie ihrem Sohn begegnet. Übersetze und stelle Vermutungen an, in welcher Situation der Satz gesprochen worden sein könnte.*

„Tibi complexum feram[1], cum cognovero me non ad hostem, sed ad filium venisse."

1) **complexum ferre** *(m. Dat.)*: jemanden umarmen

Mit der Macht einer Mutter

Coriolan hatte sich nach dem Streit im Senat von seiner Heimatstadt abgewandt und sich auf die Seite der Volsker geschlagen. Ihr Heer steht nun vor Roms Stadtmauern und Coriolan lässt sich von niemandes Bitten erweichen: Er trotzt weltlichem und religiösem Recht – doch da nähert sich eine Schar von Römerinnen …

__a.__ Stelle die Ausgangssituation mithilfe der Textumgebung und des Inhalts in Z. 1–7 dar. Gib an, wo die Handlung stattfindet, wer beteiligt ist und was geschieht.
__b.__ Zeige, wer in Z. 9–15 aus welchem Anlass spricht.
__c.__ Formuliere auf Grundlage der Konditionalsätze und zugehörigen Hauptsätze in Z. 13–15 eine begründete Vermutung über zentrale Gedanken der Rede.

Mutter, Ehefrau und Kinder suchen Coriolan auf. Gemälde von Eustache Le Sueur. 1650

Coriolānō relātum est ingentem mulierum conventum ad castra vēnisse. Coriolānus nec lēgātōrum verbīs nec precibus sacerdōtum mōtus clāmāvit: „Mulierēsne lacrimīs muliebribus mē movēre volunt? Dīmittite eās!“ At ūnus ē familiāribus dīxit: „Nisī mē fallunt oculī, inter eās, quae ad castra sē contulērunt, sunt tua māter, coniūnx, līberī!“ Tum Coriolānus perturbātus surrēxit, ut mātrī complexum ferret[1]. At mulier īrā incēnsa: „Dēsine! Tē accipiam, cum cōgnōverō mē nōn ad hostem, sed ad fīlium vēnisse. Num tam longam vītam ēgī, ut tē exsulem[2] hostemque vidērem? Īnferēsne bellum huic terrae, quae tē tulit atque aluit? Nōnne tibi, cum Rōma in cōnspectū erat, in mentem vēnit: ‚Intrā illa moenia domus ac Penātēs sunt, māter, coniūnx, līberī.‘? Nec dē mē, sed dē hīs timeō, quōs aut immātūra[3] mors aut longa servitūs premet, sī perrēxeris et omnem spem abstuleris. Nisī ego tē peperissem, Rōma nōn oppūgnārētur; nisī fīlium habērem, lībera in līberā patriā mortem obīrem.“ Cum māter haec verba prōtulisset, uxor ac līberī Coriolānō complexum tulērunt[1]. Tandem Coriolānus cessit et castra mōvit.

1) **complexum ferre** *(m. Dat.)*: jemanden umarmen 2) **exsul**, -is m: der Verbannte
3) **immātūrus**, -a, -um: frühzeitig, verfrüht

__d.__ Arbeite die Argumente der Mutter heraus und ordne sie den Kategorien „Privatleben“ und „öffentliches Leben“ zu.
__e.__ Untersuche, wie die Mutter ihre Worte mithilfe von Stilmitteln wirkungsvoller gestaltet (→ S. 144).
__f.__ Erläutere mit Textbelegen, inwiefern am Beispiel von Coriolan und seiner Mutter fehlerhaftes bzw. vorbildliches Verhalten dargestellt wird.

W

1. *Da steckt Latein drin.*

a. *Ordne den Fremdwörtern die zugrundeliegenden lateinischen Wörter zu.*

zirkulieren – Injektion – perfektionieren – pietätlos – Morbidität – Respekt – Alterität

alter – **pietas** – **perficere** – **respicere** – **inicere** – **morbus** – **circum**

b. *Ordne den lateinischen Wörtern ihre Bedeutung zu.*

zurückblicken – rings um – die Krankheit – vollenden – hineinwerfen – die Frömmigkeit – ein anderer

c. *Erkläre die Bedeutung der Fremdwörter und verwende sie in einem deutschen Beispielsatz.*

2. *Aus alt mach neu.*
Ordne mithilfe der Wörter in Klammern die deutsche Bedeutung zu.

neglegere (non curare) – **evertere** (delere) – **existimare** (putare) – **metus** (timor) – **demum** (tandem) – **iste, ista, istud** (is, ea, id)

endlich – vernachlässigen – dieser – die Angst – meinen – umstürzen

3. *Latein hautnah. Horaz, ein Zeitgenosse des Livius, sagt über Dichter:*
„Aut **prodesse** volunt aut delectare poetae."

a. *Beschreibe die Bildung des Verbs* **prodesse**.

b. *Wähle die passende Bedeutung aus, sodass Horaz' Aussage Sinn ergibt.*

schaden – erschrecken – nützen – essen

c. *Erörtere, ob Horaz' Grundsatz auch auf das Werk des Livius zutrifft.*

4. a. *Recherchiere zum Mordanschlag auf Tiberius Gracchus.*

b. *Tiberius' Bruder Gaius denkt nach dem Mord über die Feinde seiner Familie nach. Übersetze.*

1. „Hostes civitatis invidia atque cupiditate incensi Tiberium fratrem occiderunt. 2. Isti secum cogitant: ‚Cum alterum fratrem necaverimus, alterum e medio tollere[1] difficile non erit.' 3. Istis sceleratis semper resistam; quam ob rem tribunatum[2] petam. 4. Non solum rei publicae usui ero, sed etiam fratrem vindicabo."

1) **ē mediō tollere**: aus dem Weg räumen
2) **tribūnātus**, -ūs m: das Volkstribunat

S

5. *Ein Leben für den Staat?*
„Cur rem publicam curas, neglegis autem rem privatam – parvam illam rem publicam?"
Nenne eine Situation, in der diese Frage gestellt werden könnte.

Der Brief einer Mutter

Nicht immer waren die Mütter in Rom so erfolgreich wie im Fall von Coriolan. Über 350 Jahre später sorgen die Gracchen mit ihren Reformversuchen für Unruhen. Nach dem gewaltsamen Tod seines älteren Bruders Tiberius will sich Gaius Gracchus ebenfalls um das Amt des Volkstribunen bewerben. Seine Mutter Cornelia wendet sich an ihn.

a. *Erschließe aus den lateinischen Textstellen ein mögliches Thema für die einzelnen Abschnitte:* ***Nonne memoria tenes istos sceleratos fratrem occidisse?*** *(Z. 2–4) –* ***Quo fugies? Ubi tutus eris?*** *(Z. 12–13) –* ***respice Liciniam uxorem, respice filium!*** *(Z. 15–16) –* ***Num existimas mortem tuam rei publicae usui esse?*** *(Z. 20)*

Gaius Gracchus und seine Mutter Cornelia. Lithografie von Ambrose Dudley aus Hutchinson's History of the Nations. 1915

„Cur tribunatum[1] petis? Quando matri metum inferre desines? Ipse testis fuisti: Nonne memoria tenes istos sceleratos fratrem occidisse, e foro extulisse, in Tiberim flumen iniecisse?
Crede mihi: Ista tua spes est audacia! Ista virtus est furor! Iterum magna caedes erit, iterum tanto metu commovebor, ut potius mortem obeam quam[2] alterum filium interfectum inveniam, iterum spes mea falletur. Te quoque ex urbe expellent et tum demum te persequi[3] desinent, si occisus eris. Quo fugies? Ubi tutus eris? Illi, qui circum te sunt, te non servabunt! Si pietas et lacrimae matris animum tuum flectere non possunt, respice Liciniam uxorem, respice filium! Cur rem publicam curas, neglegis autem rem privatam – parvam illam rem publicam? Crede mihi: Est virtus non solum in re publica, sed etiam in domo!
Quid ergo? Num existimas mortem tuam rei publicae usui esse? Respice fratrem: Inceptum perficere non potuit, rei publicae non profuit, familiam prodidit. Quare civitatem evertere voluit, quare tu eam evertere vis? Quando quidem hic familiae nostrae morbus desinet?“

1) **tribūnātus**, -ūs m: das Volkstribunat 2) **potius … quam**: lieber/eher … als 3) **tē persequī**: dich zu verfolgen

b. *Arbeite mithilfe von Textbelegen heraus, welche sprachlichen Mittel Cornelia einsetzt, um ihren Sohn von seinem Vorhaben abzubringen.*

c. *Vergleiche die Haltungen von Cornelia und der Mutter von Coriolan, indem du ein Charakterporträt der beiden Frauen erstellst.*

d. *Erörtere, inwiefern man Cornelia als* ***exemplum*** *ansehen konnte, und teile ihr eine mögliche Tugend zu.*

Werte und ihr Wert – *exempla* gestern und heute

In dieser Sequenz hast du einen Einblick in Livius' Darstellung römischer *exempla* erhalten. Wie du in L 29 gesehen hast, entnimmt er seine Vorstellung dieser *exempla* dem Sittengesetz der Vorfahren, dem *mos maiorum*. Dieser umfasste feste Vorstellungen von Normen und Werten, nach denen sich vor allem die römische Oberschicht richtete. Darauf griff Livius für sein Geschichtswerk zurück, um den gesellschaftlichen Umwälzungen nach den Bürgerkriegen zu begegnen, die für ihn mit einem Werteverfall einhergingen. Sein Ziel: der politischen Restauration des Augustus ein moralisches Fundament verleihen.

1. *Ordne die Werte* ***decus*** *(Anstand),* ***dignitas*** *(Würde),* ***fides*** *(Treue),* ***fortitudo*** *(Tapferkeit),* ***frugalitas*** *(Sparsamkeit),* ***modestia*** *(Bescheidenheit),* ***pietas*** *(Pflichtbewusstsein),* ***pudicitia*** *(Keuschheit),* ***virtus*** *(Tugend) den einzelnen* ***exempla*** *in dieser Sequenz zu. Zeige, welche Begriffe Livius Männern und welche Frauen zuordnet.*

Der Schwerpunkt dieser Sequenz liegt auf Frauengestalten. Mit Blick auf das Vorwort von Livius' Werk (→ S. 10) mag dies überraschen, denn dort war ausschließlich von *viri* die Rede. Außerdem entsprechen die dargestellten Frauengestalten z. T. nicht den traditionellen römischen Geschlechtervorstellungen, wie sie z. B. in den Rollen der *matrona* und des *pater familias* zu erkennen sind.

Grabrelief des Aurelius Hermia und seiner Frau Aurelia. 80 v. Chr. Rom

2. *Recherchiere zur* ***matrona*** *und zum* ***pater familias****. Ordne ihnen anschließend Werte aus Aufgabe 1 zu.*

3. *Vergleiche deine Ergebnisse aus Aufgabe 1 und 2. Diskutiere, inwiefern die* ***exempla*** *aus dieser Sequenz den römischen Geschlechtervorstellungen entsprechen.*

Sempronia – eine untypische Frau?

Eine andere *matrona* stellt der römische Historiker Sallust, ein Zeitgenosse Ciceros, in seinem Werk über die Catilinarische Verschwörung vor.

Sed in iis erat Sempronia, quae multa saepe virilis audaciae facinora conmiserat. Haec mulier genere atque forma, praeterea viro liberis satis fortunata fuit; litteris Graecis Latinis docta, psallere saltare elegantius quam necesse est probae, multa alia, quae instrumenta luxuriae sunt. Sed ei cariora semper omnia quam decus atque pudicitia fuit; lubido sic adcensa, ut saepius peteret viros quam peteretur.	*Aber unter diesen (Verschwörern) befand sich auch Sempronia, die oftmals viele Verbrechen mit männlichem Wagemut begangen hatte. Diese Frau war, was ihre Herkunft und ihr Aussehen, zudem was ihren Mann und ihre Kinder anging, reich gesegnet; sie war in griechischer und lateinischer Literatur bewandert, spielte die Leier und tanzte reizender als es für eine anständige Frau nötig wäre, und besaß vieles andere, was zu einem Leben in Luxus gehört. Aber für sie war immer alles wichtiger als Anstand und Keuschheit; ihre Lust loderte derart, dass sie häufiger Männer ansprach als von ihnen angesprochen zu werden.*

4. ***Arbeite die Darstellung der Sempronia anhand lateinischer Belege aus dem Beispieltext heraus. Vergleiche deine Ergebnisse mit den Wertbegriffen aus Aufgabe 1.***

5. ***Erläutere Gemeinsamkeiten und Unterschiede zwischen der Rollenvorstellung der matrona und den Frauengestalten Cloelia und Sempronia.***

Influencer – *exempla* von heute?

Influencer beim Erstellen eines Videoclips.

Wir haben gesehen, wie Livius mithilfe seines Geschichtswerks dazu beigetragen hat, traditionelle Wertvorstellungen im augusteischen Rom wiederherzustellen. Damals diente die Literatur den Menschen dazu, sich über Werte und Normen zu verständigen – doch wie ist es heute?
Jeder von uns kommt tagtäglich mit dem Internet in Berührung. Auf vielen Kanälen im Social Media oder auf Videoplattformen präsentieren sich Influencer in Form von Bildern, Videos und Texten und verdienen dabei häufig auch Geld mit Werbung oder Product placement. So verbreiten sie ihre Wertevorstellungen vor einem weltweiten Publikum. Doch eines ist klar: Ebenso wenig wie die von Livius beschriebenen *exempla* die historische Realität wiedergeben, entsprechen die Profile im Internet dem wahren Leben der Influencer.

MK **6.** ***Recherchiere die Top 10 der Influencer einer ausgewählten Social Media-Plattform und untersuche das Verhältnis von Geschlecht und Thema des jeweiligen Kanals.***

MK **7.** ***Wähle einen männlichen/weiblichen/diversen Kanal aus. Arbeite die auf dem Kanal transportierten Geschlechtervorstellungen heraus und vergleiche diese mit den dir aus der Sequenz bekannten römischen Vorstellungen der Geschlechter.***

→ www.cornelsen.de Webcode: qoxudi

Caesars Gallischer Krieg – Rom expandiert

Gaius Iulius Caesar (100–44 v. Chr.)

Beruf: Politiker, Feldherr und Schriftsteller

Eigenschaften: Scharfsinn, politischer Ehrgeiz, Risikobereitschaft, Hartnäckigkeit

Lebensweg:

60: Triumvirat („Drei-Männer-Bund“) mit Pompeius und Crassus

59: Konsulat: Karriere-Sprungbrett für Caesar

58–50: Prokonsulat für die Provinzen Illyrien, Gallia cisalpina und Gallia transalpina; Caesar überzieht das restliche Gallien mit einem langjährigen Krieg: Gallien wird römische Provinz, der Rhein Reichsgrenze.

49–45: Bürgerkrieg gegen Pompeius und dessen Anhänger, den Caesar mit seinen Truppen für sich entscheidet

46: Diktatur auf zehn Jahre, Reformprojekte, u. a. der Julianische Kalender

44: Diktatur auf Lebenszeit, am 15. März Ermordung im Senat

Caesars *Bellum Gallicum*. Caesar veröffentlichte im Winter 52/51 v. Chr. die *Commentarii de bello Gallico* („Berichte über den Gallischen Krieg“). Er wählte die Form des *Commentarius* (ursprünglich ein Protokoll), um der Darstellung seines miltärischen Handelns in Gallien einen möglichst objektiven Anschein zu geben und so den Senat von der Rechtmäßigkeit seines Vorgehens zu überzeugen. Kennzeichen sind Sachlichkeit, Schlichtheit, Kürze sowie die Verwendung der 3. Person für sich selbst und der indirekten Rede statt der direkten Rede. Zugleich nutzt Caesar aber auch Berichte über fremde Völker (ethnographische Exkurse), direkte Reden und einen geschickten Spannungsaufbau. So will er als Erzähler seiner eigenen Taten dem Publikum, der römischen Oberschicht, eine ganz bestimmte Sicht der Dinge vermitteln.

Römer und Gallier vor Caesar. Den Senat im Hinblick auf die Lage in Gallien zu manipulieren war nicht besonders schwer: Die Römer hatten nämlich von den Gebieten nördlich ihrer Provinz *Gallia Transalpina* („Gallien jenseits der Alpen“, die heutige Provence) nur vage Vorstellungen. Ihre Erfahrungen mit den Fremden aus dem Norden waren schlecht: 387 v. Chr. waren Kelten bis Rom gekommen und hätten es fast erobert (*dies ater* – „schwarzer Tag“). Ein Jahrzehnt vor Caesars Geburt (113–101 v. Chr.) hatten die germanischen Kimbern und Teutonen Rom schwere Niederlagen in Südfrankreich beigebracht, bis der Armee-Reformer Marius den *furor Teutonicus* („Teutonisches Wüten“) beendete. Typische Vorurteile waren, dass die „Nordbarbaren“ unzivilisiert, ungeheuer groß, stark und kriegslüstern seien. Die von Caesar erwähnten geographischen Angaben und Völker-Bezeichnungen sagten den meisten Römern nicht viel: Wer die Belger *(Belgae)* und Aquitaner *(Aquitani)* waren, wo und wie lang die Flüsse *Garumna*, *Matrona* und *Sequana* waren, wussten die wenigsten.

Röm. Silbermünze mit Gaius Iulius Caesar auf der Vorderseite und Venus mit der Göttin Victoria in der Hand auf der Rückseite. 44 v. Chr.

Gallien zur Zeit Caesars

Das Prooemium (Einleitung) – Caesar legt die Geographie Galliens fest

Gallia est omnis dīvīsa in partēs trēs, quārum ūnam incolunt **Belgae**, aliam **Aquītānī**, tertiam, quī ipsōrum linguā **Celtae**, nostrā **Gallī** appellantur. Hī omnēs linguā, īnstitūtīs, lēgibus inter sē differunt. **Gallōs** ab **Aquītānīs** **Garumna** flūmen, ā **Belgīs Mātrona** et **Sēquana** dīvidit.

Gallien ist im Ganzen in drei Teile unterteilt; einen davon bewohnen die Belger, den zweiten die Aquitaner, den dritten die, die in ihrer eigenen Sprache Kelten, in unserer Sprache Gallier genannt werden. Diese alle unterscheiden sich untereinander nach ihrer Sprache, ihren Einrichtungen und ihren Gesetzen. Die Gallier trennt von den Aquitanern der Fluss Garonne, von den Belgern die Marne und Seine.

Gallien und die Gallier nach Caesar. Nach Caesars Eroberungszügen bezeichnete *Gallia* das von Pyrenäen, Atlantik, Nordsee, Rhein und Alpen umgrenzte Gebiet und *Gallī* („Gallier") deren Bewohner. Die Stämme, die von Caesar angegriffen worden waren, hatten zwar schon vorher ein loses kulturelles Zusammengehörigkeitsgefühl gehabt, entschlossen sich aber erst im gemeinsamen Widerstand gegen die römische Fremdherrschaft zu einer Zusammenarbeit. Später integrierten sie zunehmend die römische Kultur in ihre eigene.

1. *Abbildungen auf Münzen dienten auch Propagandazwecken: Beschreibe die Darstellungen auf der Münze und stelle Überlegungen zur möglichen gewünschten Wirkung an.*
2. *Wie Gallien früher aussah, wissen wir nur aus Caesars Beschreibung. Weise am lateinischen Text nach, dass die Karte Galliens auf Grundlage von Caesars Darstellung erstellt worden ist.*
3. *Weise während der Arbeit an dieser Sequenz die oben genannten Merkmale von Caesars* Commentarii *nach.*

Der Helvetierkrieg – ein „gerechter“ Krieg?

Das Gemälde (19. Jh.) von Charles Gleyre „Die Helvetier zwingen die Römer unter dem Joch hindurch“ stellt den Sieg der Helvetier über die Römer bei der Schlacht von Agen 107 v. Chr. dar.

Die Helvetier und der Helvetierkrieg. Caesar wollte sein Prokonsulat nutzen, um seine Macht zu sichern, und suchte nach einem Anlass für einen Krieg: Den lieferten ihm die Helvetier; sie bewohnten einen großen Teil der heutigen Schweiz und wollten – so schreibt Caesar – westwärts in das Gebiet der Santoner auswandern. Hierbei mussten sie das Gebiet der Haeduer durchqueren, die mit Rom verbündet waren. Caesar berichtet in seinen *Commentarii*, gallische Stämme hätten sich zu ihm zurückgezogen **(sē recipere)**, um ihre Notlage darzulegen **(dēmōnstrāre)** und ihn zu benachrichtigen **(certiōrem facere)**, dass die Helvetier ihr Gebiet verwüsteten **(vāstāre)** und ihre Besitztümer **(possessiō, -ōnis)** plünderten. Ihnen bleibe nur die Flucht **(fuga)**. Außerdem sei das Wanderungsziel der Helvetier nahe der Provinzgrenze. Daher beschloss **(statuere, -ō)** Caesar, sich vor Ort selbst ein Bild von der Lage zu machen.

Die Helvetier – eine Bedrohung für die Provinz?

Helvētiī, cum dē adventū Caesaris **certiōrēs factī** essent, lēgātōs ad eum mīsērunt. **Dēmōnstrāvērunt** sē iter per prōvinciam facere velle. Caesar autem memoriā tenēbat Helvētiōs iam prius[1] exercitum Rōmānum pepulisse, agrōs **possessiōnēs**que sociōrum **vāstāvisse**. Itaque **statuit** Helvētiīs concēdere nōn dēbēre, ut iter per prōvinciam facerent.

1) **prius**: früher *(Gemeint ist die Niederlage der Römer in der Schlacht von Agen im Jahr 107 v. Chr.)*

Bellum iūstum. Für die Römer war es wichtig, Kriege als rechtmäßig darzustellen *(bellum iūstum)*. Zu einem *bellum iūstum* gehörten eine regelgerechte Kriegserklärung und ein legitimer Kriegsgrund. Als solcher galten Rache für erlittenes Unrecht, Schutz des eigenen Territoriums, Schutz von Verbündeten oder deren Freunden **(necessārius)**. Auf diese Weise konnten auch Eroberungsfeldzüge und die römische Expansionspolitik legitimiert werden.

Caesar möchte seinen Krieg gegen die Helvetier als legitim darstellen.

*a. Arbeite aus seiner Beschreibung des Vorgehens der Helvetier Kriegsgründe gemäß einem **bellum iūstum** heraus.*

*b. Beurteile mithilfe der Karte (→ S. 33), inwiefern die Aktionen der Helvetier wirklich ein **bellum iūstum** rechtfertigen.*

W Flussüberquerung mit neuen Vokabeln

Caesar nōn tōtum exercitum, sed māgnam **partem** exercitūs flūmen **trā-dūcit**. **Pars** mīlitum nunc **trāns** flūmen est. **Reliquī** mīlitēs, quōs Caesar flūmen nōn **trā-dūxit**, **citrā** flūmen manent.

a. *Erschließe die Bedeutung von* ***pars (partis)****,* ***trādūcere****,* ***trāns****,* ***reliquus (-a, -um)*** *und* ***citrā****.*
Gib das Genus des neuen Substantivs ***pars, partis*** *an und erschließe die Stammformen des neuen Verbs* ***trādūcere****.*

WH Noch alles im Kopf?! AcI

Lēgātus nārrat Helvētiōs in fīnēs Haeduōrum pervēnisse et agrōs eōrum **vāstāre**.

b. *Übersetze und bestimme das Zeitverhältnis, das die beiden Infinitive jeweils im AcI ausdrücken.*
Beschreibe, was sich in der Übersetzung ändern würde, wenn das Prädikat ***nārrāvit*** *wäre.*

Lēgātī Haeduōrum ad Caesarem accēdunt.	*Die Gesandten der Haeduer gehen zu Caesar.*
Dīcunt sē ab eō auxilium petere.	*Sie sagen, dass sie ihn um Hilfe bitten.*

c. *Gib an, wer mit den markierten Personalpronomina jeweils gemeint ist, und erkläre, wieso hier das Lateinische im Gegensatz zum Deutschen eindeutig ist.*

G Nicht direkt – die Oratio obliqua

Haeduī dīcunt:	Haeduī dīcunt
„Lēgātōs ad Caesarem mittimus.	sē lēgātōs ad Caesarem mittere.
Auxilium ab eō petimus,	Sē auxilium ab eō petere,
quia nōs et līberōs nostrōs ab Helvētiīs	quia sē et līberōs suōs ab Helvētiīs
dēfendere nōn possumus."	dēfendere nōn possint.

d. *Übersetze zunächst die direkte Rede in der linken Spalte.*
e. *In der rechten Spalte stehen die Sätze der direkten in der indirekten Rede, der sog. Oratio obliqua. Vergleiche die lateinischen Sätze und formuliere dann Regeln für die indirekte Rede im Lateinischen.*
f. *Übersetze dann die indirekte Rede ins Deutsche.*

W ***1. Gib zu jedem Wort ein Wort aus der gleichen Wortfamilie an.***

relinquere – fugere – dux – sedere – monstrum

WH ***2. Wenn „das(s)" mal nicht bekannt ist! Übersetze und bestimme die Zeitverhältnisse.***

1. Caesar Helvetios e finibus exisse cognovit. 2. Statim iussit milites quam celerrime[1] in Galliam traduci. 3. Nam possessiones Haeduorum iam vastatas esse audivit. 4. Legati Caesarem certiorem fecerunt Helvetios in animo habere[2] oppida sociorum armis petere. 5. Itaque Caesar se impetus Helvetiorum impedire debere putabat.

1) **quam celerrimē**: so schnell wie möglich
2) **in animō habēre**: im Sinn haben, planen

G ***3. Caesar berichtet in indirekter Rede, wie ihr Stammesführer Orgetorix die Helvetier dazu brachte, auszuwandern.***

a. Setze die richtigen Konjunktive ein.

1. Orgetorix sagte, für sie (sein) es sehr leicht, ganz Gallien zu unterwerfen, da sie ja alle Gallier an Stärke (übertreffen). 2. Außerdem (haben) sie viel zu enge Grenzen. 3. Ihnen (zustehen) doch gewiss ein viel größeres Gebiet.

b. Übersetze.

4. Dixit Helvetios semper magna cum virtute pugnavisse, eos tamen ab aliis[1] Gallis coactos esse in finibus angustis[2] vitam agere.

1) **alius**, -a, -ud: ein anderer
2) **angustus**, -a, -um: eng

4. Wer ist se und is? Übersetze die lateinischen Teile der Sätze und gib an, auf welche Personen sich die Pronomina jeweils beziehen.

1. Gleich nach seiner Ankunft in Gallien schickten die Helvetier Gesandte zu Caesar. 2. Diese sagten, **se** iter per provinciam Romanam facere velle. 3. Es sei doch recht und billig, **eum sibi** id concedere. 4. Caesar antwortete, **se** könne **iis** dies nicht zugestehen.

S ***5. Ordne die Ausdrücke passend zu und übersetze.***

vastare – defendere – auxilium rogare – in servitutem abducere – vim hostium prohibere – fuga se recipere – impetum facere – legatos mittere

Angreifer	Verteidiger	Angreifer oder Verteidiger
...	...	...

6. Ein Sprichwort. Zeige dich redegewandt und übersetze.

Miles bonus **omnia sua** secum portat.

7. Wer redet hier so indirekt?

Dicit	... agros ab Helvetiis vastari, liberos in servitutem abduci, oppida capi.
	... se vim hostium non facile ab oppidis prohibere.

a. Übersetze.

b. Stelle eine begründete Vermutung an, wer diese Sätze Caesar gegenüber äußern könnte.

Caesar bekommt einen Vorwand für seinen Krieg

Die Helvetier sind auf ihrem Weg nach Westen durch verschiedene Stammesgebiete gezogen und erreichen nun das Gebiet der Haeduer. Caesar folgt ihnen mit seinen Legionen. Die Anwesenheit des römischen Heeres macht Eindruck auf die Stämme.

***a.** Erschließe, worin sich das Handeln der Helvetier von dem der anderen Stämme unterscheidet, indem du aus dem Text die Handlungsträger und deren Handlungen herausarbeitest. Achte dabei besonders auf die Hauptsatzprädikate.*

***b.** Formuliere anhand deiner Ergebnisse aus **a.** eine thematische Überschrift für jeden Abschnitt.*

Kupferstich des Helvetierzuges zur Ansiedlung in Gallien. Matthäus Merian d. Ä. 1630

Helvētiī iam per fīnēs Sēquanōrum suās cōpiās trādūxerant et in Haeduōrum fīnēs pervēnerant eōrumque agrōs vāstābant. Haeduī, cum sē suaque ab iīs dēfendere nōn possent, lēgātōs ad Caesarem mittunt, ut auxilium rogārent: Ita sē omnī tempore dē populō Rōmānō meritōs esse[1], ut paene in cōnspectū exercitūs Caesaris agrī vāstārī, līberī in servitūtem abdūcī, oppida expūgnārī nōn dēbuerint. Eōdem tempore Ambarrī, necessāriī Haeduōrum, Caesarem certiōrem faciunt sē nōn facile ab oppidīs vim hostium prohibēre. Item Allobrogēs, quī trāns Rhodanum vīcōs possessiōnēsque habēbant, fugā sē ad Caesarem recipiunt et dēmōnstrant sibi praeter agrī solum[2] nihil esse reliquī[3].
Hīs rēbus adductus Caesar exspectāre nōn dēbēre statuit, dum Helvētiī in Santonōs pervenīrent. Caesar, ubī per explōrātōrēs[4] cōgnōvit Helvētiōs trēs iam partēs cōpiārum flūmen Ararim trādūxisse, quartam vērō partem citrā flūmen reliquam esse, ad eam partem pervēnit, quae nōndum flūmen trānsierat. In eōs impedītōs[5] et inopīnantēs[6] impetum fēcit, māgnam partem eōrum concīdit[7]. Reliquī fugā sē in proximās silvās recēpērunt.

1) **meritus sum dē** *(m. Abl.)*: ich habe mich verdient gemacht um 2) **solum**, -ī n: der Boden 3) **nihil reliquī**: nichts übrig
4) **explōrātor**, -ōris m: der Späher, der Kundschafter 5) **impedītus**, -a, -um: schwer bepackt, nicht kampfbereit
6) **inopīnāns**, -ntis: nichtsahnend 7) **concīdere**, -ō, -cīsī, -cīsum = caedere

***c.** Fasse zusammen, worin Caesars Bericht zufolge die Bedrohung durch die Helvetier besteht und wie er darauf reagiert. Belege anhand des lateinischen Textes.*

***d.** Erläutere, wie Caesar versucht, sein Eingreifen als gerechtfertigt darzustellen. Berücksichtige dabei (1) den Begriff **bellum iūstum**, (2) die Gliederung des Textes und (3) die Funktion der indirekten Rede.*

***e.** Stelle dir vor: Ein überlebender Helvetier wird als Gesandter nach Rom geschickt und berichtet dem römischen Senat über Caesars Vorgehen gegen seinen Stamm. Nimm seine Rolle ein und halte das Plädoyer.*

Caesar als Entdecker

Götter von Fremden sind keine fremden Götter. Überall sahen die Römer das Wirken von Gottheiten **(nūmen, nūminis)**. Sie unterschieden sie anhand ihrer Zuständigkeitsbereiche oder Attribute und benannten auch Götter anderer Völker mit römischen Namen. So bezeichnete Caesar bei den Germanen die Götter für Sonne, Mond und Feuer als Sol, Luna und Vulcanus, bei den Kelten den Heilgott (Grannus) als Apollo, den Kriegsgott (Esus) als Mars, den Göttervater (Taranis) als Jupiter. Die Praxis, „fremde" Götter mit römischen gleichzusetzen und zu interpretieren, wird als **Interpretatio Romana** bezeichnet. So kam es im Römischen Reich selten religiöser Fragen wegen **(causā)** zum Streit **(contrōversia)**, weil die lateinischen Götternamen auch Unterschiede zu einheimischen Gottheiten verbergen konnten. Auf Unterschiede bei der Götterverehrung **(religiō, -ōnis)** hingegen achteten die Römer: Wie wurden Opfer **(sacrificium)** dargebracht? Wer war für die Auslegung göttlicher **(dīvīnus, -a, -um)** Zeichen zuständig?

Fremde Völker – römische Götter?

Gallī deum Mercurium māximē[1] colunt. Hunc artēs invēnisse et ducem itinerum esse et omnīnō māgnam vim **dīvīnam** habēre putant. Post hunc Apollinem et Martem et Iovem et Minervam māgnīs **sacrificiīs** colunt. Dē hīs **nūminibus** idem **ferē**, quod reliquae gentēs, putant: Apollinem morbōs āvertere, Minervam artēs dare, Iovem imperium deōrum tenēre, Martem bella regere.

1) **māximē**: am meisten

Exkurse – Nebensachen, die durchaus der Hauptsache dienen. An einigen Stellen fügt Caesar in die Haupterzählung Berichte über Land und Leute ein (sog. ethnographische Exkurse), in denen er auf die Lebensweise, die Religion, die Gesellschaftsstruktur und die Natur in Gallien und Germanien eingeht. So hebt er bei den Germanen deren kriegerisches Wesen hervor, bei den Galliern die Stände **(genus, generis)** der priesterähnlichen Druiden **(druidēs, druidum)** und der Adligen, die er als Reiter bzw. Ritter **(eques, equitis)** bezeichnet. Solche Exkurse waren ein Element der antiken Geschichtsschreibung und für das Publikum besonders unterhaltsam. Caesar setzt sie auch bewusst ein, um sich als Entdecker zu profilieren und von Misserfolgen abzulenken, z. B. von seinem erfolglosen Versuch, auch die Germanen zu unterwerfen.

Votivstele des keltischen Gottes Cernunnos zwischen Apollo und Merkur. Reims um 100 n. Chr.

1. Beschreibe das Bild und diskutiere, warum der Bildhauer den keltischen Gott Cernunnos gemeinsam mit zwei römischen Göttern darstellt.

MK *2. Recherchiere die Bezeichnungen der Wochentage auf Latein, Französisch, Englisch und Deutsch und untersuche, ob es sich um eine* ***Interpretatio Romana*** *handelt.*

WH Zu jeder Zeit und auf jede Art und Weise – die Bausteine der Verben

agēs – agat – agēbat – ageret
vocem – vocābitis – vocārent
audiēbant – audīrēs

Futur I	Konj. Imperf.
Ind. Imperf.	Konj. Präs.

a. *Ordne die Formen den Bezeichnungen im Kasten zu und benenne jeweils das Signal für Tempus und Modus.*
b. *Bilde dann das Konjugationsschema für* ***agere*** *und* ***audīre*** *im Indikativ Präsens (Aktiv und Passiv).*

vocātus erat – vocāverat – vocātus sit – vocāverit – vocātus esset – vocāvisset – vocātus erit – vocāvit – vocātus est
c. *Bestimme die Verbformen nach Tempus, Modus und Genus verbi und beschreibe anschließend deren Bildung. Achtung, eine Form ist zweideutig.*

statuere, statuō, statuī, statūtum
d. *Bei Verben der konsonantischen Konjugation musst du immer die Stammformen mitlernen. Gib an, welche Informationen die Stammformen bieten.*

W G Verben, die etwas abgelegt haben

Et Rōmānī et Gallī deōs esse { putant. / **arbitrantur**.

Et Rōmānī et Gallī deōs esse { putāvērunt. / **arbitrātī sunt**.

e. *Die beiden Aussagen in jeder Zeile bedeuten jeweils das Gleiche. Übersetze und gib die Besonderheit des neuen Verbs an.*
f. *Das neue Verb ist ein „Deponens", abgeleitet vom Verb* ***dēpōnere****. Erschließe, was diese Verben offenbar „abgelegt" haben.*

Die gallischen Druiden **interpretantur** die religiösen Vorschriften; sie **ūtuntur** auch Menschen als Opfer. Wenn ein Krieg **orītur**, **versantur** die gallischen Reiter sofort auf dem Schlachtfeld, auch wenn große Gefahren drohen.
g. *Ordne den neuen Verben folgende Bedeutungen zu: anfangen – sich befinden – deuten – gebrauchen.*

W *1. Ins Netz gegangen. Du hast diese Kommentare zu Inhalten, die du in sozialen Netzwerken geteilt hast, bekommen. Erschließe ihre Bedeutung mithilfe der zugrundeliegenden lateinischen Wörter.*

1. Your dress looks **divine**. 2. You **sacrificed** a lot of time for this picture. 3. **Religion** is often **controversial**. 4. I like that you don't **use** photoshop.

WH *2. Bestimme die Verbformen und nenne den Infinitiv sowie die Bedeutung des Verbs.*

intersunt – ducta est – placati sunt – reddatur – student

W G *3. (Nicht) abgelegt? Ordne die Formen nach Deponentien und Verben im Passiv und übersetze.*

interpretantur – versa est – accipieris – versati eramus – utebamini

4. Deponentien-Baukasten. Setze mithilfe der Bausteine die richtigen Formen zusammen.

ba | bi | ris | e | ntur | tur | sum | ut | arbitra | interpretata | versa

arbitrabantur versabitur

du benutzt – sie meinten – sie wird sich aufhalten – ich habe gedeutet

interpretatus sum

S *5. Merkwürdige Kasus. Übersetze und gib an, mit welchem Kasus die Verben jeweils stehen.*

1. Legatus Haeduorum: „Nolumus Helvetios filiis nostris pro servis uti.“
2. Itaque Haedui auxilio Caesaris student.
3. Etiam Allobroges Ambarrique conventui intersunt.

*6. Bilde zu den Formen von **hic, haec, hoc** die entsprechenden Formen von **qui, quae, quod** und **is, ea, id**.*

hi – hanc – haec (!) – hac – hos

7. Unzertrennlich? Übersetze und erkläre die Unterstreichungen.

1. <u>Magnus</u> iuvenum <u>numerus</u> ad druides convenit. 2. <u>Civitas</u> Gallorum est <u>omnis</u> divisa[1] in tria genera: populus, equites, druides. 3. Germani <u>multis</u> in <u>pugnis</u> versati sunt et <u>inimicos</u> vicerunt <u>Romanos</u>.

1) **dīvidere**, -ō, -vīsī, -vīsum: teilen

*8. Kein Grund, verwirrt zu sein. Übersetze und wähle eine passende Übersetzung für **causa**.*

1. Druides causis praesunt. 2. Ob eam causam adulescentes ad hos veniunt. 3. Adulescentes apud eos disciplinae[1] causa versantur.

1) **disciplīna**, -ae f: die Ausbildung

wegen – Prozess – Grund

9. Eine komplizierte Angelegenheit

*a. Diese Wendungen mit **rēs** kennst du schon. Nenne ihre Bedeutung.*

res adversae, quam ob rem, res publica, res venit ad arma

*b. Finde passende Übersetzungen für **rēs dīvīna** und **rēs mīlitāris** (**mīlitāris, -e** – den Krieg betreffend).*

*c. Stelle mithilfe des Lesetextes zu den beiden Oberbegriffen aus **b.** jeweils ein Sachfeld zusammen.*

Caesar – Forscher in der Fremde?

Caesar beschreibt nicht nur das Kriegsgeschehen, sondern auch seine Gegner und deren Gesellschaftsstrukturen, natürlich stets aus römischer Perspektive. Deshalb finden wir in Gallien und Germanien Stände, die denen der Römer zum Verwechseln ähnlich sehen – oder doch nicht?

***a.** Gliedere den Text anhand der genannten Völker und Personengruppen. Stelle dabei ihre Aufgaben und Eigenschaften stichpunktartig zusammen.*

Farbsteindruck „Der heilige Mistelzweig". Die Gallier und ihre Priester (Druiden) schneiden den Mistelzweig. 19. Jh.

Druidēs rēbus dīvīnīs intersunt, sacrificia pūblica ac prīvāta prōcūrant[1], religiōnēs interpretantur: Ad hōs māgnus adulēscentium numerus disciplīnae[2] causā concurrit māgnōque hī sunt apud eōs honōre. Nam ferē dē omnibus contrōversiīs pūblicīs prīvātīsque cōnstituunt. Alterum genus est equitum. Hī, cum bellum orītur, omnēs in bellō versantur. Nātiō est omnis Gallōrum dēdita religiōnibus. Atque ob eam causam iī, quī sunt affectī gravibus morbīs et quī in proeliīs perīculīsque versantur, prō victimīs[3] hominēs immolant[4]. Administrīs[5] ad ea sacrificia druidibus ūtuntur. Nam nōn posse deōrum immortālium nūmen plācārī arbitrantur, nisī prō vītā hominis hominis vīta reddātur. Germānī multum ab hāc cōnsuētūdine differunt. Nam neque druidēs habent neque sacrificiīs student. Deōrum numerō eōs sōlōs dūcunt, quōs cernunt: Sōlem et Vulcānum et Lūnam, reliquōs nē fāmā quidem accēpērunt[6]. Vīta omnis in vēnātiōnibus[7] atque in studiīs reī mīlitāris cōnsistit: Ab parvulīs[8] labōrī ac dūritiae[9] student.

1) **prōcūrāre** = cūrāre 2) **disciplīna**, -ae f: die Ausbildung 3) **victima**, -ae f: das Opfer(tier) 4) **immolāre**: opfern 5) **administer**, -trī m: der Vollstrecker, der Ausführende 6) **nē fāmā quidem accēpisse**: nicht einmal vom Hörensagen kennen 7) **vēnātiō**, -iōnis f: die Jagd 8) **ab parvulīs**: von klein auf 9) **dūritia**, -ae f: die Abhärtung

***b.** Beschreibe die Wortstellung in den Teilsätzen **mägnōque hī sunt apud eōs honōre** (Z. 4–5) und **nisī prō vītā hominis hominis vīta reddātur** (Z. 15–16). Erkläre anschließend ihre Wirkung.*

***c.** Vergleiche die Darstellung der Gallier und der Germanen.*

***d.** Erläutere, welche Absicht Caesar mit dieser Darstellung der Gallier und der Germanen verfolgt. Beziehe die Informationen von S. 32f. und S. 38 mit ein.*

MK ***e.** Die Abbildung zeigt, wie sich ein Künstler Ende des 19. Jahrhunderts die Druiden vorstellte. Beschreibe das Bild und untersuche, inwiefern es eine idealisierende Vorstellung von den Kelten vermittelt. Vergleiche diese anschließend mit Caesars Darstellung.*

→ *www.cornelsen.de Webcode: qoxudi*

Gallischer Freiheitskampf und römische Disziplin

Denkmal des Vercingetorix auf dem Mont Auxois von Aimé Millet. 1865

Gallischer Widerstand und die Belagerung von Alesia. Die Gallier mussten nicht nur die römische Fremdherrschaft, sondern auch die Lasten des Krieges tragen. Daher leisteten viele Stämme Widerstand, sobald sich ihnen eine Gelegenheit bot. Doch blieben solche Rebellionen erfolglos, da es kein gemeinsames **(commūnis, -e)** Vorgehen der gallischen Stämme gab. Im Winter 52 v. Chr. schließlich gelang es Vercingetorix, dem Anführer **(prīnceps, prīncipis)** der Arverner, eine Versammlung **(concilium)** einzuberufen **(convocāre)**: Die gallischen Stämme schlossen ein Bündnis und folgten **(sequī, -or)** nun Vercingetorix als ihrem Anführer. Sein Plan war es, durch eine Taktik der „verbrannten Erde" das römische Heer von der Getreideversorgung abzuschneiden. Er verschanzte sich mit seinem Heer in Alesia (heute: Alise-Sainte-Reine im nordöstlichen Frankreich), das durch seine Lage uneinnehmbar schien, und erwartete ein gesamtgallisches Verstärkungsheer. Daraufhin errichtete Caesar ein Belagerungswerk **(mūnītiō, -ōnis)** aus einem Wall **(vallum)** sowie Gräben um Alesia und begann mit der Belagerung.

Vercingetorix rüstet zum Aufstand gegen Caesar

Vercingetorīx adulēscēns cupiditāte rēgnī incēnsus cōnsilium iniit Caesarī resistere. Quam ob rem **concilium convocāvit** et ā mīlitibus pōstulāvit, ut **commūnis** libertātis causā arma caperent. Mīlitēs Vercingetorīgem **secūtī sunt** et eum rēgem appellāvērunt. Tum ille lēgātōs ad **prīncipēs** Gallōrum mīsit, ut omnēs cīvitātēs Vercingetorīgem ducem **sequerentur**. Eō modō Vercingetorīx imperium obtinuit et omnibus hīs cīvitātibus obsidēs imperāvit.

Vercingetorix als französischer Nationalheld. Die einzigen Informationen über Vercingetorix haben wir aus Caesars Darstellung, der ihn als mächtigen Gallierfürsten und ernstzunehmenden Gegner charakterisiert. So gelingt es Caesar am Ende, seinen Sieg über Vercingetorix als besonders große Leistung als Feldherr darzustellen. Nach der Französischen Revolution wurde Vercingetorix in Frankreich als Nationalheld wiederentdeckt – obwohl er in seinem Kampf gegen Caesar keinen Erfolg gehabt hatte. Aber weil er es geschafft hatte, die gallischen Stämme im Widerstand gegen die Römer zu vereinen, wurde er zur Identifikationsfigur für die Einheit einer französischen Nation im 19. Jahrhundert.

MK *1. Recherchiere den Begriff „verbrannte Erde" und erkläre die Auswirkungen auf das Heer Caesars.*

MK *2. Erläutere, wie sich die Auffassung von Vercingetorix als französischem Nationalheld in dem Denkmal widerspiegelt.*

MK *3. Recherchiere nach dem Hermannsdenkmal und seinem Zusammenhang mit dem Denkmal des Vercingetorix. Diskutiert den Sinn der Aufstellung solcher Denkmäler.*

W Ähnliches ist bereits bekannt

appropinquāre

terga vertere

iterum → **rūrsus** subitō → **repente** aut → **sīve** accēdere → **appropinquāre**
fugere → **terga vertere**

a. *Erschließe die Bedeutung der neuen Vokabeln mithilfe der dir bereits bekannten Synonyme.*

WH Spannend wiederholt

(1) Caesar Alesiam oppūgnāns Vercingetorīgem vincere cupīvit.
(2) Gallī Alesiam ā Rōmānīs vehementer oppūgnātam diū dēfendere potuērunt.

b. *Gib an, ob es sich bei den Partizipien um ein PPP oder ein PPA handelt; nenne auch die Deklination.*

c. *Nenne jeweils das Bezugswort des Partizips und erschließe den Inhalt des Partizipialausdrucks.*

d. *Übersetze den übrigen Satz und füge dann den Partizipialausdruck passend ein.*

G Unverbunden und losgelöst

(1) Caesare Alesiam oppūgnante Gallī diū frūstrā auxilium exspectāvērunt.
Als Caesar Alesia angriff, warteten die Gallier lange vergeblich auf Hilfe.

(2) Alesiā oppūgnātā Gallī diū nōn dēspērāvērunt.
Obwohl Alesia angegriffen worden war, verzweifelten die Gallier lange nicht.

e. *Beschreibe, wie die neue Partizipialkonstruktion jeweils übersetzt ist.*

f. *Nenne die Bestandteile der Konstruktion und gib den Kasus des Partizips und seines Bezugswortes an.*

g. *Im Gegensatz zu dem dir bereits bekannten Participium coniunctum (= „angebundenes Partizip“) wird diese Konstruktion als „absolut“ („losgelöst“) bezeichnet. Gib den Grund dafür an. Der Vergleich mit den WH-Sätzen (1) und (2) hilft dir dabei.*

W ***1. Setze die lateinischen Wörter passend ein.***

1. Bei den Wallarbeiten sieht Caesar, dass die Belagerten ___ aus der Stadt ausbrechen. 2. Aber seine Reiterei zwingt sie ___. ___ wird berichtet, dass ein zweites Heer ___.

repente – appropinquare – rursus – terga vertere

WH ***2. In der belagerten Stadt Alesia. Wähle das passende Partizip aus und übersetze.***

1. **Galli** munitionibus Caesaris (retenti/retinentes) exercitum suorum exspectabant. 2. Principes civitatum auxilio venerunt **sociis** fame[1] (laborantes/laborantibus). 3. Sed **milites** in oppido Alesia (clausi/claudentes[2]) frustra exspectabant. 4. Pars eorum de salute (desperantium/desperans) flebat, pars animos suorum verbis acribus confirmabat.

1) **famēs**, -is f: der Hunger
2) **claudere**, -ō, clausī, clausum: *hier:* einschließen

G ***3. Ein nächtlicher Sturmangriff der Gallier auf Caesars Belagerungsring.***

a. Übersetze ohne die fett gedruckten Abl. abs.
b. Ergänze die Übersetzungen von a. durch die Abl. abs.

1. Media nocte **telis correptis** Galli munitionibus appropinquabant.
2. **Clamore sublato** repente impetum in milites Romanos fecerunt.
3. **Adventu Gallorum cognito** Romani ad munitiones properaverunt et hostes a vallis prohibuerunt. 4. **Hostibus impetum facientibus** Romani non timuerunt.
5. **Caede facta** Galli terga verterunt.

Z ***4. Weil, nachdem, während, obwohl? – Wähle die passende Sinnrichtung für die Abl. abs. und begründe.***

1. Adventu Caesaris cognito milites Gallorum impetum faciunt. 2. Caede facta Galli tamen de salute non desperabant. 3. Concilio convocato Vercingetorix causas belli demonstravit. 4. Equitibus celeriter appropinquantibus hostes terga verterunt.

S ***5. Zerlege die Komposita in ihre Bestandteile (Präfix und zugrundeliegendes Verb) und nenne ihre Grundbedeutungen*** ***(→ S. 176).***

convocare – dedere – transire – deducere – suscipere – occurrere – proferre

6. Übersetze. Achte besonders auf die Präpositionen.

ex oppido exercitum conspicere – in munitione pro castris consistere – ex vallo clamorem tollere – ducem e vestitu[1] cognoscere

1) **vestītus**, -ūs m: *hier:* der Feldherrenmantel *(häufig rot)*

7. Absolutes Schlachtgeschehen.

hac re audita – cohortibus[1] visis – adventu cognito – clamore sublato – desperata salute – relictis pilis[2] – concilio convocato

1) **cohors**, -ortis f: die Kohorte *(ein Zehntel einer Legion)* 2) **pīlum**, -ī n: der Wurfspieß

Bringe die Abl. abs. in eine sinnvolle Reihenfolge für ein Schlachtgeschehen und baue sie in einen kurzen Bericht über die Schlacht ein.

Die letzte Schlacht

Während Vercingetorix sich mit den Galliern in Alesia verschanzt hat, lässt Caesar aufwändige Belagerungsbauten errichten. Allerdings muss er an zwei Fronten kämpfen: So belagert er Alesia und muss sich gleichzeitig gegen anrückende gallische Truppen verteidigen. Als diese angreifen, kommt es zum Entscheidungskampf: Die Lage ist für die Römer zunächst kritisch – da erscheint Caesar selbst, hoch zu Pferde, im Purpurmantel des römischen Feldherrn.

a. *Erstelle auf der Grundlage des Textes ein Sachfeld zum Thema* ***proelium****.*
b. *Stelle den Schlachtverlauf (Z. 1–14) und die Ereignisse am Tag danach (Z. 17–21) dar: Ordne dazu die Hauptsatzprädikate im Aktiv den handelnden Personen bzw. Gruppen (Römer/Caesar und Gallier/Vercingetorix) zu.*
c. *Visualisiere die Satzstruktur in Z. 17–19 digital.*

Caesaris adventū ex colōre vestītūs[1] cōgnitō turmīsque equitum[2] et cohortibus[3] vīsīs, quae eum sequuntur, hostēs proelium committunt. Clāmōre sublātō nostrī rūrsus ex vallō atque omnibus mūnītiōnibus clāmant. Relictīs pīlīs[4] gladiīs rem gerunt. Repente post tergum equitātus cernitur; cohortēs[3] aliae appropinquant. Hostēs terga vertunt; fugientibus equitēs occurrunt. Fit[5] māgna caedēs. Gallī ex Alesiā oppidō caedem et fugam suōrum cōnspicātī dēspērātā salūte cōpiās ā mūnītiōnibus redūcunt. Fit[5] prōtinus hāc rē audītā ex castrīs Gallōrum fuga. Nisī tōtīus diēī labōre mīlitēs essent dēfessī[6], omnēs hostium cōpiae dēlērī potuissent.

Vercingetorix und Caesar. Lionel Royer. 1899

Posterō diē Vercingetorīx conciliō convocātō sē id bellum suscēpisse nōn suārum necessitātum[7], sed commūnis libertātis causā dēmōnstrat; sē ad utramque[8] rem illīs offerre, sīve morte suā Rōmānīs satisfacere, sīve vīvum trādere velint. Mittuntur dē hīs rēbus ad Caesarem lēgātī. Iubet arma trādī, prīncipēs prōdūcī. Ipse in mūnītiōne prō castrīs cōnsīdit; eō ducēs prōdūcuntur. Vercingetorīx dēditur, arma prōiciuntur.

1) **vestītus**, -ūs m: *hier:* der Feldherrenmantel *(häufig rot)* 2) **turma** (-ae f) **equitum**: *hier:* die Reitereinheit 3) **cohors**, -ortis f: die Kohorte *(ein Zehntel einer Legion)* 4) **pīlum**, -ī n: der Wurfspieß 5) **fit**: es kommt zu ... 6) **dēfetīscor**, dēfessus sum: ermüden 7) **necessitās**, -ātis f: das Interesse 8) **uterque**, -traque, -trumque: jede/r/s von beiden, beide

d. *Gliedere den Text in drei Teile und fasse den Inhalt jedes Teils in einem Satz zusammen.*
e. *Stelle heraus, wie Caesar die sprachliche Gestaltung (Satzlänge und Genus verbi) zur Unterstützung seiner Aussage nutzt.*
f. *Vergleiche Bild und Text. Stelle dann Vermutungen darüber an, weshalb sich der Künstler für dieses Thema und diese Darstellungsweise entschieden haben könnte.*

W

1. Brückenbau. Ordne die deutschen Bedeutungen mithilfe verwandter Wörter aus dem Lateinischen und anderen Sprachen den lateinischen Wörtern zu.

inutilis usus 

lex law  /loi  /legge 

ius iustus 

nobilis noble  

finitimus finis 

aeternus eternal 

ewig – angrenzend – vornehm – das Gesetz – unnütz – das Recht

G

2. Welcher Ratschlag des Vaters gefällt dir am besten? Übersetze den Dialog und begründe.

Filius: „Quae tua consilia sunt, pater?“
Pater: „Sapientiae studere. Semper parentes colere. Facere, quod mater tua petit.“

3. So viel -i! Bestimme die Formen und nenne Lernform und Bedeutung.

prodi – illi (!) – fingi – repulsi (!) – hi – pari (!) – nostri (!)

4. Alles ist relativ. Baue sinnvolle Sätze und übersetze.

Habemus	arma eorum	qui in oppidum pervenerunt.
Viderunt	ea	quod maiores nobis tradiderunt.
Timuistis	virtutis exemplum	quae in civitatibus gesta sunt.
Ignoravisti	milites et imperatorem ipsum	quos fortes putavistis.

5. Die Lage in Alesia ist katastrophal. Ein Gallier macht diesen Vorschlag.
a. Beschreibe, inwiefern die Stellung der hervorgehobenen Wörter auffällig ist.
b. Übersetze.

„His in periculis **quid** facere possumus? Nihil aliud quam nos ipsos hostibus tradere. His in periculis **nisi** nos ipsos hostibus traderemus, fame[1] periremus.“

1) **famēs**, -is f: der Hunger

S

6. Allem Anschein nach. a. Übersetze.
b. Finde eine alternative Übersetzung für den Satz, in dem „sehen“ nicht geeignet scheint.

1. Caesar cogitat: „Galli, ubi me viderint, se recipient!“ 2. Druides ob magnam sapientiam ad religionem non inutiles videbantur. 3. Militibus visis Romani sociis auxilio venerunt.

7. Rollenwechsel

Gallia vastata – magna calamitate illata – Romanis in agris nostris considentibus

a. Übersetze die Abl. abs. und ergänze jeweils einen thematisch passenden deutschen Satz.
b. Verfasse mithilfe deiner Sätze aus a. und eigenen Argumenten eine Rede aus der Perspektive eines Galliers oder einer Gallierin, mit der du deine Mitmenschen davon überzeugst, durchzuhalten und sich den Römern zu widersetzen.

Eine aussichtslose Situation?

Die im belagerten Alesia eingeschlossenen Gallier warten unter Vercingetorix' Führung immer noch auf die Verstärkung verbündeter Stämme, mit denen sie eine größere Chance gegen Caesars Truppen hätten. Als jedoch die Nahrungsmittel zur Neige gehen, beraten die Gallier auf einer Versammlung über ihre Strategie: Die einen plädieren für Kapitulation, die anderen für Angriff. Da eröffnet Critognatus, ein hoch angesehener Arverner, einen dritten Weg.

a. *Ergänze dein Sachfeld zum Thema* ***proelium*** *aus L 33 mit Wörtern aus dem Lesetext zu den Sachfeldern „Krieg" sowie „Freiheit/Knechtschaft" und gib an, welche Textstelle der auf der Abbildung dargestellten Situation entspricht.*

Terrakotta-Relief. Ein römischer Soldat und ein gefangener Gallier. Waffen und Mantel hängen als Trophäen an einem Baum. Rom 1–20 n. Chr.

Quid ergo meum consilium est? Facere, quod nostri maiores nequaquam pari bello Cimbrorum Teutonumque[1] fecerunt. Hi in oppida compulsi ac simili inopia subacti[2] corporibus eorum, qui aetate ad bellum inutiles videbantur, vitam toleraverunt[3] neque se hostibus tradiderunt. Huius rei si hoc exemplum non haberemus, tamen libertatis causa fingi et posteris[4] prodi pulcherrimum iudicarem[5]. Nam quid illi bello simile fuit? Vastata Gallia magnaque illata calamitate finibus quidem nostris aliquando excesserunt atque alias terras petiverunt; iura, leges, agros, libertatem nobis reliquerunt.
Romani vero quid petunt aliud aut quid volunt, nisi[6] invidia adducti in agris civitatibusque horum considere, quos fama nobiles potentesque bello cognoverunt, atque his aeternam iniungere[7] servitutem? Neque enim ulla alia condicione bella gesserunt. Quodsi ea, quae in longinquis nationibus geruntur, ignoratis, respicite finitimam Galliam, quae in provinciam redacta[8] iure et legibus commutatis[9] perpetua premitur servitute!

1) **nēquāquam parī bellō Cimbrōrum Teutonumque**: in einem Krieg gegen die Kimbern und Teutonen, der viel harmloser war 2) **subigere**, -ō, -ēgī, -āctum: schwächen, mürbe machen 3) **vītam tolerāre**: sich am Leben halten 4) **posterī**, -ōrum m: die Nachkommen, die Nachfahren 5) **pulcherrimum iūdicāre**: für das Beste halten 6) **quid ... aliud ... nisī**: was ... anderes ... als/außer 7) **iniungere**, -ō, -iūnxī, -iūnctum: auferlegen 8) **in prōvinciam redigere**: zu einer Provinz machen 9) **commūtāre**: austauschen

b. *Arbeite Critognatus' Argumente heraus.*

c. *Recherchiere, für welche Variante sich die Gallier entscheiden. Bewerte im Anschluss die Entscheidung der Gallier und Caesars.*

d. *Erläutere, wie das* ***exemplum*** *der gallischen* ***maiores*** *(Z. 3–6) auf einen Römer gewirkt haben könnte. Beziehe dabei auch mit ein, was du in der ersten Sequenz über römische* ***exempla*** *erfahren hast.*

e. *Diskutiert, welche Absicht Caesar mit seiner Darstellung der Rede verfolgt.*

Das Fremde verstehen

Gemma Augustea. Schmuckstein. um 14. n. Chr. Die Gemma Augustea wurde zur Verherrlichung des Kaisers Augustus geschaffen und zeigt in ihrem unteren Teil römische Soldaten sowie besiegte Germanen und Kelten.

***1.** Beschreibe, wie Germanen und Kelten auf der Gemma Augustea dargestellt sind, und stelle Vermutungen an, welches Bild vom Fremden vermittelt werden soll.*

Die Konstruktion des Fremden. In dieser Sequenz hast du gesehen, wie Caesar die Gallier und Germanen beschreibt. Dabei überträgt er nicht nur römische Vorstellungen auf fremde Kulturen (*Interpretatio Romana*, → S. 38), sondern entwirft für seine Darstellung der Einheimischen und ihrer Lebenswelt geradezu ein Fremdbild. Für die Konstruktion dieses Fremdbildes greift er auf Erfahrungen zurück, welche die Römer mit den Germanen gemacht haben, wie beispielsweise den *furor Teutonicus* (→ S. 32).

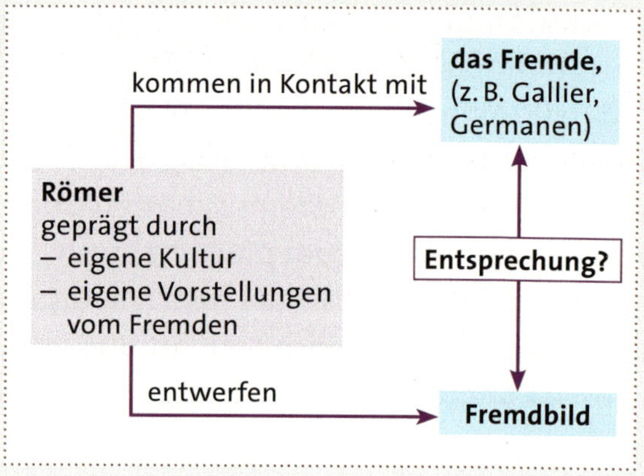

***2.** Arbeite aus dieser Sequenz heraus, wie Caesar die Gallier und die Germanen jeweils darstellt.*
***3.** Erläutere das Schaubild.*

Die Instrumentalisierung des Fremdbildes

„Diese Schilderung erweckt den Eindruck, daß die Wälder Germaniens voller unbekannter Gefahren seien – und zugleich ohne jeden Anreiz, der Römer dazu bringen könnte, diese Gefahren auf sich zu nehmen. Es entsteht ein Bild primitiver Jäger, die (anders als die zuvor beschriebenen Germanen, die näher am Rhein leben) noch nicht einmal Viehhaltung kennen und bei denen weder Nahrung noch sonst etwas von Wert zu holen ist – allenfalls silberbeschlagene Trinkhörner [...]. Der Leser wird es daher billigen, daß Caesar sein Heer nicht durch solche Wälder führen wollte [...], und wird es auch nicht für sinnvoll halten, daß ein so unwirtliches und fremdartiges Land für Rom erobert wird."

Markus Schauer, Der Gallische Krieg. Geschichte und Täuschung in Caesars Meisterwerk, 2. Aufl. München 2017, S. 154.

***4.** Erkläre, wie der Autor Schauer die Darstellung der Germanen durch Caesar deutet.*
***5.** Erläutere Caesars Darstellungsabsicht anhand deines Sachwissens und deiner Ergebnisse aus den Aufgaben 1–4. Berücksichtige dabei auch die Wirkung auf sein Publikum in Rom.*

Germanen – alle gleich?

Dass die Konstruktion eines Fremdbildes nicht nur bei Caesar zu beobachten ist, zeigt ein Blick auf Textabschnitte aus der *Germania* des Historikers Tacitus (ca. 58–120 n. Chr.). Dieser beschreibt etwa 150 Jahre nach Caesar die Germanen als „Naturvolk" – auch um sie der von ihm kritisierten Dekadenz der römischen Gesellschaft gegenüberzustellen:

Habitus quoque corporum, tamquam in tanto hominum numero, idem omnibus: Truces et caerulei oculi, rutilae comae, magna corpora et tantum ad impetum valida, laboris atque operum non eadem patientia minimeque sitim aestumque tolerare, frigora atque inediam caelo solove assueverunt. [...] Deorum maxime Mercurium colunt, cui certis diebus humanis quoque hostiis litare fas habent.

Auch ihr Körperbau und ihr Aussehen ist, wie bei einer so großen Gruppe Menschen üblich, bei allen gleich: Sie haben trotzige blaue Augen, rotblondes Haar, sind groß und ihre Körper muskulös und nur zum Angriff gemacht; gegenüber entbehrungsreichen Mühen zeigen sie nicht dasselbe Maß an Ausdauer und am wenigsten können sie Durst und Hitze ertragen; sie sind schließlich durch das raue Klima und den kargen Boden an Frost und Hunger gewöhnt. [...] Am meisten von allen Göttern verehren sie Merkur, dem sie, ihrer Auffassung von göttlichem Recht folgend, sogar an bestimmten Tagen Menschenopfer darbringen.

6. ***Untersuche, wie Tacitus die Germanen charakterisiert.***
7. ***Vergleiche das Fremdbild, das Tacitus in den vorliegenden Textstellen von den Germanen zeichnet, mit deinen bisherigen Ergebnissen.***
8. ***Erkläre, welche Wirkung solche verallgemeinernden Beschreibungen haben, und nenne Beispiele aus der Gegenwart.***

Das „Fremde" hinter sich lassen.
Ab 1955 wurden in der Bundesrepublik Deutschland Männer und Frauen aus anderen Staaten als Arbeitskräfte angeworben. Für alle kam es dabei zu einer Begegnung mit „Fremdem".
In einem Ratgeber für türkische Arbeitnehmer hieß es dazu: „Sie haben sich entschlossen, in der Bundesrepublik Deutschland zu arbeiten. Fleißige Leute sind in der Bundesrepublik gut angesehen. Die Bundesrepublik entbietet Ihnen, die Sie fleißige Menschen sind, ein herzliches Willkommen und versichert Ihnen, dass Sie sich auf ihre Gastfreundschaft verlassen können. Die Deutschen verhalten sich anderen Völkern gegenüber im Allgemeinen zurückhaltend. Aber sie sind hilfsbereit und in ihren Kontakten zu Ausländern verständnisvoll. Besonders dann, wenn der Ausländer ein fleißiger Mensch ist, und wenn sie sehen, dass er aufrichtig seine Arbeit tut, bringen sie ihm Hochachtung entgegen. Diese beiden Dinge, Fleiß und Aufrichtigkeit, sind die besten Mittel, damit Sie Nähe und Freundschaft zu einem Deutschen aufbauen können."

Faltblatt der Bundesanstalt für Arbeitsvermittlung und Arbeitslosenversicherung. 1963

9. ***Erläutere, welche Art von Bild in dem Ratgebertext entworfen wird, und erkläre die Absicht.***
MK **10.** ***Recherchiere zu historischen oder aktuellen gesellschaftlichen Problemfeldern, denen verallgemeinernde Beschreibungen zugrunde liegen. Diskutiere mögliche Lösungsansätze.***

→ www.cornelsen.de Webcode: qoxudi

Ciceros Reden – Worte gegen Terror

Marcus Tullius Cicero (106–43 v. Chr.)

Beruf:	Politiker, Anwalt	
Eigenschaften:	politischer Ehrgeiz, rhetorische Brillanz, konservative Prinzipientreue	
Lebensweg:	**75–63:**	Alle Ämter des *cursus honōrum* besetzt Cicero zum frühestmöglichen Zeitpunkt *(suō annō)* und schafft den gesellschaftlichen Aufstieg aus dem Ritterstand in den Senatsadel.
	63:	Konsulat: Aufdeckung der Verschwörung des Catilina, Hinrichtung fünf ranghoher Verschwörer, Ehrentitel *pater patriae*
	60:	Cicero lehnt eine Beteiligung am Triumvirat ab.
	58:	Exil in Griechenland aufgrund eines vom Volkstribunen Clodius eingebrachten Gesetzes
	57:	Aufhebung des Exils, Rückkehr nach Rom
	56–52:	aufgrund von Bandenterror und Straßenkämpfen keine politische Betätigungsmöglichkeit, erste schriftstellerische Schaffensperiode mit Werken über Staatstheorie
	52:	Milo-Prozess: Cicero verteidigt Milo gegen die Anklage wegen Mordes.
	49–47:	nach Beginn des Bürgerkriegs Ausreise nach Griechenland und Rückzug aus der Politik
	47–44:	zweite schriftstellerische Schaffensperiode mit Werken über Rhetorik und griechische Philosophie
	43:	Ermordung Ciceros

Büste von Marcus Tullius Cicero. 1. Jh. v. Chr.

Optimaten und Popularen. Zur Zeit Ciceros unterschied man zwei politische Richtungen: die Popularen (*populārēs, -um*; z. B. Caesar), die ihre Ziele mithilfe des Volkes umsetzen wollten; die Optimaten (*optimātēs, -(i)um*; z. B. Cicero), die ihre Ziele mithilfe des Senats erreichen wollten.

Das Triumvirat. Im Jahr 60 v. Chr. schlossen die Popularen Caesar, Pompeius und Crassus einen „Drei-Männer-Bund" („Triumvirat"). Dieses Interessenbündnis sollte helfen, ihre Ziele gegen den Senat durchsetzen zu können: Caesar wollte sich Gallien als Provinz für sein Prokonsulat sichern, Pompeius brauchte Land für seine Veteranen, Crassus wollte ein Militärkommando im Osten. Sie vereinbarten außerdem, dass künftig nichts mehr im Staat geschehen solle, was einem von ihnen missfalle. Die Optimaten hingegen fürchteten um den Bestand der Republik.

Bandenterror und Straßenkämpfe. Cicero kritisierte das Triumvirat öffentlich und versuchte, den einflussreichen Politiker Pompeius für die Optimaten zu gewinnen. Dagegen versuchte Caesar über den Volkstribunen P. Clodius Pulcher von Gallien aus die Stadtpolitik zu kontrollieren. Clodius schüchterte mithilfe seiner Banden und des aufgewiegelten Volks Ciceros Familie und die Optimaten ein. Er zwang Cicero schließlich durch ein Gesetz in die Verbannung. Clodius' Gegner T. Annius Milo dagegen, der im folgenden Jahr mit Pompeius' Hilfe Volkstribun wurde, organisierte mit Banden und Gladiatoren die Gegenwehr für die Optimaten; er setzte sich für Ciceros Rückkehr ein und gewährte dessen Familie Schutz.

Nachts in den Straßen Roms in Asterix – die Lorbeeren des Caesar. 1974

Der Mordprozess gegen Milo. Im Jahr 53 v. Chr. spitzte sich die Lage zu: Milo bewarb sich um das Konsulat, Clodius um die Prätur. Um ein politisches Chaos – ausgelöst durch diese beiden Gegner – zu vermeiden, ließ man für das Jahr 52 v. Chr. weder Konsuln noch Prätoren wählen: Pompeius war also alleiniger Konsul. Am 18. Januar gingen Clodius und Milo auf der Via Appia aufeinander los. Ihre Begegnung endete mit Clodius' Tod. Milo wurde wegen Mordes angeklagt. Cicero übernahm seine Verteidigung, hatte aber keinen Erfolg und verlor den Prozess (→ Band 1, L14), obwohl er seine Rede nach allen Regeln der (Rede-)Kunst gestaltete.

Rhetorik als unverzichtbares Instrument im öffentlichen Leben. In der Antike war Rhetorik ein elementarer Bestandteil der Ausbildung und jeder, der Reden hielt, z. B. Politiker oder Anwälte, befolgte dabei die entsprechenden Regeln zur Gestaltung und Darbietung, um das gewünschte Ziel zu erreichen. Ein wichtiger Aspekt war auch der Aufbau einer Rede aus folgenden Teilen:

exōrdium (Einleitung)	das Interesse des Publikums wecken
nārrātiō (Schilderung des Sachverhalts)	das Publikum gewinnen: kurze, anschauliche und parteiische Darstellung des Sachverhalts
argūmentātiō (Beweisführung)	das Publikum rational überzeugen: Widerlegung der gegnerischen Argumente, Anführen der eigenen Argumente
perōrātiō (Schluss)	das Publikum emotional überreden: Hass, Gunst oder Mitleid erregen

Politik vor Gericht. Im Milo-Prozess ging es zwar um Mord, aber die Umstände, die zu der Tat geführt hatten, waren politischer Natur: Zugrunde lag der Konflikt zwischen Popularen und Optimaten. Dass Cicero den Prozess verlor, war für ihn nicht nur im Hinblick auf Milo, sondern auch politisch eine Niederlage. Seine tatsächlich gehaltene Rede bearbeitete er im Nachhinein und veröffentlichte sie; die Verteidigungsrede, die wir heute lesen, ist literarisch angereichert und brillant aufpoliert.

1. *Erkläre den Aufbau einer Rede und begründe die Reihenfolge.*
2. *Nenne alle dir bereits bekannten Informationen zu Cicero, Clodius und Milo (→ Band 1, L14).*
3. *Stelle Vermutungen an, warum Cicero seine Verteidigungsrede in einer überarbeiteten Version veröffentlichte und was er damit erreichen wollte.*

Rom zur Zeit des Bandenterrors und der Straßenkämpfe

Gefährliche Straßen. Als Clodius und Milo stellvertretend für die Popularen und Optimaten Straßenkämpfe organisierten, wagte sich in der Regel kein **(nūllus)** Römer ohne Gefolge **(comitātus, -ūs)** vor die Tür. Wenn Cicero zum Senat **(senātus, -ūs)** aufbrach **(proficīscī, -or)**, konnte er – wie **(ut)** es nicht selten geschah – beschimpft oder verletzt werden. Sich auf dem Forum aufzuhalten **(morārī)**, war gefährlich. Da es verboten war, in der Stadt mit einem Wagen zu fahren **(vehī, -or)** oder zu reiten, blieb nur der Weg zu Fuß. Auch wer die Stadt verlassen wollte, musste sich auf Gefahren vorbereiten **(comparāre)**: Wegelagerer **(īnsidiātor, -ōris)** lauerten Reisewagen **(raeda)** auf, die sie ungehindert **(expedītus, -a, -um)** überfallen konnten. Wer dabei nur seinen Reisemantel **(paenula)** verlor, kam glimpflich davon.

Römischer Reisewagen. Relief. 1. Jh. n. Chr.

Cicero klagt an: Ein Attentat mit Vorsatz

Certē rem prōvidēre potuissēmus: Clōdius enim dīcēbat cōnsulātum[1] Milōnī ēripī nōn posse, vītam posse. Dīxit hoc saepe in **senātū**, dīxit in contiōne[2]. Etiam M. Favōniō, praeclārō virō, quaerentī ex eō: „Quam spem cōnsulātūs[1] habēs, dum Milō vīvit?“, respondit: „Trīduō[3] ille aut quadrīduō[3] mortem obībit.“

1) **cōnsulātus**, -ūs m: das Konsulat 2) **contiō**, -iōnis f: die Volksversammlung 3) **trīduō/quadrīduō**: in drei/vier Tagen

Die Kunst zu überzeugen. Clodius und Milo hatten mit ihren Banden absichtlich die blutige Auseinandersetzung gesucht: Dies war ein Nachteil für Milo im Prozess. Dennoch wollte Cicero als sein Anwalt einen Freispruch erreichen: Er stand also vor dem Problem, die Richter von der Unschuld Milos überzeugen zu müssen, obwohl dieser nicht frei von Schuld war. Welche Argumente konnte er für den Angeklagten anführen? Und wie konnte er diese möglichst wirkungsvoll vortragen? Hier nutzte er die Rhetorik als „die Kunst, an jedem Gegenstand das möglicherweise Überzeugende zu finden“ (Aristoteles). Die Richter würden streng nach dem Gesetz urteilen – Cicero musste sie also überzeugen, dass Milo gar nicht gegen diese Gesetze gehandelt hatte ...

1. *Fasse Ciceros Argument aus dem lateinischen Text oben mit eigenen Worten zusammen.*
2. *Der lateinische Text stammt aus der* ***nārrātiō****. Erläutere, inwiefern Ciceros Darstellung den Zielen einer* ***nārrātiō*** *(→ S. 51) entspricht.*

W Neu und doch bekannt

ēdūcere – recurrere

a. Zerlege die Komposita in ihre Bestandteile und nenne jeweils die Bedeutung des Verbs, das ihnen zugrunde liegt. Erschließe dann die Bedeutung der neuen Vokabeln.

W G1 Ciceros Ärger über Clodius' Vorgehen

Clōdius scelera fēcit.	Scelera ā Clōdiō facta sunt.
Clōdius scelera faciēbat et facit et faciet.	Scelera ā Clōdiō **fīēbant** et **fīunt** et **fīent**.
Sciō Clōdium scelera facere.	Sciō scelera ā Clōdiō **fierī**.

Cicero

*b. Erschließe die Bedeutung der neuen Formen und übersetze die Sätze; beschreibe, welche Verbformen durch das Verb **fierī** ersetzt werden.*

*c. Die Konjugation von **fierī** entspricht im Präsensstamm der i-Konjugation. Bilde in Anlehnung an die Formen von **audīre** die entsprechenden Formen von **fierī** und gib jeweils Tempus und Modus an: **audīmus – audīs – audiēbant – audiet – audiō – audiēbātis – audiam – audiunt**.*

W G2 Clodius' Kritik an Milo – heute wie früher

Clodius:

Hodiē ...	Iam anteā ...
... Milō optimātēs iuvāre **solet**.	... Milō optimātēs iuvāre **solitus est**.
... Milō nōn gaudet nōs Pompēiō resistere.	... Milō nōn gāvīsus est nōs Pompēiō resistere.
Etiam nōs temptāre **audet**.	Etiam nōs temptāre **ausus est**.

d. Ordne den neuen Verben die passende Bedeutung zu: wagen – gewohnt sein.

e. Links stehen die Prädikate im Präsens, rechts im Perfekt. Beschreibe die Besonderheit der Perfektbildung und bilde jeweils die Stammformen.

f. Die markierten Verben heißen Semideponentien („halbe Deponentien"). Erkläre diesen Begriff.

W

1. Suche die Vokabeln heraus, die zum Sachfeld „Reise" passen.

aeternus – comparare – morari – condicio – proicere – princeps – lex – expeditus – caedes – numen – proficisci – concilium – comitatus – color – vehi – comes – impetus

G1

2. Nenne jeweils den Infinitiv und übersetze die Formen.

fis – vis – fies – fingunt – fiunt – faceret – fieret – feret – fimus – finimus – fecimus

3. Wähle eine passende Übersetzung für die fett gedruckten Ausdrücke.

1. Milo Ciceroni **obviam fit**. 2. Insidiae Miloni **fiunt**. 3. Clamor servorum **factus est**. 4. Insidiator insidias paravit (ut **fit**).

gestellt werden – sich erheben – geschehen – begegnen

G2

4. Tempus, wechsel dich! Bestimme die Form und setze sie ins andere Tempus (Präsens ↔ Perfekt, Imperfekt ↔ Plusquamperfekt, Futur I ↔ Futur II).

solitus est – audeatis – facti simus – fiam (!) – ausae estis – solerent – gavisi erunt

S

5. Das wirft die Anklage Milo vor! Wähle die passende Bedeutung für ut und übersetze.

1. Milo iter fecit, ut Clodio in via insidias pararet. 2. Servi Milonis tanta vi impetum in Clodium fecerunt, ut is occideretur. 3. Nunc Milo – ut facere solet – dicit se scelus non commisisse.

sodass – damit – wie

6. Das kann man auch weglassen ... Übersetze und ergänze die passende Form von esse.

1. Servus Milonem profectum ___ dixit.
2. Milo paulum moratus est. Tum profectus ___.

7. Wähle eine passende Bedeutung für in und übersetze.

1. Milo in via est. 2. Subito scelerati in eum impetum fecerunt. 3. Servi Milonis fidem in dominum coluerunt et eum defenderunt.

gegen – auf – in – gegenüber – nach

8. Straßenterror in Rom. Übersetze die lateinischen Ausdrücke (→ Grammatik-Teil L 34 G+ S).

Nullus Mensch ging allein vor die Tür, sondern immer nur **magno comitatu**. Angesichts wachsender Kriminalität und Straßenkämpfe war es auch nicht angeraten, **nullis comitibus** auf die Straße zu gehen.

9. Deponentien durcheinander. Bringe die Ausdrücke in eine passende Reihenfolge, übersetze und formuliere Vermutungen zum Textinhalt.

cum uxore in raeda vehi – morari – proficisci – impetum facere audere – obviam fieri

Eine folgenschwere Begegnung

Cicero schildert in seiner Rede die Geschehnisse des Tages, an dem Clodius den Tod fand, und zieht alle rhetorischen Register, um seine Zuhörer von Milos Unschuld zu überzeugen.

a. Stelle aus Z. 1–12 Informationen zu den beiden gegnerischen Gruppen zusammen. Achte dabei auf Eigennamen und Pronomina.
b. Erschließe anhand der fett gedruckten Subjekte die Handlungen der unterschiedlichen Gruppen.

Milō autem, cum in senātū fuisset eō diē, domum vēnit. Calceōs[1] et vestem mūtāvit. Paulum, dum sē uxor (ut fit) comparat, morātus est. Deinde profectus. Obviam fit eī Clōdius, expedītus, in equō, nūllā raedā, nūllīs impedīmentīs, nūllīs comitibus, ut solēbat, sine uxōre – cum hic „īnsidiātor", quī iter illud ad caedem apparāvisset, cum uxōre veherētur in raedā, paenulātus[2], māgnō et impedītō[3] et muliebrī ac mollī ancillārum puerōrumque[4] comitātū.

Ermordung des Clodius. Silvestre David Mirys. 1810

Fit obviam Clōdiō ante fundum[5] eius hōrā ferē ūndecimā[6]. Statim **complūrēs** cum tēlīs in hunc impetum facere ausī sunt: Raedārium[7] occīdunt. Cum autem **hic** dē raedā rēiectā[8] paenulā dēsiluisset[9] sēque ācrī animō dēfenderet, **illī**, quī erant cum Clōdiō, gladiīs ēductīs, partim recurrērunt ad raedam, ut ā tergō Milōnem adorīrentur; partim, quod hunc iam interfectum putārent, caedere incipiunt eius servōs, quī post erant:
Hī servī Milōnis, quī animō fidēlī in dominum fuērunt, partim occīsī sunt, partim fēcērunt nec imperante nec sciente dominō id, quod nōs omnēs ā servīs nostrīs in tālī rē popōscissēmus.

1) **calceus**, -ī m: der Schuh 2) **paenulātus**, -a, -um: im Reisegewand *(die Paenula)* 3) **impedītus**, -a, -um: bepackt 4) **ancillae puerīque**: die Dienerinnen und Diener 5) **fundus**, -ī m: das Grundstück 6) **hōrā ūndecimā** *(Abl.)*: zur elften Stunde 7) **raedārius**, -ī m: der Kutscher 8) **rēicere**, -iō, -iēcī, -iectum: zurückwerfen 9) **dēsilīre**, -iō, -siluī: herabspringen

c. Erläutere, wer mit ***hic īnsidiātor*** *(Z. 8) gemeint ist und inwiefern der Ausdruck ironisch verwendet wird.*
d. Zeige anhand der Ausdrücke, die Cicero für die Kampfhandlungen von Milos und Clodius' Leuten gebraucht (Z. 14–21), welches Bild er den Zuhörern von den Angreifern und Verteidigern vermitteln möchte.
e. Erläutere, welche Wirkung Cicero mit der Wiederholung von ***partim*** *(Z. 16–17, 19) beim Zuhörer erzielt.*
MK *f. Verfasse einen Bericht für eine Zeitung, in dem du den Tathergang schilderst. Diskutiert in der Lerngruppe, welche Schwierigkeiten sich für einen Berichterstatter ergeben.*

Recht und Gesetz in der Republik

Innere Sicherheit in Rom. Eine aktive Strafverfolgung durch den Staat bzw. eine Polizei gab es zur Zeit Ciceros nicht. Wer sich vor Verbrechen schützen wollte, hatte nur die Möglichkeit **(potestās, -ātis)**, sich selbst zu helfen, z. B. durch Fenstergitter, allerlei Schlösser, Abwehrzauber, Warnhinweise auf Wachhunde oder mit Leibwächtern. Auch wer ein Verbrechen anzeigen wollte, ermittelte zunächst privat. Doch zur Zeit des Bandenterrors und der Straßenkämpfe schwiegen **(silēre)** immer mehr Bürger, auch wenn sie ungerechte **(iniūstus, -a, -um)** Handlungen beobachteten. Banden griffen auf offener Straße ehrenhafte **(honestus, -a, -um)** Menschen an, ohne bestraft zu werden **(poenam luere, -ō)**. Raub und Mord **(nex, necis)** waren an der Tagesordnung. Gegen Räuber **(latrō, -ōnis)** und Wegelagerer war Notwehr erlaubt. Man durfte also eine Waffe zur Selbstverteidigung tragen; mit der Absicht, jemanden zu töten, stand dies aber unter Strafe. Doch welche Absicht hat jemand, der eine Waffe trägt? Dies ist die zentrale Frage im Prozess gegen Milo.

Silent enim lēgēs inter arma.

Das Zwölftafelgesetz. Lithographie von Claude Nicolas Malapeau. 1799

Das geltende Recht und seine Auslegung. Die Grundlagen des geltenden Rechts in Rom waren das ungeschriebene Gesetz **(mōs māiōrum** → L29**)** und das geschriebene Gesetz **(lēx scrīpta)**. Das älteste geschriebene Gesetz Roms war das Zwölftafelgesetz. Zur Zeit Ciceros waren Gesetze stark von der Tagespolitik beeinflusst: So wurde z. B. unmittelbar vor Beginn des Milo-Prozesses ein für Milo ungünstiges Gesetz eingebracht, das Prozesse um Gewaltverbrechen stark beschleunigte.

Daneben gab es in der Antike noch ein weiteres Recht, das sogenannte Naturrecht **(lēx nāta)**: Dieses Recht war das Ergebnis dessen, was man bei allen Gemeinschaften beobachtete und daher für naturgegeben hielt. Das Rechtssystem war aber noch nicht so umfassend und präzise gestaltet wie heute. Der Spielraum für die Auslegung war daher groß; die Verbindlichkeit des Rechts und die Kontrolle der Rechtsprechung wurden jedoch dadurch gesichert, dass Prozesse öffentlich geführt wurden. Beides konnte sich ein Redner zunutze machen.

1. Diskutiert in der Lerngruppe, welche Situation mit dem lateinischen Satz beschrieben werden könnte, und findet eine passende Überschrift.

MK *2. Recherchiere im deutschen Strafgesetzbuch (StGB) den Paragraphen 32. Finde Beispiele, in denen er zur Anwendung kommen könnte.*

W Ein Wort, viele Bedeutungen: *ratiō*

Quā **ratiōne** scelerātus vindicātur?
Ratiō difficilis est: Quā ratiōne scelerātus vindicārī dēbet?
Ratiōne ūtī dēbēmus, cum lēgēs cōnstituimus.

a. *ratiō bedeutet „Vernunft, Art und Weise, Methode, Überlegung". Erschließe, wie* ***ratiō*** *jeweils zu übersetzen ist.*

b. *Gib die Deklination und das Genus des Substantivs* ***ratiō*** *an.*

G1 Zeit für VeräNDerung – Verben wechseln die Wortart

Ein Anwalt möchte den Prozess gewinnen:

(1) Victōria mihi placet. Vincere mihi placet.

c. *Übersetze und beschreibe den Unterschied zwischen den beiden Ausdrucksweisen.*

(2) Cupiditās victōriae mihi est. Cupiditās vincendī mihi est.
Omnia parāta sunt ad victōriam. Omnia parāta sunt ad vincendum.
Victōriā glōriam mihi parō. Vincendō glōriam mihi parō.

d. *Übersetze und beschreibe den Unterschied zwischen den Sätzen links und rechts. Die neue Form wird als „Verbalsubstantiv" bezeichnet – erschließe eine Erklärung für diesen Begriff.*

e. *Nenne die Bildungsregel für die neuen Formen.*

(3) Inimīcī victōriā glōriam mihi parō. Inimīcum vincendō glōriam mihi parō.

f. *Übersetze (3) und beschreibe den Unterschied zwischen den Sätzen links und rechts. Worin liegt der Unterschied zum Deutschen?*

G2 *nd* – eine Form mit zwei Gesichtern

(1) Cupiditās causam suscipiendī mihi est.
= Cupiditās causae suscipiendae mihi est.

(2) Causam suscipiendō glōriam mihi parō.
= Causā suscipiendā glōriam mihi parō.

g. *Übersetze die beiden Beispiele.*

h. *Beschreibe die Verwendung der neuen nd-Formen und nenne die Wortart, der sie entsprechen. Begründe deine Auffassung.*

W

1. Wer tanzt aus der Reihe? Begründe.

a. insidiator – latro – fur – orator

b. silere – dicere – respondere – rogare

c. honestus – iniustus – bonus – pius

G1

2. Scharfblick gefragt. Wähle jeweils das Gerundium.

a. comparando – comparato

b. iudicandi – iudicanti

c. interficientium – interficiendum

d. defendendi – defendi

3. „Nur Notwehr" – Milos Sicht der Dinge. Übersetze.

1. Omnes sciunt: Servi Clodii semper parati ad interficiendum sunt. 2. Illi me quoque armis petiverunt. 3. Itaque pugnandi causa telis usus sum. 4. Nam lex ipsa nobis dat potestatem defendendi.

G2

4. Gerundiva vor Gericht.

a. Übersetze die lateinischen Ausdrücke im Text wörtlich.

Als Cicero *ad Milonis libertatem defendendam* auf das Forum geht, hat er Zweifel. Denn er weiß, dass Milo *in gladio educendo* gesehen wurde. Außerdem hat er gehört, dass *iudicum corrumpendorum causa* viel Geld geflossen ist.

b. Finde eine angemessenere Übersetzung für die Gerundiva in a.

5. Grundverschieden? Gerundium oder Gerundivum? Entscheide und übersetze.

1. Ciceroni magna cupiditas causam suscipiendi est. 2. Itaque Clodio accusando Milonem defendit: „Clodius Milonis occidendi causa insidias paravit. 3. Vos omnes illum fuisse paratum ad Romam vastandam intellegitis. 4. Ille semper libertati eripiendae studuit. 5. Servos armando[1] omnibus Romanis imperare voluit."

1) **armāre**: bewaffnen

S

6. Ohne Ende Infinitive? Suche die Infinitive im Passiv heraus, nenne jeweils Lernform und Bedeutung.

nostri – expediti – exspectari – insidiatori – occidi – inferri – inimici – ausi – interfici – habui

7. Nicht den Anschluss verlieren!

a. Beschreibe die Verwendung der Relativpronomina (→ Grammatik-Teil L 35 G+ S) und übersetze.

Clodius cum servis profectus est, ut Miloni obviam fieret. Quem ante fundum[1] exspectavit. Cuius autem servi dominum non deseruerunt. Qui gladiis eductis Clodium interfecerunt.

1) **fundus**, -ī m: das Grundstück

b. Bestimme die Verwendung des Interrogativpronomens und übersetze.

Quis poenas dare debet? Quos homines laudare debemus?

8. incidere bedeutet wörtlich „hineinfallen": Überlege, wie das Verb zu übersetzen ist.

1. Cicero Milonem in insidias incidisse dicit. 2. Quid hominibus facere licet, si in vim et in tela incidunt?

9. Aus dem Zwölftafelgesetz. Übersetze.

Furem, qui utitur telo, occidere iniuria non est. Ergo sceleratum vitae servandae causa occidere licet. Telo uti ad se defendendum licet. Nam vi vis illata defenditur.

10. Der Zweck heiligt die Mittel?

Omnis ratio expediendae[1] salutis honesta est.

1) **expedīre**: *hier:* sicherstellen

a. Übersetze.

b. Stelle auf Basis von a. Vermutungen darüber an, wie Cicero die Richter zu Milos Freispruch bewegen möchte.

Auf den Vorsatz kommt es an?

Allegorie der Iustitia. Bamberger Dom. Ca. 13. Jh.

Da Cicero seinen Zuhörern nahelegen will, dass Clodius, nicht Milo es auf eine Konfrontation abgesehen hatte, stellt er die Frage, ob es überhaupt unrechtmäßig sein kann, sich gegen Verbrecher zu verteidigen.

***a.** Ordne die Verbformen aus Z. 4–5 in einer Tabelle den Begriffen* **scrīpta lēx/nāta lēx** *zu.*
***b.** Ergänze den deutschen Text, indem du die grün markierten Ausdrücke übersetzt.*

Quae iniūsta nex īnsidiātōrī et latrōnī īnferrī potest? Quid comitātūs nostrī, quid gladiī volunt[1]? Quōs habēre certē nōn licēret, sī ūtī illīs nūllō pactō[2] licēret.
Est igitur haec, iūdicēs, nōn scrīpta, sed nāta lēx. Quam nōn didicimus, accēpimus, lēgimus, vērum ex nātūrā ipsā adripuimus[3], hausimus, expressimus[4].
Ad quam nōn ā māiōribus doctī sed ā nātūrā factī sumus,
ut,
sī vīta nostra in aliquās īnsidiās,
sī in vim et in tēla aut latrōnum aut inimīcōrum inciderat,
omnis ratiō expediendae[5] salūtis honesta esset.
Silent enim lēgēs inter arma. Nec lēgēs iubent sē[6] ā nōbīs exspectārī. Nam, sī exspectāmus, ante iniūstam poenam luere dēbēmus, quam[7] iūstam poenam repetere possumus.

Etsī persapienter et quōdam modō tacitē dat ipsa lēx potestātem dēfendendī; quae nōn hominem occīdī, sed esse cum tēlō hominis occīdendī causā vetat, ut is, cum causa, non tēlum quaererētur, quī suī dēfendendī causā tēlō ūsus esset, nōn hominis occīdendī causā habuisse tēlum iūdicārētur.	*Und dennoch gibt uns das Gesetz selbst äußerst weise und gleichsam stillschweigend [...]; es verbietet nämlich nicht, einen Menschen zu töten, sondern eine Waffe bei sich zu tragen [...], sodass – da ja nicht die Waffe sondern das Motiv untersucht wird – derjenige, der eine Waffe gebraucht [...], nicht dafür verurteilt werden dürfte, eine Waffe bei sich gehabt zu haben [...].*

Hoc igitur in causā manet, iūdicēs, īnsidiātōrem iūre interficī posse.

1) **velle**: *hier:* bezwecken 2) **nūllō pactō**: unter keinen Umständen 3) **adripere**, -iō, -ripuī, -reptum: *hier:* unmittelbar übernehmen 4) **exprimere**, -ō, -pressī, -pressum: *hier:* ausdrücken, nachformen, ausformen 5) **expedīre**: *hier:* sicherstellen 6) **sē**: *bezieht sich auf das Subjekt des Satzes* (lēgēs) 7) **ante ... quam**: eher ... als

***c.** Analysiere, wie Cicero die Gegenüberstellung der* **nāta** *und* **scrīpta lēx** *sprachlich gestaltet.*
***d.** Erläutere Ciceros Vorstellung von Naturrecht und geschriebenem Recht.*
MK ***e.** Recherchiere das Recht auf Waffenbesitz in den USA sowie in Deutschland und diskutiere deine Ergebnisse mit deiner Lerngruppe. Beziehe in deiner Argumentation den Lesetext mit ein.*

Exil – eine politische Strafe

Wandfresko über Rückkehr Ciceros aus dem Exil.
Cicero wird von den Römern im Triumph zum Kapitol getragen.
Franciabigio. Villa Medici 1521

Verbannung. Anders als heute gab es in Rom keine Haftstrafen. Für Delikte wie Diebstahl, Betrug und Körperverletzung gab es Geldstrafen, für schwere Verbrechen, wie etwa Mord, die Todesstrafe. Wenn die Verteidigung **(dēfēnsiō, -ōnis)** vor Gericht zu scheitern drohte, konnte sich der Angeklagte der Todesstrafe entziehen, indem er freiwillig aus Italien wegging **(abīre, -eō)**: Ein so Verbannter verlor nicht nur sein Bürgerrecht und Vermögen – und damit Ansehen und Einfluss **(auctōritās, -ātis)**, er musste auch seine Familie entbehren **(carēre)**, die allein und ohne Schutz **(praesidium)** zurückblieb. Einige wie Cicero, deren Verurteilung heute ungerechtfertigt erscheint, traf die Verbannung zu einem Zeitpunkt, an dem sie auf ein erfolgreiches Leben zurückblicken konnten. Umso bitterer war es für sie, wenn sie nun die Früchte ihrer Arbeit nicht genießen **(fruī, -or)** konnten, sondern um sich selbst und ihre Angehörigen Angst haben mussten: „Sorge, so gut du kannst, für deine Gesundheit und sei überzeugt, dein Elend geht mir mehr zu Herzen als mein eigenes!", schrieb Cicero im April 58 aus dem Exil an seine Frau.

Cicero rechnet mit Clodius ab

Polluit[1] scelere religiōnēs, tam gravia senātūs cōnsilia frēgit, pecūniā iūdicēs ante omnium oculōs corrūpit, torsit in tribūnātū[2] senātum, omnia prō salūte reī pūblicae gesta perdidit, mē patriā expulit, possessiōnēs rapuit, domum incendit, līberōs et coniūgem meam torsit.

1) **polluere**, -ō, polluī, pollūtum: beflecken 2) **tribūnātus**, -ūs m: das Tribunat

***perōrātiō* – am Ende Emotion.** Oft hinterlässt das Ende einer Rede den stärksten Eindruck. Daher lehrt die antike Rhetorik, in diesem Teil der Rede mit viel Pathos an die Emotionen des Publikums zu appellieren. Auch Cicero nutzt diese Gelegenheit in seiner Verteidigungsrede für Milo: Er stellt den Gegner noch einmal in ein besonders schlechtes Licht. Er schildert aber nicht nur dessen Verbrechen; vielmehr stellt er die Taten in einen größeren Rahmen: Die *religiō* sei in den Schmutz und die *rēs pūblica* selbst in Mitleidenschaft gezogen worden. Mit dem Bezug auf altrömische Werte und die politische Ordnung macht Cicero Clodius zu einem Staatsfeind. So betritt Cicero mit seiner Rede vor Gericht gleichsam auch die politische Bühne: Seine Verteidigung gerät zu einem öffentlichen Angriff auf die Popularen und ist somit auch eine politische Rede.

MK 1. *Wählt eine Person, die ins Exil gehen musste, und erstellt eine Präsentation, in der ihr (a) die Person steckbriefartig vorstellt, (b) den Grund für das Exil nennt, (c) die Person Stellung zu ihrem Exil nehmen lasst.*

2. *Der obige Text stammt aus dem Ende der* **argūmentātiō** *(→ S. 51). Fasse das Argument zusammen.*

WH Gleiche Signale mit unterschiedlicher Funktion

(1) audiam – agēmus – audiētis – agātur – vocent
(2) vocāverim – monuerit – ēgerō

***a.** Bestimme jeweils Tempus und Modus der angegebenen Verbformen und nenne das Tempus- bzw. Moduszeichen. Achtung: Zwei Formen sind mehrdeutig.*

G1 Wünsche aus dem Exil

Wunsch	*Aber leider …*
Utinam in urbe Rōmā essem!	Sed in exiliō sum.
Utinam in urbe Rōmā manēre mihi licuisset!	Sed Rōmae manēre mihi nōn licuit.

***b.** Im Lateinischen können der Konjunktiv Imperfekt und der Konjunktiv Plusquamperfekt im Hauptsatz einen Wunsch ausdrücken, den der Sprecher für unerfüllbar hält. Signalwort für einen solchen Wunsch ist **utinam**. Erschließe passende Übersetzungen.*

Utinam nē in exilium missus essem! Sed in exilium missus sum.

***c.** Übersetze und gib an, wie Wünsche im Lateinischen verneint werden.*

Optō, ut mox Rōmam redīre possim. **Utinam** mox Rōmam redīre possim!

***d.** Im Lateinischen kann auch der Konjunktiv Präsens im Hauptsatz einen Wunsch ausdrücken. Erschließe eine passende Übersetzung.*

***e.** Beschreibe den Unterschied zu den Wünschen oben.*

G2 Aufforderungen und Verbote

Cicero ad Tulliam:
(1) Nē dēspērāveris!
(2) Tullius nē dēspēret!
(3) Ab amīcīs auxilium petāmus!

Hortativ (Aufforderung an die 1. P. Pl.)
Prohibitiv (Verbot gegenüber der 2. P. Sg./Pl.)
Iussiv (Aufforderung an die 3. P. Sg./Pl.)

***f.** Der Konjunktiv im Hauptsatz drückt auch (verneinte) Aufforderungen aus. Ordne die Funktionen den Beispielen zu und erschließe eine geeignete Übersetzung. Bestimme dann jeweils das Tempus des Konjunktivs.*

G3 Selbstzweifel im Exil: Soll ich oder soll ich nicht?

Cicero fragt sich selbst: „Quid nunc faciam? Auxilium petam an nōn?"

***g.** Bestimme das Tempus der markierten Konjunktivformen, erschließe eine Übersetzung und beschreibe die Funktion des Konjunktivs.*

Er überlegt, ob sein Verhalten damals richtig war: „Quid tum facerem? Auxilium peterem?"

***h.** Bestimme auch hier das Tempus der markierten Form, erschließe eine Übersetzung und beschreibe den Unterschied zu den Fragen oben.*

W ***1. Schreibe einen Tagebucheintrag aus Milos Perspektive, in dem die Substantive auctoritas, defensio, praesidium und die Verben carere, abire, frui vorkommen.***

WH ***2. Modusmischung. Suche alle Konjunktive heraus und bestimme sie.***

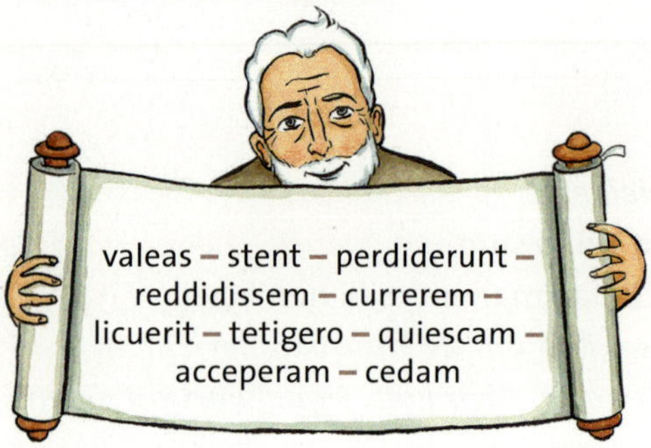

G1 ***3. So viele Wünsche! Übersetze.***

1. Utinam venires! – Utinam venisses! – Utinam venias!
2. Beatus sis! – Utinam ne esses tristis!

4. Das Leben ist kein ...
Übersetze und bestimme, um welchen Wunschsatz es sich handelt.

1. Milo: „Utinam ne iudices me damnent!" 2. Servi: „Ne Milo Clodio obviam factus esset!" 3. Milo: „Utinam Cicero oratione habita me liberare possit!"

G2 ***5. Ordne die Konjunktivfunktionen richtig zu: Hortativ, Iussiv, Prohibitiv. Übersetze.***

1. Milo: „Servi, qui Clodium secuti sunt, poenam iustam luant!" 2. Populus: „Ne Milonem damnaveritis!" 3. Cicero: „Servos, qui Clodium interfecerunt, laudemus!"

G3 ***6. Milo hat Cicero die Rückkehr aus dem Exil ermöglicht. Deswegen hat er jetzt Probleme. Er denkt nach.***

1. Ciceronem patriae reddidi. Itaque nunc mihi locus in re publica deest. Ciceronem non servarem? Putarem mihi locum in re publica defuturum esse[1]? 2. Quid nunc faciam? Spem in praesidio bonorum virorum ponam? Sed boni non adsunt!

1) **dēfutūrum esse**: fehlen werden *(Inf. Fut.)*

S ***7. Grammatikgenuss. Setze die Prädikate ins angegebene Tempus und übersetze.***

Milo: „Si pace frui mihi non licet (Fut. II), defendendi causa armis utor (Fut. I)."

8. Grund zur Freude! Übersetze und beurteile, inwiefern die Aussagen zutreffen (könnten).

1. Populus Romanus Clodio interfecto gaudet.
2. Populus Romanus re publica liberata gaudet.
3. Populus Romanus Cicerone orationem habente gaudet.

9. Vielsagende Worte eines Staatsmannes.

„Valeant", inquit, „valeant cives mei: Stet haec urbs praeclara patriaque amata!"

a. Bestimme die Konjunktivfunktionen und übersetze.

b. Stelle Vermutungen an, aus welchem Grund Milo sich so äußern könnte.

Dem Angeklagten wird das Wort erteilt

Cicero führt gegen Ende des Prozesses eine fiktive Rede von Milo an, in welcher der Angeklagte sich sowohl an seine Mitbürger als auch an Cicero selbst wendet: Er beklagt, dass ihn sein Einsatz für den Staat und für Cicero in diese schwierige Situation gebracht hat.

a. *Erstelle ein Tempusrelief für alle Hauptsätze. Stelle Vermutungen über die Verwendung der Tempora und Modi an.*
b. *Visualisiere die Sätze in Z. 6–9 und Z. 11–16 anhand der Einrückmethode und formuliere eine Beobachtung zur jeweiligen Struktur des Satzes.*

Marmorrelief eines römischen Redners: Ein Teil seines Publikums steht wortwörtlich hinter ihm, ein Teil beschimpft ihn. Um 100 v. Chr.

„Valeant“, inquit, „valeant cīvēs meī: Sint incolumēs, sint flōrentēs[1], sint beātī: Stet haec urbs praeclāra patriaque amāta — quōquō modō dē mē dēcrēverit. Trānquillā rē pūblicā meī cīvēs, quoniam mihi cum illīs nōn licet[2], sine mē, sed propter mē tamen perfruantur. Ego cēdam atque abībō: Sī[3] mihi bonā rē pūblicā Rōmānā fruī nōn licuerit, at[3] fugiam malam et, cum prīmum[4] aliam cīvitātem bonam et līberam invēnerō, in eā conquiēscam.
Ō spēs fallācēs et cōgitātiōnēs inānēs meae! Ego, cum tribūnus plēbis[5] rē pūblicā oppressā mē senātuī dedissem[6], quem exstīnctum accēperam[7], equitibus Rōmānīs, quōrum vīrēs erant dēbilēs, bonīs virīs, quī omnem auctōritātem Clōdiānīs[8] armīs perdiderant, mihi umquam bonōrum praesidium dēfutūrum[9] putārem? Ego cum“ — mēcum enim saepe loquitur — „tē patriae reddidissem, mihi putārem in patriā dēfutūrum esse[9] locum?
Ubī nunc senātus est, quem secūtī sumus? Ubī equitēs Rōmānī tuī? Ubī studia mūnicipiōrum[10]? Ubī Italiae vōcēs? Ubī dēnique tua, M. Tullī, quae plūrimīs fuit auxiliō, vōx atque dēfēnsiō? Mihine ea sōlī, quī prō tē totiēns mortī mē obtulī, nihil potest opitulārī[11]?“

1) **flōrēns**, -entis: wohlhabend 2) **licet**: *erg.:* perfruī trānquillā rē pūblicā 3) **sī ... at**: *hier:* wenn schon ... dann doch wenigstens 4) **cum prīmum**: sobald 5) **tribūnus** (-ī m) **plēbis**: → L30 6) **sē dare** *(m. Dat.)*: sich in den Dienst stellen von 7) **exstīnctum accipere**: *hier:* in einem desolaten Zustand vorfinden 8) **Clōdiānus**, -a, -um *(Adj.)*: des Clodius, zu Clodius gehörig 9) **dēfutūrum** (esse): fehlen werden *(Inf. Fut.)* 10) **mūnicipium**, -ī n: die Landstadt 11) **nihil ... opitulārī**: nicht helfen

c. *Beschreibe den Gedankengang der Rede in Abhängigkeit von der Verwendung der Tempora und vergleiche mit deinen Vermutungen aus* ***a.***
d. *Analysiere die sprachliche Gestaltung in Z. 1–5 sowie Z. 18–20 und erläutere ihre Wirkung.*
e. *Vergleiche die Darstellung von Clodius und Milo in ihrem Verhalten gegenüber dem Staat und den römischen Bürgern. Beziehe auch die Sachinformation (→ S. 60) mit ein.*

→ *www.cornelsen.de Webcode: qoxudi*

W

1. Wortverwandtschaften.

a. Diese Wortfamilien enthalten unbekannte Wörter. Erschließe ihre Bedeutung.

laetitia, *laetus* – **sperare**, *spes*

b. Cicero hat sich für seine Rede Notizen gemacht. Tiro hat jedoch Verbesserungsvorschläge. Erkläre die Bedeutung der von ihm ersetzten Wörter.

1. Clodius Romam ~~sibi esse~~ **possidere** voluit.
2. Itaque ~~tota~~ **cuncta** Italia Miloni adesse debet.

c. Erschließe die Bedeutungen der lateinischen Wörter.

1. Cicero war als Redner **notus**. 2. Viele Römer hielten ihn für den **maximus** Redner ihrer Zeit. 3. Sie sahen ihn bei den Vorträgen, wie wir ihn auf dem Bild erkennen können: Ciceros **cervix** ist stolz emporgereckt, seine **dext(e)ra** gestikuliert ausladend.

2. Ein Wort, viele Verwendungsmöglichkeiten. Finde passende Bedeutungen für tenere.

1. Lacrimas tenere non possum. 2. Verba Ciceronis memoria tenemus. 3. Clodium sceleratum fuisse constat. Scelera eius tenentur!

G

3. Eine Frage des Werkzeugs. Ordne den Ablativen inhaltlich passende Verben zu.

ferro – legibus – laetitia – exercitu – dextra

afficere – tenere – interficere – regere – repellere

4. Probleme im Plural: Manche Pluralformen aus dem Lateinischen können wir schwer ins Deutsche übertragen. Finde angemessene Übersetzungen, z. B. amores – „die Liebesgefühle“.

1. Multa bona in re publica videmus.
2. Haec, quae dicis, vera non sunt. 3. Milo furores Clodii repellit.

5. Stadtgespräch. Übersetze.

1. Marcus: „Audivistine Milonem accusari?“ 2. Quintus: „Certe audivi. Sed crimen fingi puto.“ 3. Marcus: „Putas verum esse Clodium ab illo interfectum esse?“ 4. Quintus: „Incertus sum. Audiamus id, quod Cicero dicet!“

S

6. Eine eindeutige Angelegenheit? Übersetze.

Homines dicunt Clodium exercitum conscribere[1].
Ego puto haec vera non esse.
Ego puto haec fingi.
Ego puto Clodium exercitum non conscribere[1].
Ego puto fingi Clodium exercitum conscribere[1].

1) **cōnscrībere**, -ō, -scrīpsī, -scrīptum: *(ein Heer)* anwerben/ausheben

Einstimmig verurteilt?

Als weiteres Argument gegen die Verurteilung von T. Annius Milo gibt Cicero seinen Zuhörern zu bedenken, was ein Überleben des Clodius bedeutet hätte, und erklärt, was das Volk von Milos Tat denkt.

***a.** Arbeite aus den Z. 1–7 heraus, was das Volk von Milos Tat denken soll. Berücksichtige dabei auch die verwendete Satzart.*

***b.** Stelle in einer Tabelle gegenüber, welche Taten, Eigenschaften und Werte Milo und welche Clodius zugeordnet werden.*

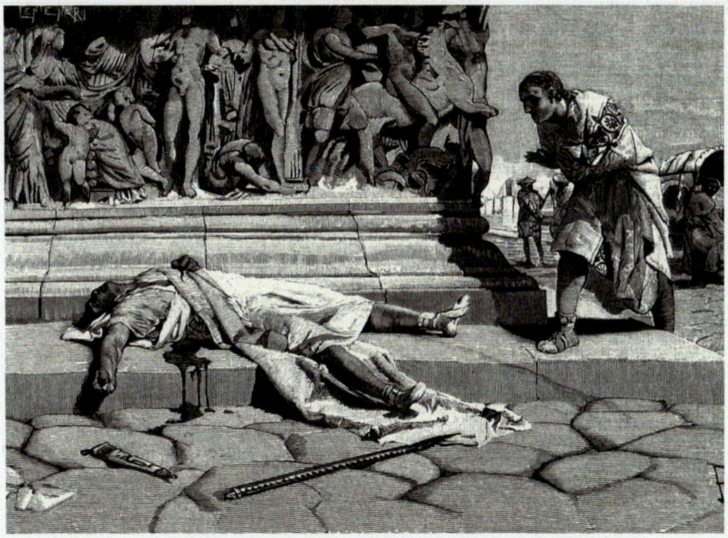

Der Leichnam des Clodius wurde auf der Via Appia gefunden.
Kupferstich aus *Storia di Roma* von Francesco Bertolini. 1890

Fingi haec putatis, quae patent, quae nota sunt omnibus, quae tenentur? Fingi putatis Clodium servorum exercitus in urbe conscribere[1] voluisse, per quos[2] totam rem publicam resque privatas omnium possideret? Quam ob rem si cruentum[3] gladium tenens clamaret T. Annius

> „Adeste, quaeso, atque audite, cives: P. Clodium interfeci! Eius furores, quos nullis iam legibus, nullis iudiciis frenare[4] poteramus, hoc ferro et hac dextera a cervicibus vestris reppuli, ut per me unum ius, aequitas, leges, libertas, pudor, pudicitia in civitate maneret!“,

deberemus vero timere, quonam modo[5] id ferret civitas! Nunc enim quis est, qui[6] non probet, qui[6] non laudet, qui[6] non unum post hominum memoriam[7] T. Annium plurimum rei publicae profuisse, maxima laetitia populum Romanum, cunctam Italiam, nationes omnes affecisse et dicat et sentiat? Mandate hoc memoriae, iudices! Spero multa[8] vos liberosque vestros in re publica bona esse visuros[9]: Ex eis rebus semper intellegetis vivo P. Clodio[10] nihil eorum[11] vos videre posse.

1) **cōnscrībere**, -ō, -scrīpsī, -scrīptum: *(ein Heer)* anwerben/ausheben 2) **per quōs ...** *(m. Konj.)*: damit ... mit deren Hilfe 3) **cruentus**, -a, -um: blutig, blutverschmiert 4) **frēnāre**: zügeln, bändigen, zurückhalten 5) **quōnam modō**: auf welche Weise denn 6) **quis est, quī ...** *(m. Konj.)*: wen gibt es, der ... 7) **post hominum memoriam**: seit Menschengedenken 8) **multa**: *bezieht sich auf* bona 9) **esse vīsūrōs**: sehen werden *(Inf. Fut.)* 10) **vīvō P. Clōdiō**: wenn Publius Clodius noch lebte 11) **nihil eōrum**: nichts davon

***c.** Untersuche und erläutere die sprachliche Gestaltung in Z. 15–20.*

***d.** Arbeite die von Cicero genannten Hauptargumente aus den Lesetexten dieser Sequenz heraus und ergänze sie um den Aspekt dieses Lesetextes.*

***e.** Schreibe eine Urteilsbegründung aus der Perspektive des Richters, in der du die in **d.** gesammelten Argumente relativierst.*

Rhetorik in der Politik – ein Machtinstrument?

Das Scheitern der Rhetorik. In dieser Sequenz hast du Ciceros Argumentation für einen Freispruch von Milo verfolgen können. Mit Milos Verteidigung bezog Cicero im Konflikt zwischen Optimaten und Popularen Stellung und rückte den strafrechtlichen Prozess in ein politisches Licht. Trotz allen rednerischen Geschicks verlor Cicero den Prozess – die Rhetorik war machtlos.

***1.** Arbeite die Argumente der Rede aus allen lateinischen Texten dieser Sequenz heraus und stelle Ciceros Argumentation grafisch dar (z. B. in Form eines Flussdiagramms oder einer Mindmap).*

***2.** Recherchiere, was aus Milo nach dem verlorenen Prozess geworden ist.*

Die Rhetorik. Kupferstich. 16. Jh.

Die Macht der Rhetorik. Die Rhetorik wurde früh zu einem wichtigen Bestandteil der höheren Ausbildung in Rom und gewann mit der Zeit sogar noch an Bedeutung hinzu. Bereits vor seiner erfolgreichen Karriere als Anwalt schrieb Cicero ein Lehrwerk zur Rhetorik, *De inventione*, an dessen Anfang er über die enge Verflechtung von Rhetorik, Politik und Macht nachdachte.

Saepe et multum hoc mecum cogitavi, bonine an mali plus attulerit hominibus et civitatibus copia dicendi ac summum eloquentiae studium. Nam cum et nostrae rei publicae detrimenta considero et maximarum civitatum veteres animo calamitates colligo, non minimam video per disertissimos homines invectam partem incommodorum [...].
Ac me quidem diu cogitantem ratio ipsa in hanc potissimum sententiam ducit, ut existimem sapientiam sine eloquentia parum prodesse civitatibus, eloquentiam vero sine sapientia nimium obesse plerumque, prodesse numquam.

Ich habe oft und viel darüber nachgedacht, ob die Fähigkeit zu sprechen und der größte Eifer in der Beredsamkeit Menschen und Bürgerschaften mehr Gutes oder Schlechtes eingetragen hat. Denn immer, wenn ich über Schaden an unserem Gemeinwesen nachdenke und im Geiste Niedergänge sehr bedeutender Bürgerschaften in der Vergangenheit sammle, sehe ich, dass ein nicht gerade geringer Teil des Unglücks durch sehr beredte Menschen herbeigeführt wurde. [...]
Und mich hat nach langem Nachdenken die Vernunft selbst am ehesten zu dieser Meinung geführt, dass ich glaube, Weisheit ohne Beredsamkeit nütze der Bürgerschaft zu wenig, Beredsamkeit jedoch ohne Weisheit schade meistens zu sehr, nütze niemals.

***3.** Arbeite das von Cicero beschriebene Verhältnis von Beredsamkeit (**eloquentia**) und Weisheit (**sapientia**) sowie das Verhältnis von Mensch und Bürgerschaft heraus.*

***4.** Beschreibe und deute die Abbildung der Rhetorik. Vergleiche deine Ergebnisse mit Ciceros Aussagen in **De inventione**.*

***5.** Beurteile, inwiefern Cicero dem hier geäußerten Anspruch in seiner Verteidigungsrede für Milo selbst gerecht wird.*

Moderne Rhetorik. Die folgenden modernen Definitionen bestimmen den Begriff Rhetorik und ihre Rolle aus unterschiedlichen Blickwinkeln.

Die Rhetorik ist ein mehr oder minder ausgebautes System gedanklicher und sprachlicher Formen, die dem Zweck der vom Redenden in der Situation beabsichtigten Wirkung dienen können. *Heinrich Lausberg, Elemente der literarischen Rhetorik, München (Hueber Verlag) 1963, S. 15*

„Rhetorisch" heißt hier also nicht: Kultur- oder Sozialtechnik des flüssigeren, besseren, schöneren, schlaueren, wirkungsvolleren Redens. „Rhetorisch" heißen Gespräch und Rede dann, wenn sie nicht nur als soziales Handeln vollzogen werden, sondern final [d. h. zweckgerichtet] auf soziales Handeln in einem demokratischen Gemeinwesen bezogen sind [...].

Hellmut K. Geißner, Demokratie und rhetorische Kommunikation, St. Ingbert (Röhrig Verlag) 2005, S. 19

Das Hauptfeld der Rhetorik ist die Emotion. Rhetorik hilft Ihnen vor allem dann, wenn Sie in den Zuhörern

- Gefühle hervorrufen wollen (Schmunzeln, Lachen ...)
- oder bestimmte Affekte verstärken (Liebe, Erregung, Zorn ...)
- bzw. überlagern möchten (Trauer, Kummer Schmerz ...)
- oder Ihnen daran gelegen ist, widerstrebende Empfindungen (Abneigung, Widerstand ...)

zu beseitigen.

Andreas Franken / Friedhelm Franken, Handbuch Redenschreiben, Berlin (Verlag Helios Media) 2011, S. 43

6. *Fasse die Hauptaussage der Definitionen jeweils in einem Satz zusammen.*

7. *Vergleiche die Definitionen mit Ciceros Überlegungen in* **De inventione**.

MK **8.** *Recherchiere die Rede „I have a dream" von Martin Luther King. Untersuche sie in Hinblick auf rhetorische Merkmale und überprüfe, inwiefern Ciceros Vorstellung von Rhetorik und die modernen Definitionen auf sie zutreffen.*

9. *Verfasse eine Rede zu einem Thema deiner Wahl und orientiere dich dabei an dem Aufbau und den sprachlichen Mitteln, die du in dieser Sequenz kennengelernt hast.*

10. *Cicero äußert sich über den Wert der Rhetorik in seinem Werk* **De oratore** *(1,30): „Nichts jedoch scheint mir hervorragender, als durch seine Rede das Denken der Menschen zu fesseln, ihre Zustimmung zu gewinnen und sie dorthin zu bringen, wohin man will." Diskutiere diese These vor dem Hintergrund der Sequenz.*

Martin Luther King war ein wichtiger Vorkämpfer der Bürgerrechtsbewegung Civil Rights Movement, die sich in den 1950er- und 1960er-Jahren v. a. gegen die Diskriminierung von Schwarzen in den USA einsetzte. Foto während der Rede „I have a dream" am 28. August 1963.

→ www.cornelsen.de Webcode: qoxudi

Ovids Dichtung – Liebeskunst und Verwandlungsmythen

Publius Ovidius Naso (43 v. Chr.–17 n. Chr.)

Beruf: Dichter

Eigenschaften: dichterisches Genie, Liebes-Experte

Lebensweg:

33–25 v. Chr.: Rhetorik-Studium, Abneigung gegen politische Karriere, Entscheidung für die Schriftsteller-Laufbahn

15–1 n. Chr.: Ovid schreibt Werke über Liebe, darunter Liebeselegien *(Amores)* und ein Lehrgedicht über Liebeskunst *(Ars amatoria)*, die in dem Versmaß „elegisches Distichon“ (→ S. 143) verfasst sind; er wird zum meistgelesenen Dichter Roms.

2–8 n. Chr.: Ovid schreibt ein neues Werk: die *Metamorphosen*, ein mythologisches Weltgedicht von der Schöpfung der Welt bis zu Ovids eigener Zeit, verfasst in dem Versmaß „daktylischer Hexameter“ (→ S. 143).

8 n. Chr.: Ovid wird von Augustus in die Stadt Tomi (heute: Konstanza) am Schwarzen Meer verbannt.

8–17 n. Chr.: Im Exil beginnt Ovid, Trauerbriefe nach Rom zu schreiben. In den *Tristia* (Trauergedichte) und den *Epistulae ex Ponto* (Briefe vom Schwarzen Meer) setzt sich Ovid mit seiner Verbannung und seinem Leben auseinander.

Ovidporträt. Fresko von Luca Signorelli. 1500/1504

Ovid – ein augusteischer Dichter. Unter Augustus entstanden viele Hauptwerke der lateinischen Literatur, vor allem der Geschichtsschreibung (→ L27–30) und der Dichtung. Die Dichter feierten ihre Zeit als ein goldenes Zeitalter *(aurea aetās)* und Augustus als vorbildlichen, gottgleichen Friedensherrscher.
Vergil (→ Band 1, L 26) dichtete ein Heldenepos über die Irrfahrt des Aeneas bis zu seiner Landung in Italien und stattete den Helden mit den von Augustus propagierten Eigenschaften aus. Dies war nicht nur Herrscherlob oder bloßer Beitrag zur staatlichen Propaganda. Vielmehr nutzten die Künstler die Umbruchszeit, um am „Image“ des Kaisers mitzuwirken: Indem sie ihm bestimmte Eigenschaften wie Großzügigkeit, Milde oder Gerechtigkeitssinn zuschrieben, wollten sie ihn genau dazu anzuspornen.
Diese „Appell-Funktion“ findet sich auch bei Ovid. Seine Dichtung fällt jedoch in mehrerlei Hinsicht aus dem Rahmen: Ovid selbst bezeichnet sich als „Spieler mit zärtlichen Liebesgeschichten“ *(lūsor tenerōrum amōrum)* und gibt sogar Ratschläge zur außerehelichen Partnersuche. Der fehlende sittliche Ernst im Ton und im Umgang mit seinen Themen „Liebe“ und „Mythos“ stand in scharfem Kontrast zu Augustus' sittlichem Erneuerungsprogramm.

Wie Ovid zum Dichter wurde

At mihi iam puerō **caelestia sacra** placēbant,	*Aber mir gefielen schon als Knabe die himmlischen Weihen,*
inque suum fūrtim **Mūsa** trahēbat opus.	*und heimlich lockte mich die Muse in ihr Werk.*
Saepe pater dīxit: „Studium quid inūtile temptās?“	*Oft sagte der Vater: „An welcher unnützen Beschäftigung versuchst du dich?“*
Mōtus eram dictīs, tōtōque **Helicōne** relictō	*Aufgrund dieser Worte ließ ich den Helikon ganz hinter mir*
scrībere temptābam verba solūta modīs.	*und versuchte, Worte ohne Versmaß zu schreiben.*
Sponte suā carmen numerōs veniēbat ad aptōs,	*Aber von selbst fügte sich ein Gedicht in passende Metren,*
et, quod temptābam scrībere, versus erat.	*und was ich zu schreiben versuchte, wurde zum Vers.*

Ara Pacis Augustae in Rom. 13–9 v. Chr.

Augustus' Erneuerungsprogramm. Die Römer waren der festen Überzeugung, dass das Gemeinwohl eng mit der religiösen Pflichterfüllung *(pietās)* zusammenhing: Durch ihre Religiosität, so glaubten sie, hatten sie ihr Imperium erlangt; das Unglück der Bürgerkriege hielten sie für die Quittung religiöser Nachlässigkeit. Als Voraussetzung für die innere Stabilität sah Augustus daher die Erneuerung der *religiō*: Er richtete alte Priesterkollegien wieder ein, ließ sämtliche Tempel in Rom renovieren und neue errichten. Eine wichtige Rolle wies er Mars, Venus und „seinem“ Gott Apollo zu.
Vor allem an seinem Bauprogramm zeigt sich, wie Augustus es verstand, sein Erneuerungsprogramm mit seiner eigenen Person und Familie zu verknüpfen. Sein größtes Prestigeprojekt, das Augustusforum, zeigte an beiden Seiten Statuen der berühmtesten Römer: In großen Nischen standen sich die mythischen Stadtgründer Romulus und Aeneas gegenüber; am Kopfende des langgestreckten Forums stand der Mars-Tempel, in dem eine Mars-Statue von Statuen der Venus und Iulius Caesars flankiert wurde; in der Mitte des Forums lenkte Augustus als *pater patriae* ein Viergespann. Für seinen Gott Apollo ließ er direkt neben seinem Wohnhaus auf dem Palatin einen gewaltigen Tempel bauen.

MK

1. *Die fett gedruckten Ausdrücke im lateinischen Text kennzeichnen Merkmale dichterischer Sprache. Beschreibe ihre Besonderheiten. Schlage dir unbekannte Begriffe nach.*
2. *Eine weitere Besonderheit der Dichtung ist das Hyperbaton (→ S. 144). Zeige ein Beispiel dafür im lateinischen Text.*
3. *Sammle während der Arbeit an dieser Sequenz Aspekte zu Augustus' Person und Herrschaft.*

Gefährliches Spiel mit der Liebe

Adlige Familien bei einer Opferprozession. Marmortafel an der Ara Pacis Augustae. 13–9 v. Chr.

Ovids Verbannung. Im Jahr 8 n. Chr. wird Ovid aus Rom verbannt. Er nennt als Grund zwei Anschuldigungen, nämlich „ein Gedicht und einen Irrtum" *(carmen et error)*. Bei dem *carmen* handelte es sich um die *Ars amatoria*, Ovids Liebesratgeber, der ihn berühmt gemacht hatte. Er hatte sicher nicht geahnt, dass er sich daran einmal die Finger **(digitus)** verbrennen würde. Obwohl das Werk seit acht Jahren auf dem Markt war, bot es Augustus nun einen passenden **(aptus, -a, -um)** Vorwand, Ovid aus Rom zu verbannen. Der geheimnisvolle *error* bestand wohl darin, dass Ovid Mitwisser in einer für Augustus unangenehmen Angelegenheit war – vermutlich im Zusammenhang mit Augustus' Enkelin Iulia.

Ovid erinnert sich an seinen Abschied aus Rom

Cum mihi in mentem venit illa nox, quae mihi ultima in urbe fuit, vix retineō lacrimās. Iam hōra abeundī aderat. Sed nec tempus nec mēns mihi fuerat rēs **aptās** parandī. Uxor mē flentem flēns ipsa tenēbat. Tōtā familiā flente ultimum „Valē" dīxī. Rōmā dēcēdēns superōs ōrāvī: „Scītis scelus meum sine culpā[1] fuisse: Stulta[2] mihi fuit mēns, nōn improba. Flectite ergō dūrum animum Augustī!"

1) **culpa**, -ae f: die Schuld 2) **stultus**, -a, -um: dumm

Augustus' Ehegesetze. Augustus und nach ihm weitere Kaiser machten es sich zur Aufgabe, für den Erhalt der Sitten zu sorgen. Augustus hielt stabile Familien und Nachwuchs für wichtig für die gesamte Gesellschaft und für das Verantwortungsbewusstsein des Einzelnen. Da sich die traditionelle Familie immer mehr auflöste **(solvere, -ō)** und das Eheband ein dünner **(tenuis, -e)** Faden geworden war, führte Augustus strenge Gesetze für die Ehe ein: Ehebruch wurde strafbar, die Ehe für römische Männer und Frauen zur Pflicht **(officium)**; kinderreiche Ehepaare bekamen mehr Rechte, kinderlose wurden benachteiligt, Eltern sollten Seite **(latus, lateris)** an Seite Vorbilder für ihre Kinder sein. Im Jahr 2 v. Chr. verbannte Augustus sogar seine eigene Tochter Iulia wegen Ehebruchs und im Jahr 8 n. Chr. genauso seine Enkelin Iulia.

MK 1. *Recherchiere die näheren Umstände von Ovids Verbannung und seinen Umgang damit.*

MK 2. *Stelle die „Sittengesetze" des Augustus zusammen und überprüfe, wie die Gesellschaft heute dazu stehen würde. Beziehe dabei auch Art. 2, Abs. 1 des Grundgesetzes mit ein.*

W Verwandtschaftliche Hilfe

citus, -a, -um – citō
currus, -ūs (m) – currere
certāmen, certāminis (n) – certāre
nōscere, nōscō, nōvī – cōgnōscere

a. Erschließe mithilfe der Angaben und der dir bekannten Wörter Wortart und Bedeutung der neuen Vokabeln.
*b. **nōvisse** bedeutet „kennen, wissen". Bestimme die grammatikalische Form und erkläre dann, wie es zu dieser Bedeutung gekommen ist.*

WH LerneND zum Erfolg – Ovids Liebesratgeber

Ovidius librum dē arte amandī scrīpsit.
(1) Mihi librī legendī cupiditās est.
(2) Nam arte Ovidiī discendā multās puellās habēbō.
(3) Itaque parātus sum ad artem Ovidiī discendam.

c. Bestimme die markierten Konstruktionen und begründe.
d. Finde geeignete Übersetzungen.

G Was von LiebeNDen getan werden muss

Was ist zu tun?
(1) Ars Ovidiī discenda est.
*e. Erschließe, wie das Gerundivum mit **esse** als Prädikat zu übersetzen ist, und beschreibe, was es ausdrückt.*

Was ist von uns zu tun?
(2) Ars Ovidiī nōbīs discenda est.
*f. Übersetze und beschreibe, welche Funktion der Dativ beim Gerundivum mit **esse** hat.*

(3) Cōnsilia Ovidiī nōbīs neglegenda nōn sunt.
*g. Erschließe, wie das verneinte Gerundivum mit **esse** zu übersetzen ist.*

(4) Cōnsiliīs nōbīs pārendum est.
*h. Übersetze und beschreibe, wie das Beispiel **pārēre** im Unterschied zum Verb in (1) und (2) konstruiert wird.*

W

1. Da steckt Latein drin. Erkläre die Bedeutung der Wörter und führe sie auf ihren lateinischen Ursprung zurück.

digital – der Kollateralschaden – die Insolvenz – der Adapter

WH

2. Auserwählte.

a. Nenne die Gerundia und Gerundiva.

quondam – iucunda – amandi – legendo – utendis – quando – defendi – eligendam – deinde – noscendae

b. Setze die ausgewählten Formen passend in die Lücken ein und vervollständige damit die Sätze.

1. Ovid schrieb ein Werk **de arte** ___. 2. Darin bietet er jungen Männern die Gelegenheit **puellae** ___. 3. Er lehrt, dass man viel Geduld braucht **ad puellam aptam** ___. 4. **In carmine** ___ lernen die Männer die Kunst der Liebe. 5. **Consiliis** ___ haben sie dann auch häufig Erfolg.

G

3. Der Schlüssel zum Liebesglück? Die Dienerin deiner Angebeteten! Übersetze.

1. Serva puellae amatae tibi noscenda est; illa enim proxima a domina est. 2. Pollicendo[1] et rogando serva tibi corrumpenda est. 3. Servae tempus aptum eligendum est. 4. Illi quoque locus idoneus[2] ad conveniendum quaerendus est.

1) **pollicērī**: versprechen
2) **idōneus**, -a, -um: geeignet

Z

4. Tipps aus Ovids Ars. Wähle jeweils die korrekte Entsprechung aus (a. oder b.).

1. Quaere puellam aptam!
   a. Puellae aptae tu quaerendus es.
   b. Tibi puella apta quaerenda est.
2. Noli theatrum[1] fugere!
   a. Tibi theatrum[1] fugiendum non est.
   b. Tibi theatrum[1] fugiendum est.
3. Amantes amorem regant!
   a. Amori amantes regendi sunt.
   b. Amantibus amor regendus est.

1) **theātrum**, -ī n: das Theater

S

5. Wörterliebe – Drum prüfe wer sich bindet. a. Sortiere nach Adjektiven und Substantiven.

currus – auras – citus – tenues – acribus – solam – equorum – circus – oculis – carmine – latus – proxima – dexterum – aptarum – notus – dulci – puellarum – puellam – nobilium – certamina

b. Bilde nun inhaltlich sowie nach KNG passende Paare.

c. Ein Wagenrennen im Circus Maximus ist laut Ovid eine gute Gelegenheit, um Partner zu treffen. Nenne die Wortpaare aus b., die zum Sachfeld „Circus" passen.

6. So viel ars! Finde die jeweils passende Übersetzung für ars.

1. Ovidius nos artem amandi docet. 2. Nobis equi arte regendi sunt. 3. Maiores summa arte Circum Maximum aedificaverunt.

7. Vorschriften über Vorschriften

a. Übersetze und begründe, welche Vorschriften du für sinnvoll hältst.

1. Diligenter lege Ovidii libros de arte amandi! 2. Amor enim arte regendus est: 3. Amator[1] puellam iterum atque iterum laudet. 4. Dum loquitur puella, amatori[1] loquendum non est. 5. Amatoribus[1] dona non solum accipienda, sed etiam danda sunt.

1) **amātor**, -is m: der Liebhaber, der Verehrer

Z

b. Formuliere selbst lateinische Vorschriften.

Liebe kann man lernen

Auch die Liebe ist eine Kunst: In seinem poetischen Ratgeber gibt der Sprecher Tipps, wo man eine Frau kennenlernen und wie man sich ihr nähern kann. Rom bietet dafür einige Gelegenheiten.

MK *a. Fertige für V. 1–4 eine digitale Visualisierung mithilfe der Konstruktionsmethode an.*
b. Formuliere eine begründete Inhaltsvermutung anhand der folgenden Ausdrücke mit Gerundivum: ***arte regendus (est) amor*** *(V. 4) –* ***quaerenda est oculīs apta puella tuīs*** *(V. 8) –* ***tibi nōta accipienda est*** *(V. 12) –* ***(pulvis) digitīs excutiendus erit*** *(V. 16).*

Sī quis[1] in hōc artem populō nōn nōvit amandī,
hoc legat et lēctō carmine doctus amet.
Arte citae vēlōque ratēs rēmōque moventur[2],
arte levēs currūs: Arte regendus[3] amor.
Dum licet et lōrīs[4] passim potes īre solūtīs,
ēlige, cuī dīcās[5]: ‚Tū mihi sōla placēs.‘!
Haec tibi nōn tenuēs veniet dēlāpsa per aurās:
Quaerenda est oculīs apta puella tuīs.
Nec tē nōbilium fugiat certāmen equōrum:
Multa capāx populī commoda Circus[6] habet.
Nīl[7] opus est digitīs, per quōs arcāna[8] loquāris[5],
nec tibi per nūtūs[9] accipienda nota[10] est:
Proximus ā dominā – nūllō prohibente – sedētō[11],
iunge[12] tuum laterī quā potes ūsque[13] latus,
utque fit, in gremium pulvis[14] sī forte puellae
dēciderit, digitīs excutiendus[15] erit:
Etsī nūllus erit pulvis[14], tamen excute[15] nūllum.
Quaelibet[16] officiō causa sit apta tuō.

Ovid hält eine Rede über die Kunst der Liebe. Buchmalerei aus der *Ars amatoria*. 1497

1) **quis** = aliquis 2) *Stelle um:* Arte citae ratēs et vēlō et rēmō moventur; **rēmus**, -ī m: das Ruder 3) **regendus**: *erg.:* est
4) **lōrum**, -ī n: der Zügel 5) *Übs. m. Ind.* 6) **Circus capāx populī**: der Circus, der ein großes Publikum / viele Menschen fasst
7) **nīl** = nihil 8) **arcāna**, -ōrum n: die Geheimnisse
9) **nūtus**, -ūs m: das Kopfnicken, der Wink
10) **nota**, -ae f: das Zeichen 11) **sedētō**: setze dich! 12) **iungere**, -ō, iūnxī, iūnctum *(m. Dat.)*: etwas verbinden mit, etwas einer Sache annähern 13) **quā potes ūsque**: so weit du kannst 14) **pulvis**, -eris m: der Staub, der Sand
15) **excutere**, -iō, -cussī, -cussum: *hier:* wegschnippen 16) **quīlibet**, quaelibet, quodlibet: jede/r/s beliebige

c. Fasse mithilfe von Textbelegen zusammen, welche Ratschläge Ovid dem Liebenden gibt.
MK *d. Bewerte, welche Tipps auch heutzutage eine Hilfe beim Kennenlernen darstellen können und welche nicht. Erstelle dazu entweder einen Blog-Eintrag oder ein Video-Tutorial.*
e. Erörtere, in welchem Verhältnis Ovids Liebesdichtung zu Augustus' Gesetzgebung stand.

Aurea aetas: Von allem nur das Beste?

Gold, Silber, Bronze, Eisen – die Weltzeitalter. Die Vorstellung verschiedener Weltzeitalter geht auf den griechischen Dichter Hesiod zurück und wurde von den Römern übernommen. Sie findet sich auch in Ovids Metamorphosen: In der goldenen **(aureus, -a, -um)** Vorzeit war das Leben der Menschen durch Einfachheit **(simplicitās, -ātis)** geprägt. Ohne Ackerbau entstanden **(prōvenīre)** aus dem Boden **(solum)** und fielen von hohen **(altus, -a, -um)** Bäumen Früchte als Geschenk **(mūnus, mūneris)**, die Menschen waren auch ohne Gesetze anständig und gerecht, ohne Schifffahrt und Handel zufrieden. Im silbernen Zeitalter begannen **(ōrdīrī)** sie mit dem Ackerbau, im bronzenen Zeitalter mit der Waffenherstellung. Im eisernen Zeitalter strebten sie nach Reichtum **(opēs, opum)** und Gold **(aurum)** und versuchten aus Habgier, andere zu unterwerfen **(domāre)**. Unter Augustus ging es vielen Römern besser als zuvor: Wegen dieses Wohlstands und des hohen Lebensstandards feierten viele augusteische Künstler daher ihre eigene Zeit als *aurea aetās*.

Saturnia tellus. Marmortafel auf der Ara Pacis Augustae. 13–9 v. Chr.

Der Biograph Sueton in seiner Augustus-Vita

Augustus urbem neque auctōritāte neque māgnitūdine imperiī Rōmānī dīgnē ōrnātam plūrimīs aedibus multīsque **mūneribus** adeō[1] ōrnāvit, ut iūre sit glōriātus[2] marmoream[3] sē relinquere, quam latericiam[4] accēpisset.

1) **adeō**: so sehr 2) **glōriārī**: sich rühmen 3) **marmoreus**, -a, -um: aus Marmor 4) **latericius**, -a, -um: aus Ziegeln

Aurea Rōma – *aurea aetās?* Augustus wollte die altehrwürdigen **(prīscus, -a, -um)** Sitten **(mōs, mōris)** wiederbeleben und nutzte dafür auch das Bildprogramm der *aurea aetās*: Häufig zu sehen sind religiöse Zeremonien sowie Symbole für Fruchtbarkeit und Wohlstand, die den Stolz auf den erreichten Lebensstandard verdeutlichen sollen. Dennoch bestand ein Widerspruch zwischen den alten „bäuerlichen“ Tugenden der Römer und dem neuen sichtbaren Wohlstand der Stadt.

1. *Auf der Abbildung siehst du in der Mitte des Reliefs die Göttin Tellus (= Terra). Außerdem sind Nymphen abgebildet, die milde Winde auf dem Land und auf dem Wasser darstellen. Zeige diese und beschreibe, was außerdem zu sehen ist. Wähle dazu passende Begriffe aus dem Kasten aus:*

Ernte – Sturm – blühendes Leben – Zerstörung – Frieden – Unwetter – Nutztiere – Ähren – Fruchtbarkeit

MK 2. *Recherchiere das Augustusforum und untersuche, inwiefern es der augusteischen Propaganda entspricht. Erstelle eine digitale Präsentation.*

W *cultus* – was alles gepflegt werden kann

cultus, -ūs

(1) Sacerdōs: Deōs colō. **Cultum** deōrum nōn neglegō.
(2) Puella: **Faciem** colō. **Cultum** fōrmae nōn neglegō.
(3) Bacchus: **Ūvās** colō. **Cultum ūvārum** nōn neglegō.
(4) Rōmānus: **Cultum** maiōrum laudō.
(5) Rōmānus: Rōmānī ā barbarīs **cultū** animī differunt.

a. *Ordne den neuen Wörtern die jeweils passende Bedeutung zu: Gesicht – Traube.* ***cultus*** *hat verschiedene Bedeutungen. Ordne folgende Bedeutungen den Sätzen zu: Bildung, Pflege, Verehrung, Anbau, Lebensweise.*

G1 Neues von den Adjektiven

Hominēs rēs bonās cupiunt, rēs malās timent. = Hominēs bona cupiunt, mala timent.

b. *Die hervorgehobenen Ausdrücke rechts sind substantivierte Adjektive im Neutrum Plural. Erschließe geeignete Übersetzungen mithilfe des Satzes links.*

G2 Da fehlt doch was

(1) Bona petenda sunt, mala fugienda.
(2) Deī fōrmam dōnant: Fōrma **mūnus** deōrum.

c. *In den Sätzen ist jeweils ein Wort weggelassen worden, das aus dem Zusammenhang ergänzt werden muss. Erschließe die ausgelassene Form sowie eine geeignete Übersetzung.*

G3 Ein Teil des Ganzen – Bescheidenheit trotz Reichtum

d. *Bestimme den Kasus der markierten Formen; übersetze und erkläre die Funktion dieses Kasus.*

W

1. Ordne die Wörter den Sachfeldern „Kultur“ oder „einfache Lebensweise“ zu.

solum – facies – priscus – aureus – cultus – mos – uva – opes – simplicitas – aurum

2. Partnersuche. Ordne die Verben einander passend zu. Bestimme und übersetze.

dicas impetum fecistis aspexisset incipio	conspicatus esset ordior loquaris adorti estis

G1 G2

3. Non omnia prisca mala. – Lateinische Lebensweisheiten

a. Übersetze die Sprichwörter. Achte dabei besonders auf die Wiedergabe der fett gedruckten Adjektive.

1. Per **aspera** ad astra[1]. 2. Non **multa**, sed multum. 3. Omnia **praeclara** rara[2].

1) **astrum**, -ī n: der Stern 2) **rārus**, -a, -um: selten

b. Erkläre anhand der Sätze aus a., was eine Ellipse ist. Ergänze in 3. ein passendes Verb.

c. Diskutiert: Trifft die lateinische Aussage in der Überschrift auf die Sprichwörter in a. zu?

G3

4. Teile vom Ganzen. Übersetze.

nihil mali – satis auri – copia vini – nihil novi – aliquid pecuniae – nihil boni – paulum auri – satis pecuniae – multitudo uvarum – pars vestrum

Z

5. Landleben. Bilde sinnvolle Ausdrücke zum Thema „Leben auf dem Land“ und sortiere sie nach Genitivattribut, Objektsgenitiv und Genitiv des geteilten Ganzen.

simplicitas – amor – gustus[1] – copia – mores	soli – vitae – uvarum – priscorum – cultus

1) **gūstus**, -ūs m: der Geschmack

S

6. Nenne jeweils die passende Bedeutung für colere und cultus.

1. Frumentum[1] multum a solo bene **culto** provenit. 2. Numen **colendum** est. 3. Agricolae[2] agrum **colebant**. 4. Hic **cultus** meis moribus aptus est. 5. **Cultus** corporis faciem pulchram dabit. 6. Augustus **cultum** deorum templis aedificandis restituit.

1) **frūmentum**, -ī n: das Getreide
2) **agricola**, -ae m: der Bauer

7. *facies* und *forma* – Die äußeren Werte zählen?! Übersetze passend.

1. Alle, denen *dei formam donaverunt*, müssen diese pflegen, denn sie ist ein flüchtiges Gut. 2. *Facies enim neglecta* wird schneller alt. 3. *Cura faciei* sollte jedoch nicht vor den Augen des Partners oder der Partnerin erfolgen. 4. Auch wenn *ista cura dabit formam*, sollte man sie nicht in der Öffentlichkeit betreiben. 5. Oft schadet die Redeweise einer Person ihrer *bonae formae*; höre meinen Rat: *Si facies tua placet*, aber deine Worte nicht, dann solltest du nicht sprechen, sondern lieber schweigen. 6. Das Wichtigste aber ist, dass jedem *forma sua* gefällt.

8. Kongruent, aber getrennt.

a. Schreibe die Ausdrücke ab und markiere die nach KNG zusammengehörigen Wörter.

culto stat seges[1] alta solo – pars vestrum tali munere magna caret – domiti magnas possidet orbis opes – haec aetas moribus apta meis

1) **seges**, -etis f: die Saat

b. Ordne die Ausdrücke aus a. folgenden Aussagen zu.

er besitzt den Reichtum der unterworfenen Welt – einem Teil von euch fehlt ein solch großes Geschenk – die Gegenwart passt zu meinem Charakter – die Saat auf einem gut bebauten Acker steht hoch

Früher war alles besser?

Ovid genoss das urbane und „moderne" Leben in Rom. Auch in der Ars amatoria *wird betont, wie wichtig die Errungenschaften der Gegenwart sind, z. B. Körperpflege und Kosmetik.*

a. *Ordne den Textabschnitten V. 1–6, 7–10 und 11–14 die folgenden Inhaltsangaben zu: Seit der Eroberung der Welt glänzt Rom golden. – Luxusgüter aus Bergbau und Handel ermöglichen statt alter römischer Einfachheit Raffinesse und Kultur, was dem Sprecher gefällt. – Alles braucht Pflege – auch die Schönheit: Da sollte eine Frau sich nicht auf ihr angeborenes gutes Aussehen verlassen.*

Mumienportrait einer Frau.
2. Jh. n. Chr.

Ōrdior ā cultū; cultīs bene Līber[1] ab ūvīs
prōvenit, et cultō stat seges[2] alta solō.
Fōrma deī mūnus: Fōrmā quota quaeque superbit[3]?
Pars vestrum tālī mūnere māgna caret.
Cūra dabit faciem[4]; faciēs neglēcta perībit,
Īdaliae[5] similis sit licet[6] illa deae[5].
Simplicitās rudis ante fuit: Nunc aurea Rōma est,
et domitī māgnās possidet orbis opēs.
Prīsca iuvent aliōs: Ego mē nunc dēnique nātum
grātulor: Haec aetās mōribus apta meīs.

Nōn quia nunc terrae lentum subdūcitur aurum lēctaque dīversō lītore concha venit,	*Nicht weil nun biegsames Gold **abgebaut wird*** *und weil **von der anderen Seite des Meeres** Perlmuscheln eingeführt werden,*
sed quia cultus adest, nec nostrōs mānsit in annōs rūsticitās prīscīs illa superstes avīs.	*sondern weil jetzt **ein verfeinerter Lebensstil** herrscht und nicht bis heute* *die primitive Art **der früheren Zeiten** überdauert hat.*

1) **Līber**, -ī m: *hier:* der Wein *(Beiname des Gottes Bacchus)* 2) **seges**, -etis f: die Saat 3) **Fōrmā quota quaeque superbit?**: Wie viele Frauen geben an mit ihrer Schönheit? 4) **faciem**: *erg.:* pulchram 5) **Īdalia dea** = Venus 6) **licet** *(Subj. m. Konj.)*: mag auch

b. *„Gold und Muscheln" (V. 11–14):*
(1) Nenne die lateinischen Entsprechungen für die fettgedruckten Wörter der Übersetzung.
(2) Vergleiche den lateinischen Text mit der Übersetzung und erläutere an Wortwahl und Wortstellung, inwiefern das Original „poetisch" ist.
(3) Erstelle selbst eine „poetische" Übersetzung.

c. *„Früher war alles besser": Sicher hast du diese Aussage schon einmal gehört. Erfrage bei Leuten, die sich so äußern, was genau sie besser fanden. Vergleiche diese Aussagen mit denen Ovids.*

Die Metamorphosen: Woher kommt alles?

Die Metamorphosen – ein Verwandlungsepos. Die Gattung des Epos erzählt mythische oder historische Ereignisse von Helden und Göttern. Am Anfang steht das Proömium mit Götteranrufung. Ovids Metamorphosen umfassen **(complectī, -or)** die Weltentstehung bis zu Ovids Zeit: Verwandlung folgt **(īnsequī, -or)** auf Verwandlung. Meist sind Götter und Nymphen **(nympha)** die Hauptpersonen. Treibende Kraft ist der Liebesgott Amor, der für viele Küsse **(ōsculum)** sorgt und die Hauptfiguren vor Liebe beben **(trepidāre)** lässt. Die Verwandlungsgeschichten erklären oft, wie etwas entstanden ist oder seinen Namen erhalten hat: So ist die Spinne aus einer geschickten Weberin oder das Ikarische Meer aus dem hineingestürzten Ikarus entstanden. Dies nennt man einen aitiologischen Mythos (gr. *aítion* = Ursprung).

Das Proömium der Metamorphosen

In nova fert animus mūtātās dīcere fōrmās	*Es drängt mich, von Gestalten zu erzählen, die verwandelt wurden in neue*
corpora. Dī, coeptīs – nam vōs mūtāstis et illās –	*Körper. Götter – ihr habt ja jene verwandelt –,*
adspīrāte meīs prīmāque ab orīgine mundī	*fördert mein Vorhaben und führt vom ersten Ursprung der Welt*
ad mea perpetuum dēdūcite tempora carmen.	*bis zu meiner eigenen Zeit das Gedicht ununterbrochen fort.*

Apollo mit Kithara. Fresko am Haus des Augustus. Um 20 v. Chr.

Augustus' Hausgott Apollo. Im Gegensatz zu Bacchus, dem Gott des Rausches, war Apollo maßvoll **(moderātus, -a, -um)**. Als sicherer **(certus, -a, -um)** Bogenschütze hatte er in Delphi den Drachen Python getötet. Apollo war der Gott der Musik und Künste, der Weissagung, der Heilkunst und Bogenkunst, aber man betete **(precārī)** ihn auch als Sonnengott Phoebus an. Seine Attribute sind die Saiteninstrumente Lyra und Kithara **(cithara)**, Bogen und Köcher sowie der Lorbeer **(laurus)**. Auch Augustus ließ sich mit Lorbeerkranz darstellen und vor seinem eigenen Haus standen zwei Lorbeerbäume.

1. *Arbeite aus dem Proömium heraus, was es über das Werk verrät, und belege dies mit lateinischen Ausdrücken.*
2. *Recherchiere die Metamorphosen von Narziss und Echo und erläutere, welche Phänomene durch sie erklärt werden.*

W Ein Sieg mit neuen Wörtern

***a.** Ordne die folgenden Bedeutungen den neuen Vokabeln zu: (Ober-)Arm, Wunde, Haar, Pfeil, (Körper-)Glied. Achtung: Zwei neue Vokabeln haben die gleiche Bedeutung.*

G1 Hoch, höher, am höchsten – tief, tiefer, am tiefsten! – Wohnsitze der Nymphen

***b.** Erschließe die Bedeutungen der verschiedenen Adjektivformen.*
***c.** Entwickle eine Regel für die Bildung der jeweiligen Form.*

Nymphae: „Dulciter cantāmus."
Apollō: „Dulcius cantō quam **nymphae**. Dulcissimē cantō."
***d.** Nenne die Wortart der markierten Steigerungsformen und formuliere die Bildungsregel.*

G2 Wer noch mehr angeben kann als die anderen …

Apollō: „Dulcius cantō quam **nymphae**. Dulcius cantō **nymphīs**."
***e.** Erschließe Bedeutung und Funktion des Ablativs.*

W

1. Entwirf den Umriss eines menschlichen Körpers und beschrifte ihn lateinisch.

G1

2. a. Gesteigert oder nicht? Nenne die Komparative.

certior – proicior – fortior – orior – difficilius – nullius – alius – potentior – nobilius – capior

b. Nenne aus a. die Komparative, die Apollo beim Kampf gegen Python hilfreich sein könnten.

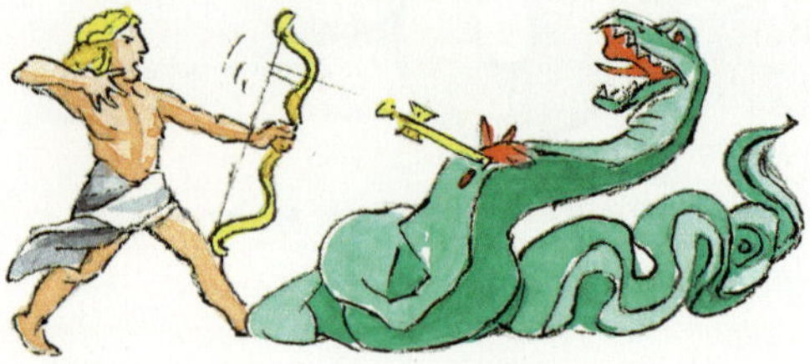

3. Vollständig steigern: Ergänze.

Positiv	Komparativ	Superlativ
certus		
	fallacior	
		honestissimus
graviter		
	longius	
		aptissime

4. Was für ein Angeber! Übersetze.

1. Pythone victo Apollo Amorem arcum[1] sagittasque tenentem vidit et: 2. „Cur", inquit, „tu, superbe puer, fortissima arma fers? 3. Ista decent fortiores umeros! 4. Aptiora sunt ad lacertos meos! 5. Nam ego animalibus et hostibus certissima vulnera dare possum: 6. Nuper Pythonem fortissime necavi!"

1) **arcus**, -ūs m: der Bogen

G2

5. Eine ungleiche Auseinandersetzung. Übersetze.

1. Apollo superbus: „Fortior et potentior sum Amore. 2. Facile eum vincam."
3. Amor secum cogitabat: „Apollo errat, si se fortiorem esse me credit. 4. Sagittae meae certiores sunt sagittis eius. 5. Mihi duo genera sagittarum sunt: 6. Unum, quod facit amorem, aureum est; alterum, quod pellit amorem, plumbeum[1] est."
7. Tum sagittam auream misit in Apollinem, plumbeam[1] in nympham.

1) **plumbeus**, -a, -um: bleiern, aus Blei

Z

6. a. Bärenstark, strohdumm, wunderschön: Finde passende Übersetzungen.

mons altissimus – uva dulcissima – homo beatissimus

b. Nenne die Adjektive, die man nicht steigern kann, und begründe.

mortalis – vivus – infelix – mollis – incertus – saevus – totus

c. Finde passende Übersetzungen.

spe celerius – melle[1] dulcior – sole clarior

1) **mel**, mellis n: der Honig

S

7. a. Nenne die Ausdrücke, die zum Sachfeld „Liebe" passen.

osculum dare – adoriri – complecti – precari – trepidare – fugere – insequi

b. Formuliere einen Vorschlag, zu welchem Sachfeld die übrigen Ausdrücke passen könnten.

8. a. Nenne alle Imperative und Vokative.

fuge – arte – certe – Auguste – puella – mane – cave – fide – triste – spera – disce – inane – nosce – Phoebe – pectore

b. Stelle aus den Imperativen und Vokativen drei Aufforderungen auf Latein zusammen.

9. Eine maßvolle Verfolgung?

„Moderatius, oro, curre; moderatius ipse insequar."

a. Übersetze und stelle eine begründete Vermutung auf, in welcher Situation dies gesagt werden könnte.

b. Überzeugt dich der Sprecher? Begründe.

Apollo und Daphne

Apollo, von Amors goldenem Pfeil getroffen, hat sich in Daphne verliebt. Daphne aber, von einem Pfeil aus Blei getroffen, flieht voller Angst vor Apollo, der sie verfolgt und aus vollem Lauf anspricht.

***a.** Gliedere den Text einschließlich des deutschen Zwischentexts mit Hilfe dieser Überschriften: Der Lorbeer: Augustus' stets treuer Begleiter – Amors Pfeil: stärker als Apollo – Apollos Reaktion auf die Verwandlung – Die Verfolgung: Noch wird verhandelt – Apollo und der Lorbeer: bis in alle Zeiten verbunden – Daphne weiß nicht mehr weiter: Vater hilf!*

„Nympha[1], precor, Pēnēi[1], manē! Nōn īnsequor hostis.
Aspera, quā properās, loca sunt: Moderātius, ōrō,
curre fugamque inhibē[2], moderātius īnsequar ipse.
Certa quidem nostra[3] est, nostrā[3] tamen ūna sagitta
certior, in vacuō[4] quae vulnera pectore fēcit[5]!"

Die „Wunde" dieses Pfeils kann selbst Apollo nicht heilen. So kommt er Daphne immer näher, sie spürt schon seinen Atem im Nacken. Da ruft sie ihren Vater zu Hilfe: Er möge ihre schöne Gestalt verändern. Schon verwandeln sich ihre Haare in Blätter, ihre Arme in Äste, ihr Gesicht in eine Baumkrone und aus ihren Füßen wachsen Wurzeln in die Erde ...

Hanc[6] quoque Phoebus amat positāque in stīpite[7] dextrā
sentit adhūc trepidāre novō sub cortice[8] pectus.
Complexusque suīs rāmōs[9] ut membra lacertīs
ōscula dat lignō; refugit[10] tamen ōscula lignum.
Cui deus „At, quoniam coniūnx mea nōn potes esse,
arbor eris certē", dīxit, „mea! Semper habēbunt
tē coma, tē citharae, tē nostrae, laure, pharetrae[11];
postibus Augustīs[12] eadem[13] fīdissima custōs
ante forēs stābis mediamque tuēbere[14] quercum[15],
utque meum intōnsīs[16] caput est iuvenāle capillīs,
tū quoque perpetuōs semper gere frondis honōrēs!"

Apollo und Daphne. Pastellzeichnung auf Papier von Jean-Etienne Liotard. 1736

1) **Nympha Pēnēi** *(Vok.)*: Nymphe, Tochter des Flussgottes Peneius!
2) **inhibēre**: aufhalten 3) **nostra/ā**: *erg.*: sagitta/ā
4) **vacuus**, -a, -um: *hier:* von der Liebe unberührt 5) *Stelle um:* quae vulnera in vacuō pectore fēcit 6) **hanc**: *gemeint ist die verwandelte Daphne*
7) **stīpes**, -itis m: der Baum 8) **cortex**, -icis m: die Baumrinde
9) **rāmus**, -ī m: der Ast, der Zweig 10) **refugere**, -iō, -fūgī: zurückweichen 11) **pharetra**, -ae f: der Köcher
12) **postēs Augustī** (Augustus, -a, -um = *Adj.*): die Türpfosten des Augustus 13) **eadem** = item 14) **tuēbere** = tuēberis
15) **quercus**, -ūs f: *hier:* der Ehrenkranz *(aus Eichenlaub)* 16) **intōnsus**, -a, -um: ungeschoren

MK ***b.** Stelle dir vor, du würdest die Begegnung zwischen Apollo und Daphne (bis V. 12) verfilmen. Skizziere die einzelnen Einstellungen und beschreibe filmische Mittel (z. B. Licht, Sound).*
***c.** Sammle die Schlüsselbegriffe aus V. 6–9, die sich auf Apollo, Daphne und den Lorbeerbaum beziehen. Untersuche die Wortstellung und erkläre ihre Wirkung.*

→ *www.cornelsen.de Webcode: qoxudi*

W

1. Wortverwandtschaften. Nenne jeweils ein dir bekanntes lateinisches Wort, das in den Wörtern im oberen Kasten steckt. Wähle dann jeweils die passende deutsche Bedeutung unten aus.

sedes – habitabilis – cognatus – civilis – patrius

verwandt – Wohnsitz – bewohnbar – bürgerlich – väterlich

2. Erschließe mithilfe des englischen Textes die Bedeutung der lateinischen Wörter.

simul – futurus – numerare – senior – sanctus

1. Hello, my name is Felix. 2. I like to call myself "**Saint** Superstudent". 3. Let me tell you why: I can **simultaneously** do my homework and write text messages. 4. I can work on Latin exercises while listening to music. 5. The **number** of times my teacher says, "That is correct, Felix!" in class is very high. 6. Those are only a few reasons why I'm great at school ... but I can't **enumerate** them all, because that would take too much time! 7. I think I will miss school in the **future**, after I've graduated. 8. I wonder – could I stay forever? 9. Can **senior** citizens go to school?

MK

3. Göttliche Wortschatzrecherche. Recherchiere zu den Göttern Tellus und Pontus und erschließe die Bedeutung der Wörter* tellus *und* pontus. *Nenne zwei dir bekannte lateinische Wörter, die Ähnliches bedeuten.

4. Erschließe mithilfe deiner Lateinkenntnisse die Aussagen der italienischen Sätze.

1. A causa del terremoto il nostro appartamento non è più abitabile.
2. Il nome del nostro professore di Latino è signor Grammaticus. 3. La sede della Banca d'Italia è in via XX Settembre.

5. Ordne die lateinischen Begriffe drei Sachfeldern zu und finde jeweils eine passende Überschrift.

patrius – terra – ius – lex – Oceanus – mores – iustus – cognatus – coniunx – nasci – civilis – pax

6. Ein Senator berichtet. Übersetze.

1. „Bellis civilibus confectis[1] Octavianus non solum urbi Romae, sed etiam toti imperio Romano pacem dedit.
2. Octavianus simul perfecit, ut multae gentes alienae in potestatem senatus populique Romani venirent. 3. Tum ille rem publicam restituit, mores civitatis rexit, leges iustissimas tulit; eo modo saluti communi consuluit.
4. Nos senatores[2] facta Octaviani probavimus; quam ob rem Octavianus a senatu Augustus appellatus est."

1) **cōnficere**, -iō, -fēcī, -fectum: beenden
2) **senātor**, -ōris m: der Senator

S

7. Uneingeschränkte Macht?

„Quodcumque[1] habitabile tellus sustinet, huius erit: Pontus quoque serviet illi!"

1) **quodcumque**: was auch immer; all das, was

a. Wähle die Paraphrase aus, welche die Aussage am besten wiedergibt, und begründe.

Illi terra et mare habitanda sunt. – Omnia, quae in terra et in mari sunt, sua erunt. – Nihil potentius est terrā et mari. – Is omnia per maria vehetur et multitudinem animalium inveniet.

b. Mit* huius *und* illi *ist ein und dieselbe Person gemeint. Übersetze und stelle eine begründete Vermutung auf, um wen es sich handeln könnte.

Pax Augusta: Die Jupiterprophezeiung

Venus bemerkt vom Olymp aus, dass ihr Nachfahre Caesar eines gewaltsamen Todes sterben soll. Empört beklagt sie sich bei Jupiter, der erwidert, dass auch er das Schicksal nicht ändern kann. Aber er sagt ihr voraus, dass Caesars Adoptivsohn Augustus eine glanzvolle Zukunft bevorsteht.

a. *Belege am Text, dass es sich bei Jupiters Aussagen um eine Prophezeiung handelt.*
b. *Arbeite Handlungsträger und Handlungen heraus und erschließe Aspekte von Augustus' Herrschaft.*

Quid tibi barbariam[1] gentesque ab utroque iacentes
Oceano numerem? Quodcumque[2] habitabile tellus
sustinet, huius erit: Pontus quoque serviet illi!
Pace data terris animum ad civilia vertet
iura suum[3] legesque feret iustissimus auctor[4]
exemploque suo mores reget inque[5] futuri
temporis aetatem venturorumque[6] nepotum
prospiciens[5] prolem sancta de coniuge natam
ferre simul nomenque suum curasque[7] iubebit[8].
Nec nisi cum[9] senior[10] patrios superaverit annos,
aetherias[11] sedes cognataque sidera tanget.

1) **barbaria**, -ae f: das Ausland, die Fremde
2) **quodcumque**: was auch immer; all das, was
3) *Stelle um:* animum suum ad cīvīlia iūra vertet [...] iūstissimus auctor 4) **iustissimus auctor**: *Prädikativum* 5) **prōspicere in** *(m. Akk.)*: Vorsorge treffen für 6) **ventūrus**, -a, -um: zukünftig 7) **cūrae**, -ārum f: *hier:* die Herrschaftsaufgaben 8) **iubēbit**: *Davon ist der AcI* prōlem ... nātam ferre *abhängig.*
9) **nec nisī cum**: und erst wenn
10) **senior**: *Prädikativum*
11) **aetherius**, -a, -um: himmlisch

Ermordung von Julius Caesar, Venus befreit seine Seele. Crispijn van de Passe. 1602–1607

c. *Arbeite aus dem Text heraus, wie Ovid die Herrschaft über die anderen Völker charakterisiert. Erkläre danach den Begriff* **pāce datā** *(V. 4).*
d. *Augustus' Herrschaft – ein Segen für alle? Arbeitet zu zweit und formuliert einen Dialog zwischen einem Angehörigen eines der unterworfenen Völker und einem Stadtrömer. Bezieht eure Kenntnisse über die augusteische Herrschaft aus L 27–30 und L 37–39 ein.*
MK ***e.*** *Recherchiere, was man unter Imperialismus versteht, und diskutiere, ob dieser Begriff auch die römische Weltherrschaft angemessen bezeichnet.*

Der Dichter und sein Publikum

Ovids Augustusbild. Die vierte Sequenz hat dir den Dichter Ovid und sein Werk nähergebracht. Ähnlich wie Livius setzt Ovid dabei sein Werk in ein Verhältnis zu Augustus und seiner Politik. Darüber hinaus lässt sich aus seinen Gedichten ein Bild erkennen, das Ovid vom Kaiser entwirft.

1. Entwirf auf der Grundlage der Texte aus der Sequenz selbst ein Bild von Augustus und bewerte dieses. Erläutere anschließend das Verhältnis zwischen Augustus und Ovid.

Kaiser und Dichter. Besonders das Ende der Metamorphosen ist für das Verhältnis von Kaiser und Dichter aussagekräftig: Im Lesetext (S. 83) hast du gesehen, wie Augustus und seinen Nachkommen durch Jupiter eine goldene Zukunft prophezeit wird. Nun äußert sich der Dichter selbst:

Langsamen Schrittes soll jener Tag nahen und erst nach unserer Lebenszeit eintreten, jener Tag, an dem Augustus' erhabenes Haupt den Erdkreis, über den es waltet, verlässt, in den Himmel einkehrt und, wenn auch weit entfernt, den Bittenden gnädig Gehör schenkt!

2. Arbeite aus dem Textabschnitt heraus, in welches Verhältnis Ovid sich zu Augustus setzt und inwiefern dieses deinen Ergebnissen aus Aufgabe 1 entspricht.

Dichter und Werk. Am Schluss der Metamorphosen schreibt der Dichter nicht nur über das Fortleben des Augustus, sondern auch über sein eigenes:

Iamque opus exegi, quod nec Iovis ira nec ignis
nec poterit ferrum nec edax abolere vetustas.
Cum volet, illa dies, quae nil nisi corporis huius
ius habet, incerti spatium mihi finiat aevi:
Parte tamen meliore mei super alta perennis
astra ferar, nomenque erit indelebile nostrum,
quaque patet domitis Romana potentia terris,
ore legar populi, perque omnia saecula fama,
siquid habent veri vatum praesagia, vivam.

Schon habe ich mein Werk vollendet, das weder Jupiters Zorn noch Feuer noch Schwert noch der Zahn der Zeit wird beseitigen können. Wann er will, soll jener eine Tag, der lediglich ein Anrecht auf diesen Körper hier hat, meiner ungewissen Lebensdauer ein Ende setzen: Dennoch werde ich durch den besseren Teil meiner selbst über den Sternen im Himmel ewig dahinziehen und mein Name wird unauslöschlich sein: Wo sich Roms Macht über die eroberten Länder ausbreitet, werde ich im Volk gelesen werden und über alle Zeiten hinweg werde ich durch meinen Ruhm, wenn die Vorhersagen der Seher ein Körnchen Wahrheit besitzen, fortleben.

3. Gib den Inhalt des vorliegenden Textabschnittes mit eigenen Worten wieder. Beziehe dich dabei sowohl auf die Übersetzung als auch auf den lateinischen Text, indem du Textbelege anführst.
4. Vergleiche den Inhalt des Metamorphosen-Endes mit deinen Ergebnissen aus Aufgabe 1.
5. Sammle Argumente für und gegen die These: „Wir leben immer noch unter der Romana potentia." Nimm im Anschluss selbst Stellung zur These.

***Per omnia saecula fama* – Ruhm über alle Zeiten hinweg?** Dass Ovid mit seiner Aussage, dass er für immer durch seinen Ruhm fortleben werde, Recht behalten haben könnte, zeigt sich in der vielfältigen Rezeption in Literatur und Kunst.

Gemälde „Die Metamorphose des Narcissus“ von Salvador Dalí. 1937

Gemälde „Narcissus“ von Caravaggio. 1598/99

6. *Untersuche die Bilder hinsichtlich ihrer Gemeinsamkeiten und Unterschiede.*
7. *Wähle eines der Bilder aus und gestalte eine Gedanken- oder Sprechblase zu einer Figur.*

Die antike Vorlage. Die Gemälde von Caravaggio und Dalí basieren auf einer Erzählung aus dem dritten Buch von Ovids Metamorphosen – es handelt sich um die Geschichte des jungen Narcissus, der eines Tages sein Spiegelbild im Wasser erblickt und u. a. Folgendes sagt:

„Quoque magis doleam, nec nos mare separat ingens
nec via nec montes nec clausis moenia portis;
exigua prohibemur aqua! Cupit ipse teneri:
Nam quotiens liquidis porreximus oscula lymphis,
hic totiens ad me resupino nititur ore.
Posse putes tangi: Minimum est, quod amantibus obstat.
Quisquis es, huc exi! Quid me, puer unice, fallis
quove petitus abis? Certe nec forma nec aetas
est mea, quam fugias, et amarunt me quoque nymphae!“

„Und damit es mich noch mehr schmerzt: nicht trennt uns ein gewaltiges Meer, keine Straße, nicht die Berge, keine Mauer mit verschlossenen Toren; von einer Pfütze werden wir aufgehalten! Er selbst will erreicht werden: Denn immer, wenn ich dem flüssigen Nass Küsse aufdrücke, so drängt er zu mir mit zugewandtem Gesicht. Könntest du doch nur berührt werden: Nur wenig ist es, was uns Liebenden im Wege steht! Wer du auch bist, tritt hierher hinaus! Warum hintergehst du mich, einzigartiger Knabe, ja wohin gehst du, obwohl ich dich doch so begehre? Gewiss ist es weder meine Schönheit noch mein Alter, vor dem du fliehst – schließlich liebten mich auch die Nymphen!“

8. *Erläutere Narcissus’ Problem, indem du die Beziehung zwischen Ich-Erzähler und der angesprochenen Person anhand lateinischer Textbelege herausarbeitest.*
MK ***9.*** *Recherchiere zum Begriff des „Narzissmus“. Bewerte auf der Grundlage deiner Ergebnisse und des Textausschnitts, ob man Narcissus als Narzissten bezeichnen kann.*
MK ***10.*** *Erläutere, inwiefern sich dein Verständnis der Gemälde durch die Lektüre des Textes verändert hat. Überarbeite ggf. deine Sprechblasen aus Aufgabe 7.*
11. *Diskutiere, ob sich deine Auffassung aus Aufgabe 5 verändert hat.*

→ *www.cornelsen.de Webcode: qoxudi*

Senecas Briefe – Anleitung für ein glückliches Leben

Lucius Annaeus Seneca (ca. 1–65 n. Chr.)

Beruf:	Philosoph und Prinzenerzieher	
Eigenschaften:	selbstkritisch, pragmatisch, pflichtbewusst	
Lebensweg:	**bis ca. 30 n. Chr.:**	Ausbildung und politische Tätigkeit in Rom
	41 n. Chr.:	Verbannung nach Korsika durch Messalina
	49 n. Chr.:	Rückberufung durch Agrippina als Neros Erzieher
	56 n. Chr.:	Konsulat
	65 n. Chr.:	Freitod nach Verurteilung durch Nero

Der Weg in den Senat. Seneca wurde um das Jahr 1 n. Chr. im heutigen Córdoba (Spanien) geboren. Seine Familie zählte zu den führenden Familien, da sie eine Reihe von berühmten Schriftstellern und Provinzverwaltern hervorgebracht hatte. Seneca wurde als Kind nach Rom gebracht und erhielt dort eine Ausbildung, die sowohl klassische Literatur als auch Rhetorik umfasste. Neben seiner Begabung als Redner zeigte sich bald sein Interesse an der Philosophie. Nicht zuletzt wegen dieser Verbindung wurde Seneca von den Senatoren hoch geschätzt und war entsprechend einflussreich im Senat. Durch die Machenschaften der Messalina, der dritten Ehefrau des Kaisers Claudius, wurde er wegen einer angeblichen Affäre mit Claudius' Nichte auf die Insel Korsika verbannt. Dort verbrachte er fast acht Jahre, weit entfernt vom gesellschaftlichen und kulturellen Leben Roms.

Seneca und Nero. Neros Mutter Agrippina rief Seneca 49 n. Chr. aufgrund seiner Fähigkeiten aus dem Exil zurück, damit er ihren Sohn zu einem künftigen Kaiser erziehe. Nero war zu diesem Zeitpunkt zwölf Jahre alt. Agrippina sorgte geschickt dafür, dass Nero zum Thronerben wurde, und nach der Ermordung des Kaisers Claudius 54 n. Chr. wurde er tatsächlich Kaiser. Anfangs kümmerte er sich nicht selbst um die Regierungsgeschäfte, die andere, so auch Seneca, für ihn ausübten. Seneca stieg während dieser Zeit in der Ämterlaufbahn *(cursus honorum)* bis in den Senat auf und wurde 56 n. Chr. Konsul. Er wurde durch Geldgeschäfte und Geschenke zum angeblich reichsten Mann im gesamten Imperium Romanum; dies wurde ihm später in seiner Tätigkeit als Philosoph vorgeworfen. Nach und nach verlor Seneca seinen Einfluss auf Nero, bis dieser schließlich seinen ehemaligen Lehrer zum Tode verurteilte, weil er ihm vorwarf, eine Verschwörung gegen ihn geplant zu haben.

Römische Doppelherme von Seneca und Sokrates (auf der Rückseite). 3. Jh. n. Chr.

Ein poetischer Philosoph oder ein philosophischer Poet? Seneca war ein literarisches Multitalent. Auch wenn er einige lateinische Tragödien verfasst hat, ist er heute vor allem als Philosoph bekannt: Neben Abhandlungen zu konkreten moralischen Fragestellungen und seinen Betrachtungen über die Natur *(Naturales Quaestiones)* ist das wohl bedeutendste Werk die Briefsammlung an Lucilius *(Epistulae Morales)*.

In der Seneca zugeschriebenen, aber nicht von ihm verfassten Tragödie *Octavia* hat Seneca eine eigene Rolle und wendet sich an Fortuna:

Seneca: Quid, impotēns Fortūna, fallācī mihi blandīta vultu, sorte contentum meā altē extulistī, gravius ut ruerem ēditā receptus arce totque prōspicerem metūs? Melius latēbam procul ab invidiae malīs remōtus inter Corsicī rupēs maris, ubi līber animus et suī iūris mihi semper vacābat studia recolentī mea.	Seneca: *Warum hast du, herrische Fortuna, mich, der ich doch mit meinem Los zufrieden war, mit trügerischer Miene umschmeichelt und hoch emporgehoben – nur damit ich von dieser hohen Burg noch schwerer stürzte und so vieles Fürchtenswerte vor mir erblickte? Besser wäre ich im Verborgenen geblieben, weit von den Übeln der Missgunst entfernt zwischen den Klippen des korsischen Meeres, wo mein Geist frei war, sich selbst das Gesetz gab und mir stets zur Verfügung stand, um meine Werke erneut zu durchdenken.*

Briefe an Lucilius – Einführung in die Philosophie. Nach dem Verlust seines Einflusses auf Nero zog sich Seneca 62 n. Chr. aus der Politik zurück. Zwischen 62 und 65 n. Chr. verfasste er die *Epistulae Morales*, eine Sammlung von Briefen an seinen Freund Lucilius. Sein eigentlicher Adressat ist jedoch die römische Oberschicht. Senecas Briefe bilden eine Einführung in unterschiedliche Bereiche seiner Philosophie. Anfangs noch alltagsnah und praktisch ausgerichtet, werden sie immer mehr zu theoretischen Abhandlungen. Damit stehen seine philosophischen Lehrbriefe in starkem Kontrast zu Briefen, wie sie z. B. Cicero zur Kommunikation mit seinen Freunden oder seinem Bruder Quintus verfasst hat.

Buchmalerei „Das Rad der Fortuna". Aufstieg und Fall weltlicher Herrschaft mit der Aufschrift *regnabo – regno – regnavi – sum sine regno* (*rēgnāre* – „herrschen") aus den Carmina Burana. 1250

1. *Vergleiche Senecas Biografie mit der von Cicero* (→ S. 50).
2. a. *Untersuche, wie der Sprecher Seneca in der Tragödie* Octavia *seine Situation bewertet. Nenne lateinische Textbelege.*
   b. *Ordne das fiktive Zitat in Senecas Biografie ein.*
   c. *Beschreibe die Abbildung und vergleiche ihre Aussage mit deinen Ergebnissen aus b.*
3. *Seneca – Profiteur oder Opfer der Kaiserherrschaft? Nimm auf Grundlage der Sachinformationen auf dieser Doppelseite Stellung zu dieser Frage.*
4. *Sammle in dieser Sequenz Material für einen Podcast* (→ S. 146) *zum Thema „Heute als Stoiker leben".*

Was ist Philosophie?

„Der Denker" von Auguste Rodin. 1880–1882

Antike Philosophie – Ergründung des Menschen und seiner Welt. Die Philosophie **(philosophia)** der Antike war in die Bereiche Physik, Logik und Ethik unterteilt. In der Physik wurden damals neben naturwissenschaftlichen Fragen auch theologische behandelt: Was passiert, wenn wir sterben **(morī, -ior)**? Woher kommt unsere Welt? Welche Rolle spielen göttliche Mächte? Die Logik machte es sich zur Aufgabe, jede Nachlässigkeit **(neglegentia)** in unseren Argumenten zu vermeiden und Begriffe genauestens zu untersuchen. In der Ethik blickte ein Philosoph auf das menschliche Miteinander und übte sich darin, Dinge und Verhaltensweisen richtig einzuschätzen **(aestimāre)**. Er stellte Fragen danach, welchen Dingen Menschen einen Wert **(pretium)** beimessen, d. h. was ein Gut **(bonum)** und was wertlos **(vīlis, -e)** ist. Eine große Rolle spielte die Frage nach Tugenden: Was meinen wir, wenn wir von Gerechtigkeit, Tapferkeit oder Weisheit sprechen? Durch das Zusammenspiel dieser drei Disziplinen erhob die antike Philosophie den Anspruch, das gesamte menschliche **(hūmānus, -a, -um)** Dasein zu umfassen und zu erklären. Manche **(quīdam)** halten sie deshalb für die Mutter aller Wissenschaften.

Senecas Erklärung der Philosophie

Sapientia perfectum **bonum** est mentis **hūmānae**. **Philosophia** sapientiae amor est: Haec eō contendit, quō[1] illa pervēnit. Sapientiam **quīdam** ita fīnīvērunt[2], ut dīcerent eam dīvīnōrum et **hūmānōrum** scientiam[3] esse; **quīdam** ita: Sapientia est nōvisse dīvīna et **hūmāna** et hōrum causās.

1) **eō ... quō**: dorthin ... wohin 2) **fīnīre**: *hier:* bestimmen, definieren 3) **scientia**, -ae f: das Wissen

Von der Alleskönnerin zur Spezialistin. Heute tritt die Philosophie anders in Erscheinung: Über die Jahrhunderte haben sich Bereiche wie die Physik oder die Theologie als eigene Disziplinen etabliert. Die Philosophie beschäftigt sich heutzutage vor allem mit erkenntnistheoretischen und ethischen Fragen. So gehören viele Philosophen Ethikkommissionen an, die sich je nach Einsatzgebiet auf die Felder der Wirtschafts-, Wissenschafts- oder Medizinethik spezialisiert haben.

1. Stelle die Bereiche der antiken Philosophie mit ihren Aufgaben grafisch dar. Beziehe dabei auch den lateinischen Text mit ein.

MK ***2. Recherchiere den Beschluss einer Ethikkommission aus einem von dir gewählten Bereich. Präsentiere und diskutiere ihn in der Lerngruppe.***

W Unbekannt und doch vertraut

crāstinus, -a, -um – crās
hodiernus, -a, -um – hodiē
grātus, -a, -um – grātia
prōspicere, -iō, -spexī, -spectum – re-spicere, -iō, -spexī, -spectum
ē-lābī, -or, ēlāpsus sum – dē-lābī, -or, dēlāpsus sum

a. *Erschließe mithilfe der Angaben und der dir bekannten Wörter Wortart und Bedeutung der neuen Vokabeln.*

WH Das wird ja immer schöner!

Sapiēns sum. Sapienter agō.
Certē sapientior sum quam omnēs.
Sapientius agō.
Fortāsse sapientissimus sum.
Sapientissimē agō.

b. *Weise den markierten Formen folgende Begriffe zu: Positiv – Komparativ – Superlativ.*
c. *Beschreibe, wie im Lateinischen bei Adjektiven und Adverbien der Komparativ und der Superlativ gebildet werden.*
d. *Übersetze.*

G Es kommt noch besser

māgnus, -a, -um	*maximal*
bonus, -a, -um	*Optimist*
malus, -a, -um	*Pessimist*
multum/multī, -ae, -a	*Plural*
parvus, -a, -um	*minimal*

pēior, pēius	pessimus, -a, -um
māior, māius	māximus, -a, -um
plūs/plūrēs, plūra	plūrimum/plūrimī, -ae, -a
minor, minus	minimus, -a, -um
melior, melius	optimus, -a, -um

e. *Ordne mithilfe der Fremdwörter die Steigerungsformen im rechten Kasten denen im linken zu.*
f. *Du weißt bereits, wie Adverbien zu Steigerungsformen gebildet werden. Erschließe, wie die Adverbien zu den Superlativen und Komparativen im Kasten oben lauten.*

ācer, ācris, ācre	ācrior, ācrius	ācerrimus, -a, -um
similis, -e	similior, similius	simillimus, -a, -um

g. *Beschreibe, inwiefern die Bildung des Superlativs bei Adjektiven auf* **-er** *und auf* **-lis** *eine Besonderheit aufweist.*

W

1. *Buchstabenwirrwarr.*

a.* *Bringe die Buchstaben in die richtige Reihenfolge und übersetze.

rimo – geltneiagen – livis – tiramaese – baile – namuhsu

b.* *Beschreibe die Philosophie, indem du möglichst viele Wörter aus a. verwendest.

WH

2. *Positiv, Komparativ oder Superlativ? Bestimme und übersetze.*

a. vita beata – detrimentum turpissimum – populus crudelior – rebus vilissimis – vitium turpius

b. vitam agere – celerius currere – rem male gerere – otio frui – crudelissime pugnare

G

3. *Höher, schneller, weiter?*

a.* *Nenne die lateinischen Wörter, die den folgenden Begriffen zugrunde liegen, und erkläre ihre Bedeutung.

pessimistisch – das Minusrechnen – optimistisch – das Maximum – pluralistisch – das Minimum – multikulturell

b.* *Übersetze und achte dabei auf die Wiedergabe der Adverbien und Adjektive.

1. Sapiens **bene** vivit. 2. Quisquis vitam **tranquillius** agit, **plus** videt. 3. Si **pessime** agis, **maximam** vitae partem perdis.

c.* *Bilde die anderen Steigerungsformen der fett gedruckten Adjektive bzw. Adverbien und übersetze diese.

4. *Gut, besser, am besten. Bestimme und ergänze die Reihen nach dem Muster:* *bonorum – meliorum – optimorum.* *Manchmal gibt es mehrere Möglichkeiten.*

acriore – magnum – peior – optimis – aspera – minores – facillimae – plus

S

5. *Gut vorbereitet.*

a.* *Nenne die Subjunktionen und übersetze.

1. Tanta potentia fortunae[1] est, ut non sit salus nisi in philosophia. 2. In hoc enim erramus, quod vilia bona, bona vilia aestimamus. 3. Sic fit, ut neglegamus amicos, inimicos summo amore complectamur.

1) **fortūna**, -ae f: das Schicksal

b.* *Erkläre, wovon im übergeordneten Satz die Subjunktionen jeweils abhängen.

c.* *Zeige in 2. und 3. jeweils den Chiasmus und beschreibe die Wirkung (→ S. 144).

6. *Rat eines Philosophen an Lucilius. Übersetze und bestimme anschließend die Form mi Lucili.*

„Prospice pericula et tempus tuere, mi Lucili!"

7. *Lebensregel*

1. Vita elabitur omnibus, qui male agunt.
2. Vita elabitur omnibus male agentibus.
3. Vita elabitur male agentibus.

a.* *Übersetze und vergleiche den Aufbau der drei Sätze.

b.* *Beschreibe eine Situation, für die Satz 3 gelten könnte.

Der erste Ratschlag

Seneca eröffnet die Briefsammlung an Lucilius mit einem für uns Menschen zentralen Thema: Was verrinnt, ist aber kein Wasser? Was vergeht und ist doch unsterblich?

***a.** Nenne Merkmale, an denen man erkennt, dass es sich um einen Brief handelt.*
***b.** Arbeite Begriffe und Ausdrücke zu den Sachfeldern „Zeit“ und „Leben/Tod“ aus dem Text heraus.*
***c.** Visualisiere den Satz in Z. 13–16 mithilfe der Einrückmethode.*

Seneca Lūcīliō suō salūtem[1].

Ita fac, mī Lūcīlī: Vindicā tē tibi, et tempus, quod adhūc aut auferēbātur aut subripiēbātur[2] aut excidēbat[3], collige et servā. Persuādē tibi hoc sīc esse, ut scrībō: Quaedam tempora ēripiuntur nōbīs, quaedam subdūcuntur, quaedam effluunt[4]. Turpissima tamen est iactūra, quae per neglegentiam fit. Et sī volueris attendere[5], māgna pars vītae ēlābitur male agentibus, māxima nihil agentibus, tōta vīta aliud agentibus.

Quem mihi dabis[6], quī aliquod pretium temporī pōnat[7], quī diem aestimet[7], quī intellegat[7] sē cottīdiē morī? In hōc enim fallimur, quod mortem prōspicimus: Māgna pars eius iam praeteriit. Quidquid aetātis retrō est, mors tenet. Fac ergō, mī Lūcīlī, quod facere tē scrībis[8]: Omnēs hōrās complectere! Sīc fīet, ut minus ex crāstinō pendeās, sī hodiernō manum iniēceris[9]. Dum differtur, vīta trānscurrit.

Omnia, Lūcīlī, aliēna sunt, tempus tantum nostrum est. Sed tanta stultitia mortālium est, ut, quae minima et vīlissima sunt, certē reparābilia[10], imputārī[11] sibi, cum impetrāvērunt, patiantur, nēmō sē iūdicet quicquam dēbēre, quī tempus accēpit, cum interim[12] hoc ūnum est, quod nē grātus quidem potest reddere. Valē!

1) **salūtem**: *erg.*: dīcit 2) **subripere**, -iō, -ripuī, -reptum: heimlich wegnehmen 3) **excidere**, -ō, -cidī: verloren gehen 4) **effluere**, -ō, -flūxī: verschwinden 5) **attendere**, -ō, -tendī, -tentum: die Aufmerksamkeit auf etwas richten
6) **dare**: *hier:* zeigen, nennen
7) *Übs. m. Ind.* 8) **quod ... scrībis**: von dem du schreibst ... 9) **manum inicere** *(m. Dat.)*: (etwas) in Besitz nehmen
10) **reparābilis**, -e: ersetzbar
11) **imputāre**: in Rechnung stellen
12) **cum interim**: wobei doch

***d.** Gib den einzelnen Abschnitten Überschriften und fasse ihre Kernaussagen zusammen.*
***e.** Arbeite aus Z. 2–7 Stilmittel heraus und erläutere ihre Funktion (→ S. 144).*
***f.** Beschreibe das Bild und überlege, was es bedeuten könnte. Beziehe dabei auch den Text und deine eigenen Vorstellungen zum Thema „Zeit“ mit ein.*

Gemälde „Die Beständigkeit der Erinnerung“ von Salvador Dalí. 1931

Hilft Philosophie beim Glücklichsein?

Die Stoa. In Griechenland entstanden im 4. und 3. Jahrhundert v. Chr. verschiedene Philosophenschulen mit unterschiedlichen Vorstellungen von der Welt und vom richtigen Verhalten. Eine davon war die Stoa, die nach einer Säulenhalle in Athen benannt war, in der ihr Gründer Zenon mit seinen Schülern philosophierte **(philosophārī)**. Seneca zählte sich selbst zu den Stoikern und verstand wie sie die Welt als harmonisch geordnet: Ursache für diese Ordnung **(ōrdō, -inis)** sind das unabänderliche Schicksal *(fātum)*, ein göttlicher Lenker **(rēctor, -ōris)** und eine alles durchdringende, göttliche Vernunft *(ratiō)*. Diese Kraft ordnet **(dispōnere, -ō)** alle Dinge im Kosmos, weshalb weder Zufall **(cāsus, -ūs)** noch Glück **(fortūna)** Einfluss auf das Leben des Menschen haben. Da Schicksalsschläge vorherbestimmt sind, können sie das Leben eines Stoikers nicht durcheinanderwerfen **(iactāre)**. Vielmehr soll er die Seelenruhe (gr. *apátheia*) bewahren. Um nach stoischer Sicht glücklich zu werden, muss der Mensch ein naturgemäßes, d. h. vernunftgeleitetes, Leben führen. Dazu muss er die Tugendhaftigkeit *(virtūs)* ausbilden und die Vernunft *(ratiō)* vollenden.

Das Beste im Menschen

In homine quid est optimum? Ratiō. Hāc homō superat animālia, deōs sequitur. Quid est in homine proprium[1]? Ratiō. Haec perfecta vītam hominis beātam facit. Omnis rēs, cum bonum suum perfēcit, laudābilis est et ad fīnem nātūrae suae pervēnit. Hominī autem suum bonum ratiō est; sī hanc perfēcit, laudābilis est et fīnem nātūrae suae tetigit. Haec ratiō perfecta virtūs vocātur.

1) **proprium**, -ī n: die Besonderheit

Die Epikureer. Eine andere Philosophenschule, zu der auch Frauen und Sklaven Zugang hatten, gründete Epikur in seinem Garten. In seiner Ethik war die Lust (gr. *hedoné*) das höchste Gut und führte zur Seelenruhe (gr. *ataraxía*). Unter Lust verstand Epikur die Befriedigung der menschlichen Grundbedürfnisse (z. B. Hunger, Durst, Sexualtrieb), sodass der Mensch frei von jedem Schmerz ist. Dazu sollte er zurückgezogen, tugendhaft und bescheiden leben – die Tugend ist hier kein Selbstzweck, sondern ein Mittel zum Erreichen der Lust. Epikur formulierte seine Physik im Anschluss an die Lehre der Atomisten, nach denen alles aus kleinsten, unteilbaren Teilchen besteht. Ihm zufolge kümmern sich die Götter nicht um die Angelegenheiten der Menschen – alles geschieht aus Zufall.

Gemälde „Die Römer in der Verfallszeit" von Thomas Couture. Um 1847

1. Stelle die Lehren der Stoa und Epikurs in einer Tabelle gegenüber.

MK *2. a. Beschreibe das Bild und erkläre den Titel.*

b. Versetze dich in die Rolle eines Stoikers oder Epikureers und beurteile das Geschehen.

c. Recherchiere den Ausdruck „Hedonismus" und erläutere, ob er sich auf die Epikureer anwenden lässt.

W Dank Philosophie hält man vieles aus

Libenter bona accipimus, beātē vīvere studēmus. Sed etiam mala sustinēre possumus, etiam mala **tolerābilia** sunt.
Nam cum philosophia etiam mediīs in malīs adsit, – etsī nōn beātē – tamen **tolerābiliter** vīvimus.

a. *Erschließe die Bedeutung des neuen Wortes.*
b. *Bestimme die Wortart der markierten Ausdrücke.*

WH Relativ wiederholt

(1) Homō animālia superat ratiōne, quae in eō optimum est.
(2) Quae perfecta vītam hominis beātam facit.
c. *Nenne das Bezugswort des Relativsatzes in Satz (1), gib an, woran du es erkennst, und übersetze.*
d. *Erkläre, inwiefern sich die Verwendung des Relativpronomens in Satz (2) von (1) unterscheidet, und übersetze.*

G Relativ bekannt

(1) Quōs librōs Seneca scrīpsit, etiam nōs iuvant.
Die Bücher, die Seneca geschrieben hat, helfen auch uns.
e. *Beschreibe die Besonderheit im lateinischen Relativsatz und gib an, worauf man bei der Übersetzung ins Deutsche achten muss.*

(2) Doctus est, quī librōs Senecae lēgit.
f. *Dieser Relativsatz hat kein Bezugswort im Hauptsatz. Erschließe eine passende Übersetzung.*

(3) Quī librōs Senecae lēgit, doctus est.
(4) Quidquid Seneca scrīpsit, laudō.
g. *Satz (3) ist gleichbedeutend mit (2), aber anders aufgebaut. Beschreibe den Unterschied im Aufbau.*
h. *Erschließe dann eine geeignete Übersetzung für Satz (4).*

W *1. Wortfamilien. Nenne jeweils ein verwandtes Wort und gib zu beiden die Bedeutung an.*

rector – impellere – disponere – casus – decernere – philosophari – consilium

2. Stoische Weltsicht. Ordne die Ausdrücke in die passende Amphore ein und begründe.

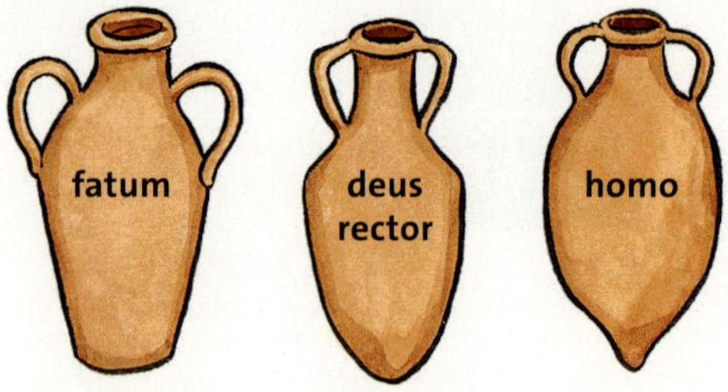

morbo laborare – philosophari – ordo naturae – homines tueri – sapientiam perficere – beate vivere – mori – ratione uti – libenter parere

WH *3. Alles ist relativ! Unterscheide zwischen Relativsatz und relativem Satzanschluss und übersetze.*

1. Lucilio epistulae, quas Seneca scripserat, placuerunt. 2. Quibus philosophari didicit. 3. Quod scire voluit, id iterum atque iterum ex amico quaesivit. 4. Qui libenter respondit et omnia docuit.

G *4. Philosophische Weisheiten? Übersetze und erkläre – ggf. durch Recherche – ihre Bedeutung.*

1. Qui bene bibit, bene vivit. 2. Quidquid agis, prudenter agas et respice finem! 3. Quod nimis miseri volunt, hoc facile credunt. 4. Quidquid id est, timeo Danaos[1] et[2] dona ferentes.

1) **Danaī**, -ōrum m: die Griechen
2) **et**: *hier:* selbst wenn

S *5. So viele Dinge!*

a. Ordne den Adjektiven eine passende Übersetzung zu.

maxima – certa – cuncta – incerta – omnia haec

Ungewisses – alle Dinge – das alles – riesige Dinge – bestimmte Dinge

*b. Finde eine passende Übersetzung für **res humanae**. Schlage im Wörterbuch nach (→ S. 137) und vergleiche die dortige Angabe mit deiner Lösung.*

*6. Ein ungenutztes Gut? Ordne die Übersetzungen von **esse** richtig zu.*

1. Ratio summum bonum hominis **est**. 2. Cur multi homines **sunt**, qui ratione non utantur[1]? 3. Quid **est** causa? Stultitia? Inertia[2]? Vitium? – Saepe omnia haec **sunt**!

1) *Übs. m. Ind.* 2) **inertia**, -ae f: die Faulheit

sein (2) – geben – zutreffen

7. Berechtigte Einwände?

Quid mihi prodest philosophia, si fatum est?
Quid prodest, si casus imperat?

a. Übersetze.

b. Stelle Vermutungen darüber an, wer diesen Einwand in welchem Zusammenhang äußern könnte.

Wozu philosophieren?

Natürlich denken Philosophen, dass Philosophieren nützlich ist. Doch worin zeigt sich dieser Nutzen für den Menschen?

***a.** Seneca fasst sich gern kurz: Erschließe in Z. 1–5 mithilfe der farbigen Begriffe die passenden Ergänzungen zu **tolerābiliter**, **tolerābilem** und **inchoātā**.*
***b.** Arbeite aus Z. 1–12 die Aufgaben und Charakterisierung der Philosophie heraus und gib an, was sie behindern könnte.*

Deckenfresko „Philosophie" von Raffaello Sanzio. Vatikanische Museen. 1508

Liquēre[1] hoc tibi, Lūcīlī, sciō nēminem posse beātē vīvere, nē tolerābiliter quidem, sine sapientiae studiō, et beātam vītam perfectā sapientiā efficī, cēterum tolerābilem etiam inchoātā[2].

Nōn est philosophia populāre artificium nec ostentātiōnī parātum: Nōn in verbīs, sed in rēbus est. Animum fōrmat et fabricat, vītam dispōnit, āctiōnēs regit, agenda et omittenda dēmōnstrat, sedet ad gubernāculum et per ancipitia flūctuantium dērigit cursum.	*Nicht ist die Philosophie ein gewöhnliches Handwerk, nicht ist sie für die Prahlerei gemacht: Sie besteht nicht in Worten, sondern in Taten. Unseren Geist formt und bildet sie, unser Leben ordnet sie, unsere Handlungen lenkt sie, zeigt, was wir tun und unterlassen sollen, sie sitzt am Steuer und hält den Kurs, wenn wir durch gefährliche See treiben.*

Dīcet aliquis: „Quid mihi prodest philosophia, sī fatum est? Quid prodest, sī deus rēctor est? Quid prodest, sī cāsus imperat? Nam et mūtārī certa nōn possunt et nihil praeparārī potest adversus incerta, sed aut cōnsilium[3] meum occupāvit deus dēcrēvitque, quid facerem[4], aut cōnsiliō meō nihil fortūna permittit."
Quidquid est ex hīs, Lūcīlī, vel sī omnia haec sunt: Philosophandum est. Sīve nōs inexōrābilī[5] lēge fāta cōnstringunt, sīve arbiter deus ūniversī cuncta disposuit, sīve cāsus rēs hūmānās sine ōrdine impellit et iactat: Philosophia nōs tuērī dēbet. Haec adhortābitur, ut deō libenter pareāmus, ut fortūnae contumāciter[6]. Haec docēbit, ut deum sequāris, ferās cāsum.

1) **liquēre**: klar/deutlich sein 2) **inchoāre**: anfangen 3) **cōnsilium**, -ī n: *hier:* die Entscheidungsfreiheit
4) **quid facerem**: was ich tun sollte 5) **inexōrābilis**, -e: unerbittlich, unabwendbar
6) **contumāciter** *(Adv.)*: mit zusammengebissenen Zähnen

***c.** Erläutere, welches Bild in Z. 6–12 dargestellt wird.*
***d.** Stelle stoische und epikureische Positionen aus dem Text zusammen und untersuche, wie Seneca diese bewertet.*
MK ***e.** Gestaltet ein Video zu einem Streitgespräch über den Nutzen der Philosophie zwischen einem Stoiker, einem Epikureer und einer dritten Person, deren Überzeugung ihr frei wählen könnt.*

Freundschaftliche Philosophie – Philosophie der Freundschaft

Weisheit lehren, Weisheit lernen. In den *Epistulae Morales* tritt Seneca als Lehrer auf, der seinen Schüler Lucilius ermahnt **(admonēre)** und zum Nachdenken **(dēlīberāre)** anregt. Häufig sind konkrete Lebenssituationen Ausgangspunkt seiner Überlegungen, und Anekdoten über Menschen, die Fehler begehen **(peccāre)**, dienen als abschreckende Beispiele. Ziel ist es, dem Ideal des stoischen Weisen *(sapiēns)* und damit einem glücklichen Leben näherzukommen. Dabei hält Seneca nicht geheim **(arcānus, -a, -um)**, dass er das Ideal selbst nicht erreicht hat. Vielmehr bespricht **(commūnicāre)** er mit Lucilius auch seine eigenen Unzulänglichkeiten. Sie machen Fortschritte (*prōficientēs* – „die Fortschreitenden") und führen dadurch ein besseres Leben als die Nicht-Philosophierenden (*stultī* – „die Dummen"), auch wenn sie sich dem Ideal des *sapiēns* nur annähern.

Statue von Nero und Seneca von Eduardo Barrón González. 1904

Wozu braucht der Weise Freunde?

Sapiēns, etiam sī contentus est sē, tamen habēre amīcum vult, nē tam māgna virtūs iaceat[1].
Nōn ad hoc – quod dīcēbat Epicūrus –,
„ut habeat aliquem, quī sibi morbō affectō[2] adsit[3], auxiliō veniat[3] in vincula datō[2] vel miserō[2]",
sed
ut habeat aliquem, cui ipse morbō affectō[4] adsit[3], quem ipse ē vinculīs hostium līberet[3].
Quī sē spectat et propter hoc ad amīcitiam venit, male cōgitat[5].

1) **iacēre**: *hier:* ungenutzt bleiben 2) **affectō, datō, miserō**: *beziehen sich auf* sibi 3) *Übs. m. Ind.*
4) **affectō**: *bezieht sich auf* cui 5) **male cōgitat** = errat

Seneca – ein gescheiterter Lehrer? Das Urteil der Nachwelt über Seneca ist eng mit dem über seinen Schüler verbunden: Nero. Als dieser seine Herrschaft antritt, versucht Seneca, positiv auf ihn einzuwirken. In der Schrift „Über die Milde" wendet er sich direkt an den neuen Kaiser, um ihn zu einer rücksichtsvollen Herrschaft zu bewegen. Doch er hat damit keinen Erfolg: Nero lässt seine Mutter Agrippina ermorden und erscheint der Nachwelt als Prototyp eines grausamen und wahnsinnigen Herrschers. Spätestens als er Seneca zur Selbsttötung zwingt, wird sich dieser vielleicht auch die Frage gestellt haben, ob er als Lehrer gescheitert ist.

1. *Stelle die stoische Vorstellung von* ***stultī, prōficientēs*** *und* ***sapientēs*** *grafisch dar. Ordne Seneca, Lucilius und dich selbst in diese Darstellung ein.*
2. *Deute das in der Skulptur dargestellte Verhältnis zwischen Nero und Seneca.*
3. *Arbeite die stoische und epikureische Auffassung von Freundschaft aus dem lateinischen Text heraus.*

W Leicht zu über-tragen

Tē **ad-moneō**, nē cum aliīs dē mē, amīcō tuō, loquāris.
Nōlī loquī cum aliīs dē iīs rēbus, quae ad mē **per-tinent**!
Saepe quaedam verba **re-trahere** dēbēmus, nē animum amīcī perturbemus.
Saepe enim rēs malae **inter-veniunt**, quās sōlī **per-ferre** nōn possumus, in quibus amīcō opus est.

a. *Ordne mithilfe der dir bereits bekannten Präfixe und Verben den neuen Vokabeln die übertragenen Bedeutungen zu: ertragen – zurückhalten – auffordern – sich beziehen – dazwischenkommen; sich ereignen.*

WH Große Fragen

Cūr multī hominēs mortem timent?
Sapientēsne beātī sunt?
Quandō beātī erimus?
Nōnne omnēs sapientiae studētis?

b. *Ordne die Fragen nach Wort- und Satzfragen und übersetze.*

G1 Lucilius will es wissen

Lūcīlius scīre vult, ... cūr multī hominēs mortem timeant.
... num sapientēs beātī sint.
... **an** omnēs sapientiae studeant.

c. *Bei WH liegen direkte Fragen, hier indirekte Fragen vor. Erkläre diese Begriffe und beschreibe, worin sich direkte und indirekte Fragen im Lateinischen unterscheiden.*

d. *Erschließe die Bedeutung des Wortes **an** im indirekten Fragesatz und übersetze.*

G2 Doppelt hält besser

(1) Viele Menschen bezeichnen Seneca als weisen Mann.

e. *Gib den Kasus der markierten Wörter an.*

(2) Multī hominēs Senecam virum sapientem dīcunt.
(3) Multī hominēs Senecam virum sapientem putant/exīstimant.

f. *Die gleiche Konstruktion wie im Deutschen gibt es auch im Lateinischen. Um diese wiederzugeben, musst du die Verben anders übersetzen. Dabei helfen dir die Bedeutungen: halten für – bezeichnen als.*

W **1. Ergänze die Tabelle um je eine Spalte für Latein, Deutsch und eine weitere Sprache deiner Wahl und trage die Wörter sowie ihre Entsprechungen in der anderen Sprache ein.**

admonester	ammonire	amonestar
communiquer	comunicare	comunicar
délibérer	deliberare	deliberar
pécher	peccare	pecar

2. Philosophie überall.

ra – ca – re – a – sa – ne – li – iu – com – tia – pi – te – re – mi – re – ens – ad – ci – be – di – ar – mo – nus – mit – de – ca – re

a. **Füge die Silben zusammen und gib die Bedeutung der so entstandenen Wörter an.**

b. **Formuliere mit den Wörtern einen philosophischen Ratschlag auf Latein oder als lateinisch-deutschen Mischtext.**

WH **3. Direkt nachgefragt. Ordne den Fragewörtern die richtige Sinnrichtung zu.**

ubī – num – quandō – cūr – quō – nōnne

Zeit – Richtung – Frage (Antwort: Nein) – Ort – Frage (Antwort: Ja) – Grund

G1 **4. Indirekt nachgefragt. Wähle aus und übersetze.**

1. Diu cogitavimus, ___ vitam beatam faceret. 2. Philosophi[1] nobis dicunt, ___ amicum habere debeamus. 3. Quidam quaerunt, ___ philosophia prosit, si deus nobis imperet.

1) **philosophus**, -ī m: der Philosoph

an – quid – quare

G2 **5. Ziemlich beste Freunde? Übersetze die Aussagen und erkläre, wer sie gesagt haben könnte.**

1. „Clodium numquam amicum populi Romani existimavi." 2. „Cum ad Lucilium epistulas scribo, me solum non puto." 3. „Caesarem patrem dico, quamquam pater non est." 4. „Tironem semper fidelissimum putavi."

Z **6. Ein Rätsel: Ergänze das richtige Substantiv und achte auf den Kasus.**

Omnia tibi committere soleo. Toto te pectore in amicitiam recepi et te ad animum meum admisi.
Te ___ dico.

S **7. Freundliche Ermahnung. Bilde passende Sätze und übersetze.**

Admoneo te	ut / ne	semper philosopheris.
		pecces.
		omnia mecum communices.

8. Freundschaft eines Weisen. Übersetze.

1. Sapienti amicus diligenter eligendus est. 2. Nam iudicandum est, num quis[1] verus amicus sit. 3. Si hominem amicum iudicaveris, crede eum fidelem esse.
4. Noli suspicari eum fidelem non esse: Suspicando enim eum fallere doces.
5. Amicos nobis servandos esse scimus.

1) **quis** = aliquis

9. Drum prüfe, wer sich ewig bindet. Übersetze und erkläre.

Post amicitiam[1] credendum est, ante amicitiam[1] iudicandum.

1) **amīcitia**, -ae f: *hier:* der Beginn einer Freundschaft

Stoische Freundschaft

Im dritten Brief an Lucilius betrachtet Seneca den Unterschied zwischen einem alltäglichen und dem wahren Verständnis von Freundschaft.

a. *Gliedere den Text anhand von Auffälligkeiten in Tempus, Person und Modus der Hauptsatzprädikate.*
b. *Stelle aus dem lateinischen Text ein Sachfeld zum Thema „Freundschaft" zusammen. Formuliere auf Grundlage der Prädikate aus* ***a.*** *und des Sachfeldes Vermutungen zu Senecas Freundschaftsbegriff.*

Ölgemälde „Die Freundschaft" von Pablo Picasso. 1907–1908

Epistulās ad mē perferendās[1] trādidistī, ut scrībis, amīcō tuō. Deinde admonēs mē, nē omnia cum eō ad tē pertinentia commūnicem, quia nōn soleās nē ipse quidem id facere: Ita eādem epistulā illum et dīxistī amīcum et negāvistī. Sed sī aliquem amīcum exīstimās, cui nōn tantundem crēdis quantum tibi, vehementer errās et nōn satis nōvistī vim vērae amīcitiae.
Tū vērō omnia cum amīcō dēlīberā, sed dē ipsō prius: Post amīcitiam[2] crēdendum est, ante amīcitiam[2] iūdicandum. Diū cōgitā, an tibi in amīcitiam aliquis recipiendus sit! Cum placuerit fierī[3], tōtō illum pectore admitte! Tam audāciter cum illō loquere quam tēcum!
Tū quidem ita vīve, ut nihil tibi committās, nisī quod[4] committere etiam inimīcō tuō possis! Sed quia interveniunt quaedam, quae cōnsuētūdō fēcit arcāna, cum amīcō omnēs cūrās, omnēs cōgitātiōnēs tuās mīscē! Fidēlem, sī putāveris[5], faciēs. Nam quīdam fallere docuērunt, dum timent fallī, et illī iūs peccandī suspicandō fēcērunt[6]. Quid est, quārē ego ūlla verba cōram amīcō meō retraham? Quid est, quārē mē cōram illō nōn putem sōlum?

1) **epistulās ad mē perferendās**: Briefe, die mir überbracht werden sollten 2) **amīcitia**, -ae f: *hier:* der Beginn einer Freundschaft 3) **cum placuerit fierī**: wenn du beschlossen hast, dies zu tun 4) **nihil ..., nisī quod ...**: nur das, was ... 5) **sī putāveris**: *erg.:* eum fidēlem 6) **iūs facere alicui**: jemandem eine Rechtfertigung geben

c. *Erläutere, welchen Irrtum Lucilius Seneca zufolge begeht.*
d. *Formuliere Senecas Anliegen und rekonstruiere den Gedankengang.*
e. *Vergleiche das stoische Verständnis von Freundschaft mit deinem. Diskutiert es in der Lerngruppe hinsichtlich seiner Anwendbarkeit und berücksichtigt auch den Einfluss von Social Media.*
f. *Beschreibe das Bild und überlege, welche Vorstellung von Freundschaft hier ausgedrückt wird. Diskutiert anschließend, ob Seneca der Ansicht sein könnte, dass das Bild zu seinem Text passt.*

→ www.cornelsen.de Webcode: qoxudi

W

1. a. *Latein international. Erschließe die Bedeutung der lateinischen Wörter aus dem Englischen.*

luxuria, luxuriosus	luxury
conversatio	conversation
imitari	to imitate
ambitiosus	ambitious

b. *Gegensätze ziehen sich an. Erschließe die unbekannten Wörter aus den Wörtern, die das Gegenteil bedeuten.*

dissimilis ↔ similis
odisse ↔ amare
inhumanus ↔ humanus
vitare ↔ petere
nemo nostrum ↔ nos omnes

c. *Verfasse einen deutsch-lateinischen Text über Feindschaft, in dem du möglichst viele neue Wörter aus **a.** und **b.** verwendest.*

S

2. *Ein philosophischer Ratgeber. Unterscheide Infinitive und Imperative.*

miscere – tuere – docere – imitare – existimare – versare – admitte – accidere – credere – cede

3. *So viele Möglichkeiten! Finde eine passende Übersetzung für die fett gedruckten Ausdrücke.*

1. **Multum mali** avertemus, si nos philosophiae dederimus. 2. Amicorum factis verbisque **plus periculi** est quam inimicorum.

4. *Getrennt – und doch verbunden. Gib das Bezugswort des PPA an und übersetze.*

Nobis saepe aliquod tempus aut aufertur aut eripitur aut nescientibus subducitur.

5. *Ein Vorgespräch.*

a. *Übersetze.*

1. Seneca Lucilium rogavit: „Quid deliberas?" 2. Lucilius: „Quaero, quid mihi vitandum sit." 3. Seneca: „Quid tibi vitandum existimes, quaeris?"

b. *Finde für Seneca Antworten auf die Frage des Lucilius.*

6. *Der Charakter bleibt nie derselbe!*

Numquam mores, quos foras extuli, domum refero.

Übersetzt wörtlich und entwickelt in einem Schreibgespräch eine Deutung.

7. Turbam vita! *Zeige Lucilius den Weg durch die Menschenmenge nach Hause, indem du jeweils von der Form zur richtigen Bestimmung gehst.*

	Konj. Perf.		*Konj. Akt.*		*Inf. Perf. Akt.*	
Eingang → → →	existimes	*Konj. Imperf.*	imiteris	*Konj. Imperf.*	extuli	*Inf. Präs. Pass.*
	Konj. Präs.		*Konj. Plqupf.*		*Perf. Akt.*	
Präs. Akt.	committeris	*Präs. Pass.*	fias	*Konj. Präs.*	versare	*Inf. Präs.*
	Imperf. Akt.		*Perf. Pass.*		*Imp.*	
Fut. Pass.	confitebor	*Imperf. Pass.*	turbatur	*Konj. Perf.*	oderis	*Imperf. Pass.*
	Fut. I Akt.		*Präs. Pass.*		*Plqupf. Akt.*	
Plqupf. Konj.	factus est	*Inf. Perf.*	redeo	*Imp.*	fugavi	*Perf. Akt.*
	Präs. Akt.		*Präs. Akt.*		*Präs. Konj.*	

Der Mensch und die Menge

Im siebten Brief erteilt Seneca Lucilius einen Rat, wie er sich zur Menge der Menschen, d. h. denen, die nicht philosophieren, verhalten soll.

***a.** Weise anhand von Beobachtungen zu Person und Modus der Prädikate und zu Satzarten nach, dass es sich um einen philosophischen Lehrbrief handelt.*
***b.** Suche alle Komparative in Z. 8–15 heraus. Erschließe aus ihrem Satzumfeld, welche Wirkung der Umgang mit der Menge auf Seneca hat.*

Quid tibi vitandum praecipue[1] existimes, quaeris? Turbam. Nondum illi tuto[2] committeris. Ego certe confitebor imbecillitatem meam: Numquam mores, quos extuli, refero. Aliquid ex eo, quod composui[3], turbatur; aliquid ex iis, quae fugavi, redit.
Inimica est multorum conversatio: Nemo non aliquod nobis vitium aut commendat[4] aut imprimit[5] aut nescientibus allinit[6]. Utique[7] quo maior est populus, cui miscemur[8], hoc periculi plus est. Nihil vero tam damnosum bonis moribus, quam in aliquo spectaculo[9] desidere[10]. Tunc enim per voluptatem facilius vitia subrepunt[11].
Quid me existimas dicere? Avarior redeo, ambitiosior, luxuriosior? Immo vero crudelior et inhumanior, quia inter homines fui: Adeo[12] nemo nostrum ferre impetum vitiorum tam magno comitatu venientium potest.
Unum exemplum luxuriae aut avaritiae multum mali facit: Quid tu accidere his moribus credis, in quos publice factus est impetus? Necesse est[13] aut imiteris aut oderis. Utrumque autem devitandum[14] est: Neve similis malis fias, quia multi sunt, neve inimicus multis, quia dissimiles sunt. Recede in te ipse, quantum potes! Cum his versare, qui te meliorem facturi sunt[15]! Illos admitte, quos tu potes facere meliores! Mutuo[16] ista fiunt et homines, dum docent, discunt.

Kupferstich „Avaritia“ von Crispijn van de Passe. 1611

1) **praecipuē** *(Adv.)*: besonders 2) **tūtō** *(Adv.)*: in Sicherheit, gefahrlos 3) **compōnere**: *hier:* in den Griff bekommen 4) **commendāre**: empfehlen 5) **imprimere**, -ō, -pressī, -pressum: hineindrücken 6) **allinere**, -ō, allēvī, allitum: anhängen 7) **utīque**: jedenfalls 8) **mīscērī** *(m. Dat.)*: sich mischen unter 9) **spectāculum**, -ī n: das Schauspiel 10) **dēsidēre**: untätig dasitzen 11) **subrēpere**, -ō, -rēpsī: einschleichen 12) **adeō**: so sehr 13) **necesse est** *(m. Konj.)*: notwendigerweise/zwangsweise (tust du etwas) 14) **dēvītāre** = vītāre 15) **factūrī sunt**: machen wollen 16) **mūtuō** *(Adv.)*: wechselseitig

***c.** Arbeite unter Einbezug von **b.** Senecas Darstellung der Menge heraus.*
***d.** Benenne möglichst viele Stilmittel in Z. 18–23 und erläutere ihre Wirkung (→ S. 144).*
***e.** Diskutiert, ob die Nutzung von Internet und Social Media eine ähnliche Wirkung (auf euch) hat wie die Begegnung mit einer Menschenmenge auf Seneca.*

Mensch und Umwelt

Fußbodenmosaik eines römischen Speisezimmers. 2. Jh. n. Chr.

Der Mensch und sein Umfeld. In dieser Sequenz hast du die Grundlagen der antiken Philosophie, insbesondere der stoischen Ethik und Physik kennengelernt. In seinen Briefen stellt Seneca das Individuum sowohl in ein Verhältnis zu seinem sozialen Umfeld als auch zu den Wirkprinzipien (Gott, Schicksal, Zufall) in der Welt. Nach seiner Auffassung bietet uns die Philosophie eine Navigationshilfe auf der stürmischen See des Lebens.

1. ***Erstelle ein Schaubild, in dem du Senecas Darstellung des Menschen, seines Umfeldes und der Philosophie aus der Sequenz zusammenträgst. Nutze zur Beschriftung lateinische Begriffe.***

Vom Umfeld zur Umwelt. Insbesondere die Stoiker kritisierten, dass der Mensch diese Unterstützung durch die Philosophie nicht immer annimmt. So verstoße er häufig gegen die Ordnung des Kosmos (→ L 41) und missachte seinen Platz in der Welt – Gründe für Seneca, die Menschen direkt anzusprechen:

Quousque nullus erit lacus, cui non villarum vestrarum fastigia inmineant? Ubicumque scatebunt aquarum calentium venae, ibi nova deversoria luxuriae excitabuntur. Ubicumque in aliquem sinum litus curvabitur, vos protinus fundamenta iacietis. Quid prosunt multa cubicula? In uno iacetis. Non est vestrum, ubicumque non estis.

Wie lange noch wird es keinen See geben, den nicht die Dächer eurer Häuser überragen? Wo auch immer heiße Wasseradern hervorsprudeln werden, dort werden neue Horte der Verschwendung entstehen. Wo auch immer die Küste in eine Bucht auslaufen wird, werdet ihr sofort eure Fundamente errichten. Was nützen euch viele Betten? Nur in einem einzigen liegt ihr. Kein Ort gehört euch, an dem ihr nicht seid.

Ad vos deinde transeo, quorum profunda et insatiabilis gula hinc maria scrutatur, hinc terras: Nullis animalibus nisi ex fastidio pax est. Quantulum ex istis epulis per tot comparatis manus fesso voluptatibus ore libatis? Quantulum ex tot conchyliis tam longe advectis per istum stomachum inexplebilem labitur? Infelices, ecquid intellegitis maiorem vos famem habere quam ventrem?

Schließlich komme ich zu euch, deren tiefe und unersättliche Kehle hier die Meere, dort die Länder durchwühlt. Kein Tier hat seinen Frieden – außer ihr seid seiner überdrüssig. Wie wenige von diesen Speisen, die von so vielen Händen vorbereitet wurden, probiert ihr mit eurem Mund, der von all der Lust müde ist? Wie wenige von den so vielen Schalentieren, die aus solcher Entfernung hergebracht wurden, gleiten durch diesen nicht zu füllenden Magen? Ihr Unglücklichen, seht ihr nicht, dass ihr einen Hunger habt, der größer ist als euer Magen?

***2.** Stelle Aspekte zu den Themen „Natur“ und „Mensch“ in einer Tabelle gegenüber.*
***3.** Arbeite Senecas Kritik am Verhalten des Menschen heraus und vergleiche diese mit deinen Ergebnissen zum Lesetext „Der Mensch und die Menge“ (→ S. 101). Beziehe auch das Bild links mit ein.*
***4.** Wähle einen Kritikpunkt und erläutere, inwiefern dieser auch heute noch aktuell ist.*

Die Zerstörung der Umwelt. Durch die fortwährende Entwicklung von Wissenschaft und Technik ergeben sich für den modernen Menschen neue Handlungsmöglichkeiten. Dabei gestaltet er seine Umwelt in einem solchen Maße, dass man vom „Zeitalter des Menschen“, dem Anthropozän, spricht. Die Tatsache, dass der Mensch der Natur nicht nur schaden, sondern sie vernichten kann, wirft die Frage nach seiner Verantwortung auf.

Das Verhältnis von Mensch und Umwelt im Anthropozän.
Doch das Wort [Anthropozän] ist missverständlich, wenn nicht gar irreführend. Denn unser Zeitalter ist nur sehr oberflächlich betrachtet jenes des Menschen. Die Zerstörung der Natur wird zum überwältigenden Teil nicht vom „Menschen“ verursacht, sondern sie erfolgt aus einem Denken heraus, das die Erde seit etwa zweihundert Jahren nach dem Kosten-Nutzen-Kalkül einiger Menschen in den reichen Industrieländern ausbeutet. Und diese Menschen denken dabei nicht typisch menschlich oder gar human, sondern nach Maßgabe des zu erzielenden Profits. […]

Nicht „der Mensch“ zerstört die Erde, sondern eine ziemlich abrupte Verhaltensänderung einer Teilpopulation von Menschen vor etwas mehr als zwei Jahrhunderten. Sie brachte kurzfristig eine ungeheure Blüte an komfortablen Lebensbedingungen hervor, betreibt aber einen solchen Raubbau an den Ressourcen, dass sie seitdem auf den raschen Untergang der ganzen Spezies zusteuert. Bezeichnenderweise leben die einzelnen Angehörigen der Art [so] […], dass sie, trotz eindringlicher Warnungen, ihr weiteres Glück in mehr und mehr Konsum suchen und es nicht schaffen, sich den lebensbedrohlichen Herausforderungen angemessen zu stellen.

Richard David Precht: Tiere Denken. Vom Recht der Tiere und den Grenzen des Menschen, München 2016, 451 f.

Schulstreik für das Klima.
Demonstration am 22. Oktober 2021 in Stockholm.

***5.** Zeige, wie das Verhältnis von Umwelt und Mensch beschrieben wird, und vergleiche dieses mit deinen Ergebnissen aus Aufgabe 3.*
***6.** Diskutiert die These: „Der Umweltschutz verdammt uns zu Passivität und verhindert jeglichen Fortschritt!“ Bezieht dabei auch stoische Argumente mit ein.*

→ *www.cornelsen.de Webcode: qoxudi*

Phaedrus' Fabeln – Von Tieren lernen

Phaedrus (ca. 15 v. Chr.–50 n. Chr.)

Herkunft: geboren in Makedonien; kam als griechischer Sklave nach Rom und wurde schließlich von Augustus freigelassen

Beruf: Fabeldichter

Vorbild: griechischer Fabeldichter Aesop, der etwa 500 Jahre vor Phaedrus lebte und bis heute zu den bekanntesten Fabeldichtern gehört

Werk: *fabulae* (Fabeln) in fünf Büchern

Porträtbüste des griechischen Fabeldichters Aesop (620–560 v. Chr.) in einer Fantasielandschaft. Holzstich. 19. Jh.

Phaedrus' Fabeln. Phaedrus' Fabeln sind in Gedichtform – und zwar im Versmaß des Senars – geschrieben, das auch in der römischen Komödie verwendet wurde. Sie sind stilistisch und poetisch ausgeformt und in einer bildhaften (metaphorischen) Sprache verfasst. Auf den ersten Blick sind Fabeln einfache Tiergeschichten; dahinter steckt aber immer auch eine Lehre, die sich auf die Menschen und ihr Verhalten übertragen lässt.

Was seine Fabeln auszeichnet, bringt Phaedrus selbst im Prolog (Vorrede) seines Werks auf den Punkt.

Den Inhalt, den Aesop, der Erfinder der Fabel, ersonnen hat,
habe ich durch Verse im Senar verfeinert.
Mein Büchlein schenkt dem Leser zweierlei: dass es ihn zum Lachen bringt
und dass es dem Klugen für sein Leben einen guten Rat erteilt.
Wenn aber jemand bemängeln will,
dass Bäume sprechen, nicht nur wilde Tiere,
soll er daran denken, dass wir nur spielen mit ausgedachten Fabeln.

Aufbau der Fabeln. Die Fabeln haben meist eine festgelegte Struktur. Nicht immer kommen alle Elemente vor, wenn sie für den Verlauf der Handlung nicht notwendig sind. Die „Moral von der Geschicht'" kann am Anfang der Fabel oder auch am Ende stehen.

Deutsche Bezeichnung		Fachbegriff
Moral	am Anfang	Promythion
	am Ende	Epimythion
Ausgangssituation		*expositio*
Konflikt	Rede/Handlung	*actio*
	Gegenrede/Gegenhandlung	*reactio*
Ergebnis		*eventus*

Eine Muse diktiert Phaedrus die Fabeln.
Titelbild einer Phaedrus-Ausgabe. Leiden 1745

1. *Arbeite aus dem Prolog heraus, wie Phaedrus sein Werk charakterisiert und welche Ziele er mit seinen Fabeln verfolgt.*
2. *Recherchiere die aesopische Fabel „Der Pfau und die Dohle" auf Deutsch und gliedere sie nach dem abgebildeten Schema.*
3. *Beschreibe die Abbildung auf dieser Seite und erkläre, warum sie als Titelbild einer Fabelausgabe gut geeignet ist.*

Vulpēs et corvus – „Der Fuchs und der Rabe"

***a.** Gib die lateinischen Entsprechungen der fettgedruckten Wörter in der Übersetzung an.*

***b.** Gib mithilfe der Übersetzung die lateinischen Begriffe an, die sich in KNG auf die Wörter aus a. beziehen.*

MK ***c.** Beschreibe das Bild und erschließe die Ausgangssituation der Fabel. Verwende dabei lateinische Begriffe.*

***d.** Gliedere den lateinischen Text mithilfe der Übersetzung nach dem vorgegebenen Schema (S. 105).*

Der Rabe und der Fuchs. Zeichnung um 1700

Quī sē laudārī gaudet verbīs subdolīs,
ferē dat poenās turpī paenitentiā.
Cum dē fenestrā corvus raptum cāseum
comēsse vellet, celsā residēns arbore,
vulpēs hunc vīdit, deinde sīc coepit loquī:
„Ō quī tuārum, corve, pennārum est nitor!
Quantum decōris corpore et vultū geris!
Sī vōcem habērēs, nūlla prior āles foret."
At ille dum vult etiam vōcem ostendere,
ēmīsit ōre cāseum, quem celeriter
dolōsa vulpēs avidīs rapuit dentibus.
Tum dēmum ingemuit corvī dēceptus stupor.

*Wer sich darüber freut, dass er mit **hinterhältigen** Worten gelobt wird, büßt in der Regel durch schändliche **Reue**. Als ein Rabe einen **Käse** verzehren wollte, den er von einem Fensterbrett gestohlen hatte, setzte er sich auf einen hohen Baum. Dort sah ihn ein Fuchs und fing darauf an, folgendermaßen mit ihm zu reden: „O, wie groß ist der Glanz deiner **Federn**, Rabe! Wie schön sind dein Körper und dein Gesicht! Wenn du auch noch eine Stimme hättest, wäre dir kein Vogel überlegen." Aber als jener auch seine Stimme zeigen wollte, ließ er den Käse aus dem Schnabel fallen, den sich der **listige** Fuchs schnell mit gierigen Zähnen schnappte. Da schließlich stöhnte der getäuschte Rabe über seine Dummheit.*

***e.** Charakterisiere Fuchs und Rabe mit lateinischen Textbelegen.*

***f.** Erläutere die Strategie, die der Fuchs in seiner Rede (V. 6–8) anwendet.*

***g.** Der Rabe klagt gegen den Fuchs vor Gericht. Entwickelt aufgabenverteilt Anklage und Verteidigung und führt einen Gerichtsprozess durch.*

***h.** Übersetze die ersten beiden Verse so, dass die Aussage für einen modernen Leser verständlich wird: Stelle dir dazu eine konkrete Person vor, für die du diese Übersetzung anfertigst.*

Lupus et āgnus – „Der Wolf und das Lamm"

***a.** Beschreibe das Bild anhand V. 1–3 mit lateinischen Belegen.*

***b.** Erschließe die Bedeutung folgender Wörter aus dem Text mithilfe der lateinischen bzw. fremdsprachigen Wörter in Klammern: V. 6: **aqua** (acqua minerale; ital.) – V. 8: **dēcurrere (currere)** – V. 9: **vēritās, -ātis** f **(vērus, -a, -um)** – V. 13: **iniūstus, -a, -um (iūstus, -a, -um)**; **nex, necis** f **(necāre)** – V. 15 **innocēns, innocentis** (innocent; engl.).*

***c.** Charakterisiere mithilfe der rot und blau markierten Ausdrücke den Wolf und das Lamm.*

Ad rīvum[1] eundem[2] lupus et āgnus vēnerant
sitī[3] compulsī[4]: Superior[5] stābat lupus,
longēque īnferior[6] āgnus. Tunc[7] fauce[8] improbā
latrō[9] incitātus[10] iūrgiī causam intulit[11].
„Cūr", inquit, „turbulentam[12] fēcistī mihi
aquam bibentī?" Lāniger[13] contrā timēns:
„Quī[14] possum, quaesō, facere, quod quereris[15],
lupe?
Ā tē dēcurrit ad meōs haustūs[16] liquor[17]."
Repulsus ille vēritātis vīribus:
„Ante hōs sex mēnsēs[18] tū maledīxistī[19] mihi."
Respondit āgnus: „Equidem nātus[20] nōn eram."
„Pater hercle[21] tuus", ille inquit, „maledīxit[19]
mihi."
Atque ita correptum[22] lacerat[23] iniūstā nece.
Haec propter illōs scrīpta est hominēs fābula[24],
quī fictīs causīs innocentēs opprimunt.

Der Wolf und das Lamm. Illustration von Gustave Doré zu den Fabeln von La Fontaine. 1868

1) **rīvus**, -ī m: der Bach
2) **īdem**, eadem, idem; eundem *(Akk. Sg. m)*: derselbe, dieselbe, dasselbe
3) **sitis**, -is f: der Durst
4) **compellere** = pellere 5) **superior**: weiter oben
6) **longē īnferior**: viel weiter unten 7) **tunc**: dann
8) **faux**, faucis f: der Rachen 9) **latrō**, -ōnis m: der Räuber
10) **incitāre**: antreiben 11) **iūrgiī causam īnferre**, -ferō, -tulī, illātum: einen Grund für einen Streit suchen
12) **turbulentus**, -a, -um: aufgewühlt; trübe 13) **lāniger**, -erī m: der „Wollträger", das Schaf 14) **quī**: wie
15) **quereris**: du beklagst 16) **haustus**, -ūs m: die Wasserstelle 17) **liquor**, -ōris m: *hier:* das Wasser
18) **mēnsis**, -is m: der Monat 19) **maledīcere**, -ō, -dīxī, -dictum *(m. Dat.)*: schlecht reden (über)
20) **nātus**, -a, -um: geboren 21) **hercle!**: beim Herkules! 22) **correptum**: *erg.:* āgnum
23) **lacerāre**: zerfleischen 24) **Haec ... fābula**: *Stelle um:* Haec fābula scrīpta est propter illōs hominēs, quī ...

***d.** Gliedere die Fabel nach dem vorgegebenen Schema (S. 105).*

***e.** Untersuche den Dialog zwischen dem Wolf und dem Lamm: Fasse die Argumente des Wolfs und diejenigen des Lamms zusammen.*

***f.** Bewerte sowohl die Aussagen des Wolfs als auch die des Lamms.*

***g.** Erläutere die Ausdrücke **fauce improbā** (V. 3) und **iniūstā nece** (V. 13).*

***h.** Stelle Beispiele für die genannten **hominēs** (V. 14) zusammen, die auch heute noch aktuell sind.*

Vulpēs et ūva – „Der Fuchs und die Traube"

Der Fuchs und die Traube.
Holzschnitt von Jörg Syrlin
in: Heinrich Steinhöwel.
Aesopus. Vita et Fabulae.
Ulm 1476

a. *In der folgenden Fabel geht es um den Umgang mit persönlichen Niederlagen. Stelle zunächst Möglichkeiten zusammen, wie man reagieren kann, wenn einem etwas nicht gelingt.*
b. *Erschließe mithilfe der unterstrichenen Verbformen Informationen über die Situation bzw. die Handlung des Fuchses.*

Famē[1] coācta vulpēs altā[2] in vīneā[3]
ūvam appetēbat[4], summīs saliēns[5] vīribus.
Quam tangere ut[6] nōn potuit[7], discēdēns[8] ait[9]:
„Nōndum mātūra[10] est; nōlō acerbam[11] sūmere[12]."
Quī facere quae nōn possunt, verbīs ēlevant[13],
ascrībere[14] hoc dēbēbunt exemplum sibi[15].

1) **famēs**, -is f: der Hunger 2) **altus**, -a, -um: hoch 3) **vīnea**, -ae f: der Weinstock
4) **appetere**, -ō, -petīvī, -petītum: zu erreichen suchen 5) **salīre**: springen
6) **ut**: *hier:* als 7) quam ... potuit: *Stelle um:* Ut hanc tangere nōn potuit
8) **discēdere**, -ō, -cessī, -cessum: weggehen 9) **ait** = inquit 10) **mātūrus**, -a, -um: reif
11) **acerbus**, -a, -um: sauer 12) **sūmere**, -ō, sūmpsī, sūmptum: nehmen
13) **ēlevāre**: kleinreden, herabsetzen 14) **ascrībere**, -ō, -scrīpsī, -scrīptum: zuschreiben
15) **Quī ... sibi**: *Stelle um:* Iī, qui ea, quae facere nōn possunt, verbīs ēlevant, hoc exemplum sibi ascrībere dēbēbunt.

c. *Charakterisiere den Fuchs.*
d. *Vergleiche die Darstellung des Fuchses in dieser Fabel mit der Darstellung in der Fabel „Der Fuchs und der Rabe" (S. 106).*
e. *Eine Fabel schildert meist einen Konflikt. Untersuche, worin hier der Konflikt besteht.*
f. *Vergleiche deine Vorüberlegungen aus **a.** mit dem Verhalten des Fuchses. Beschreibe eine dir bekannte Situation, auf die die Botschaft der Fabel auch heute noch passt.*
MK ***g.*** *Recherchiere die Version der Fabel von Lessing und vergleiche sie mit der Phaedrus-Fabel.*

Canis per flūmen carnem ferēns – „Der Hund, der durch einen Fluss Fleisch trägt“

MK ***a.*** *Erschließe die Moral der Fabel (V. 1). Schlage dazu die unbekannten Vokabeln* **āmittere, proprius** *und* **appetere** *im Wörterbuch nach. Nutze für die Wahl der passenden Bedeutungen auch eine Beobachtung zur besonderen Wortstellung in diesem Vers.*

b. *Zeige anhand von Beobachtungen zu Wortfeldern, Wortfamilien und Wortwiederholungen in V. 2–7 und mithilfe der Abbildung, inwiefern „Der Hund, der durch einen Fluss Fleisch trägt“ ein passendes Beispiel für die Moral der Fabel (**a.**) ist.*

Der Hund und das Stück Fleisch. Holzschnitt von Jörg Syrlin in: Heinrich Steinhöwel. Aesopus. Vita et Fabulae. Ulm 1476

Āmittit meritō[1] proprium, quī aliēnum appetit.
Canis per flūmen carnem cum ferret natāns[2],
lymphārum[3] in speculō[4] vīdit simulācrum[5] suum,
aliam[6]que praedam[7] ab alterō ferrī putāns
ēripere voluit; vērum[8] dēcepta[9] aviditās[10]
et, quem tenēbat ōre[11], dīmīsit cibum,
nec[12], quem petēbat dente[13], potuit tangere[14].

1) **meritō** *(Adv.)*: zu Recht, verdientermaßen 2) **natāre**: schwimmen
3) **lympha**, -ae f: das Wasser 4) **speculum**, -ī n: der Spiegel
5) **simulācrum**, -ī n: das Spiegelbild 6) **alius**, -a, -ud: ein anderer, eine andere, ein anderes
7) **praeda**, -ae f: die Beute, das Beutestück 8) **vērum**: aber
9) **dēcipere**, -iō, -cēpī, -ceptum: täuschen 10) **aviditās**, -ātis f: die Gier
11) **ōs**, ōris n: *hier:* das Maul 12) **et ... nec**: einerseits ... andererseits nicht 13) **dēns**, -ntis m: der Zahn
14) **et ... tangere**: *Stelle um:* et cibum, quem ōre tenēbat, dīmīsit nec (cibum), quem dente petēbat, tangere potuit

c. *Erläutere, inwiefern die sprachlich-stilistische Gestaltung in V. 2–4 den erzählten Inhalt unterstreicht.*

d. *Erläutere den Ausdruck* **dēcepta aviditās** *(V. 5). Übersetze anschließend den Satz in V. 5–7 so, dass sein Inhalt auch für jemanden, der kein Latein kann, verständlich ist.*

MK ***e.*** *Visualisiere den Inhalt der Fabel in einem digitalen Schaubild.*

f. *Verfasse eine eigene Fabel, die zu der Lehre der Fabel vom Hund, der durch einen Fluss Fleisch trägt, passt.*

→ *www.cornelsen.de Webcode: qoxudi*

Die Fabel – eine tierische Erfolgsgeschichte?

Zurück zu den Wurzeln. In dieser Sequenz hast du die Gattung der Fabel in Rom kennengelernt: Phaedrus setzte die Fabeln seines griechischen Vorgängers Aesop, die in Prosa verfasst waren, in Verse. Wie er seine Vorlage bearbeitete, wird am Beispiel einer dir bereits bekannten Fabel in der Version des Aesop erkennbar.

Figur eines buckligen Mannes, die möglicherweise Aesop darstellen soll. 3.–1. Jh. v. Chr.

Als ein Wolf ein Lamm sah, das aus einem Fluss trank, wollte er es unter einem guten Vorwand auffressen. Deshalb stellte er sich flussaufwärts hin und beschuldigte es, dass es das Wasser trübe mache und ihn nicht trinken lasse. Das Lamm aber sagte, dass es nur mit gespitzten Lippen trinke und es ihm, da es weiter unten stehe, ohnehin nicht möglich sei, das Wasser oben aufzuwühlen. Weil der Wolf mit diesem Vorwand keinen Erfolg hatte, sagte er: „Aber im letzten Jahr hast du schlecht über meinen Vater geredet." Als jenes nun antwortete, es sei damals noch nicht geboren gewesen, sagte der Wolf zu ihm: „Wenn du auch reich an Entschuldigungen bist, soll ich dich deshalb nicht auffressen?" Die Fabel zeigt, dass bei denen, die den Vorsatz haben, Unrecht zu tun, auch eine gerechtfertigte Entschuldigung nichts vermag.

1. *Arbeite mithilfe der deutschen Übersetzung heraus, inwiefern Aesops Fabel dem klassischen Aufbau (→ S. 105) entspricht und an welchen Stellen sie davon abweicht.*
2. *Vergleiche Aesops Fabel mit der von dir übersetzten Version des Phaedrus (→ S. 107) in Hinsicht auf Aufbau, Redeanteile und Perspektive. Fasse deine Ergebnisse in einer Tabelle zusammen.*

Rezeption. Wenn Autoren wie Phaedrus Stoffe ihrer Vorgänger aufnehmen, spricht man von „Rezeption" *(recipere)*. Die Bezugnahme auf griechische Autoren ist ein Merkmal der römischen Kultur. Anfänglich bestand diese Rezeption aus Übersetzungen *(interpretatio)*. Später gingen Autoren zu einer künstlerischen Nachahmung *(imitatio)* über und bildeten ihre Vorlagen nur geringfügig um. Von noch größerem künstlerischem Anspruch zeugte es, wenn sich Nachfolger in einen Wettstreit *(aemulatio)* mit ihren Vorgängern begaben.

3. *Diskutiere, ob es sich bei Phaedrus' Rezeption der Fabeln des Aesop um eine **interpretatio**, **imitatio** oder **aemulatio** handelt. Beziehe dabei sowohl deine Ergebnisse aus Aufgabe 2 als auch den Prolog von S. 104 mit ein.*

Nachwirkung. Die Rezeption der antiken Fabeln geht weiter: Sie wurden und werden bis heute immer wieder aufgegriffen, verändert und weitergedacht. Grund für die Beliebtheit der Gattung ist die Möglichkeit, in versteckter Form Kritik an Menschen und gesellschaftlichen Zuständen zu üben, ohne dafür direkt belangt werden zu können. Ihre Zeitlosigkeit zeigt sich auch an den beiden Fabeln von Gotthold Ephraim Lessing (1729–1781), einem der berühmtesten deutschen Fabeldichter, und Helmut Arntzen (1931–2014).

Gotthold Ephraim Lessing: Der Wolf und das Schaf

Der Durst trieb ein Schaf an den Fluß, eine gleiche Ursache führte auf der andern Seite einen Wolf herzu. Durch die Trennung des Wassers gesichert und durch die Sicherheit höhnisch gemacht, rief das Schaf dem Räuber hinüber: „Ich mache dir doch das Wasser nicht trübe, Herr Wolf? Sieh mich recht an, habe ich dir nicht etwa vor sechs Wochen nachgeschimpft? Wenigstens wird es mein Vater gewesen sein." Der Wolf verstand die Spötterei; er betrachtete die Breite des Flusses und knirschte mit den Zähnen. „Es ist dein Glück", antwortete er, „dass wir Wölfe gewohnt sind, mit euch Schafen Geduld zu haben", und ging mit stolzen Schritten weiter.

Gotthold Ephraim Lessing, hrsg. von Herbert Schnierle, Salzburg 1981, S. 183.

Helmut Arntzen: Der Wolf und das Lamm

Der Wolf kam zum Bach. Da entsprang das Lamm.
„Bleib nur, Du störst mich nicht", rief der Wolf.
„Danke", rief das Lamm zurück, „Ich habe im Äsop gelesen."

Helmut Arntzen, Kurzer Prozess. Aphorismen und Fabeln, München 1966, S. 64.

„Fischen nicht erlaubt auf dieser Seite der Absperrung!" Zeichnung von Randolph Caldecott. 19. Jh.

4. *Zeige, dass es sich bei den beiden vorliegenden Fabeln um eine Rezeption der antiken Vorbilder handelt. Untersuche, welche Fabel die Version des Phaedrus und welche die des Aesop als Vorbild wählt.*

5. *Beschreibe die Zeichnung und erkläre, inwiefern die Szene die Fabel vom Wolf und dem Lamm aufgreift.*

6. *„Die Fabel ist tot und hat nichts mehr mit dem Heute zu tun!" Diskutiere diese Aussage.*

7. *„Es lebe die Fabel!" Wähle eine Fabel aus der Sequenz und verfasse eine eigene Version.*

→ www.cornelsen.de *Webcode: qoxudi*

Aller Anfang ist ...

Rōmulus et Remus adulēscentēs urbem condere voluērunt
in iīs locīs,
in quibus ā Faustulō inventī erant.
Sed frātrēs {cupiditāte *rēgnī* atque invidiā incēnsī} iterum atque iterum inter sē
contendēbant. Rōmulus: „Audī", inquit, „Reme: Ego dīgnus imperiō sum.
Tam fortis sum,
ut moenia nostra ab *impetū* hostium dēfendere *possim*.
Certē deī mihi permittunt,
ut urbem conditam imperiō *regam*."
Remus respondit:
„Ego audāciam tuam **neque** probō **neque** timeō:
Cum prīmum locum[1] inter nōs frātrēs *obtineam*,
postulō,
ut rēgnum mihi *concēdās*."
Tum Numitor avus {ā frātribus cōnsultus} dīxit:
„**Cum** inter vōs nōn *sit* discrīmen[2] **aut** aetātis **aut** dīgnitātis[3],
hoc cōnsilium dō: Agite augurium,
ut rēctē *dēcernātis*!
Optō,
ut prōdigia vōbīs *ūsuī sint*."

Die Brüder gehen auf Numitors Vorschlag ein: In Begleitung mehrerer Zeugen unternehmen sie eine Vogelschau und erwarten das Vorzeichen der Götter.

Prīmō[4] Remus sex vulturēs[5] aspexit et rēgnum sibi vindicāvit. Sed frātrī duplex[6] numerus vulturum[5] sē ostendit; itaque Rōmulus {*manūs* ad caelum tollēns}:
„Deī", inquit, „mihi rēgnum tribuērunt,
quia duodecim vulturēs[5] mīsērunt!"
Deinde Rōmulus *exercitū* suō *impetum* in comitēs frātris fēcit;
Remus {in turbā gladiō ictus[7]} cecidit.
Postremō Rōmulus urbem novam condidit,
quae ā nōmine eius appellāta est: Rōma.

Übersetze das PC ***ictus*** *hier mit einem Temporalsatz („nachdem ...").*

1) **prīmum locum obtinēre** (inter + *Akk.*): *hier:* der bessere (von ...) sein 2) **discrīmen**, -inis n: der Unterschied
3) **dīgnitās**, -tātis f: die Würde, das Ansehen, die Stellung 4) **prīmō**: zuerst 5) **vultur**, -uris m: der Geier
6) **duplex**, -icis: doppelt 7) **icere**, icō, īcī, ictum: treffen

Lucretias Opfer und die Gründung der Republik

[Viri] Lucrētiam trīstem {in lectō sedentem} inveniunt.

[Lucretia] Adventū suōrum flēre coepit. Marītō {causam quaerentī} respondit:

„Vae mihi[1]!

Omnia perdidī,

cum meam pudīcitiam et *fidem* tuam *perdiderim*!

Vestīgia[2] virī aliēnī, fīliī Tarquiniī rēgis, in lectō sunt nostrō.

At corpus tantum est oppressum, mēns mihi mānsit in *fidē*."

Fideī testis mors ipsa fuit[3]:

[Lucretia] Ferrum,

quod sub veste habēbat,

in pectore condidit.

Hāc *rē* Lucrētia apud Rōmānās exemplum *fideī* est.

> *Mach mehr aus deinem Wortschatz und finde eine passendere Bedeutung für **condere**.*

Bestürzt schwören Brutus und Collatinus Rache an Lucius und Sextus Tarquinius.

Cum virī {*rēbus* adversīs adductī} corpus Lucrētiae in forum *portāverint*,

cīvēs Rōmānī scelere novō Tarquiniī et calamitāte Collātīnī

valdē commoventur.

Quam ob rem praecō[4] populum ad Brūtum tribūnum vocat.

Nunc tandem tempus ultiōnis[5] adest:

Brūtus,

cum omnēs *fefellerit* multōs per annōs,

{stultitiam nōn iam fingēns} ōrātiōnem clāram habet dē vī ac cupiditāte Sextī Tarquiniī, dē caede crūdēlī et trīstī Lucrētiae, dē lūctū Collātīnī.

Addit superbiam rēgis ipsīus miseriāsque et labōrēs plēbis. *Rēs* venit ad arma.

Cum rēx ex urbe *expulsus sit*,

duo cōnsulēs laudābilēs creantur, L. Iūnius Brūtus et L. Tarquinius Collātīnus.

Illō *diē* est condita *rēs* pūblica ... lībera[6]!

1) **vae mihi**: weh mir *(verzweifelter Ausruf)* 2) **vestīgium**, -ī n: die Spur 3) *Stelle um:* Mors ipsa fuit testis fideī
4) **praecō**, -ōnis m: der Herold, der Bote 5) **ultiō**, -iōnis f: die Rache 6) *Stelle um:* Illō diē rēs pūblica lībera condita est.

Eine wahre Heldentat

Erinnerst du dich an das PC-Bonbon? Übersetze …
1) Partizip und Bezugswort,
2) die Mitte des „Bonbons",
3) den übrigen Satz.
4) Füge das PC z. B. als Nebensatz in den Satz ein.

Cloelia: „Audīte," inquit, „virginēs:
Porsenna rēx obsidēs imperāvit,
ut pācem cum patribus faceret et
exercitum ab Iāniculō dēdūceret.
Nōs autem {obsidēs[1] in castra hostium abductae} fēminae līberae[2] ē castrīs
exībimus!"
Ūna ex obsidibus: „Quōmodo virginēs mīlitēs Porsennae superāre *poterunt*?"
Cloelia: „Audī, amīca: Ego dux agminis virginum *erō*.
Cum castra Etruscōrum forte[3] prope rīpam Tiberis posita sint,
ego custōdēs *fallam* et vōs ipsa ad rīpam *dūcam*. Perīcula *subībimus* et …"
Tum illa: „Nōs {inter tēla hostium flūmen trānseuntēs} mortem *obībimus*!"
Cloelia: „Nōn *perībimus*. Tiberim tam celeriter *trānatābimus*[4],
ut tēla hostium vītāre[5] possimus.
Hōc modō vōs omnēs incolumēs domum *redībitis*."
Sed illa: „At Porsenna {īrā incēnsus} lēgātōs Rōmam *mittet*,
ut nōs iterum obsidēs[1] dēpōscat[6]."
Cloelia: „**Sī** Porsenna nōs obsidēs[1] *dēpōscet*[6], ego sōla *redībō*." {Virtūte Cloeliae
commōtae} virginēs cōnsilium *iniērunt* ē castrīs Porsennae fugere – et profectō
omnēs incolumēs Rōmam *rediērunt*.

Tatsächlich forderte Porsenna erneut Geiseln, unter ihnen auch Cloelia.

Porsenna {admīrātiōne commōtus}: „Virtus tua laudābilis est. Quam ob rem tibi
nōnnūllās obsidēs *dōnābō*.
Ipsa eās obsidēs,
quās vīs,
ēlige!"
Cloelia: „Impūbēs[7] *ēligam*; nam eam aetātem ab hoste līberāre volo,
quae maximē opportūna[8] iniūriae est."

Namen stehen meist im Genitiv.

1) **obsidēs**: als Geiseln 2) **fēminae līberae**: als freie Frauen 3) **forte** *(Adv.)*: zufälligerweise 4) **trānatāre**: durchschwimmen 5) **vītāre**: ausweichen 6) **nōs dēpōscere**: unsere Auslieferung verlangen 7) **impūbēs**, -um m/f: *hier:* die jüngsten Geiseln 8) **maximē opportūnus** *(m. Dat.)*: *hier:* einer Sache besonders ausgeliefert

Mit der Macht einer Mutter

Coriolānō *relātum est* <ingentem mulierum conventum ad castra vēnisse>.

> *Übersetze **Coriolānō relātum est** mit „Man berichtete Coriolan, dass …"*

Coriolānus {**nec** lēgātōrum verbīs **nec** precibus sacerdōtum mōtus} clāmāvit:
„Mulierēsne lacrimīs muliebribus mē movēre volunt? Dīmittite eās!"
At ūnus ē familiāribus dīxit:
„**Nisī** mē fallunt oculī,
inter eās,
quae ad castra sē *contulērunt*,
sunt[1] tua māter, coniūnx, līberī!"
Tum Coriolānus perturbātus surrēxit, **ut** mātrī complexum *ferret*[2].
At mulier {īrā incēnsa}: „Dēsine! Tē accipiam,
cum *cōgnōverō* <mē **nōn** ad hostem, **sed** ad fīlium vēnisse>.
Num **tam** longam vītam ēgī, **ut** tē exsulem hostemque[3] vidērem?
*Īnferēs*ne bellum huic terrae,
quae tē *tulit* atque aluit?
Nōnne tibi,
cum Rōma in cōnspectū erat,
in mentem vēnit: ‚Intrā illa moenia domus ac Penātēs sunt,
māter, coniūnx, līberī?' **Nec** dē mē, **sed** dē hīs timeō,
quōs **aut** immātūra[4] mors **aut** longa servitūs premet,
sī *perrēxeris* et omnēs spēs *abstuleris*.
Nisī ego tē peperissem,
Rōma nōn oppūgnārētur;
nisī fīlium habērem,
lībera[5] in lībera patriā mortem obīrem."
Cum māter haec verba *prōtulisset*,
uxor ac līberī Coriolānō complexum *tulērunt*[2].
Tandem Coriolānus cessit[6] et castra mōvit.

> *Ergänze.*
>
> Wenn ich keinen Sohn ________,
> ________ ich frei in ________
> ________ ________ sterben.

1) **sunt**: befinden sich 2) **complexum ferre** *(m. Dat.)*: jemanden umarmen
3) **exsulem hostemque**: als Verbannten und Feind 4) **immātūrus**, -a, -um: frühzeitig, verfrüht
5) **lībera**: als freie Frau 6) **cēdere, cēdō, cessī**: *hier:* nachgeben

Der Brief einer Mutter

„Cur tribunatum[1] petis? Quando matri metum
inferre desines? [Tu] Ipse testis fuisti:
Nonne memoria tenes <istos sceleratos fratrem occidisse, e foro extulisse,
in Tiberim flumen iniecisse>?
Crede mihi: Ista tua spes est audacia! Ista virtus est furor!
Iterum magna caedes erit,
iterum tanto metu commovebor,
ut potius mortem obeam **quam**[2] alterum filium {interfectum} inveniam,
iterum spes mea falletur.

*Achte in den **iterum**-Sätzen auf das Tempus!*

Te quoque ex urbe expellent et **tum demum** te persequi[3] desinent,
si occisus eris.

*Ergänze als gedankliches Subjekt zu **expellent** und **desinent** z. B. „deine Gegner".*

Quo fugies? Ubi tutus eris?
Illi,
qui circum te sunt,
te non servabunt!
Si pietas et lacrimae matris animum tuum flectere non possunt,
respice Liciniam uxorem, respice filium!
Cur rem publicam curas, neglegis autem rem privatam – parvam illam rem publicam?
Crede mihi: Est virtus **non solum** in re publica, **sed etiam** in domo!
Quid ergo [cogitas]? Num existimas <mortem tuam rei publicae usui esse>?
Respice fratrem: [Frater] Inceptum perficere non potuit, rei publicae non profuit,
familiam prodidit. Quare civitatem evertere voluit, quare tu eam evertere vis?
Quando quidem hic familiae nostrae morbus desinet?"

1) **tribūnātus**, -ūs m: das Volkstribunat 2) **potius … quam**: lieber/eher … als 3) **tē persequī**: dich zu verfolgen

Caesar bekommt einen Vorwand für seinen Krieg

Helvētiī iam per fīnēs Sēquanōrum suās cōpiās trādūxerant

et in Haeduōrum fīnēs pervēnerant eōrumque agrōs vāstābant.

Haeduī,

cum sē suāque ab iīs dēfendere nōn possent,

lēgātōs ad Caesarem mittunt,

ut auxilium rogārent:

Ita sē omnī tempore dē populō Rōmānō meritōs esse[1],

ut *paene*[2] *in cōnspectū*[3] *exercitūs Caesaris*

agrī vāstārī, līberī in servitūtem abdūcī,

oppida expūgnārī nōn dēbuerint.

Eōdem tempore Ambarrī, necessāriī Haeduōrum,

Caesarem certiōrem faciunt

<*sē nōn facile ab oppidīs vim hostium prohibēre*>.

Item Allobrogēs,

quī trāns Rhodanum vīcōs possessiōnēsque habēbant,

fugā sē ad Caesarem recipiunt

et dēmōnstrant <*sibi praeter agrī solum*[4] *nihil esse reliquī*[5]>.

{Hīs rēbus adductus} Caesar <sē exspectāre nōn dēbēre> statuit

dum[6] Helvētiī in Santonōs[7] pervenīrent.

> *Übersetze* ***sibi*** *hier mit „ihnen".*

Caesar,

ubī per explōrātōrēs[8] cōgnōvit <Helvētiōs trēs iam partēs cōpiārum flūmen Ararim[9] trādūxisse, quartam vērō partem citrā flūmen reliquam esse>,

ad eam partem pervēnit,

quae nōndum flūmen trānsierat.

In eōs impedītōs[10] et inopīnantēs[11] impetum fēcit,

māgnam partem eōrum concīdit.[12]

Reliquī fugā sē in proximās silvās recēpērunt.

1) **meritus sum dē**: ich habe mich verdient gemacht um 2) **paene**: *bezogen auf* in cōnspectū exercitūs Caesaris
3) **in cōnspectū**: in Sichtweite 4) **solum**, -ī n: der Boden 5) **nihil reliquī**: nichts übrig 6) **exspectāre, dum**: warten, bis
7) **in Santonōs**: in das Gebiet der Santoner; 8) **explōrātor**, -ōris m: der Späher, der Kundschafter 9) **flumen Ararim**: über den Fluss Arar 10) **impedītus**, -a, -um: schwer bepackt, nicht kampfbereit 11) **inopīnāns**, -ntis: nichtsahnend
12) **concīdere**, -cidō, -cīsī, -cīsum = caedere

Caesar – Forscher in der Fremde?

Druidēs rēbus dīvīnīs intersunt, sacrificia pūblica ac prīvāta prōcūrant[1],

religiōnēs *interpretantur*:

Ad hōs māgnus adulēscentium numerus disciplīnae causā[2] concurrit

māgnōque hī sunt apud eōs honōre.

Nam ferē dē omnibus contrōversiīs pūblicīs prīvātīsque cōnstituunt.

Alterum genus est [genus] equitum.

Hī,

    cum bellum *orītur*,

omnēs in bellō *versantur*.

Nātiō est omnis Gallōrum dēdita religiōnibus.

Atque ob eam causam[3] iī,

    quī sunt affectī gravibus morbīs

    et quī in proeliīs perīculīsque *versantur*,

prō victimīs[4] hominēs immolant[5].

Administrīs[6] ad ea sacrificia druidibus *ūtuntur*.

Nam <nōn posse deōrum immortālium nūmen plācārī> *arbitrantur*,

    nisī prō vītā hominis hominis vīta reddātur.

Germānī multum ab hāc cōnsuētūdine differunt.

Nam **neque** druidēs habent **neque** sacrificiīs student.

Deōrum numerō eōs sōlōs dūcunt[7],

    quōs cernunt: Sōlem et Vulcānum et Lūnam,

reliquōs nē fāmā quidem accēpērunt[8].

Vīta omnis in vēnātiōnibus[9] atque in studiīs reī mīlitāris cōnsistit:

Ab parvulīs[10] labōrī[11] ac dūritiae[12] student.

1) **prōcūrāre** (*m. Akk.*): sich kümmern um 2) **disciplīnae causā**: zur Ausbildung 3) **ob eam causam**: aus diesem Grund 4) **victima**, -ae f: das Opfer(tier) 5) **immolāre**: opfern 6) **administrīs**: als Verwalter (*Prädikativum zu* druidibus) 7) **deōrum numerō dūcere**: zu den Göttern zählen 8) **nē fāmā quidem accipere**: nicht einmal vom Hörensagen kennen (*Übs. im Präsens!*) 9) **vēnātiō**, -iōnis f: die Jagd 10) **ab parvulīs**: von klein auf 11) **labōr**, -ōris m: *hier:* die Ausdauer 12) **dūritia**, -ae f: die Abhärtung

Die letzte Schlacht

{Caesaris *adventū* ex colōre vestītūs[1] *cōgnitō*}
{*turmīsque* equitum[2] *et cohortibus*[3] *vīsīs*},
quae eum sequuntur,
hostēs proelium committunt.
{*Clāmōre sublātō*} nostrī rūrsus ex vallō atque omnibus mūnītiōnibus clāmant.
{*Relictīs pīlīs*}[4] gladiīs rem gerunt. Repente post tergum equitātus cernitur;
cohortēs[3] aliae appropinquant. Hostēs terga vertunt; fugientibus equitēs occurrunt.
Fit[5] māgna caedēs.
Gallī {ex Alesiā oppidō caedem et fugam suōrum cōnspicātī}
{*dēspērātā*[6] *salūte*} cōpiās ā mūnītiōnibus redūcunt.
Fit[5] prōtinus {*hāc rē audītā*} ex castrīs Gallōrum fuga.
Nisī tōtīus diēī labōre mīlitēs essent dēfessī[7],
omnēs hostium cōpiae dēlērī potuissent.

> *Stelle um:* ***Nisī mīlitēs labōre tōtīus diēī dēfessī essent, omnēs cōpiae hostium dēlērī potuissent.***

Posterō diē Vercingetorīx {*conciliō convocātō*}
<sē id bellum suscēpisse nōn suārum necessitātum[8], sed commūnis libertātis causā>
dēmōnstrat[9]; <sē ad utramque[10] rem illīs offerre>, **sīve** morte suā Rōmānīs
satisfacere, **sīve** [Vercingetorīgem] vīvum trādere velint.
Mittuntur dē hīs rēbus ad Caesarem lēgātī. [Caesar] Iubet <arma trādī, prīncipēs
prōdūcī>.
[Caesar] Ipse in mūnītiōne prō castrīs cōnsīdit; eō ducēs prōdūcuntur. Vercingetorīx
dēditur, arma prōiciuntur.

1) **vestītus**, -ūs m: *hier:* der Feldherrenmantel *(häufig rot)* 2) **turma** (-ae f) **equitum**: *hier:* die Reitereinheit
3) **cohors**, -ortis f: die Kohorte *(ein Zehntel einer Legion)* 4) **pīlum**, -ī n: der Wurfspieß 5) **fit**: es kommt zu …
6) **dēspērare** *(m. Akk.)*: (an einer Sache) verzweifeln 7) **dēfetīscor, dēfessus sum**, -a, -um: erschöpft
8) **necessitās**, -ātis f: die Notlage 9) **dēmōnstrat**: *leitet beide AcIs ein, stelle um:* Posterō diē conciliō convocātō Vercingetorīx dēmōnstrat sē id bellum nōn suārum necessitātum, sed commūnis libertātis causā suscēpisse [et dēmōnstrat] sē ad utramque rem illīs offerre … 10) **uterque**, -traque, -trumque: jede/r/s von beiden, beide

Eine aussichtslose Situation?

Quid ergo meum consilium est?
[Id] Facere,
quod nostri maiores nequaquam pari bello Cimbrorum Teutonumque[1] fecerunt.
Hi {in oppida compulsi ac simili inopiā subacti[2]}
corporibus eorum,
qui aetate[3] ad bellum inutiles videbantur,
vitam toleraverunt[4] **neque** se hostibus tradiderunt.
Huius rei **si** hoc exemplum non haberemus[5],
tamen libertatis causa <[hoc exemplum] fingi et posteris[6] prodi>
pulcherrimum iudicarem[7].
Nam quid illi bello simile[8] fuit?
{Vastatā Galliā magnāque illatā calamitate} [Romani] finibus quidem nostris
aliquando excesserunt atque alias terras petiverunt; iura, leges, agros, libertatem
nobis reliquerunt.
Romani vero quid petunt aliud **aut** quid volunt,
nisi[9] {invidiā adducti} in agris civitatibusque horum considere,
quos famā nobiles potentesque bello[10] cognoverunt,
atque his aeternam iniungere[11] servitutem?
Neque enim ullā aliā condicione bella gesserunt.
Quodsi ea,
quae in longinquis nationibus geruntur,
ignoratis,
respicite finitimam Galliam,
quae {in provinciam redacta[12]} {iure et legibus commutatis[13]}
perpetuā premitur servitute!

*Stelle um: **Quid vero Romani petunt aliud aut quid volunt ...***

*Beginne mit dem Hauptsatz **respicite finitimam Galliam**. Übersetze dann den darauffolgenden Relativsatz und zum Schluss den **quodsi**-Satz mit dem dazugehörigen Relativsatz.*

1) **nēquāquam parī bellō Cimbrōrum Teutonumque**: in einem Krieg gegen die Kimbern und Teutonen, der viel harmloser war 2) **subigere**, -ō, -ēgī, -āctum: schwächen, mürbe machen 3) **aetāte**: aus Altersgründen, wegen ihres hohen Alters 4) **vitam tolerāre**: sich am Leben halten 5) *Stelle um:* Si hoc exemplum huius rei non haberemus 6) **posterī**, -ōrum m: die Nachkommen, die Nachfahren 7) **pulcherrimum iūdicāre**: für das Beste halten 8) **simile** *(m. Dat.)*: vergleichbar (mit) 9) **quid ... aliud ... nisī**: was ... anderes ... als/außer 10) **fama nobiles potentesque bello**: *Beziehe den Ablativ* fama *auf* nobiles *und den Ablativ* bello *auf* potentes 11) **iniungere**, -ō, -iūnxī, -iūnctum *(m. Dat.)* (*hier:* his): auferlegen 12) **in prōvinciam redigere**: zu einer Provinz machen 13) **commūtāre**: austauschen

Eine folgenschwere Begegnung

Milō autem,
  cum in senātū fuisset eō diē,
domum vēnit. Calceōs[1] et vestem mūtāvit.
Paulum,
  dum sē uxor (**ut** *fit*) comparat,
[Milō] morātus est. Deinde prōfectus [est].
Obviam *fit* eī Clōdius,
expedītus, *in equō*, *nūllā raedā*, *nūllīs impedīmentīs*, *nūllīs comitibus*,
  ut *solēbat*,
sine uxōre –
  cum hic „īnsidiātor“,
    quī iter illud ad caedem apparāvisset,
  cum uxōre veherētur *in raedā*, paenulātus[2],
  māgnō et impedītō[3] et muliebrī ac mollī ancillārum puerōrumque[4] *comitātū*.
[Milō] *Fit obviam* Clōdiō ante fundum[5] eius[6] hōrā ferē ūndecimā[7].
Statim complūrēs *cum tēlīs* in hunc impetum facere *ausī sunt*: Raedārium[8] occīdunt.
  Cum autem hic dē raedā {rēiectā[9] paenulā} dēsiluisset[10] sēque *ācrī animō*[11] dēfenderet,
illī,
  quī erant *cum Clōdiō*,
{*gladiīs ēductīs*},
partim recurrērunt ad raedam,
  ut *ā tergō* Milōnem adorīrentur;
partim,
  quod <hunc iam interfectum [esse]> putārent,
caedere incipiunt eius servōs,
  quī post erant[12]:
Hī servī Milōnis,
  quī *animō fidēlī* in[13] dominum fuērunt,
partim occīsī sunt,
partim fēcērunt {**nec** imperante **nec** sciente dominō} id,
  quod nōs omnēs ā servīs nostrīs in tālī rē popōscissēmus.

Übersetze nulla und nullis mit „ohne“.

Übersetze den verneinten Abl. Abs. hier mit „ohne, dass …“ oder „ohne“ + Substantivierung.

1) **calceus**, -ī m: der Schuh 2) **paenulātus**, -a, -um: *bezieht sich auf* hic: im Reisegewand *(die Paenula)* 3) **impedītus**, -a, -um: bepackt 4) **ancillae puerīque**: die Dienerinnen und Diener 5) **fundus**, -ī m: das Grundstück 6) **eius**: *gemeint ist das Landgut des Clodius* 7) **hōrā ūndecimā** *(Abl.)*: zur elften Stunde 8) **raedārius**, -ī m: der Kutscher 9) **rēicere**, -iō, -iēcī, -iectum: zurückwerfen 10) **dēsilīre**, -iō, -siluī: herabspringen 11) **ācrī animō**: *Übs. hier wie ein Adverb:* wild, trotzig 12) **quī post erant**: die sich dahinter befanden 13) **animō fidēlī esse in** *(m. Akk.)*: (jemandem) treu sein

Auf den Vorsatz kommt es an?

Quae iniūsta nex īnsidiātōrī et latrōnī īnferri potest?
Quid comitātūs nostrī, quid gladiī volunt[1]?
Quōs[2] habēre certē nōn licēret,
sī ūtī illīs nūllō pactō[3] licēret.
Est igitur haec, iūdicēs, nōn scrīpta, sed nāta lēx.
Quam[2] nōn didicimus, accēpimus, lēgimus,
vērum ex nātūrā ipsā adripuimus[4], hausimus, expressimus[5].
Ad quam[2] [legem] nōn ā māiōribus doctī [sumus], **sed** ā nātūrā factī sumus,
ut,
sī vīta nostra in aliquās īnsidiās [inciderat[6]],
sī [vīta nostra] in vim et in tēla **aut** latrōnum **aut** inimīcōrum inciderat[6],
omnis ratiō *expediendae*[7] *salūtis* honesta esset.
Silent enim lēgēs inter arma.
Nec lēgēs iubent <sē[8] ā nōbīs exspectārī>.
Nam,
sī exspectāmus,
ante iniūstam poenam luere dēbēmus,
quam[9] iūstam poenam repetere possumus.

Etsī persapienter et quōdam modō tacitē dat ipsa lēx potestātem *dēfendendī*; *quae* nōn <hominem occīdī> [vetat], sed esse cum tēlō *hominis occīdendī causā* vetat, **ut** is, **cum** causa, non tēlum quaererētur, quī *suī dēfendendī causā* tēlō ūsus esset, nōn *hominis occīdendī causā* habuisse tēlum iūdicārētur.	*Und dennoch gibt uns das Gesetz selbst äußerst weise und gleichsam stillschweigend [...];* *es verbietet* nicht, *einen Menschen zu töten, sondern eine Waffe bei sich zu tragen [...], so dass – da ja nicht die Waffe sondern das Motiv untersucht wird – derjenige, der* eine *Waffe gebraucht [...], nicht dafür verurteilt werden dürfte, eine Waffe* bei sich gehabt zu haben *[...].*

Hoc igitur in causā manet, iūdicēs, <īnsidiātōrem iūre interficī posse>.

1) **velle**: *hier:* bezwecken 2) **quōs**; **quam**: *Übs. diese Formen wie* eōs *bzw.* eam. 3) **nūllō pactō**: unter keinen Umständen 4) **adripere**, -iō, -ripuī, -reptum: *hier:* unmittelbar übernehmen 5) **exprimere**, -ō, -pressī, -pressum: *hier:* ausdrücken, nachformen, ausformen 6) **in ... incidere**: in ... geraten 7) **expedīre**: *hier:* sicherstellen
8) **sē**: *bezieht sich auf das Subjekt des Satzes* (lēgēs) 9) **ante ... quam**: eher ... als

Dem Angeklagten wird das Wort erteilt

„*Valeant*“, inquit, „*valeant* cīvēs meī: *Sint* incolumēs, *sint* flōrentēs[1], *sint* beātī:
Stet haec urbs praeclāra patriaque amāta — quōquō modō dē mē dēcrēverit.
Trānquillā rē pūblicā[2] meī cīvēs,
quoniam mihi cum illīs [perfruī trānquillā rē pūblicā] nōn licet,
sine mē, **sed** propter mē tamen *perfruantur*.
Ego cēdam atque abībō:
Sī[3] mihi bonā rē pūblicā Rōmānā[2] fruī nōn licuerit,
at[3] fugiam malam [rem publicam] et,
cum prīmum[4] aliam cīvitātem bonam et līberam invēnerō,
in eā conquiēscam.
Ō spēs fallācēs et cōgitātiōnēs inānēs meae!
Ego,
cum tribūnus plēbis[5] {rē pūblicā oppressā} mē senātuī dedissem[6],
quem exstīnctum accēperam[7],
equitibus Rōmānīs,
quōrum vīrēs erant dēbilēs,
bonīs virīs,
quī omnem auctōritātem Clōdiānīs[8] armīs perdiderant,
<mihi umquam bonōrum praesidium dēfutūrum>[9] *putārem*[10]?
„Ego
cum“ — mēcum enim saepe loquitur — „tē patriae reddidissem,
<mihi> *putārem*[10] <in patriā dēfutūrum esse[9] locum>?
Ubī nunc senātus est,
quem secūtī sumus?
Ubī equitēs Rōmānī tuī [sunt]? Ubī studia mūnicipiōrum[11] [sunt]? Ubī Italiae vōcēs [sunt]?
Ubī dēnique tua, M. Tullī,
quae plūrimīs fuit auxiliō,
vōx atque dēfēnsiō [est]?
Mihine ea sōlī,
quī prō tē totiēns mortī mē obtulī,
nihil potest opitulārī[12]?“

Übersetze die Fut. II-Formen ***licuerit*** *und* ***invenero*** *hier mit Präsens.*

Mit ***mēcum enim saepe loquitur*** *unterbricht Cicero Milos Rede und merkt selbst etwas an.*

Übersetze ***plurimis auxilio esse*** *mit „den meisten helfen“.*

1) **flōrēns**, -entis: wohlhabend 2) trānquillā rē pūblicā Rōmānā *ist Ablativ-Objekt zu* perfruantur/frui 3) **sī … at**: *hier:* wenn schon … dann doch wenigstens 4) **cum prīmum**: sobald 5) **tribūnus** (-ī m) **plēbis**: → L30 6) **sē dare** *(m. Dat.)*: sich in den Dienst stellen von 7) **exstīnctum accipere**: *hier:* in einem desolaten Zustand vorfinden 8) **Clōdiānīs**: des Clodius 9) **dēfutūrum** (esse): fehlen werden *(Inf. Fut.)* 10) **putārem**: Hätte ich glauben sollen/können … ? 11) **mūnicipium**, -ī n: die Landstadt 12) **nihil … opitulārī**: nicht helfen

Einstimmig verurteilt?

<Fingi haec> putatis,
quae patent,
quae nota sunt omnibus,
quae tenentur?
<Fingi> putatis <Clodium servorum exercitūs in urbe conscribere[1] voluisse>,
per quos[2] totam rem publicam resque privatas omnium possideret?
Quam ob rem
si {cruentum[3] gladium tenens} clamaret T. Annius
„Adeste, quaeso, atque audite, cives: P. Clodium interfeci!
Eius furores,
quos nullis iam legibus, nullis iudiciis frenare[4] poteramus,
hōc ferrō et hāc dexterā a cervicibus vestris reppuli,
ut per me unum ius, aequitas, leges, libertas, pudor, pudicitia in civitate maneret!“,
deberemus vero timere,
quonam modo[5] id ferret civitas!
Nunc enim quis est,
qui[6] [id] non probet,
qui[6] [id] non laudet,
qui[6] non <unum post hominum memoriam[7] T. Annium plurimum rei publicae profuisse[8], maximā laetitiā populum Romanum, cunctam Italiam, nationes omnes affecisse> **et** dicat **et** sentiat?
Mandate hoc memoriae[9], iudices!
Spero <multa[10] vos liberosque vestros in re publicā bona esse visuros[11]>:
Ex eis rebus semper intellegetis <{vivo P. Clodio[12]} nihil eorum[13] vos videre posse>.

1) **cōnscrībere**, -ō, -scrīpsī, -scrīptum: *(ein Heer)* anwerben/ausheben 2) **per quōs** ... *(m. Konj.)*: damit ... mit deren Hilfe 3) **cruentus**, -a, -um: blutig, blutverschmiert 4) **frenāre**: zügeln, bändigen, zurückhalten 5) **quōnam modō**: auf welche Weise denn 6) **quis est, quī** ... *(m. Konj.)*: wen gibt es, der ... 7) **post hominum memoriam**: seit Menschengedenken 8) **plūrimum prodesse**: den größten Nutzen bringen 9) **memoriae mandāre** *(m. Akk.)*: sich an etwas erinnern 10) **multa**: *bezieht sich auf* bona 11) **esse vīsūrōs**: sehen werden *(Inf. Fut.)* 12) **vīvō P. Clōdiō**: wenn Publius Clodius noch lebte 13) **nihil eōrum**: nichts davon

Liebe kann man lernen

Sī quis[1] in hōc artem populō nōn nōvit *amandī*,
hoc legat **et** {lēctō carmine doctus} amet.
Arte citae vēlōque ratēs rēmōque[2] moventur,
arte levēs currūs [moventur]: Arte *regendus* [*est*] amor.
Dum licet **et** {lōrīs}[3] passim potes īre {solūtīs},
ēlige [puellam],
cui dīcās[4]: ‚Tū mihi sōla placēs.‘!
Haec tibi nōn tenuēs veniet {dēlāpsa[5]} per aurās:
Quaerenda est oculīs apta puella *tuīs*.
Nec tē nōbilium fugiat[6] certāmen equōrum:
Multa capāx populī commoda Circus[7] habet.
Nīl[8] opus est digitīs,
per quōs arcāna[9] loquāris[10],
nec *tibi* per nūtūs[11] *accipienda* nota[12] *est*:
Proximus ā[13] dominā – {nūllō prohibente} – sedētō[14],
iunge[15] tuum laterī quā potes ūsque[16] latus,
utque fit,
in gremium pulvis[17]
sī forte puellae dēciderit,
digitīs excutiendus[18] *erit*:
Etsī nūllus erit pulvis[17],
tamen excute[18] nūllum.
Quaelibet[19] officiō causa sit apta tuō.

Löse hier mit einem Partizipialausdruck auf: durch die Lektüre des ... gelehrt

Stelle um: ***Arte citae ratēs et vēlō et rēmō moventur***

Nil ... nec ...
Lies: ***nec ... nec ...***

Stelle um: ***nec per nūtūs tibi nota accipienda est***

Übersetze: ***iunge tuum latus,*** *soweit du kannst*, ***lateri [puellae].***

Stelle um:
Pulvis,
si forte in gremium puellae deciderit
– ut fit –,
digitīs excutiendus erit.

1) **quis** = aliquis 2) **rēmus**, -ī m: das Ruder 3) **lōrum**, -ī n: der Zügel 4) *Übs. m. Ind.*
5) **delapsa non veniet**: (sie) wird nicht herabgeglitten kommen 6) **tē fugit**: es entgeht dir
7) **Circus capāx populī**: der Circus, der ein großes Publikum / viele Menschen fasst 8) **nīl** = nihil
9) **arcāna**, -ōrum n: die Geheimnisse 10) *Übs. m. Ind.* 11) **nūtus**, -ūs m: das Kopfnicken, der Wink
12) **nota**, -ae f: das Zeichen 13) **proximus** ā *(m. Abl.)*: ganz nahe an 14) **sedētō**: setze dich!
15) **iungere**, -ō, iūnxī, iūnctum *(m. Dat.)*: etwas verbinden mit, etwas einer Sache annähern
16) **quā potes ūsque**: so weit du kannst 17) **pulvis**, -eris m: der Staub, der Sand
18) **excutere**, -iō, -cussī, -cussum: *hier:* wegschnippen 19) **quīlibet**, quaelibet, quodlibet: jeder beliebige

Früher war alles besser?

Ōrdior ā cultū; {cultīs bene} Līber[1] ab ūvīs
prōvenit, **et** {cultō} stat seges[2] alta solō.
Fōrma deī mūnus [est]: Fōrmā quota quaeque superbit[3]?
Pars *vestrum* tālī mūnere māgna caret.
Cūra dabit faciem[4]; faciēs {neglēcta} perībit,
Īdaliae[5] similis sit **licet**[6] illa deae[5].
Simplicitās rudis ante fuit: Nunc aurea Rōma est
et {domitī[7]} māgnās possidet orbis opēs.
Prīsca iuvent aliōs: Ego <mē nunc dēnique nātum [*esse*]>
grātulor: Haec aetās mōribus apta meīs [*est*].

Stelle um: ***Liber provenit ab uvis bene cultis, et seges alta stat culto solo.***

Nōn quia nunc terrae lentum subdūcitur aurum	*Nicht weil nun biegsames Gold* ***abgebaut wird***
lēctaque {dīversō lītore} concha venit,	*und weil* ***{von der anderen Seite des Meeres}*** *Perlmuscheln* ***eingeführt werden,***
sed quia cultus adest, nec nostrōs mānsit in annōs	*sondern weil jetzt* ***ein verfeinerter Lebensstil*** *herrscht und nicht bis heute*
rūsticitās prīscīs illa superstes avīs.	*die primitive Art* ***der früheren Zeiten*** *überdauert hat.*

1) **Līber**, -ī m: *hier:* der Wein *(Beiname des Gottes Bacchus)* 2) **seges**, -etis f: die Saat
3) **Fōrmā quota quaeque superbit?**: Wie viele Frauen geben an mit ihrer Schönheit? 4) **faciem**: *erg.:* pulchram
5) **Īdalia dea** = Venus 6) **licet** *(Subj. im Konj.)*: mag es auch sein, dass … ; *stelle um:* Licet illa similis deae Idaliae sit.
7) **domitī** → *Partizip von* domāre

Apollo und Daphne

„Nympha[1], precor, Pēnēi[1], manē! Nōn īnsequor hostis[2].
Aspera,
quā properās,
loca sunt: *Moderātius*, ōrō, curre fugamque inhibē[3], *moderātius* īnsequar ipse.
Certa quidem nostra[4] est, *nostrā*[4] tamen ūna sagitta *certior* [*est*],
in vacuō[5] quae vulnera pectore fēcit!“

> Ordne: ***Nostra quidem sagitta certa est, nostrā tamen sagittā una sagitta certior est, quae vulnera in vacuo pectore fecit.***

Hanc[6] quoque Phoebus amat {positāque in stīpite[7] dextrā}
sentit <adhūc trepidāre novō sub cortice[8] pectus>.
{Complexus**que** suīs rāmōs[9] ut membra lacertīs}
ōscula dat līgnō; refugit[10] tamen ōscula līgnum.
Cuī deus „At, quoniam coniūnx mea nōn potes esse,
arbor eris certē“, dīxit, „mea! Semper habēbunt
tē coma, tē citharae, tē nostrae, laure, pharetrae[11];
postibus Augustīs[12] eadem[13] fīdissima custōs[14]
ante forēs stābis mediamque tuēbere[15] quercum[16],
utque meum intōnsīs[17] caput est iuvenāle capillīs,
tū quoque perpetuōs semper gere frondis honōrēs!“

> *Übersetze: und, nachdem er seine rechte Hand auf … hat, …*

> *Übersetze das Partizip und die Konjunktion* ***complexus-que*** *mit einer Beiordnung „und er umarmte … und …“.*

> *Übersetze* ***ut membra*** *mit „als wären es Glieder“.*

1) **Nympha Pēnēi** *(Vok.)*: Nymphe, Tochter des Flussgottes Peneius! 2) **hostis**: als Feind 3) **inhibēre**: aufhalten
4) **nostra/-ā**: *erg.*: sagitta/ā 5) **vacuus**,- a, -um: *hier:* von der Liebe unberührt
6) **hanc**: *gemeint ist die verwandelte Daphne* 7) **stīpes**, -itis m: der Baum 8) **cortex**, -icis m: die Baumrinde
9) **rāmus**, -ī m: der Ast, der Zweig 10) **refugere**, -iō, -fūgī: zurückweichen vor *(m. Akk.)* 11) **pharetra**, -ae f: der Köcher
12) **postēs Augustī** (Augustus, -a, -um = *Adj.*): die Türpfosten des Augustus 13) **eadem** = item
14) **fīdissima custos**: als treue Wächterin 15) **tuēbere** = tuēberis (du wirst beschützen)
16) **media quercus**, -ūs f: *hier:* der in der Mitte hängende Ehrenkranz *(aus Eichenlaub)*
17) **intōnsus**, -a, -um: ungeschoren

Pax Augusta: Die Jupiterprophezeiung

Quid tibi barbariam[1] gentesque {ab utroque iacentes Oceano}[2] numerem?
Quodcumque habitabile[3] tellus sustinet,
[id] huius erit[4]: Pontus quoque serviet illi!
{Pace data terris} [hic] animum ad civilia vertet iura suum[5]
legesque feret iustissimus auctor[6] exemploque suo mores reget
{inque[7] futuri temporis aetatem venturorumque[8] nepotum
prospiciens[7]} <prolem {sancta de coniuge natam}
ferre simul nomenque suum curasque[9]> iubebit[10].
Nec nisi cum[11] [hic] senior[12] patrios superaverit annos,
aetherias[13] sedes cognataque sidera[14] tanget.

*Beziehe **huius** und **illi** gedanklich auf Augustus.*

*Stelle um: **et nomen suum et curas simul ferre iubebit***

1) **barbaria**, -ae f: das Ausland, die Fremde 2) **ab utrōque Ōceanō**: jenseits des östlichen und westlichen Ozeans 3) **quodcumque habitābile**: was auch immer an bewohnbarer Fläche 4) **huius erit**: *Der Genitiv gibt an, wem etwas gehört.* 5) *Stelle um:* animum suum ad cīvīlia vertet [...] 6) **iūstissimus auctor**: *Prädikativum, übs. m. „als"* 7) **prōspicere in** *(m. Akk.)*: Vorsorge treffen für 8) **ventūrus**, -a, -um: zukünftig 9) **cūrae**, -ārum f: *hier:* die Herrschaftsaufgaben 10) **iubēbit**: *Davon ist der AcI* prōlem ... nātam ferre *abhängig.* 11) **nec nisī cum**: und erst wenn 12) **senior**: *Prädikativum, übs. m. „als"* 13) **aetherius**, -a, -um: himmlisch 14) **cōgnāta sidera**: Stern des Vaters *(bezieht sich darauf, dass Caesar in einen Kometen verwandelt worden sein soll)*

Der erste Ratschlag

Seneca Lūcīliō suō salūtem[1].

Ita fac, mī Lūcīlī: Vindicā tē tibi, **et** tempus,

quod adhūc **aut** auferēbātur **aut** subripiēbātur[2] **aut** excidēbat[3],

collige **et** servā. Persuādē tibi <hoc **sīc** esse>, **ut** scrībō: Quaedam tempora ēripiuntur nōbīs,

quaedam [tempora] subdūcuntur, quaedam [tempora] effluunt[4].

Turpissima tamen est iactūra,

quae per neglegentiam fit.

Et sī volueris attendere[5],

māgna pars vītae ēlābitur male agentibus, *māxima* [pars] nihil agentibus,

tōta vīta aliud agentibus.

*Bei der Übersetzung von **male**, **nihil** und **aliud agentibus** hilft dir die Aufgabe **7** auf S. 90.*

Quem mihi dabis[6],

quī aliquod pretium temporī pōnat[7], quī diem aestimet[7], quī intellegat[7] <sē cottīdiē morī>?

In hōc enim [nos] fallimur,

quod mortem prōspicimus:

Māgna pars eius iam praeteriit.

Quidquid aetātis retrō est,

mors tenet. Fac [hoc] ergō, mī Lūcīlī,

<quod facere tē> scrībis[8]:

Omnēs hōrās complectere! Sīc fīet,

ut [tu] *minus* ex crāstinō pendeās,

sī hodiernō manum iniēceris[9].

Dum [vīta] differtur,

vīta trānscurrit. Omnia, Lūcīlī, aliēna sunt, tempus tantum nostrum est.

Sed **tanta** stultitia mortālium est,

ut <[ea],

quae *minima* **et** vīlissima sunt, certē reparābilia[10],

imputārī[11] sibi>,

cum [ea] impetrāvērunt,

patiantur[12],

[**et**] nēmō <sē iūdicet quicquam dēbēre>,

quī tempus accēpit,

cum interim[13] hoc[14] ūnum est,

quod nē grātus quidem potest reddere.

Valē!

1) **salūtem**: *erg.:* dīcit 2) **subripere**, -iō, -ripuī, -reptum: heimlich wegnehmen 3) **excidere**, -ō, -cidī: verloren gehen 4) **effluere**, -ō, -flūxī: verschwinden 5) **attendere**, -ō, -tendī, -tentum: die Aufmerksamkeit auf etwas richten 6) **dare**: *hier:* zeigen, nennen 7) *Übs. m. Ind.* 8) **quod ... scrībis**: von dem du schreibst ... 9) **manum inicere** *(m. Dat.)*: (etwas) in Besitz nehmen *(eigentlich das Auflegen der Hand als gesetzlicher Akt der Inanspruchnahme)* 10) **reparābilis**, -e: ersetzbar 11) **imputāre**: in Rechnung stellen 12) *erg. gedanklich* mortales *als Subjekt* 13) **cum interim**: wobei doch 14) → tempus

Wozu philosophieren?

> *In diesem Satz liegen zwei AcI vor: Ich weiß, dass dir das klar ist, dass niemand …*

<Liquēre[1] hoc tibi>, Lūcīlī,
sciō
<nēminem posse beātē vīvere, nē tolerābiliter quidem [vivere], sine sapientiae studiō,
et beatam vitam perfectā sapientiā efficī,
cēterum tolerābilem [vitam] etiam inchoātā[2] [sapientiā] efficī>.

Nōn est philosophia populāre artificium nec ostentātiōnī parātum: Nōn in verbīs, sed in rēbus est. Animum fōrmat et fabricat, vītam dispōnit, āctiōnēs regit, agenda et ōmittenda dēmōnstrat, sedet ad gubernāculum et per ancipitia flūctuantium dērigit cursum.	*Nicht ist die Philosophie ein gewöhnliches Handwerk, nicht ist sie für die Prahlerei gemacht: Sie besteht nicht in Worten, sondern in Taten. Unseren Geist formt und bildet sie, unser Leben ordnet sie, unsere Handlungen lenkt sie, zeigt, was wir tun und unterlassen sollen, sie sitzt am Steuer und hält den Kurs, wenn wir durch gefährliche See treiben.*

Dīcet aliquis:
„Quid mihi prodest philosophia,
sī fatum est?
Quid [philosophia] prodest,
sī deus rēctor est?
Quid [philosophia] prodest,
sī cāsus imperat?
Nam **et** mūtārī certa nōn possunt **et** nihil praeparārī potest adversus incerta,
sed **aut** cōnsilium[3] meum occupāvit deus dēcrēvitque,
quid [ego] facerem[4],
aut cōnsiliō meō nihil fortūna permittit.“
Quidquid est ex hīs, Lūcīlī,
vel sī omnia haec sunt:
Philosophandum est.

> *Übersetze **Philosophandum est** mit „man muss …“.*

Sīve nōs inexōrābilī[5] lēge fāta cōnstringunt,
sīve arbiter deus ūniversī cuncta disposuit,
sīve cāsus rēs hūmānās sine ōrdine impellit **et** iactat: Philosophia nōs tuērī dēbet.
Haec [=philosophia] adhortābitur,
ut [nos] deō libenter pareāmus,
ut fortūnae contumāciter[6] [pareamus].
Haec docēbit,
ut [tu] deum sequāris, ferās cāsum.

1) **liquēre**: klar/deutlich sein 2) **inchoāre**: anfangen 3) **cōnsilium**, -ī n: *hier:* die Entscheidungsfreiheit
4) **quid facerem**: was ich tun sollte 5) **inexōrābilis**, -e: unerbittlich, unabwendbar
6) **contumāciter** *(Adv.)*: mit zusammengebissenen Zähnen

Stoische Freundschaft

Epistulās [tu] ad mē perferendās[1] trādidistī,

ut scrībis,

amīcō tuō.

Deinde admonēs mē,

nē [ego] omnia cum eō {ad tē pertinentia} commūnicem,

quia [tu] nōn soleās nē ipse quidem id facere:

Ita eādem epistulā *illum* **et** *dīxistī amīcum* **et** *negāvistī.*

Sed **sī** *aliquem amīcum exīstimās*,

cui nōn **tantundem** crēdis **quantum** tibi,

vehementer errās **et** nōn satis nōvistī vim vērae amīcitiae.

Tū vērō omnia cum amīcō dēlīberā, sed dē ipsō [amicō] prius:

Post amīcitiam[2] crēdendum est, ante amīcitiam[2] iūdicandum [est].

Übersetze credendum und ***iudicandum est*** *mit „man muss …“.*

Diū cōgitā,

an *tibi in amīcitiam aliquis recipiendus sit!*

Tibī gibt als Dativus auctoris den Urheber beim Gerundivum an: Wer muss handeln?

Cum placuerit fierī[3],

tōtō illum pectore admitte! **Tam** audāciter cum illō loquere **quam** tēcum!

Tū quidem **ita** vīve,

ut nihil tibi committās,

nisī quod[4] committere etiam inimīcō tuō possis!

Sed quia interveniunt quaedam,

quae cōnsuētūdō *fēcit arcāna*,

cum amīcō omnēs cūrās, omnēs cōgitātiōnēs tuās mīscē!

[Eum] *Fidēlem*,

sī *putāveris*[5],

faciēs.

Nam quīdam fallere docuērunt,

dum timent fallī,

et illī iūs peccandī suspicandō fēcērunt[6].

Quid est,

quārē *ego ūlla verba cōram amīcō meō retraham?*

Quid est,

quārē *[ego] mē cōram illō nōn putem sōlum?*

1) **epistulās ad mē perferendās**: Briefe, die mir überbracht werden sollten 2) **amīcitia**, -ae f: *hier:* der Beginn einer Freundschaft 3) **cum placuerit fierī**: wenn du beschlossen hast, dies zu tun 4) **nihil …, nisī quod …**: nur das, was … 5) **sī putāveris**: *erg.:* eum fidēlem 6) **iūs facere alicui**: jemandem eine Rechtfertigung geben

Der Mensch und die Menge

<Quid tibi vitandum [esse] praecipue[1]> existimes,
[tu] quaeris? Turbam. Nondum illi[2] tuto[3] committeris. Ego certe confitebor imbecillitatem meam:
Numquam mores,
quos extuli,
refero. Aliquid ex eo,
quod [ego] composui[4],
turbatur; aliquid ex iis,
quae [ego] fugavi,
redit. Inimica est multorum conversatio:
Nemo non aliquod nobis vitium **aut** commendat[5] **aut** imprimit[6] **aut** nescientibus[7] allinit[8].
Utique[9] **quō** maior est populus,
cui [nos] miscemur[10],
hōc periculi plus est. Nihil vero **tam** damnosum [est] bonis moribus, **quam** in aliquo spectaculo[11]
desidere[12]. Tunc enim per voluptatem facilius vitia subrepunt[13]. <Quid me existimas dicere>?
Avarior [ego] redeo, ambitiosior, luxuriosior? Immo vero crudelior et inhumanior [redeo],
quia inter homines fui:
Adeo[14] nemo nostrum ferre impetum vitiorum {tam magno comitatu venientium} potest.
Unum exemplum luxuriae aut avaritiae multum mali facit: <Quid tu accidere his moribus> credis,
in quos publice factus est impetus?
Necesse est[15] **aut** imiteris **aut** oderis. Utrumque autem devitandum[16] est: **Neve** similis malis fias,
quia multi sunt,
neve inimicus multis [fias],
quia dissimiles sunt.
Recede in te ipse,
quantum potes!
Cum his versare,
qui te meliorem facturi sunt[17]!
Illos admitte,
quos tu potes facere meliores!
Mutuo[18] ista fiunt **et** homines,
dum docent,
discunt.

*Übersetze den AcI mit Gerundivum + **esse** mit „Was, glaubst du, musst du ...?“*

Übersetze den AcI in indirekter Frage mit „Was, glaubst du, ...?“

1) **praecipuē** *(Adv.)*: besonders 2) **illī**: *Dat. Sg.* → turba 3) **tūtō** *(Adv.)*: in Sicherheit, gefahrlos 4) **compōnere**: *hier:* in den Griff bekommen 5) **commendāre**: empfehlen 6) **imprimere**, -ō, -pressī, -pressum: hineindrücken 7) **nescientibus** (nescire): *Dativobjekt zu* allinit 8) **allinere**, -ō, allēvī, allitum: anhängen 9) **utīque**: jedenfalls 10) **mīscērī** *(m. Dat.)*: sich mischen unter 11) **spectāculum**, -ī n: das Schauspiel 12) **dēsidēre**: untätig dasitzen 13) **subrēpere**, -ō, subrēpsī: einschleichen 14) **adeō**: so sehr 15) **necesse est** *(m. Konj.)*: notwendigerweise/zwangsweise (tust du etwas) 16) **dēvītāre** = vītāre 17) **factūrī sunt**: machen wollen 18) **mūtuō** *(Adv.)*: wechselseitig

Vulpēs et corvus – „Der Fuchs und der Rabe“

Quī[1] <sē laudārī> gaudet <verbīs subdolīs>,
ferē dat poenās[2] turpī paenitentiā.

Cum dē fenestrā corvus {raptum cāseum}
comēsse vellet[3],{celsā residēns arbore},
vulpēs hunc vīdit,
deinde sīc coepit loquī:

„Ō quī[4] tuārum, corve, pennārum est nitor!
Quantum decōris[5] corpore et vultū geris!

Sī vōcem habērēs,
nūlla prior āles foret.“
At ille **dum** vult etiam vōcem ostendere,
ēmīsit ōre cāseum,
quem celeriter
dolōsa vulpēs avidīs rapuit dentibus.
Tum dēmum ingemuit[6] {corvī dēceptus stupor}.

Wer sich darüber freut, <dass er mit hinterhältigen Worten gelobt wird>, büßt in der Regel durch schändliche Reue.

***Als** ein Rabe einen Käse verzehren wollte, {den er von einem Fensterbrett gestohlen hatte}, {setzte er sich auf einen hohen Baum}. Dort sah ihn der Fuchs und begann darauf, folgendermaßen mit ihm zu reden:*

„O, wie groß ist der Glanz deiner Federn, Rabe! Wie schön sind dein Körper und dein Gesicht!

***Wenn** du noch eine Stimme hättest, wäre dir kein Vogel überlegen.“ Aber **als** jener auch seine Stimme zeigen wollte, ließ er den Käse aus dem Schnabel fallen, den sich der listige Fuchs schnell mit gierigen Zähnen schnappte. Da schließlich stöhnte der getäuschte Rabe über seine Dummheit.*

1) **Quī ... subdolīs**: *Stelle um:* **Is, quī** <se verbīs subdolīs laudārī> gaudet 2) **poenās dāre**, dō, dedī, datum: büßen
3) **Cum ... vellet**: *Stelle um:* Cum corvus cāseum dē fenestrā raptum comēsse vellet
4) **quī ... nitor**: welcher / was für ein Glanz 5) **decōris**: *Gen. des geteilten Ganzen* → quantum decōris: wie viel der Schönheit / eines glanzvollen Äußeren 6) **ingeminiscere**, -ō, -gemuī: seufzen, stöhnen über

Lupus et āgnus – „Der Wolf und das Lamm"

Ad rīvum[1] eundem[2] lupus et āgnus vēnerant {sitī[3] compulsī[4]}:
Superior[5] stābat lupus,
longēque īnferior[6] [stabat] āgnus.
Tunc[7] fauce[8] improbā latrō[9] {incitātus[10]} iūrgiī causam intulit[11].
„Cūr", inquit, „turbulentam[12] fēcistī mihi aquam {bibentī}?"
Lāniger[13] {contrā timēns} [dixit]:
„Quī[14] possum, quaesō, [id] facere,
    quod quereris,
lupe?
Ā tē dēcurrit ad meōs haustūs[15] liquor[16]."
{Repulsus} ille vēritātis vīribus [dixit]:
„Ante hōs sex mēnsēs[17] tū maledīxistī[18] mihī."
Respondit āgnus:
„Equidem nātus[19] nōn eram."
„Pater hercle[20] tuus", ille inquit, „maledīxit[18] mihi."
Atque ita {correptum[21]} lacerat[22] iniūstā nece.
Haec propter illōs scrīpta est hominēs fābula[23],
    quī fictīs[24] causīs innocentēs opprimunt.

1) **rīvus**, -ī m: der Bach 2) **īdem**, eadem, idem: derselbe, dieselbe, dasselbe 3) **sitis**, -is f: der Durst 4) **compellere** = pellere 5) **superior**: weiter oben 6) **longē īnferior**: viel weiter unten 7) **tunc**: dann 8) **faux**, faucis f: der Rachen 9) **latrō**, -ōnis m: der Räuber: *hier: der Wolf als Raubtier* 10) **incitāre**: antreiben 11) **iūrgiī causam īnferre**, -ferō, -tulī, illātum: einen Grund für einen Streit suchen (iurgium, -i n: der Streit) 12) **turbulentus**, -a, -um: aufgewühlt; trübe 13) **lāniger**, -erī m: der „Wollträger", das Schaf 14) **quī**: wie 15) **haustus**, -ūs m: die Wasserstelle 16) **liquor**, -ōris m: *hier:* das Wasser 17) **mēnsis**, -is m: der Monat 18) **maledīcere**, -dīcō, -dīxī, -dictum *(m. Dat.)*: schlecht reden (über) 19) **nātus**, -a, -um: geboren 20) **hercle!**: beim Herkules! 21) **correptum**: *erg.:* āgnum 22) **lacerāre**: zerfleischen 23) **Haec ... fābula**: *Stelle um:* Haec fābula scrīpta est propter illōs hominēs, quī ... 24) **fictus**, -a, -um: fiktiv, erfunden (*von:* fingere)

Vulpēs et ūva – „Der Fuchs und die Traube“

{Fame[1] coācta} vulpēs altā[2] in vīneā[3]
ūvam appetēbat[4], {summīs saliēns[5] vīribus}.
Quam tangere **ut**[6] nōn potuit[7],
{discēdēns[8]} ait[9]:
„Nōndum mātūra[10] est; nōlō acerbam[11] sūmere[12].“
[Ei],
Quī [ea]
facere quae nōn possunt,
verbīs ēlevant[13],
ascrībere[14] hoc dēbēbunt exemplum sibi[15].

quam = hanc

1) **famēs**, -is f: der Hunger 2) **altus**, -a, -um: hoch 3) **vīnea**, -ae f: der Weinstock
4) **appetere**, -ō, -petīvī, -petītum: zu erreichen suchen 5) **salīre**, saliō, saluī, saltum: springen
6) **ut**: *hier:* als 7) **quam ... potuit**: *Stelle um*: Ut hanc tangere nōn potuit
8) **discēdere**, -ō, -cessī, -cessum: weggehen *bezieht sich auf* vulpēs 9) **ait** = inquit
10) **mātūrus**, -a, -um: reif *bezieht sich auf* ūva 11) **acerbus**, -a, -um: sauer *bezieht sich auf* uva
12) **sūmere**, -ō, sūmpsī, sūmptum: nehmen 13) **ēlevāre**, -ō, -lāvī, -lātum: kleinreden, herabsetzen
14) **ascrībere**, -ō, -scrīpsī, -scrīptum *(m. Dat.)* (*hier:* sibi): jdm. zuschreiben 15) **Quī ... sibi:** *Stelle um*: Eī, qui ea, quae facere nōn possunt, verbīs ēlevant, hoc exemplum sibi ascrībere dēbēbunt.

Canis per flūmen carnem ferēns – „Der Hund, der durch einen Fluss Fleisch trägt"

[Is] Āmittit meritō[1] proprium,
qui aliēnum appetit.
Canis {per flūmen} carnem **cum** ferret {natāns[2]},
lymphārum[3] in speculō[4] vīdit simulācrum[5] suum,
{<aliam[6]que praedam[7] ab alterō ferrī> putāns}
ēripere voluit;
vērum[8] {dēcepta}[9] aviditās[10]
et,
quem tenēbat ōre[11],
dīmīsit cibum,
nec[12],
quem petēbat dente[13],
potuit tangere[14].

Stelle um: ***Cum canis {per flumen natans} carnem ferret …***

Das PPA ***putans*** *bezieht sich, wie* ***natans****, auf* ***canis*** *und leitet einen AcI ein.*

1) **meritō** *(Adv.)*: zu Recht, verdientermaßen 2) **natāre**: schwimmen; natans *ist Partizip Präsens Aktiv und bezieht sich auf* canis *(so auch* putans *in der übernächsten Zeile)* 3) **lympha**, -ae f: das Wasser 4) **speculum**, -ī n: der Spiegel 5) **simulācrum**, -ī n: das Spiegelbild 6) **alius**, -a, -ud: ein anderer, eine andere, ein anderes 7) **praeda**, -ae f: die Beute, das Beutestück 8) **vērum**: aber 9) **dēcipere**, -iō, -cēpī, -ceptum: täuschen 10) **aviditās**, -ātis f: die Gier 11) **ōs**, ōris n: *hier:* das Maul 12) **et … nec**: einerseits … andererseits nicht 13) **dēns**, -ntis m: der Zahn 14) **et … tangere**: *Stelle um:* et cibum, quem ōre tenēbat, dīmīsit nec (cibum), quem dente petēbat, tangere potuit

Wörter im Wörterbuch nachschlagen

Solange du mit *Adeamus! N* Latein lernst, kannst du Wörter im alphabetischen lateinisch-deutschen Vokabelverzeichnis nachschlagen. Wenn du aber eigenständig mit Originaltexten arbeitest, wirst du unbekannte Wörter in einem Wörterbuch nachschlagen. Das kannst du jetzt schon einmal ausprobieren.

1. Das richtige Wort finden

- Das Wörterbuch ist streng alphabetisch aufgebaut.
- Veränderliche Wörter findest du unter ihrer Lernform:
  - Verben: 1. P. Sg. Präs. Akt. oder Infinitiv Präsens (abhängig vom Wörterbuch)
  - Substantive und Adjektive: Nom. Sg. (Maskulinum)
- Zusätzliche Angaben zeigen dir, dass du das richtige Wort gefunden hast:
  - bei Verben die Stammformen
  - bei Substantiven Genitiv und Genus
  - bei Adjektiven Nominativ, Femininum und Neutrum (z. T. auch der Gen. Sg.).

timēre timeō, timuī *Verb*
1 fürchten; (*mortem, iudicium* Ci • Sa) **Angst haben** (*vor dem Tod, vor dem Urteil*): ***ea omnes, ne acciderent, timebamus*** Ci wir alle befürchteten, dass dies eintreten würde; ***timeo, ut sustineas*** Ci ich fürchte, dass du nicht durchhältst; ***timentes confirmat*** Cae er stärkt die Furchtsamen
2 Bedenken haben a) sich scheuen: ***cur timet Tiberim tangere*** Ho warum scheut er sich, den Tiber zu berühren? **b)** *mit Dat* (*suis rebus* Cae, *libertati* Sa) **sich sorgen** (*um die eigenen Dinge, um die Freiheit*)
timiditās ātis *Subst f* **Furchtsamkeit, Schüchternheit**
timidus a, um *Adj*
1 furchtsam, ängstlich
2 scheu, schüchtern
3 behutsam, bedächtig

- Verweise führen dich manchmal von bestimmten Formen zu der richtigen Vokabel (z. B. bei *sublatum*: PPP von *tollere*).
- Achtung: Hin und wieder kann eine Form von verschiedenen Vokabeln kommen: z. B. *fero* (*ferre* und *ferus, -a, -um*). Dann musst du den Textzusammenhang beachten, um herauszufinden, welches Wort gemeint ist.

2. Die richtige Bedeutung finden

Generell gilt: Um die richtige Bedeutung zu finden, musst du den Textzusammenhang beachten. Du könntest, nachdem du das richtige Wort gefunden hast, folgendermaßen vorgehen:

- Nimm **nicht** sofort die erste Bedeutung, sondern **verschaffe dir einen Überblick** über alle Bedeutungen.
- Prüfe anhand der Zusatzangaben, ob
  - der von dir gelesene Autor dieses Wort häufiger verwendet.
  - Wendungen, in denen die Vokabel auftritt, inhaltlich zu deiner Textstelle passen.
  - Angaben zu grammatischen Eigenschaften auf bestimmte Bedeutungen hinweisen.

Beachte dabei das Abkürzungs- und Siglenverzeichnis zu Autoren und Werken in deinem Wörterbuch.

a. *Finde die folgenden Wörter im Wörterbuch (Achtung: Einige stehen nicht in der Lernform!):* ***minister, duxi, tempore (!), avidos, regi (!)***

b. *Finde mithilfe des Wörterbuchs eine passende Bedeutung für* ***inferri*** *im Satz* ***Quae iniusta nex insidiatori et latroni inferri potest*** *aus Lektion 35.*

c. *Im Folgenden ist bei der Übersetzung mit dem Wörterbuch etwas schiefgelaufen. Erkläre, welche Fehler gemacht wurden, und wie der Satz richtig übersetzt heißt:* ***Fit obviam Clodio ante fundum eius hora fere undecima.*** *(Lesetext 34) – „Es entsteht wegen des Weges für Clodius vor dem Boden dieses meistens die elfte Stunde.“*

Grammatik wiederholen

Eine Klassenarbeit steht an und du möchtest noch einmal ältere Grammatikeinheiten üben? Kein Problem! Auf dieser Seite erfährst du, wie du einzelne Themen zielführend wiederholen kannst, auch wenn du den ersten Band von *Adeamus! N* nicht mehr zur Verfügung hast.
Einen ersten Anhaltspunkt, welche Grammatikthemen du wiederholen solltest, können dir deine letzte Klassenarbeit und das Feedback deiner Lehrkraft bieten.

Wiederholungsaufgaben

In vielen Lektionen findest du Übungen zu wichtigen, bereits gelernten Grammatikthemen, die mit der Abkürzung WH gekennzeichnet sind. Diese helfen dir, deine Grammatikkenntnisse aufzufrischen. Du findest die WH-Aufgaben sowohl auf den Einführungs- als auch auf den Übungsseiten jeder Lektion. Welche WH-Aufgabe welches Grammatikthema aufgreift, kannst du dem Inhaltsverzeichnis am Anfang des Buches entnehmen. Außerdem gibt es im hinteren Teil des Buches eine Grammatikübersicht (S. 222f.) und -tabellen (S. 224ff.).

Beispiel: In deiner letzten Klassenarbeit hast du vor allem Fehler bei der Wahl des richtigen Tempus gemacht. Mit einem Blick ins Inhaltsverzeichnis findest du heraus, dass die Zeiten im Rahmen der Einführung von Deponentien in Lektion 32 (S. 39) wiederholt werden.

Jeder lernt anders – Tipps zum Lernen

Da jeder anders lernt und Gelerntes wiederholt, findest du hier ein paar Vorschläge, wie du deine Kenntnisse bereits behandelter Grammatikthemen wieder auffrischen kannst.

- Notiere dir auf einer Karteikarte Grammatikthemen, die dir Schwierigkeiten bereiten. Wiederhole diese Karteikarte wie Vokabeln und denke dir möglichst oft ein neues passendes Beispiel aus.
- Bildet eine Lerngruppe und fragt euch mithilfe eurer Karteikarten gegenseitig ab. Versucht zuvor Unklarheiten zu klären.
- Entwickle ein Quiz, ein Kreuzworträtsel oder ein Lernvideo zu einem Grammatikthema und tausche die Materialien in deiner Lerngruppe aus – dies ist auch online möglich.

MK
a. ***Erstelle ein Quiz, Kreuzworträtsel oder ein Lernvideo zum Thema „Konjunktiv“.***
b. ***Fertige einen individuellen Lernplan für die nächste Klassenarbeit an, indem du dir überlegst, welche älteren Grammatikthemen du wie wiederholen möchtest.***

Ich kann/weiß/verstehe …	sehr sicher ☺☺	sicher ☺	unsicher ☹	sehr unsicher ☹☹	Hilfen finde ich hier:
Konjunktiv – Formen	…	…	…	…	S. 13; S. 17; …

Texte erschließen II: Die Textgestaltung analysieren

Wie ein Lied oder ein Bild ist auch ein Text eine Art Komposition. Wenn du die Gestaltung eines Textes beschreibst, erhältst du ein vertieftes Verständnis von seinem Inhalt und seinen Zielen.

Informationen aus der Textumgebung sammeln (Wiederholung)

Sieh dir vorab die Sachinformation, die Überschrift, den Hinführungstext und die Abbildung an und mache dir bewusst, welche Erwartungen du nun an den Inhalt des Textes hast:

- Stelle Fragen an den Text (z. B. **Welche Personen** kommen vor? **Was tun** sie?). Eine weitere Hilfestellung erhältst du durch die Erschließungaufgaben über dem Lesetext.
- Formuliere Vermutungen über den Inhalt, die du nach der Übersetzung überprüfst.

Im **Lesetext 27** hast du dir den Inhalt mithilfe der Abbildung erschlossen.
Im **Lesetext 29** hast du anhand des Einleitungstextes und der Karte im Buch eine Skizze zur Position der handelnden Person erstellt.

Die Textsorte bestimmen

Texte lassen sich nach Textsorten unterscheiden. Dies sind z. B. Erzähltext, Dialog, Brief oder Rede. Dabei können immer auch Mischformen vorliegen. Hinweise auf die Textsorte geben dir beteiligte Personen und ihre Beziehung zueinander, die Verbformen oder die Textstruktur.

In *Adeamus! N* lernst du lateinische Texte unterschiedlicher Textsorten kennen: Die Lesetexte der ersten Sequenz sind **Erzählungen** mit **dialogischen Passagen**. Die zweite enthält den **Bericht** des Gaius Iulius Caesar, die dritte Ciceros **Rede** für Milo. In der fünften Sequenz begegnet dir die Textsorte **Brief**. In den Sequenzen der Autoren Ovid und Phaedrus erhältst du eine Einführung in **Gedichte** und **Fabeln**.

Die sprachliche Gestaltung des Textes untersuchen

- Wortwahl: Ist eine bilderreiche Sprache festzustellen, gibt es Vergleiche, herrschen bestimmte Sachfelder vor?
- Textstruktur: Sind überwiegend Hauptsätze aneinandergereiht oder enthält der Text eher lange Sätze und verschachtelte Satzgefüge?
- Satzarten: Kommen im Text Ausrufe, Aufforderungen oder direkte Fragen vor?
- Wortstellung: Stehen Wörter in ungewöhnlicher Stellung am Anfang oder Schluss eines Satzes und werden dadurch betont?

Im **Lesetext 30** hast du untersucht, mit welchen sprachlichen Mitteln Coriolans Mutter versucht, ihren Sohn zu überzeugen. Im **Lesetext 34–36** der dritten Sequenz wird der Inhalt auch unter Berücksichtigung der Satzart erschlossen.

Untersuche, welche Arten von Texterschließungsaufgaben du in der letzten Sequenz bearbeitet hast und welche Informationen du auf diese Weise gewinnen konntest.

Interpretieren – Texte verstehen und erklären

Um lateinische Texte besser zu verstehen, müssen wir häufig zwischen den Zeilen lesen, das bedeutet: die Texte deuten. So fragen wir uns z. B., was die Ziele des Autors waren und was der Text uns noch heute sagt.

Interpretation aus dem Text heraus

- **Fasse** die wichtigsten Aussagen eines Textes **zusammen**.
- **Belege** eine Aussage oder einen Sachverhalt mit Textbeispielen.
- **Erkläre**, warum die Personen im Text so handeln, wie sie es tun.
- **Charakterisiere** die im Text vorkommenden Personen, indem du darauf achtest, welche Attribute ihnen zugeordnet werden, was sie tun, was sie sagen oder wie sie sprechen.

Im **Lesetext 27** hast du die Gründe für den Streit von Romulus und Remus herausgearbeitet.

Interpretation über den Text hinaus

- **Erkläre** einen Zusammenhang mit Bezug auf dein Sachwissen.
- **Vergleiche** Figuren oder Texte mit anderen dir bekannten Figuren oder anderen ähnlichen Texten.
- **Vergleiche** einen Text mit einem Werk der Rezeptionsgeschichte (→ Kulturdoppelseite zu Phaedrus, S. 110f.), z. B. einem Bild oder einem anderen Text.

Im **Lesetext 27** hast du die Geschichte von Kain und Abel recherchiert und sie mit der von Romulus und Remus verglichen.

Bezug zur eigenen Lebenswelt oder kreativ interpretieren

- **Vergleiche** die vorliegende Textstelle mit einer aktuellen Situation.
- **Bewerte** die Aussage der vorliegenden Textstelle aus heutiger Sicht.
- **Versetze dich** in die Personen des Textes **hinein**, indem du z. B. einen Brief oder Tagebucheintrag einer Figur schreibst oder die Gegenrede zu einer Position im Text verfasst.
- **Werde kreativ:** Entwirf z. B. eine (digitale) Fotostory als Fortsetzung einer Textstelle, drehe ein kurzes Video, in dem du die damaligen Verhältnisse nachspielst, oder erstelle einen eigenen Podcast (→ Methodenseite: Kreativ mit Inhalten umgehen, S. 146).

Beim **Lesetext 29** hast du eine Person aus der heutigen Zeit genannt, die sich durch eine besondere Leistung oder Eigenschaft auszeichnet, und dieser einen passenden Wertebegriff zugeordnet.
Beim **Lesetext 31** hast du das Plädoyer eines Helvetiers vor dem römischen Senat verfasst, der von Caesars Handlungen in Gallien berichtet.

Übersetzen

Bei unseren Übersetzungen überführen wir eine Aussage von der Ausgangssprache Latein in die Zielsprache Deutsch. Die Art der Übersetzung hängt u. a. vom Empfänger ab, also demjenigen, für den du die Übersetzung anfertigst. Auf dieser Methodenseite lernst du zwei Arten der Übersetzung kennen.

Ausgangssprachenorientierte Übersetzung. Bei dieser Übersetzungsart orientierst du dich an der Struktur des lateinischen Textes: Du versuchst die Wortreihenfolge einzuhalten und entfernst dich grammatikalisch möglichst wenig vom Ausgangstext.

> „Cur", inquit, „turbulentam fecisti mihi | aquam bibenti?" Laniger contra timens: |
> „Qui possum, quaeso, facere, quod quereris, lupe? (→ S. 107)
>
> *„Warum", sagte er, „hast du mir, dem Trinkenden, das Wasser aufgewühlt gemacht?"*
> *Das Schaf dagegen fürchtend: „Wie kann ich, ich bitte dich, tun, was du beklagst, Wolf?"*

Eine ausgangssprachenorientierte Übersetzung wirkt für jemanden, der den lateinischen Text nicht vor Augen hat, manchmal fremdartig oder ist sogar schwer verständlich. Die enge Orientierung am Lateinischen kann jedoch dabei helfen, Eigenheiten des Ausgangstextes nachzuvollziehen, ein erstes Textverständnis zu entwickeln und eine erste Übersetzung anzufertigen.

Paraphrase. Nach der Anfertigung dieser Arbeitsübersetzung ist es empfehlenswert, den Inhalt eines Textes in eigenen Worten zusammenzufassen, ohne ihn wörtlich wiederzugeben. Auf diese Weise stellst du sicher, ob du den Text verstanden hast. Die Paraphrase kann dich außerdem bei der Anfertigung einer zielsprachenorientierten Übersetzung unterstützen.

Zielsprachenorientierte Übersetzung. Bei der zielsprachenorientierten Übersetzung geht es darum, eine möglichst gute deutsche Formulierung für eine lateinische Konstruktion zu finden. Dabei entfernst du dich teilweise auch von der Textvorlage – beachte also immer genau die Regeln, die ihr gemeinsam für eine gute Übersetzung vereinbart habt.

> *„Warum", fragte der Wolf, „hast du mir das Wasser aufgewühlt, während ich trinke?" Das Schaf hingegen fürchtete sich und antwortete: „Wie könnte ich bitte tun, worüber du dich beklagst, Wolf?"*

Indem du Umformulierungen, Ergänzungen oder Auslassungen vornimmst, wird dein Text wirklich „deine" Übersetzung, in der du deutlich machst, dass du den Inhalt des Textes verstanden hast.

a. *Vergleiche beide Übersetzungen und benenne ausgangs- und zielsprachenorientierte Formulierungen.*
b. *Übersetze den folgenden Satz mit einer ausgangssprachenorientierten Übersetzung:* ***Fame coacta vulpes alta in vinea uvam appetebat, summis saliens viribus*** *(S. 108).*
c. *Fasse die Aussage des Satzes aus* ***b.*** *mithilfe einer Paraphrase zusammen.*
d. *Überarbeite deine Übersetzung aus* ***b.*** *auf der Grundlage deiner Paraphrase aus* ***c.*** *hin zu einer zielsprachenorientierten Übersetzung.*

Arbeiten mit zweisprachigen Texten

Dass zu lateinischen Originaltexten im Internet viele Übersetzungen von unterschiedlicher Qualität vorhanden sind, ist allgemein bekannt. Auf dieser Methodenseite lernst du, wie du mithilfe von Übersetzungen den Originaltext besser verstehen kannst. Denn auch eine „fertige" Übersetzung gewährt dir vertiefte Einblicke in das Funktionieren von Sprache, z. B. durch den Vergleich einer Übersetzung mit dem Originaltext oder von mehreren Übersetzungen. Dabei weicht jeder Übersetzer aufgrund seiner Interpretation vom lateinischen Original ab.

Vergleich einer Übersetzung mit dem Originaltext

1. Vorbereitung

Lies sowohl den lateinischen Text als auch die deutsche Übersetzung sorgfältig durch.

2. Spracharbeit: Vergleich der beiden Texte

Vergleiche die deutsche Übersetzung mit dem lateinischen Text und markiere Stellen, an denen der deutsche vom lateinischen Text auffällig abweicht. Beschreibe diese Abweichungen.

3. Beurteilung der Übersetzung

Beurteile abschließend (z. B. auf der Grundlage eurer Absprachen zur Übersetzung), inwiefern die Abweichungen der Übersetzung vom Originaltext begründbar sind.

Tipp: Berücksichtige neben dem inhaltlichen Zusammenhang auch, für wen die Übersetzung geschrieben wurde (→ Methodenseite: Übersetzen, S. 141).

Ad illa mihi prō sē quisque ācriter intendat animum, quae vīta, quī mōrēs fuerint, per quōs virōs quibusque artibus domī mīlitiaeque et partum et auctum imperium sit.	Darauf soll mir ein jeder seine volle Aufmerksamkeit richten, wie das Leben und wie die Sitten waren, durch welche Männer und durch welche Eigenschaften in Krieg und Frieden unsere Herrschaft geschaffen und vergrößert wurde.

a. ***Wende die vorgestellte Methode Schritt für Schritt auf das Beispiel an.***

Übersetzungsvergleich

Auch wenn sich Übersetzungen voneinander unterscheiden, können beide den Originaltext treffend wiedergeben. Dies ist jedoch nicht immer der Fall und so ist eine kritische Beurteilung mithilfe der oben beschriebenen Methode notwendig, um die Qualität einer Übersetzung richtig einschätzen zu können.

Darauf soll mir ein jeder seine volle Aufmerksamkeit richten, wie das Leben und wie die Sitten waren, durch welche Männer und durch welche Eigenschaften in Krieg und Frieden unsere Herrschaft geschaffen und vergrößert wurde.	Darauf vielmehr soll mir jeder scharf sein Augenmerk richten, wie das Leben, wie die Sitten gewesen sind, durch was für Männer und durch welche Eigenschaften zu Hause und im Krieg die Herrschaft geschaffen und vergrößert wurde. *Hans Jürgen Hillen, Titius Livius. Römische Geschichte Buch 1–3, 4. Aufl. Düsseldorf/Zürich 2007, S. 9.*

b. ***Vergleiche die zwei Übersetzungen, indem du die vorgestellte Methode Schritt für Schritt auch auf die zweite Übersetzung anwendest.***

Metrik der lateinischen Poesie

Anders als bei deutschen Gedichten entsteht der Rhythmus beim Vorlesen von lateinischen Versen nicht durch die Abfolge von betonten und unbetonten Silben, sondern durch die Abfolge von langen und kurzen Silben.

1. Lange und kurze Silben

Eine Silbe ist lang (—):

- Naturlänge: bei langem Vokal (*ma-nē-re*) oder Diphthong (Doppelvokal: *moe-nia*)
  - Achtung: werden die Vokale einzeln gesprochen, ist der erste Vokal kurz (◡; *flĕ-o – flē-re*)
  - bei bestimmten grammatikalischen Formen: Gen. Pl. *(-ōrum, -ārum)*, viele Ablative *(man-ū)*
  - i vor Vokal wird als j gesprochen *(iam = jam, iudex = judex)*
- Positionslänge: auf einen kurzen Vokal folgen zwei oder mehr Konsonanten *(con-**ten**-**tus**)*

2. Das Zusammenziehen von Silben

Wenn zwei Vokale an Wortende und Wortanfang aufeinandertreffen, werden beide Wörter zur Vermeidung eines sogenannten Hiats (Sprechpause) zusammengezogen.

- Elision (Wegfall des auslautenden Vokals): *primaque ab origine = pri-ma-**qua**b o-ri-gi-ne*
- Aphärese (Wegnahme des anlautenden Vokals; hier bei *est*): *quaerenda est = quae-ren-dast*

3. Die wichtigsten Versmaße

Hexameter					
1. Versfuß	2. Versfuß	3. Versfuß	4. Versfuß	5. Versfuß	6. Versfuß
—— oder —◡◡	—— oder —◡◡	—— oder —◡◡	—— oder —◡◡	(—— oder) —◡◡	—x
4 Daktylen oder Spondeen				bleiben (meist) unverändert	

Pentameter					
1. Versfuß	2. Versfuß	2,5. Versfuß	1. Versfuß	2. Versfuß	2,5. Versfuß
—— oder —◡◡	—— oder —◡◡	—	—◡◡	—◡◡	x
2 Daktylen oder Spondeen			bleiben (meist) unverändert		

Hexameter und Pentameter bestehen aus einzelnen Versfüßen.
Diese können ein Daktylus (—◡◡) oder ein Spondeus (——) sein.

4. Die Versanalyse eines elegischen Distichons

Die folgenden Schritte helfen dir, einen Vers im Lateinischen metrisch zu analysieren:

Hexameter
1. Die erste Silbe ist immer lang.
2. Die beiden letzten Versfüße enden meist —◡◡ | — x
3. Bestimme die Natur- und Positionslängen. Beachte Elisionen und Aphäresen. Achtung: Eine einzelne Silbe zwischen zwei Längen muss lang sein.
4. Kontrolle: Sind 6 Versfüße entstanden?
—◡◡ —— —◡◡ —— —◡◡ — x Si quis in | hoc ar|tem popu|lo non | novit a|mandi

Pentameter
1. Die erste Silbe ist immer lang.
2. Die zweite Vershälfte lautet —◡◡ | —◡◡ | x
3. Bestimme die Natur- und Positionslängen. Beachte Elisionen und Aphäresen. Achtung: Eine einzelne Silbe zwischen zwei Längen muss lang sein.
4. Kontrolle: Sind 2 x 2,5 Versfüße entstanden?
—◡◡ ——— —◡◡ —◡◡ x hoc legat | et lec|to || carmine | doctus a|met

Analysiere die Verse 7–8 in Lesetext 38 mithilfe der Anleitung zum elegischen Distichon metrisch.

Stilmittel erkennen und interpretieren

Bei der Arbeit an lateinischen Texten ist dir bestimmt schon aufgefallen, dass manche sprachlichen Besonderheiten immer wieder auftauchen. Dabei handelt es sich um sogenannte **Stilmittel** (rhetorische Mittel), die Autoren gezielt einsetzen, um bestimmte Wörter in einem Satz hervorzuheben, um sie in Beziehung zueinander zu setzen oder um die Wirkung einer Aussage zu steigern. Hier siehst du die wichtigsten Stilmittel im Überblick.

Alliteration: Beginn zweier oder mehrerer nahe beieinander stehender Wörter mit demselben Anlaut	*Leben und lieben.*
Anapher: Beginn mehrerer Sätze, Teilsätze oder Satzglieder mit demselben Wort	*Es ist ein Schutz, es ist ein Bollwerk.*
Antithese: Gegenüberstellung gegensätzlicher Aussagen oder Begriffe	*Die, die draußen sind, sind Barbaren, die, die drinnen sind, sind Römer.*
Chiasmus: „Über-Kreuz-Stellung" einander entsprechender Satzglieder	*Kinder rufen nach Müttern, die Mütter nach ihren Kindern.*
Ellipse: Auslassung eines normalerweise notwendigen Satzglieds	*Überall Stöhnen, überall Trauer.*
Hyperbaton: Trennung zweier kongruenter Wörter durch einen Einschub	*Sanft ist im Mondenscheine und süß die Ruh.*
Klimax: Steigerung von Gedanken oder der Zahl der Wörter in einer Aufzählung	*Alle Senatoren, das gesamte Volk, ja die ganze Republik hat ihn verurteilt!*
Metapher: Ein bildhafter Ausdruck, der für einen anderen Begriff steht	*Es ist ein Band, das uns mit anderen Völkern verbindet.*
Parallelismus: Gleiche Anordnung zweier oder mehrerer Sätze, Teilsätze oder Satzglieder	*Die Laster haben sie eingeschlossen, die Tugenden haben sie ausgeschlossen.*
Trikolon: Dreigliedrige Aufzählung von Wörtern, Satzgliedern oder Teilsätzen	*Schaut, staunt, freut euch!*

Stilmittel machen eine Aussage eindringlicher – sie haben immer eine Wirkung. Wenn du ein oder mehrere Stilmittel gefunden hast, überlege daher, wie sie wirken und warum der Autor oder Sprecher sie gerade an dieser Stelle verwendet.

Die folgenden Sätze stammen aus der ersten Sequenz. Bestimme die Stilmittel und beschreibe ihre Wirkung. Tipp: Manchmal sind in einem Satz mehrere Stilmittel enthalten!

1. Sed fratres cupiditate regni atque invidia incensi iterum atque iterum inter se contendebant. (**Lesetext 27**)
2. Vestigia viri alieni, filii Tarquinii regis, in lecto sunt nostro. (**Lesetext 28**)
3. Brutus [...] orationem claram habet de vi ac cupiditate Sexti Tarquinii, de caede crudeli et tristi Lucretiae, de luctu Collatini. (**Lesetext 28**)
4. Nisi ego te peperissem, Roma non oppugnaretur; nisi filium haberem, libera in libera patria mortem obirem. (**Lesetext 30**)
5. Nonne memoria tenes istos sceleratos fratrem occidisse, e foro extulisse, in Tiberim flumen iniecisse? (**Lesetext 27–30**)

Informationen beschaffen II

Häufig erhältst du die Aufgabe, Informationen über eine ausgewählte Person oder über ein bestimmtes Thema herauszusuchen beziehungsweise darüber im Internet zu recherchieren. Dabei kann dich die Flut an Informationen überwältigen, sodass es schwerfällt, den Überblick zu behalten – ganz zu schweigen von der Frage, ob eine Quelle verlässlich ist oder nicht.

1. Eingrenzung des Suchgegenstandes
Bevor deine Suche beginnt, solltest du herausarbeiten, welche genauen Suchbegriffe für deine Recherche relevant sind. Je präziser du den Suchgegenstand eingrenzt, desto eher findest du die passenden Informationen. Suchst du zum Beispiel nach „Julius Caesar", so erhältst du eine unüberschaubare Menge an Ergebnissen. Mit den Suchbegriffen „Julius Caesar Germanenbild" sind es dagegen gleich sehr viel weniger.

2. Auswahl der Informationsquelle
Informationen zu dem Suchgegenstand kannst du auf zwei Wegen recherchieren: Durch das Nachschlagen in (wissenschaftlichen) Lexika und durch die Internetrecherche. Dabei bietet das Lexikon sehr spezielles Wissen zu einem Oberbegriff deines Suchgegenstandes, die Internetrecherche dagegen zeichnet sich durch Zugänglichkeit und Vielfalt aus. Überlege also bei deiner Auswahl gut, welche Informationsquelle für deine Recherche am sinnvollsten ist.

3. Überprüfung der Zuverlässigkeit der Quelle
Nachdem du dich für eine oder mehrere Quellen entschieden hast, ist es wichtig, deren Zuverlässigkeit zu überprüfen. Die folgenden Kriterien helfen dir bei deiner Einschätzung:

- Die Quelle enthält alle Suchbegriffe, ist gut verständlich und fehlerfrei verfasst.
- Die Informationen werden objektiv (also ohne erkennbare Wertung) dargestellt.
- Die Quelle gibt einen Autor/eine Autorin zu erkennen, der oder die als Experte/Expertin für den ausgewählten Fachbereich gilt.
- Die Quelle gibt ebenfalls ihre Quellen an, sodass nachvollziehbar ist, woher die Informationen stammen und ob sie einem sachbezogenen Kontext entspringen.

4. Angabe der Quelle
Damit die von dir recherchierten Informationen auch für andere Personen nachvollziehbar und glaubwürdig sind, ist es unbedingt notwendig, dass du deine Quellen angibst. Orientiere dich hierbei an der folgenden Zitierweise für Internetquellen:
Vor- und Nachname des Autors / der Autorin, Titel der Informationsquelle, Erscheinungsdatum, URL-Link der Website (Angabe des Datums des Zugriffs: „Zugriff am ...").

a. *Recherchiere zu einem von dir ausgewählten Thema der zuletzt bearbeiteten Sequenz und überprüfe jeweils die Zuverlässigkeit der Quelle.*
b. *Arbeitet zu zweit und vergleicht eure Arbeitsergebnisse. Erläutert, inwiefern und aus welchen Gründen sich die gefundenen Informationen unterscheiden.*

Einen Podcast erstellen

In der fünften Sequenz sollst du einen Podcast erstellen (→ S. 87). Ein Podcast umfasst eine Reihe von Medienbeiträgen zu einem Thema, die in Einzelbeiträgen als Audio- oder Videodateien zur Verfügung gestellt werden.

Ein Thema für den Podcast finden
Seneca hat sich mit vielen Themen auseinandergesetzt, die uns heute noch beschäftigen wie Freundschaft, Glück und der Sinn des Lebens. Wählt in einer Arbeitsgruppe ein Thema aus der fünften Sequenz aus und erstellt anhand der folgenden Schritte einen Podcast.

In drei Schritten zum gelungenen Podcast:

1. Recherche: Recherchiert weitere (lateinische) Quellen, die sich auf das Thema beziehen und ggf. neue Aspekte berücksichtigen. Wenn ihr aktuelle Quellen berücksichtigt, könnt ihr später einen Vergleich zwischen Antike und Gegenwart herstellen.

2. Analyse: Analysiert anhand der (lateinischen) Texte die jeweilige Haltung zu eurem gewählten Thema. Gibt es Punkte, die dem Autor besonders wichtig oder unwichtig erscheinen? Denkt man heute noch genauso über das Thema wie in der Antike? Nutzt hier auch eure Arbeitsergebnisse aus der Sequenz.

3. Aufarbeitung: Erstellt eine Gliederung des Beitrages und notiert Stichpunkte zu dem, was ihr sagen wollt. Im Anschluss könnt ihr den Podcast z. B. über ein Smartphone aufnehmen und bearbeiten. Achtet darauf, dass ihr langsam und deutlich sprecht und Wichtiges betont. Euer Podcast sollte einen Umfang von ca. 5 Minuten nicht überschreiten.

WICHTIG: Wenn ihr euren Podcast mit Musikeffekten unterlegen möchtet, solltet ihr auf **GEMA-freie Musik** bzw. auf den Einsatz von **Podsafe-Music,** also lizenzfreier oder Creative-Commons-lizenzierter Musik, achten, um keine Urheberrechte zu verletzen. Diese Musik findet ihr im Internet frei verfügbar.

S. 12

obtinēre	**obtineō, obtinuī, obtentum**	innehaben, in Besitz haben, besetzt halten	
dīgnus	**dīgna, dīgnum** (m. Abl.)	würdig, wert	*Et Romulus et Remus se imperio dignos esse putaverunt.*
pōstulāre	**pōstulō, pōstulāvī, pōstulātum**	fordern, verlangen	
invidia	**invidiae** f	der Neid; die Anfeindung; die Missgunst	
cupiditās	**cupiditātis** f	die Gier, die Begierde, das Verlangen; die Leidenschaft	
dēcernere	**dēcernō, dēcrēvī, dēcrētum**	beschließen, entscheiden	
permittere	**permittō, permīsī, permissum**	erlauben, überlassen	*Romulus Remo imperium urbis novae permittere noluit.*
adulēscēns	**adulēscentis** m; Gen. Pl. **adulēscentium**	der Jugendliche, der junge Mann	
regere	**regō, rēxī, rēctum**	lenken, leiten; herrschen	*Aeneas classem Troianorum rexit. Numitor Albam Longam rexit.*

S. 13

impetus *impetum facere in*	**impetūs** m (m. Akk.)	der Angriff, der Ansturm *jdn. angreifen*	*Romulus impetum in comites Remi fecit.*
manus	**manūs** f	die Hand; die Schar	*Romulus manus ad caelum sustulit.* *Romulus magnam manum virorum coegit.*
cōnspectus	**cōnspectūs** m	der Anblick, das Blickfeld	
exercitus	**exercitūs** m	das Heer	
ūsus *ūsuī est*	**ūsūs** m	der Gebrauch, der Nutzen *es ist nützlich*	 *Consilium Numitoris fratribus usui fuit.*

S. 15

moenia	**moenium** n (Pl.)	die Mauer(n), die Stadtmauer(n)	
cōnsulere	**cōnsulō, cōnsuluī, cōnsultum**	*(m. Dat.)* sorgen für; *(m. Akk.)* um Rat fragen; *(m. dē)* beraten (über)	*Rex probus civibus consulit.* *Romulus Remusque Numitorem avum consuluerunt.* *Fratres cum avo de regno consuluerunt.*
aut *aut ... aut ...*		oder *entweder ... oder ...*	
aetās	**aetātis** f	das Lebensalter; das Zeitalter; die Zeit	
optāre	**optō, optāvī, optātum**	wünschen	
vindicāre	**vindicō, vindicāvī, vindicātum**	beanspruchen; befreien; bestrafen	*Non solum Romulus, sed etiam Remus regnum sibi vindicavit.* *Graeci Helenam e manibus Troianorum vindicare voluerunt.* *Scelus Amulii vindicatum est.*
numerus	**numerī** m	die Zahl, die Anzahl	

Wortschatz 27–28

appellāre	**appellō, appellāvī, appellātum**	anreden, ansprechen; benennen	*Romulus Remum superbe appellavit: „Audi! Ego dignus imperio sum!" Roma nomine Romuli appellata est.*

augurium, -ī n	die Weissagung, die Vogelschau
augurium agere	eine Vogelschau abhalten
prōdigium, -ī n	das Vorzeichen

Da steckt Latein drin.
Ordne den Fremdwörtern die jeweils passende Erklärung zu und begründe.

die Adoleszenz – der Appell – das Dekret – die Konsultation – die Option – das Postulat
die Forderung – die Beratung – die Endphase des Jugendalters – der Aufruf – die Auswahlmöglichkeit – die Verordnung

Wortschatz 28

S. 16	**expellere**	**expellō, expulī, expulsum**	vertreiben, verjagen, verbannen	
	miseria	**miseriae** f	das Elend, das Unglück	
	plēbs	**plēbis** f	das Volk	
	opprimere	**opprimō, oppressī, oppressum**	überfallen, überwältigen, niederwerfen; unterdrücken	
	fallere	**fallō, fefellī, –**	täuschen; unbemerkt bleiben	*Dei Remum fefellerunt. Audacia Romuli Remum non fefellit.*
	ipse	**ipsa, ipsum** Formen T3.3.2	selbst, persönlich; gerade	*Remus ipse fratrem risit. Ea ipsa causa Romulus ira incensus est.*
	laudābilis	**laudābile**	lobenswert	
	exemplum	**exemplī** n	das Beispiel; das Vorbild	
	stultitia	**stultitiae** f	die Dummheit	
S. 17	**rēs**	**reī** f	die Sache, das Ding; die Angelegenheit	
	rēs pūblica	*reī pūblicae* f	*der Staat, das Gemeinwesen, die Republik*	
	rēs adversae	*rērum adversārum* f (Pl.)	*das Unglück*	
	rēs venit ad		*es kommt zu*	*Res ad mortem Remi venit.*
	diēs	**diēī** m	der Tag	
	fidēs	**fideī** f	die Treue; das Vertrauen; der Glaube; die Zuverlässigkeit	
S. 19	**adventus**	**adventūs** m	die Ankunft	
	suī	**suōrum** m (Pl.)	die Seinen / die Ihren	*Lucretia epistulas ad suos misit.*
	pudīcitia	**pudīcitiae** f	die Schamhaftigkeit, die Keuschheit	

mēns	**mentis** f	der Geist, der Verstand	
testis	**testis** m/f; Gen. Pl. **testium**	der Zeuge / die Zeugin	
ob *quam ob rem*	(m. Akk.)	wegen *deswegen*	*Scelere Sexti Tarquini, filii regis, Lucretia perdita est. Quam ob rem Tarquinius ex urbe expulsus est.*
caedēs	**caedis** f; Gen. Pl. **caedium**	der Mord, das Blutbad	
lūctus	**lūctūs** m	die Trauer	
addere	**addō, addidī, additum**	hinzufügen	

tribūnus, -ī m	der Tribun

Da steckt Latein drin.

Einige englische Wörter kommen aus dem Lateinischen. Nenne die Bedeutung der kursiv gedruckten Wörter und recherchiere ihr lateinisches Herkunftswort.

"I hope I won't *fail* the *test*! My last *exams* weren't that *laudable*, either. And in *addition* I'm not feeling good today."

Wortschatz 29

S. 20	**iniūria**	**iniūriae** f	das Unrecht, die Beleidigung	
	castra *castra pōnere*	**castrōrum** n (Pl.)	das Lager, das Kriegslager *ein Lager aufschlagen*	
	prope	(m. Akk.)	nahe bei, in der Nähe von	*Castra Etruscorum prope urbem posita sunt.*
	rīpa	**ripae** f	das Ufer	
	virgō	**virginis** f	die junge Frau, das Mädchen	
	obses *obsidēs imperāre*	**obsidis** m/f	die Geisel *Geiseln (zu stellen) befehlen / die Stellung von Geiseln befehlen*	*Romani hostibus victis semper obsides imperabant.*
	admīrātiō	**admīrātiōnis** f	die Bewunderung, das Staunen	
	sōlus	**sōla, sōlum;** Gen. **sōlīus,** Dat. **sōlī**	allein, einzig; einsam	
S. 21	**īre**	**eō, iī, itum**	gehen	
	exīre	**exeō, exiī, exitum**	herausgehen, verlassen, ausrücken	
	inīre *cōnsilium inīre*	**ineō, iniī, initum**	hineingehen, betreten; beginnen *einen Beschluss fassen*	
	obīre *(mortem) obīre*	**obeō, obiī, obitum** (m. Akk.)	entgegengehen, begegnen *sterben*	
	perīre	**pereō, periī, –**	zugrunde gehen, umkommen	

redīre	**redeō, rediī, reditum**	zurückgehen, zurückkehren	
subīre *perīcula subīre*	**subeō, subiī, subitum**	auf sich nehmen *Gefahren auf sich nehmen*	
trānsīre *flūmen trānsīre*	**trānseō, trānsiī, trānsitum** (m. Akk.)	hinübergehen, überschreiten, überqueren *den Fluss überqueren*	

S. 23 **dēdūcere**	**dēdūcō, dēdūxī, dēductum**	hinabführen, wegführen; geleiten	
dux	**ducis** m/f	der Anführer / die Anführerin	
agmen	**agminis** n	der Heereszug; die Schar	
domus	**domūs** f Formen T1	das Haus	
domum		heim, nach Hause	*Cloelia cum amicis domum redire cupivit.*
ēligere	**ēligō, ēlēgī, ēlēctum**	auslesen, auswählen	

mōs (mōris m**) māiōrum**	das Sittengesetz der Vorfahren

MK ***Da steckt Latein drin.***

a. ***Erschließe im folgenden italienischen Satz die Bedeutungen möglichst vieler Wörter.***
Il duca vive solo nella sua casa, anche se il domicilio è grande quasi quanto un castello.
b. ***Gib den Inhalt des gesamten Satzes mit eigenen Worten wieder. Überprüfe dein Ergebnis mit einem Online-Übersetzer im Internet.***

Wortschatz 30

S. 24 **spēs**	**speī** f	die Hoffnung, die Erwartung	
longus	**longa, longum**	lang; lang anhaltend	
dīmittere	**dīmittō, dīmīsī, dīmissum**	entsenden, wegschicken, entlassen	
alere	**alō, aluī, al(i)tum**	aufziehen, (er-)nähren	
surgere	**surgō, surrēxī, surrēctum**	aufstehen, sich erheben	
intrā	(m. Akk.)	innerhalb	*Coriolanus intra moenia urbis patricios potentes esse voluit.*
cēdere	**cēdō, cessī, cessum**	(weg-)gehen; nachgeben	*Coriolanus a tribunis plebis accusatus patriā cessit.* *Coriolano patricios plebi cedere non placuit.*

S. 25 **ferre**	**ferō, tulī, lātum**	tragen, bringen; ertragen	*Coriolanus: „Ferte mihi arma: Ipse plebem expellam!* *Non fero plebem potentem esse."*
auferre	**auferō, abstulī, ablātum**	wegtragen, wegbringen, wegnehmen	

cōnferre	**cōnferō, contulī, collātum**	zusammentragen, zusammenbringen; vergleichen	*Tarquinius Porsennam regem arma conferre voluit.* *Coriolanus plebem cum Tarquinio rege contulit.*
sē cōnferre		*sich begeben*	*Tarquinius se ad Porsennam regem contulit.*
īnferre	**īnferō, intulī, illātum** (m. Dat.)	hineintragen; einflößen	*Tarquinius Romanis calamitatem inferre voluit.* *Tarquinius Romanis timorem inferre cupivit.*
bellum īnferre		*angreifen*	*Tarquinius Porsennam regem Romanis bellum inferre voluit.*
prōferre	**prōferō, prōtulī, prōlātum**	hervorbringen; vorbringen	*Cum Tarquinius verba protulisset, Porsenna rex bellum paravit.*
referre	**referō, rettulī, relātum**	zurückbringen; berichten	*Porsenna: „Quia obsides effugerunt, Romanis bellum referam."* *Romanis relatum est Porsennam iratum esse.*

S. 27

conventus	**conventūs** m	die Versammlung; die Schar	
precēs	**precum** f (Pl.)	die Bitten	
muliebris	**muliebre**	weiblich; unmännlich	
oppūgnāre	**oppūgnō, oppūgnāvī, oppūgnātum**	angreifen	
in mentem venīre		*in den Sinn kommen*	
castra movēre		*ein Lager abbrechen, aufbrechen*	

patriciī, -ōrum m Pl.	die Patrizier (Vertreter der Adelsschicht Roms)
plēbēiī, -ōrum m Pl.	die Plebejer (Vertreter der nicht-adligen Bevölkerung Roms)
tribūnus (-ī m) plēbis	der Volkstribun

MK *Da steckt Latein drin.*

*Das **Internet** verknüpft verschiedene Teile der Welt miteinander. Das **Intranet** verbindet dahingegen Menschen, die z. B. im selben Unternehmen tätig sind. Erkläre mithilfe deiner Lateinkenntnisse den Bedeutungsunterschied der beiden Bezeichnungen.*

Wortschatz 27–30

S. 28	**alter**	**altera, alterum;** Gen. **alterīus,** Dat. **alterī**	ein anderer; der zweite	*Cum alter frater interfectus esset, alter Romam regebat.*
	alter ... alter ...		*der eine ..., der andere*	
	pietās	**pietātis** f	die Frömmigkeit; das Pflichtgefühl	
	perficere	**perficiō, perfēcī, perfectum**	vollenden; durchsetzen	
	respicere	**respiciō, respexī, respectum**	zurückblicken auf; berücksichtigen	
	inicere	**iniciō, iniēcī, iniectum**	hineinwerfen; hervorrufen	*Hostes ignem in castra iniciunt. Mors Remi comitibus timorem iniecit.*
	morbus	**morbī** m	die Krankheit	
	circum	(m. Akk.)	rings um, um ... herum	*Viri, qui circum Remum erant, eum servare non potuerunt.*
	neglegere	**neglegō, neglēxī, neglēctum**	vernachlässigen, geringschätzen	
	ēvertere	**ēvertō, ēvertī, ēversum**	umstürzen, zerstören	
	exīstimāre	**exīstimō, exīstimāvī, exīstimātum**	einschätzen, meinen	
	metus	**metūs** m	die Angst, die Furcht	
	dēmum		endlich, erst	
	iste	**ista, istud** Formen T3.3.1	dieser, dieser da	*Brutus ad Romanos: „Istum regem ex urbe expellam."*
	prōdesse	**prōsum, prōfuī, –**	nützen	*Virtus Cloeliae puellis profuit.*
S. 29	**efferre**	**efferō, extulī, ēlātum**	hinausbringen; in die Höhe heben	*Inimici corpus Tiberii e foro extulerunt. Cornelia manus ad caelum extulit et deos auxilium oravit.*
	prīvātus	**prīvāta, prīvātum**	privat, eigen	*Gracchi magis rem publicam quam res privatas curaverunt.*
	rēs prīvāta	*reī prīvātae* f	*die Privatsache*	
	inceptum	**inceptī** n	das Vorhaben	

Der, die, das? Deklinationen durchschauen

Bei den Substantiven, die nicht der a- oder der o-Deklination angehören, lernst du stets das Genus und den Genitiv Singular, d. h. auch Stamm und Deklination, mit. Hier erfährst du mehr über den Zusammenhang von Genus, Stamm und Deklination – so kannst du dir diese Informationen leichter merken.

res, rei – impetus, impetūs – agmen, agminis – mens, mentis – inceptum, incepti

***a.** Kannst du das noch? Nenne die Deklinationen, denen die Beispiele angehören, und bei den Substantiven der konsonantischen Deklination auch den Stamm.*

Maskulinum *sind die meisten Wörter der*	**Femininum** *sind die meisten Wörter der*	**Neutrum** *sind die meisten Wörter der*
o-Dekl. auf -us	a-Dekl.	o-Dekl. auf -um
u-Dekl.	e-Dekl.	
kons. Dekl. auf -or, -os, -es (*Gen.* -itis)	kons. Dekl. auf -o, -as, -us (*Gen.* -utis)	kons. Dekl. auf -e, -l, -men, -us (*Gen.* -oris/-eris)

***b.** Nenne das Genus der folgenden Substantive mithilfe der Tabelle.*

aetas, aetatis – numerus, numeri – exercitus, exercitūs – invidia, invidiae – spes, spei – flumen, fluminis – exemplum, exempli – virgo, virginis – virtus, virtutis – oratio, orationis

***c** Nenne zu jedem der deklinierten Substantive Genus und Deklination.*

conspectibus – fidem – pudicitiae – duci – pericula – plebe

***d.** Keine Regel ohne Ausnahme: Erkläre, inwiefern diese Substantive von der Tabelle abweichen.*

soror – dies – domus – obses – caedes

1. *Was passt zusammen?*

***a.** Ordne den Substantiven die nach KNG passenden Adjektive zu.*

***b.** Übersetze.*

scelera – diebus – flumen – luctus – usu – aetatem – spes – precum – adulescentes – rei – annorum

dignarum – improbos – solus – alteram – multorum – longum – sola – longis – dignae – crudelia – privato

2. *Sortiere …*

***a.** nach Dativ/Ablativ Pl. und Genitiv Sg.*

cupiditatis – plebis – morbis – ripis – inceptis – testis – numeris – finis – victoris – castris

***b.** nach Gen. Pl. und Akk. Sg.*

precum – adulescentium – adventum – domum – ducum – moenium – numerum – rerum – manuum – metum

3. *Schreibe …*

***a.** den Nominativ Plural auf, indem du **-i**, **-a**, **-ae**, **-us** oder **-es** anfügst. Übersetze.*

numer___ – virgin___ – duc___ – iniuri___ – convent___ – di___ – tel___ – agmin___ – ann___

***b.** den Dativ Singular, indem du **-o**, **-ae** oder **-i** anfügst. Übersetze.*

don___ – metu___ – morb___ – stultiti___ – spe___ – ment___ – adventu___ – cupiditat___

4. *Wer tanzt aus der Reihe?*

a. numeri – exercitui – rei – pietati

b. mente – impetu – invidia – agmina

c. morbus – manus – domus – luctus

d. invidia – incepta – fides – domus

S. 34	**dēmōnstrāre**	**dēmōnstrō, dēmōnstrāvī, dēmōnstrātum**	zeigen, darlegen, beweisen	
	vāstāre	**vāstō, vāstāvī, vāstātum**	verwüsten	
	possessiō	**possessiōnis** f	der Besitz, das Eigentum; *Pl.* die Besitztümer	
	fuga	**fugae** f	die Flucht	
	statuere	**statuō, statuī, statūtum**	aufstellen; festsetzen; beschließen	*Romani ante templa aras statuerunt. Caesar diem non statuit, sed protinus impetum in Helvetios fecit. Caesar Haeduos Allobrogesque iuvare statuit.*
	sē recipere		*sich zurückziehen*	*Multi Helvetii fuga se receperunt.*
	certiōrem facere	(m. Akk.)	*benachrichtigen*	*Haedui Caesarem certiorem fecerunt Helvetios agros vastavisse.*
S. 35	**pars**	**partis** f	der Teil; die Richtung	*Helvetii unam partem copiarum reliquerunt. Helvetii, qui interfecti non erant, in omnes partes fugerunt.*
	trādūcere	**trādūcō, trādūxī, trāductum**	hinüberführen	*Caesar eam partem copiarum hostium petivit, quae flumen nondum traducta erat.*
	trāns	(m. Akk.)	jenseits	*Tres partes copiarum hostium trans flumen constiterant.*
	reliquus	**reliqua, reliquum**	übrig	
	citrā	(m. Akk.)	diesseits	
S. 37	**expūgnāre**	**expūgnō, expūgnāvī, expūgnātum**	erobern	
	īdem	**eadem, idem**	der gleiche, derselbe	*Legati Haeduorum auxilium a Caesare petiverunt. Eodem tempore Helvetii in Santonos pervenerunt.*
	item		ebenso	
	praeter	(m. Akk.)	außer	
	dum		(solange) bis; solange; *(m. Ind. Präs.)* während	*Allobroges ad Caesarem: „Non exspectabimus, dum Helvetii agros nostros vastaverint. Dum tu nobis aderis, Helvetios non timebimus." Dum Helvetii iter in Santonos faciunt, Allobroges legati ad Caesarem miserunt.*
	ubī		sobald	*Ubi legati se receperunt, Caesar consilium iniit.*
	quartus	**quarta, quartum**	der vierte	
	proximus	**proxima, proximum**	der nächste	
	silva	**silvae** f	der Wald	
	sua	*suōrum n (Pl.)*	*das Seine / das Eigene*	*Haedui Allobrogesque de suis timuerunt.*

necessārius, -ī m	der Nahestehende, der Freund

Da steckt Latein drin.
Vervollständige die Sätze mit den passenden Begriffen. Erkläre anschließend ihre Bedeutung aus dem Kontext und mithilfe deiner Lateinkenntnisse.

Statuten – Quartale – Parts – Demonstranten

1. In den Nachrichten: „Als es bei der Kundgebung zu Ausschreitungen kam, nahm die Polizei einige ▬ fest."
2. Der Chef eines Unternehmens: „Unser Umsatz hat sich in den letzten drei Monaten um 2,3 % gesteigert. Zum Vergleich dienten die beiden vorangegangenen ▬."
3. Ein Regisseur: „Die Schauspielerin spielt die unterschiedlichsten ▬ sehr überzeugend."
4. Der Vorsitzende eines Hundevereins: „Unsere ▬ lassen es nicht zu, dass Katzenbesitzer unserem Verein beitreten."

Wortschatz 32

S.38	**nūmen**	**nūminis** n	die Gottheit; der göttliche Wille, die göttliche Macht	
	causā	(m. Gen.; nachgestellt)	um ... willen, wegen	*Deorum auxilii causa Galli sacra fecerunt.*
	contrōversia	**contrōversiae** f	der Streit, die Meinungsverschiedenheit	
	religiō	**religiōnis** f	die Götterverehrung, der Glaube, die Frömmigkeit; *Pl.* die Kulthandlungen, die religiösen Bräuche	
	sacrificium	**sacrificiī** n	das Opfer	
	dīvīnus	**dīvīna, dīvīnum**	göttlich	
	ferē	(Adv.)	fast, ungefähr	
	genus	**generis** n	die Art, das Geschlecht, die Abstammung; der Stand	
	eques	**equitis** m	der Reiter, der Ritter	
S.39	**arbitrārī**	**arbitror, arbitrātus sum**	glauben, meinen	
	interpretārī	**interpretor, interpretātus sum**	deuten, erklären	
	ūtī	**ūtor, ūsus sum** (m. Abl.)	gebrauchen, benutzen	*Galli gladiis acribus pro armis utebantur.*
	orīrī	**orior, ortus sum**	geboren werden, entstehen, beginnen; aufgehen	*In pugnis clamor oritur.* *Sol semper ab eadem parte oritur.*
	versārī	**versor, versātus sum** (in m. Abl.)	sich aufhalten, sich befinden (in), sich beschäftigen (mit)	*Caesar diu in Gallia versabatur.* *Galli in religionibus versabantur.*

Wortschatz 32

S. 41	**concurrere**	**concurrō, concurrī, concursum**	zusammenlaufen	
	nātiō	**nātiōnis** f	das Volk, der Volksstamm	
	dēdere	**dēdō, dēdidī, dēditum**	ausliefern, übergeben; auf etwas (aus)richten	*Allobroges: „Helvetiis nos non dedemus!"* *Germani vitam bello periculisque dediderunt.*
	afficere	**afficiō, affēcī, affectum**	versehen mit	*Apud Gallos druides magno honore affecti sunt.*
	gravis	**grave**	schwer, gewichtig; ernst, bedeutend	
	proelium	**proeliī** n	die Schlacht, das Gefecht	
	cōnsuētūdō	**cōnsuētūdinis** f	die Gewohnheit	
	differre	**differo, distulī, dīlātum**	aufschieben, verschieben; sich unterscheiden	*Caesar bellum non distulit, sed statim magnas copias coegit.* *Germani et Galli consuetudine vitae inter se distulerunt.*
	cernere	**cernō, crēvī, –**	sehen, erkennen	
	mīlitāris *rēs mīlitāris*	**mīlitāre** *reī mīlitāris f*	militärisch *das Kriegswesen*	
	rēs dīvīna	*reī dīvīnae f*	*die Kulthandlung, das Opfer*	
	māgnō honōre esse		*hohes Ansehen genießen*	*Apud Germanos equites magno honore fuerunt.*
	cōnstituere dē	*(m. Abl.)*	*entscheiden über*	
	deōrum numerō dūcere		*zu den Göttern zählen*	
	cōnsistere in	*(m. Abl.)*	*bestehen aus*	*Vita druidum in religionibus constitit.*

druidēs, druidum m Pl.	die Druiden
interpretātiō (-iōnis) Rōmāna (-ae) f	*die Praxis, „fremde" Götter mit römischen Namen zu übersetzen und zu interpretieren*

MK ***Da steckt Latein drin.***

a. ***Übertrage die Tabelle in dein Heft und fülle die leeren Felder. Die Begriffe aus den modernen Fremdsprachen kannst du mithilfe eines online-Wörterbuches recherchieren.***

b. ***Recherchiere, welcher Artikel in den modernen Fremdsprachen welches Genus anzeigt. Vergleiche dann die Genera der fremdsprachlichen Wörter mit dem der lateinischen und formuliere eine Regel zu deinen Beobachtungen.***

Lateinisch	Italienisch	Spanisch	Französisch	Englisch
		la nación		
	il sacrificio			the sacrifice
			la controverse	
	la religione			
	il genere	el género	le genre	the gender

S. 42

commūnis	**commūne**	allgemein, gemeinsam	
prīnceps	**prīncipis** m	der Erste; der Anführer	
concilium	**conciliī** n	die Versammlung	
convocāre	**convocō, convocāvī, convocātum**	zusammenrufen, herbeirufen, einberufen	
sequī	**sequor, secūtus sum** (m. Akk.)	folgen	*Galli Vercingetorigem sequebantur.*

S. 43

appropinquāre	**appropinquō, appropinquāvī, appropinquātum**	sich nähern, näher kommen	
tergum *terga vertere*	**tergī** n	der Rücken *fliehen*	
rūrsus		wieder; zurück	*Adventu Caesaris milites Romani rursus confirmati sunt.* *Post proelium copiae Romanorum rursus in castra redierunt.*
repente		plötzlich	
sīve *sīve ... sīve ...*		oder, beziehungsweise *sei es (, dass) ... oder (dass ...)*	*Caesar semper primus esse voluit – sive privatus sive publicus.*

S. 45

color	**colōris** m	die Farbe	
equitātus	**equitātūs** m	die Reiterei	
alius	**alia, aliud;** Gen. **alterīus,** Dat. **alterī**	ein anderer	
cōnspicārī	**cōnspicor, cōnspicātus sum**	erblicken	
redūcere	**redūcō, redūxī, reductum**	zurückführen	
posterus	**postera, posterum**	der nachfolgende, der nächste	
offerre	**offerō, obtulī, oblātum**	anbieten	*Multae gentes Gallorum Vercingetorigi auxilium contra Romanos obtulerunt.*
satisfacere	**satisfaciō, satisfēcī, satisfactum**	Genugtuung leisten, befriedigen	*Hostes victi morte Romanis satisfecerunt.*
trādere	**trādō, trādidī, trāditum**	übergeben; überliefern	*Galli Romanis arma tradiderunt.* *Libri de bello Gallico scripti nobis facta Caesaris tradunt.*
prōdūcere	**prōdūcō, prōdūxī, prōductum**	hervorbringen, vorführen	
cōnsīdere	**cōnsīdō, cōnsēdī, cōnsessum**	sich setzen, sich niederlassen	
eō		deswegen; dorthin	
prōicere	**prōiciō, prōiēcī, prōiectum**	hinwerfen	
proelium committere		*eine Schlacht liefern, ein Gefecht beginnen*	
rem gerere		*kämpfen*	

Wortschatz 33

mūnītiō, mūnītiōnis f	das Belagerungswerk
vallum, -ī n	der Wall

Da steckt Latein drin.
Die Buchstaben der deutschen Fremdwörter sind durcheinandergeraten. Sortiere sie mithilfe der Erklärungen und nenne ihre lateinische Herkunft.

1. von Generation zu Generation Weitergegebenes: TIDRATINO
2. färben: REILOKONER
3. männliches, nicht regierendes Mitglied eines Herrscherhauses: ZRINP
4. Ergebnis einer Arbeit, Erzeugnis: DURKOPT
5. Abfolge, Aufeinanderfolge: ZENQUES
6. dünnes, kreisrundes Gebäck: BOTALE

Wortschatz 31–33

S. 46	**inūtilis**	**inūtile**	unnütz, unbrauchbar	
	lēx	**lēgis** f	das Gesetz; die Bedingung	
	iūs	**iūris** n	das Recht	
	nōbilis	**nōbile**	vornehm, adelig; berühmt	
	fīnitimus	**fīnitima, fīnitimum**	angrenzend, benachbart; *(Subst.)* der Nachbar	
	aeternus	**aeterna, aeternum**	ewig	
S. 47	**compellere**	**compellō, compulī, compulsum**	zusammentreiben	
	similis	**simile**	ähnlich	
	inopia	**inopiae** f	die Armut, die Not	
	vidērī	**videor, vīsus sum**	scheinen	*Caesar suis imperator fortissimus videbatur.*
	excēdere	**excēdō, excessī, excessum**	hinausgehen	
	fāma	**fāmae** f	das Gerücht; der (gute oder schlechte) Ruf	*Caesar Helvetios agros vastare fama accepit.* *Caesar famam bonam sibi apud Haeduos esse dixit.*
	ūllus	**ūlla, ūllum;** Gen. **ūllīus,** Dat. **ūllī**	irgendein	*Caesar: „Helvetii sine ullo timore provinciam nostram petent."*
	condiciō	**condiciōnis** f	die Bedingung, die Lage	
	quodsī		wenn nun, wenn also	
	longinquus	**longinqua, longinquum**	entfernt; langwierig	

Der Wort-Baukasten (II): Wortbildung mit Suffixen und Präfixen

liber – libertas pius – pietas

a Vergleiche Adjektive und Substantive und nenne das Suffix (die Nachsilbe) der Substantive.

b. Gib an, welchen Bedeutungsbereich das lateinische Suffix ausdrückt, und nenne ein entsprechendes deutsches Suffix. Die Informationsseite zur Wortbildung auf S. 176 hilft dir dabei.

magnus – magnitudo pulcher – pulchritudo

c. Erschließe entsprechend die Bedeutung des Substantivs: ***beatus – beatitudo***.

imperare, impero, imperavi, imperatum – imperator vincere, vinco, vici, victum – victor

d. Nenne die Form des Verbs, von dem das Substantiv gebildet ist, und die Bedeutung des Substantivs. Erkläre, was das Suffix ***-tor*** *bezeichnet.*

laudare – laudabilis facere – facilis

e. Gib an, welchen Bedeutungsbereich das lateinische Suffix ***-bilis/-ilis*** *ausdrückt, und nenne ein entsprechendes deutsches Suffix.*

ad- + facere = afficere

con + pellere = compellere

con + legere = colligere

dis + ferre = differe

f. Präfixe (Vorsilben) können ihre Gestalt ändern. Beschreibe die Veränderung bei der Zusammensetzung.

convenire – reducere – offerre – convocare – traducere – afficere – differre – expugnare – concurrere – producere – colligere – compellere – excedere

g. Ordne die Verben nach ihren Präfixen: ad-, con-, dis-, ex-, ob-, pro-, re-, tra-.

h. Ordne den Präfixen ihre Bedeutungen zu: entgegen-, auseinander-, hinzu-, an-, zusammen-, völlig, vor-, hinüber-, heraus-, zurück-.

1. *Erschließe die Bedeutung des jeweils unbekannten Wortes.*
cupidus, cupiditas – divinus, divinitas – immortalis, immortalitas

2. *Nenne die Adjektive, die folgenden Substantiven zugrunde liegen, und erschließe die Bedeutung der Substantive.*
similitudo – amplitudo – fortitudo

3. *Bilde zu den folgenden Verben Substantive, die handelnde Personen bezeichnen.*
tradere – scribere – regere – liberare

4. *Erschließe die Bedeutung der Adjektive.*
habitare, habitabilis –
memorare, memorabilis – uti, utilis

5. *Erschließe mithilfe der Präfixe die Bedeutung folgender Verben.*
efficere – collocare – arridere

6. *Wortbildung*

a. Bilde selbst Komposita aus Präfix und Verbum simplex; beachte dabei mögliche Lautveränderungen.
ad- + currere
ob- + currere
pro- + cedere
dis- + fugere

b. Erschließe die Bedeutung der von dir gebildeten Komposita.

gaudēre, gaudeō, gāvīsus sum	sich freuen, Spaß haben

S. 52

nūllus	**nūlla, nūllum;** Gen. **nūllīus,** Dat. **nūllī**	kein	*Nullus hostis nisi captivus forum intravit.*
comitātus	**comitātūs** m	die Begleitung, das Gefolge	
senātus	**senātūs** m	der Senat	
proficīscī	**proficīscor, profectus sum**	aufbrechen, reisen, marschieren	*Milo uxorque profecti sunt, postquam servi omnia paraverunt.*
ut		wie	
morārī	**moror, morātus sum**	aufhalten; sich aufhalten, verweilen	*Fides servos Milonis morata est a fuga. Milo damnatus multos annos in exilio morabatur.*
vehī	**vehor, vectus sum**	(selbst) fahren	*Milo cum uxore raedā ad villam vectus est.*
comparāre	**comparō,comparāvī, comparātum**	beschaffen, bereiten, vorbereiten	
īnsidiātor	**īnsidiātōris** m	der Wegelagerer, der Räuber	
expedītus	**expedīta, expedītum**	ohne (Marsch-)Gepäck; ungehindert	*Milites expediti facile pugnare possunt.*

S. 53

ēdūcere	**ēdūcō, ēdūxī, ēductum**	herausführen	
recurrere	**recurrō, recurrī, recursum**	zurücklaufen, zurückkehren	
fierī *obviam fierī*	**fīō, factus sum**	gemacht werden, werden; entstehen, geschehen *begegnen*	*Catilina consul fieri voluit. Cum comites Milonis et Clodii pugnarent, clamor factus est.*
solēre	**soleō, solitus sum**	gewohnt sein, pflegen	*Causa suscepta Cicero vincere solitus est.*
audēre	**audeō, ausus sum**	wagen	

S. 55

impedīmentum	**impedīmentī** n	das Hindernis; *Pl.* das Gepäck	
apparāre	**apparō, apparāvī, apparātum**	vorbereiten, betreiben	
complūrēs	**complūra** (Pl.); Gen. **complūrium**	mehrere	
partim *partim ... partim*		zum Teil, teilweise *teils ... teils*	
adorīrī	**adorior, adortus sum**	angreifen	
quod		weil; dass	*Nonnulli servi Milonis, quod dominum servare voluerunt, interfecti sunt. Servi Milonis bene fecerunt, quod domino auxilium tulerunt.*
post	(Adv.)	nachher, später; hinten (befindlich)	

fidēlis *animō fidēlī esse in amicum*	**fidēle**	treu, zuverlässig *einem Freund gegenüber treu sein*	
tālis	**tāle**	solch, so (beschaffen)	*Potuitne Cicero tali oratione Milonem servare?*
pōscere	**pōscō, popōscī, –**	fordern	
ā tergō		*von hinten*	

paenula, -ae f	der Reisemantel
raeda, -ae f	der Reisewagen

Da steckt Latein drin.
Erkläre, was das Wort „Fakt" bedeutet, und führe es auf das Lateinische zurück.

Wortschatz 35

S. 56	**potestās**	**potestātis** f	die Macht; die Möglichkeit	
	silēre	**sileō, siluī, –**	schweigen	
	iniūstus	**iniūsta, iniūstum**	ungerecht	
	honestus	**honesta, honestum**	ehrenhaft, angesehen	
	luere *poenam luere*	**luō, luī, –**	büßen; bezahlen *Strafe leiden, bestraft werden*	
	nex	**necis** f	der Mord; der Tod	
	latrō	**latrōnis** m	der Räuber	
S. 57	**ratiō**	**ratiōnis** f	die Vernunft; die Art und Weise; die Methode; die Überlegung	
S. 58	**incidere**	**incidō, incidī, –**	geraten (in); stoßen (auf); sich ereignen	*Milo in insidias Clodii incidit.* *Domo profectus Milo in Clodium incidit.* *Milo: „Periculum non incidet!"*
S. 59	**igitur**		also, folglich	
	discere	**discō, didicī, –**	lernen	
	vērum		aber, sondern	
	nātūra	**nātūrae** f	die Natur	
	haurīre	**hauriō, hausī, haustum**	schöpfen; nehmen	*Servi vinum hauriunt.* *Legem natam e natura haurimus.*
	aliquis	**aliquid** (subst., Formen T3.6.1)	irgendjemand, irgendetwas	
	aliquī	**aliqua, aliquod** (adj., Formen T3.6.1)	irgendein, irgendeine, irgendein	
	expedīre	**expediō, expedīvī, expedītum**	losmachen; abwickeln; ermöglichen	

repetere	**repetō, repetīvī, repetītum**	verlangen, zurückverlangen; wiederholen	*Cicero poenam iustam repetivit. In fine orationis causae gravissimae repetendae sunt.*

lēx nāta, lēgis nātae f	das Naturrecht
lēx scrīpta, lēgis scrīptae f	das geschriebene Recht
mōs (mōris m**) māiōrum**	das Sittengesetz der Vorfahren, das ungeschriebene Recht

Da steckt Latein drin.

Ergänze die fehlenden englischen Wörter und führe sie auf das Lateinische zurück:

exhausted – nature – honest – expedition – silence

To be ▬ with you: I really love ▬ and the ▬ in the woods. But after this ▬ I am quite ▬.

Wortschatz 36

S. 60	**dēfēnsiō**	**dēfēnsiōnis** f	die Verteidigung	
	abīre	**abeō, abiī, abitum**	weggehen, abtreten, zurücktreten (von)	
	auctōritās	**auctōritātis** f	das Ansehen, der Einfluss	
	carēre	**careō, caruī, –** (m. Abl.)	entbehren, nicht haben; frei sein von	*Cicero in exilium missus auctoritate caruit. In oratione habenda Cicero non semper metu caruit.*
	praesidium	**praesidiī** n	der Schutz, die Schutztruppe	
	fruī	**fruor, frūctus sum** (m. Abl.)	genießen	*Cicero Milonem vitā in re publica non iam frui posse dicit.*
S. 61	**utinam**		*(erfüllbar)* hoffentlich; *(unerfüllbar)* wenn doch	
S. 63	**quisquis**	**quidquid**	wer auch immer; jeder, der; *m/f Pl.* alle, die; *n Pl.* alles, was	*Quisquis impetum in cives facit, hostis putatur.*
	quōquō modō		*auf welche Weise auch immer, auf jede Weise*	
	trānquillus	**trānquilla, trānquillum**	ruhig, gelassen	
	quoniam		da ja, da nun	
	perfruī	**perfruor, perfrūctus sum** (m. Abl.)	(voll und ganz) genießen	
	conquiēscere	**conquiēscō, conquiēvī, conquiētum**	zur Ruhe kommen, Ruhe finden	
	fallāx	Gen. **fallācis**	trügerisch	
	cōgitātiō	**cōgitātiōnis** f	das Denken, der Gedanke	

inānis	**ināne**	sinnlos, wertlos; leer	*Oratio, quam Cicero pro Milone habuerat, inanis fuit: Milo damnatus est.* *Latrones domos inanes reliquerunt.*
dēbilis	**dēbile**	schwach	
loquī	**loquor, locūtus sum**	sprechen	
plūrimī	**plūrimōrum** m (Pl.)	die meisten, sehr viele	
totiēns		so oft	
auxiliō esse	(m. Dat.)	*helfen*	*Cicero multis, qui eum petiverunt, auxilio fuit.*
sē mortī offerre		*sich in Lebensgefahr bringen*	

Da steckt Latein drin.
Welcher der folgenden Begriffe geht nicht auf eine lateinische Vokabel der aktuellen Lektion zurück? Recherchiere seinen sprachlichen Ursprung und seine Bedeutung. Erläutere auch Herkunft und Bedeutung der übrigen Wörter.

defensiv – debil – die Karriere – die Autorität – die Frucht – das Präsidium – der Tranquilizer

Wortschatz 34–36

S. 64	**laetitia**	**laetitiae** f	die Freude; die Fröhlichkeit	
	spērāre	**spērō, spērāvī, spērātum**	hoffen, erwarten	
	possidēre	**possideō, possēdī, possessum**	besitzen	
	cunctus	**cuncta, cunctum**	gesamt, ganz	*Cicero: „Milo cunctam Italiam servavit!"*
	nōtus	**nōta, nōtum**	bekannt	
	maximus	**maxima, maximum**	der größte, sehr groß	
	cervīx	**cervīcis** f	der Nacken, der Hals	
	dext(e)r *dext(e)ra*	**dext(e)ra, dext(e)rum** *dext(e)rae* f	rechts *die rechte Hand*	
S. 65	**patēre**	**pateō, patuī, –**	offenstehen	*Patent portae.* *Cicero: „Clodium sceleratum fuisse patet."*
	aequitās	**aequitātis** f	die Gleichheit; die Ausgeglichenheit	
	pudor	**pudōris** m	die Scham; die Ehrfurcht	
	plūrimum		sehr viel, am meisten	

Hast du den Überblick? Subjunktionen-Training

Cum Clodius interfectus esset, Cicero causam Milonis suscepit, ut amico adesset.
Clodio interfecto Cicero causam Milonis suscepit, nam amico adesse voluit.

***a.** Vergleiche beide Sätze.*

***b.** Nenne die Subjunktionen und Prädikate in den Gliedsätzen.*

Subjunktionen verbinden Nebensätze mit übergeordneten Sätzen. Dabei drücken Subjunktionen immer ein bestimmtes gedankliches Verhältnis zwischen den beiden Sätzen aus.

quia – quamquam – cum *(m. Ind.)* – ne – quod – postquam – ut *(m. Konj.)* – nisi – dum *(m. Ind.)* – cum *(m. Konj.)* – si – dum *(m. Konj.)* – ubi

temporal (zeitlich) – kausal (Grund) – konzessiv (Gegengrund) – adversativ (Gegensatz) – konditional (Bedingung) – final (Zweck/Absicht) – konsekutiv (Folge)

***c.** Ordne die Subjunktionen ihrer Sinnrichtung zu; ordne die mehrdeutigen auch mehrfach zu.*

(immer) wenn – wenn nicht – sobald – dass – nachdem – damit (nicht) – als – obwohl – (zu der Zeit,) als – weil – sodass – während – wenn

***d.** Ordne nun auch die passenden Übersetzungen aus dem Kasten zu.*

Manche Subjunktionen haben ein eindeutiges gedankliches Verhältnis, andere sind mehrdeutig. Achte auf grammatische Hinweise und den Kontext, um diese Subjunktionen passend zu übersetzen.

***1.** Mehrdeutiges **cum**.*

***a.** Nenne die Bedeutungen von **cum** und ordne sie den Verwendungen von **cum** im Text zu.*

***b.** Übersetze.*

1. Tum, cum Cicero orationem pro Milone habuit, turba hominum in foro versabatur et magno cum clamore actionem perturbavit. 2. Cum homines irati iterum atque iterum clamarent, multi milites turbam a iudicibus prohibuerunt.
3. Cicero, cum timorem omisisset[1], magna voce dixit: 4. „Cum Clodius urbem incendere vellet, Milo patriam a scelerato liberavit. 5. Cum cives pugnant cum civibus, inter arma leges silent.“ 6. Cum Cicero causam Milonis suscepisset, iudices tamen Milonem in exilium expulerunt.

1) **timōrem ōmittere**: die Furcht fahren lassen, keine Angst mehr haben

***c.** Nenne die Bedeutung von **cum**, die in diesem Text nicht vorgekommen ist.*

***2.** Cicero greift Clodius in seiner Rede scharf an. Setze die passenden Subjunktionen ein und übersetze. Achtung: Eine Subjunktion bleibt übrig!*

cum – ne – quia – quamquam – ut

1. Fortuna[1] populi Romani mihi dura et crudelis videbatur, ▬ Clodium tot annos in hac re publica versari patiebatur[2]. 2. Ita factum est, ▬ iste religiones Romanas violaret[3], cives magno cum comitatu adoriretur senatumque sollicitaret.
3. Clodius, ▬ me patria expulisset, domum meam et fratris mei incendit, liberos uxoremque meam vexavit[4].
4. Caedes magistratuum[5] privatorumque fecit[6], ▬ senatores[7] timore moti istius furori resisterent.

1) **fortūna**, -ae f: das Schicksal 2) **patī**: erdulden
3) **violāre**: entweihen 4) **vexāre**: quälen
5) **magistrātus**, -ūs m: *hier:* der Amtsträger
6) **facere**: *hier:* bewirken, dazu führen
7) **senātor, senātōris** m: der Senator

S. 70

digitus	**digitī** m	der Finger	
aptus	**apta, aptum**	passend, geeignet	*Si puellam ad amorem aptam quaeris, lege libros Ovidii!*
solvere	**solvō, solvī, solūtum**	lösen, auflösen	
tenuis	**tenue**	dünn, zart; schwach	
officium	**officiī n**	der Dienst, die Pflicht	
latus	**lateris n**	die Seite; die Flanke	

S. 71

citus	**cita, citum**	schnell, rasch	
currus	**currūs** m	der Wagen	
certāmen	**certāminis** n	der Wettkampf, der Kampf	
nōscere	**nōscō, nōvī, nōtum**	erkennen, kennenlernen	
nōvisse	**nōvī**	kennen, wissen	*Ovidius se amorem bene novisse dicit.*

S. 73

vēlum	**vēlī** n	das Tuch; das Segel; der Vorhang	
ratis	**ratis** f	das Floß; das Schiff	
passim		überall	
dēlābī	**dēlābor, dēlāpsus sum**	herabgleiten	
commodum	**commodī** n	der Vorteil, die Annehmlichkeit	
gremium	**gremiī** n	der Schoß	
forte		zufällig	
dēcidere	**dēcidō, dēcidī, –**	herabfallen	
etsī		auch wenn, wenn auch	

Da steckt Latein drin.
Nenne die gesuchten Fremd- oder Lehnwörter. Die Lernvokabeln helfen dir dabei.

1. kastenförmiges Möbelstück mit Schubladen: die ■■M■■■E
2. Umwandlung von traditionellen analogen Vorgehensweisen auf automatische, computergestützte: die ■I■I■■L■■■■■■NG
3. Zur Erfüllung einer bestimmten Aufgabe gebildete Expertengruppe: das G■E■■■M
4. seitlich, die Seite betreffend: ■■T■R■L
5. anpassen, angleichen: ■D■P T■■■E N

Wortschatz 38

S. 74

aureus	**aurea, aureum**	golden; vergoldet	
simplicitās	**simplicitātis** f	die Einfachheit, die Natürlichkeit	
prōvenīre	**prōveniō, prōvēnī, prōventum**	hervorkommen; wachsen, entstehen	
solum	**solī** n	der Boden	
altus	**alta, altum**	hoch; tief	*Hostes in montem altum se recipiunt. Pueri puellaeque saepe alta nocte conveniunt.*

	mūnus	**mūneris** n	die Aufgabe, das Amt; das Geschenk	
	ōrdīrī	**ōrdior, ōrsus sum**	beginnen, anfangen	*Metamorphoses Ovidii ab initio omnium rerum ordiuntur.*
	ops	**opis** f	die Hilfe; die Kraft; *Pl.* der Reichtum; die Macht	*Libris suis Ovidius iuvenibus opem ferre cupivit.* *Augusto principi summae opes erant.*
	aurum	**aurī** n	das Gold	
	domāre	**domō, domuī, domitum**	zähmen; besiegen, unterwerfen	
	prīscus	**prīsca, prīscum**	alt; ehrwürdig, altehrwürdig	
	mōs	**mōris** m	die Sitte, der Brauch; *Pl.* die Gewohnheiten; der Charakter	*Romanis mos fuit deos colere.* *Mores civium Augusto non semper placuerunt.* *Aliis sunt mores boni, aliis mores mali.*
S. 75	**cultus**	**cultūs** m	die Pflege; die Verehrung; die Lebensweise; die Kultur; die Bildung	*Cultus corporis viros quoque decet.* *Cultum deorum Romani a maioribus acceperunt.* *Caesar de cultu Gallorum et Germanorum scripsit.*
	faciēs	**faciēī** f	das Gesicht; das Aussehen	
	ūva	**ūvae** f	die Traube	
S. 77	**rudis**	**rude**	roh, unbearbeitet	
	ante	(Adv.)	vorher	
	nāscī	**nāscor, nātus sum**	geboren werden, entstehen	
	grātulārī	**grātulor, grātulātus sum**	beglückwünschen, gratulieren; *(m. AcI)* sich glücklich preisen, dass	*Pater filio gratulatur, quod puellam pulchram invenit.* *Filius gratulatur se puellam pulchram invenisse.*
	subdūcere	**subdūcō, subdūxī, subductum**	wegnehmen	
	dīversus	**dīversa, dīversum**	entgegengesetzt; verschieden	*Mores Augusti diversi sunt a moribus Ovidii.* *Multae res e terris diversis Romam veniunt.*

MK ***Da steckt Latein drin.***
Recherchiere mithilfe eines Online-Wörterbuchs das englische, französische, italienische, portugiesische und spanische Nomen, das sich vom lateinischen* simplicitas *herleitet.

S. 78	**complectī**	**complector, complexus sum**	umfassen, umarmen	
	īnsequī	**īnsequor, īnsecūtus sum** (m. Akk.)	(unmittelbar) folgen, verfolgen; (mit Worten) angreifen	*Etiam Apollo ab Amore victus puellas insequitur.* *Cicero orationibus suis multos sceleratos insecutus est.*
	ōsculum	**ōsculī** n	der Kuss	
	trepidāre	**trepidō, trepidāvī, trepidātum**	beben	
	moderātus	**moderāta, moderātum**	besonnen, ruhig; maßvoll	
	certus	**certa, certum**	sicher	
	precārī	**precor, precātus sum**	(an)beten; bitten; wünschen	*Romani saepe deos precabantur.* *Cloelia opem parentum precatur.* *Cloelia precatur, ut parentes opem ferant.*

S. 79	**capillus**	**capillī** m	das Haar	
	coma	**comae** f	das Haar	
	lacertus	**lacertī** m	der (Ober-)Arm	
	membrum	**membrī** n	das (Körper-)Glied; *Pl.* die Gliedmaßen	
	sagitta	**sagittae** f	der Pfeil	
	vulnus	**vulneris** n	die Wunde	

S. 81	**quā**		wo, wie	
	līgnum	**līgnī** n	das Holz	
	foris	**foris** f	der Türflügel; *Pl.* die Tür	
	tuērī	**tueor, – (ā/ab)**	betrachten; bewahren; beschützen (vor)	*Apollo puellam in arborem mutatam diu tuetur neque eam amare desinit.* *Augustus morem maiorum tueri cupivit.* *Peneius formam mutando filiam ab Apolline tuetur.*
	iuvenālis	**iuvenāle**	jung, jugendlich	
	frōns	**frondis** f	das Blatt, das Laub	

cithara, -ae f	die Kithara
laurus, -ī f	der Lorbeer(baum)
nympha, -ae f	die Nymphe

MK ***Da steckt Latein drin.***
Recherchiere, was man unter einem Vakuum versteht. Verfasse einen Lexikoneintrag, der auch den sprachlichen Ursprung des Begriffs erläutert.

S. 82	**sēdēs**	**sēdis** f	der Sitz, der Wohnsitz	
	habitābilis	**habitābile**	bewohnbar, wohnlich	
	cōgnātus	**cōgnāta, cōgnātum**	verwandt	
	cīvīlis	**cīvīle**	bürgerlich	
	patrius	**patria, patrium**	väterlich, des Vaters	
	simul		gleichzeitig, zugleich	
	futūrus	**futūra, futūrum**	künftig, zukünftig	
	numerāre	**numerō, numerāvī, numerātum**	zählen, aufzählen	
	senior	**senius;** Gen. **seniōris**	älter	
	sānctus	**sāncta, sānctum**	heilig, geweiht	
	tellūs	**tellūris** f	die Erde	
	pontus	**pontī** f	das Meer	

S. 83	**uterque**	**utraque, utrumque;** Gen. **utrīusque,** Dat. **utrīque**	jeder von beiden, beide	*Quis Caesarem et Augustum ignorat? Uterque imperator magnus fuit.*
	nepōs	**nepōtis** m	der Neffe, der Enkel	
	prōlēs	**prōlis** f	der Nachkomme	
	sīdus	**sīderis** n	der Stern, das Sternbild	

Vielgestaltige Stellvertreter: Pronomina

Ovid schrieb viele Werke. **Ovids** Werk *Ars amatoria* ist ein Lehrgedicht über das Suchen und Finden der Liebe, die Metamorphosen sind ein Epos über Verwandlungsgeschichten.
Die Metamorphosen schrieb Ovid in Hexametern, **die *Ars amatoria*** in elegischen Distichen.
Elegische Distichen bestehen aus einem Hexameter und einem Pentameter (→ S. 143).

a. *Ersetze die fett gedruckten Wörter durch die Pronomina „diese", „jene", „sein".*
b. *Vergleiche die beiden Fassungen des Textes.*

Du erkennst: Pronomina können Nomina ersetzen *(pro nomine).*

iste – ipse – idem – is – hic – meus – quis? – ille – se – suus – ego – qui, quae, quod

Demonstrativpronomen – Interrogativpronomen – Personalpronomen – Possessivpronomen – Reflexivpronomen – Relativpronomen

c. *Ordne die Pronomina den passenden grammatikalischen Bezeichnungen zu und nenne ihre Bedeutungen; nimm den Grammatik-Teil (S. 177ff.) zu Hilfe, wenn du dir unsicher bist.*

1. *Schräge Fälle:* ***-ius*** *und* ***-i***

a. *Benenne Kasus, Numerus und Genus der folgenden Wortverbindungen.*

huius poetae – illius temporis – ei libro – auro ipsi

b. *Suche aus den Wörtern die Pronomina im Dativ und Genitiv (Singular und Plural) heraus.*

huius – illo – alius – tenuis – ipsi – foris – eiusdem – fallacius – suis – certius – cui – istius – altius – harum – sibi – nimium – ei – filius – citius – huic – ius – patrius

2. ***is, ea, id*** *kann als Demonstrativpronomen mit Bezugswort, als Personalpronomen der 3. Person und im Genitiv als nicht-reflexives Possessivpronomen der 3. Person verwendet werden.*

Ovidius poeta clarissimus erat. Quis eum non novit? Libri eius etiam hodie leguntur. Is poeta autem solus in exilio mortem obiit.

a. *Nenne die Pronomina des Textes.*

b. *Gib an, welche Form von* ***is, ea, id*** *als Demonstrativpronomen, als Personalpronomen oder als Possessivpronomen verwendet wird.*

3. *Rückbezüglich oder nicht? Reflexivpronomen oder Personalpronomen? Setze jeweils das passende Pronomen im Akkusativ ein.*

1. Caesar dixit: „Veni, vidi, vici." – Caesar ___ venisse, vidisse, vicisse dixit. 2. Daphne Apollinem timet et cogitat: „Apollinem amare nolo." – Daphne timore Apollinis affectus ___ amare non vult. 3. Iuvenes dicunt: „Nos artem amandi discere debemus." – Iuvenes ___ artem amandi discere debere dicunt. 4. Ovidius vim Amoris non ignorans docet: Amor arte regendus est. – Ovidius vim Amoris non ignorans ___ arte regendum esse docet.

4. *Dieser oder jener? Gib jeweils an, wer mit der Form von* ***hic*** *und* ***ille*** *gemeint ist.*

1. Caesar et Ovidius auctores praeclari sunt. Hic de amore, ille de bello scripsit. 2. Amori duo genera sagittarum sunt: unum, quod amorem facit, alterum, quod eum repellit. Hoc plumbeum[1], illud aureum est. 3. Augustus et Caesar imperatores fortissimi erant. Hic vi occisus est, ille morbo obiit.

1) **plumbeus**, -a, -um: bleiern, aus Blei

S. 88	**philosophia**	**philosophiae** f	die Philosophie	
	morī	**morior, mortuus sum**	sterben	
	neglegentia	**neglegentiae** f	die Nachlässigkeit	
	aestimāre	**aestimō, aestimāvī, aestimātum**	schätzen, einschätzen; meinen, halten für	*Seneca: „Multi homines tempus non aestimant." Multi mortem malum aestimant.*
	pretium	**pretiī** n	der Preis; der Wert	
	bonum	**bonī** n	das Gut	*Non solum Seneca, sed alii quoque sapientes de summo bono cogitabant.*
	vīlis	**vīle**	gering, wertlos	
	hūmānus	**hūmāna, hūmānum**	menschlich; gebildet	
	quīdam	**quaedam, quoddam** (adj.); **quīdam, quaedam, quiddam** (subst.) Formen T3.6.2	ein (gewisser), *Pl.* einige, manche	*Cicero amicos quosdam defendit.*
S. 89	**crāstinus**	**crāstina, crāstinum**	morgig	
	hodiernus	**hodierna, hodiernum**	heutig	
	grātus	**grāta, grātum**	dankbar; willkommen	
	prōspicere	**prōspiciō, prōspexī, prōspectum**	*(m. Akk.)* vorausschauen; erblicken; *(m. Dat.)* sorgen für	*Iuppiter gloriam futuram filii Veneris prospexit. Ex urbe Troiani classem Graecorum prospexerunt. Augustus princeps saluti patriae prospexit.*
	ēlābī	**ēlābor, ēlāpsus sum**	weggleiten; entrinnen	
S. 91	**persuādēre**	**persuādeō, persuāsī, persuāsum** (m. Dat.)	überreden *(m. ut)*; überzeugen *(m. AcI)*	*Claudius iudicibus persuasit, ut Senecam in exilium expellerent. Seneca Lucilio tempus neglegendum non esse persuadere cupivit.*
	iactūra	**iactūrae** f	der Verlust	
	cottīdiē		täglich	
	praeterīre	**praetereō, praeteriī, praeteritum** (m. Akk.)	vorübergehen, vorbeigehen; übergehen	
	retrō		zurück, rückwärts	
	pendēre	**pendeō, pependī, –**	hängen; abhängen von *(m. ex)*	*Tela ab umero militis pendebant. Res Milonis ex oratione Ciceronis pendebant.*
	trānscurrere	**trānscurrō, trāns(cu)currī, trānscursum**	hinüberlaufen; vorbeieilen	*Milites a castris captis in altera castra transcurrerunt. Cum nihil agis, tempus transcurrit.*
	impetrāre	**impetrō, impetrāvī, impetrātum**	bekommen; bewirken	*Vilia impetrata saepe bona aestimamus. Seneca impetrare cupivit, ut Lucilius de vita agenda cogitaret.*
	patī	**patior, passus sum**	leiden, ertragen; zulassen	*Seneca dolores patiendos esse dicit. Neglegendo multi iacturam temporis patiuntur.*

nēmō	Gen. **nūllīus,** Dat. **nēminī,** Akk. **nēminem,** Abl. **nūllō** Formen T3.6.3	niemand	
quisquam	**quicquam**	irgendjemand, irgendetwas	*Estne cuiquam sapientia perfecta?*
alicui salūtem dīcere		*jemanden grüßen*	

Da steckt Latein drin.

a. *Recherchiere, wer die Romanfigur Kapitän* ***Nemo*** *ist, und stelle die Deutungen seines Namens zusammen.*

b. *Die Tempusbezeichnung* ***Präteritum*** *ist eine lateinische Verbform. Bestimme die Form und erkläre die Bedeutung.*

Wortschatz 41

S. 92	**philosophārī**	**philosophor, philosophātus sum**	philosophieren	
	ōrdō	**ōrdinis** m	die Ordnung, die Reihe; der (gesellschaftliche) Stand	
	rēctor	**rēctōris** m	der Lenker	
	dispōnere	**dispōnō, disposuī, dispositum**	verteilen, ordnen, einteilen	
	cāsus	**cāsūs** m	der Fall; der Zufall; der Unglücksfall	
	fortūna	**fortūnae** f	das Schicksal; das Glück; *Pl.* die Güter, das Vermögen	*Fortes fortuna iuvat.* *Num homo fortunis maximis ornatus beatus est?*
	iactāre	**iactō, iactāvī, iactātum**	schwingen; schleudern; durcheinanderwerfen	
S. 93	**tolerābilis**	**tolerābile**	erträglich	
S. 95	**efficere**	**efficiō, effēcī, effectum**	bewirken, vollenden; herstellen	*Seneca vitam beatam ratione perfecta effici dicit.* *Ad amicos defendendos Cicero orationes praeclaras effecit.*
	cēterum		übrigens, im Übrigen	
	praeparāre	**praeparō, praeparāvī, praeparātum**	vorbereiten	
	adversus	(m. Akk.)	gegen	
	occupāre	**occupō, occupāvī, occupātum**	einnehmen, in Besitz nehmen; beschäftigen	*In bello milites necantur, urbes occupantur.* *Timor mortis mentem hominum occupat.*

Wortschatz 41–42

cōnstringere	**cōnstringō, cōnstrīnxī, cōnstrictum**	zusammenschnüren, binden	
arbiter	**arbitrī** m	der Schiedsrichter; der Gebieter	
ūniversum	**ūniversī** n	das Universum, das Weltall	
adhortārī	**adhortor, adhortātus sum**	anfeuern, antreiben	

Da steckt Latein drin.
Nenne alle Fremdwörter des Textes, die auf das Lateinische zurückgehen, und erkläre ihre Bedeutung.

Heute wird in Physik über das Universum gesprochen. Statt aufzupassen, präpariert Mika aber lieber kleine Kügelchen aus Kaugummiverpackungen, Löschpapier, Taschentüchern etc. und bewirft damit die anderen Kinder. Aus Versehen trifft er dabei jedoch die Lehrerin, die sein Verhalten für nicht tolerierbar hält und ihn zum Rektor schickt. Zum Glück hat dieser gute Laune, denn die Fortuna, sein Lieblingsfußballverein, hat gestern gewonnen.

Wortschatz 42

S. 96

admonēre	**admoneō, admonuī, admonitum**	erinnern; ermahnen, auffordern *(m. ut)*	*Seneca Lucilium rationem perficiendam esse admonet.* *Seneca Lucilium admonet, ut rationem perficiat.*
dēlīberāre	**dēlīberō, dēlīberāvī, dēlīberātum**	überlegen; nachdenken	
peccāre	**peccō, peccāvī, peccātum**	Fehler machen, Fehler begehen; unmoralisch handeln	
arcānus	**arcāna, arcānum**	geheim, geheimnisvoll; heimlich	
commūnicāre	**commūnicō, commūnicāvī, commūnicātum**	gemeinsam machen; (gemeinsam) besprechen	*Lucilius studium philosophiae cum Seneca communicat.* *Is amicus est, quocum omnia communicare potes.*

S. 97

pertinēre *pertinēre ad*	**pertineō, pertinuī, –**	sich erstrecken, sich beziehen *sich beziehen auf, betreffen*	*Agri Belgarum ad flumen Rhenum pertinent.* *Lucilius cum Seneca multas res, quae ad philosophiam pertinent, communicavit.*
retrahere	**retrahō, retrāxī, retractum**	zurückziehen, zurückhalten	
intervenīre	**interveniō, intervēnī, interventum**	dazwischenkommen; sich ereignen	*Consiliis Helvetiorum adventus Caesaris intervenit.* *Seneca dicit nullam rem intervenire posse tantam, ut sapientem sollicitet.*

perferre	**perferō, pertulī, perlātum**	überbringen; ertragen	*Servus litteras Lucilii ad Senecam pertulit.* *Sapiens dolores fortiter perfert.*
an	(im indirekten Fragesatz)	ob	
dīcere	*dīcō, dīxī, dictum*	*sagen, sprechen;* (m. dopp. Akk.) *nennen, bezeichnen als*	*Seneca mortem timendam non esse dicit.* *Dicisne eum amicum, qui tibi nocet?*
putāre	*putō, putāvī, putātum*	*glauben, meinen;* (m. dopp. Akk.) *halten für*	*Nero Senecam se fallere putavit.* *Nero multos familiares inimicos putavit.*
exīstimāre	*exīstimō, exīstimāvī, exīstimātum*	*einschätzen, meinen;* (m. dopp. Akk.) *halten für*	*Seneca: „Sapiens existimat mortem timendam non esse."* *Seneca eum sapientem existimat, qui mortem non timet.*

S. 99

tantundem ... quantum		ebensoviel ... wie	
prius		vorher, früher	
audāx	Gen. **audācis**	mutig, unbekümmert; frech	
miscēre	**misceō, miscuī, mixtum**	mischen	
suspicārī	**suspicor, suspicātus sum**	verdächtigen; vermuten	*Qui amicum suspicatur, amicus bonus non est.* *Iam diu Seneca Neronem sibi non credere suspicatus est.*
cōram	(m. Abl.)	vor, in Gegenwart von	*Seneca coram amicis de vita decessit.*

Da steckt Latein drin.

Setze die Begriffe passend in die Lücken ein. Erkläre anschließend ihre Bedeutung aus dem Kontext und mithilfe deiner Lateinkenntnisse: interveniert – kommuniziert – gemixt – suspekt.

1. Als nicht alle Kinder pünktlich zum Schulausflug erscheinen, befürchtet der Lehrer: „Vielleicht habe ich den Treffpunkt nicht deutlich genug ▬."
2. Das Unternehmen Arcano plant einen Betriebsausflug. Als Begeisterung über den Vorschlag eines einwöchigen gemeinsamen Urlaubs aufkommt, ▬ die Chefin aufgrund der zu hohen Kosten.
3. Säfte, die aus frischen Früchten ▬ werden, sind gesund.
4. Als die Lehrerin einen leeren Klassenraum betritt, kommt ihr die Sache ▬ vor. Spielen die Kinder ihr etwa einen Streich?

S. 100	**lūxuria**	**lūxuriae** f	der Überfluss; die Genusssucht	
	lūxuriōsus	**lūxuriōsa, lūxuriōsum**	ausschweifend	*Seneca Romanos vitam luxuriosam agentes reprehendit.*
	conversātiō	**conversātiōnis** f	der Umgang; das Gespräch	
	imitārī	**imitor, imitātus sum**	nachahmen, nachmachen	
	ambitiōsus	**ambitiōsa, ambitiōsum**	ehrgeizig	
	dissimilis	**dissimile**	unähnlich	
	ōdisse	**ōdī**	hassen	*Sapientes turbam non oderunt, sed vitant.*
	inhumanus	**inhumana, inhumanum**	unmenschlich; ungebildet	
	vītāre	**vītō, vītāvī, vītātum**	meiden, vermeiden	
S. 101	**cōnfitērī**	**cōnfiteor, cōnfessus sum**	gestehen, bekennen	*In epistulis etiam Seneca vitia sua confessus est.*
	imbēcillitās	**imbēcillitātis** f	die Schwäche	
	turbāre	**turbō, turbāvī, turbātum**	durcheinander bringen; verwirren	
	fugāre	**fugō, fugāvī, fugātum**	in die Flucht schlagen; vertreiben	
	damnōsus	**damnōsa, damnōsum**	schädlich, verderblich	
	tunc		dann, darauf; da; damals	
	voluptās	**voluptātis** f	die Lust, das Vergnügen	
	avārus	**avāra, avārum**	habgierg	
	avāritia	**avāritiae** f	die Habgier; der Geiz	
	nēve … nēve		weder … noch	
	recēdere	**recēdō, recessī, recessum**	fortgehen, sich zurückziehen	
	nēmō nostrum		*niemand von uns*	
	quō …, hōc		*je …, desto*	*Quo plures epistulas Seneca misit, hoc melius Lucilius sententias amici intellexit.*

Da steckt Latein drin! – Latein und die romanischen Sprachen

Im Mittelalter entwickelte sich das gesprochene Latein zu den heutigen romanischen Sprachen weiter. Dabei kam es u. a. zu Laut- und auch Bedeutungsveränderungen. Trotzdem sind in sehr vielen Fällen die lateinischen Wurzeln noch gut zu erkennen. Das hilft dabei, die Bedeutung der Wörter zu erschließen. So kannst du mit Lateinkenntnissen ganz viel Französisch, Italienisch und Spanisch verstehen, auch wenn du diese Sprachen nicht in der Schule lernst.

a. *Erschließe die Bedeutung dieser französischen, italienischen und spanischen Wörter mithilfe der zugrundeliegenden lateinischen Wörter.*

Französisch 	Italienisch 	Spanisch 
la conversation	la conversazione	la conversación
l'arbitre	l'arbitro	el árbitro
avare	avaro	avaro
le recteur	il rettore	el rector
l'effet	l'effetto	el efecto
occuper	occupare	ocupar

b. *Beschreibe, welche Veränderungen es vom lateinischen zum modernen Wort gegeben hat.*

1. *Nenne die fehlenden Substantive und erschließe ihre Bedeutung.*

Latein	Französisch	Italienisch
auctor	l' ▬	l' autore
amor	l'amour	l'▬
victoria	la victoire	la ▬
▬	la ▬	la nazione

2. *Nenne die lateinischen Wörter. Erschließe die Bedeutung der italienischen und spanischen Wörter.*

Latein	Italienisch	Spanisch
▬	duro	duro
▬	perfetto	perfecto
▬	imitare	imitar
▬	morto	muerto

3. *Die folgenden französischen, italienischen und spanischen Sätze behandeln Themen, die dir im Lateinunterricht begegnet sind. Nenne die Themen, auf die sie sich beziehen.*

1. A través de la razón el hombre puede vivir feliz. 2. L'écrivain romain est connu pour ses œuvres de philosophie morale. 3. Era un oratore notevole. 4. Toda la Galia está dividida en tres partes. 5. Le premier livre s'adresse aux hommes et leur apprend à séduire les femmes. 6. Ha ucciso suo fratello gemello. 7. Un poème en quinze livres qui raconte l'histoire du monde depuis sa création jusqu'à la déification de Jules César. 8. Gli ultimi settant'anni della repubblica hanno visto Roma sprofondare nell'anarchia.

4. *Kennst du noch andere Sprachen z. B. aus deiner Familie oder der Schule? Finde Wörter, die lateinischen Vokabeln ähneln, und stelle sie der Klasse vor.*

Wortbildung: Präfixe und Suffixe

Präfix		Bedeutung	Beispiel
ā/ab	*ā-*	„fort-, von-, weg-, ent-“	*ā-vertere*
	ab-		*ab-dūcere*
	abs-		*abs-tulī*
	au-		*au-ferre*
ad	*ac-*	„dabei-, heran-, hin-, hinzu-“	*ac-cēdere*
	ad-		*ad-esse*
	af-		*af-ficere*
	ap-		*ap-pārēre*
cum	*co-*	Verstärkung: „zusammen, völlig“	*cō-gere*
	col-		*col-ligere*
	com-		*com-mittere*
	con-		*con-currere*
	cor-		*cor-ripere*
dē	*dē-*	„nieder-, herab-, ab-“	*dē-esse*
dis	*dī-*	„weg-, auseinander-“/Verneinung: „un-, nicht“	*dī-mittere*
	dif-		*dif-ficilis*
	dis-		*dis-pōnere*
ē/ex	*ē-*	„aus-, heraus-, weg-“	*ē-ripere*
	ef-		*ef-fugere*
	ex-		*ex-pellere*
in	*il-*	„in, hinein“/Verneinung: „un-, nicht“	*il-lātus*
	im-		*im-probus*
	in-		*īn īre*
ne	*ne-*	Verneinung: „un-, nicht“	*ne-scīre*
	neg-		*neg-ōtium*
ob	*ob-*	„entgegen“	*ob-tinēre*
	oc-		*oc-currere*
	of-		*of-ferre*
	op-		*op-primere*
per	*per-*	„(hin)durch-“/Verstärkung: („durch und durch“) „sehr, ganz“	*per-terrēre*
prae	*prae-*	„vorn, an der Spitze; voraus-; vor-“	*prae-parāre*
prō	*prō-*	„vor-, für-“	*prō-vidēre*
	prōd-		*prōd-esse*
re	*re-*	„zurück, wieder“/„wider, gegen“	*re-sistere*
	red-		*red-īre*
sub	*sub-*	„unter-, nach-, auf sich“	*sub-īre*
	sus-		*sus-cipere*

Suffix		Bedeutung	Beispiel
Substantive	*-tor* (m)	handelnde Person: „-er“, gebildet aus einem PPP	*victum → vic-tor*
	-or (m)	Abstraktum, abgeleitet von einem Verb	*dolēre → dol-or*
	-ium (n)		*gaudēre → gaud-ium*
	-(t)iō (f)	Tätigkeit/Eigenschaft	*ōrāre → ōrā-tiō*
	-tus (Gen. *-tūs* m)		*impellere → impe-tus*
	-ia (f)		*memorare → memor-ia*
	-itia (f)		*laetus → laetitia*
	-tās (f)		*līberāre → līber-tās*
	-tūs (Gen. *-tūtis* f)		*vir → vir-tūs*
	-tūdō (f)		*māgnus → māgni-tūdō*
	-men (n)	Vorgang, Ergebnis, Zustand	*agere → ag-men*
	-mentum (n)	Mittel, Werkzeug	*impedīre → impedīmentum*
Adjektive	*-eus*	Stoff, Material	*aurum → aur-eus*
	-bilis	Möglichkeit, Fähigkeit: „-bar, -haft, -lich“	*laudāre → laudābilis*
	-ilis		*facere → fac-ilis*
	-ōsus	Fülle („voll“)	*damnāre → damnōsus*
Verben	*-tāre*	Wiederholung, Verstärkung	*agere → agitāre*

WH bezieht sich auf den **WH-Schritt der Lektion**; hier werden **Themen wiederholt**, die du bereits in früheren Lektionen gelernt hast und die **für die neuen Themen wichtig** sind.

Am Rand findest du **Lerntipps** und **Hinweise auf Stolperfallen** (**!**).

G1, G2 usw. zeigt dir, auf welchen **G-Schritt der Lektion** sich der Abschnitt bezieht.

Bei **F** geht es immer um **Formenlehre,** bei **S** um **Satzlehre**.

Alles, was **fett** gedruckt ist, ist neu, eine Ausnahme oder beides.

In der Rubrik **Geschafft!** findest du **Übersichten und Zusammenfassungen** von Themen, die du in vorherigen Lektionen gelernt hast.

Der **Verweis** gibt an, wo genau du dieses Thema üben kannst (**Ü**) oder wo es im Grammatik-Teil behandelt wird (**G**).

Lektion 37

WH F **nd-Form: Gerundivum**

studium ***amīcae*** ***inveniendae***
die Bemühung, **eine Freundin zu finden**

1. Das **Gerundivum** ist ein **Verbaladjektiv** und wird mit dem Signal ***-nd-*** sowie den **Endungen der a- und o-Deklination** gebildet: *voca-**nd**-us, -a, -um; audi-**e-nd**-us, -a, -um.*
2. Das Gerundivum wird genauso dekliniert wie die **Adjektive der a- und o-Deklination.** Es steht immer in **KNG-Kongruenz** zu seinem **Bezugswort**: *studium **amōris** discendī.*

! *voca-**nd**-ī ↔ voca-**nt**-ēs*
- ***-nd-*** → Signal für Gerun**d**ium/Gerun**d**ivum
- ***-nt-*** → Signal für PPA

G S **Genitiv des geteilten Ganzen (Genitivus partitivus)**

multum ***aurī*** viel **(an) Gold**

1. Der **Genitiv des geteilten Ganzen** bezeichnet eine **Gesamtmenge** *(auri)*, **von der ein Teil genommen wird** *(multum)*. Er antwortet auf die Frage **„Wovon?"**.
2. Der Genitiv des geteilten Ganzen steht **nach**
- **Substantiven**: *cōpia **aurī*** – „eine Menge **(an) Gold**", *pars **armōrum*** – „ein Teil **der Waffen**",
- **Adjektiven**: *multum **aurī*** – „viel **(an) Gold**",
- **Pronomina**: *aliquid **pecūniae*** – „etwas **(an) Geld**", *quis **nostrum*** – „wer **von uns**",
- **Adverbien**: *satis **pecūniae*** – „genug **(an) Geld**".

Geschafft!

Du kennst nun die verschiedenen **Funktionen des Genitivs** (→ L38 Ü5):

Funktion	Beispiel
Genitivattribut	*opēs **Rōmānōrum*** – „der Reichtum **der Römer**"
Objektsgenitiv	*cupiditās **aurī*** – „die Gier **nach Gold**"
Genitiv des geteilten Ganzen	*quis **māiōrum*** – „wer **von den Vorfahren**"

45

G1 F

Substantiv: u-Deklination

1. Die Substantive der **u-Deklination** enden im **Nom. Sg.** auf ***-us***, im **Gen. Sg.** auf langes ***-ūs***: *cōnspect-**us***, *cōnspect-**ūs***.

	Singular	Plural
Nom.	*cōnspect-**us***	*cōnspect-**ūs***
Gen.	*cōnspect-**ūs***	*cōnspect-**uum***
Dat.	*cōnspect-**uī***	*cōnspect-**ibus***
Akk.	*cōnspect-**um***	*cōnspect-**ūs***
Abl.	*cōnspect-**ū***	*cōnspect-**ibus***

! ***cōnspect-us* ↔ *cōnspect-ūs***
-us: Nom. Sg.
-ūs: Gen. Sg./Nom. Pl./Akk. Pl.
Hier hilft dir der Textzusammenhang.

2. Die Substantive dieser Deklination sind in der Regel **maskulin**; eine **Ausnahme** ist ***manus***, *-ūs* **f** – „die Hand; die Schar“.

G2 S

Verb: Konjunktiv Präsens

1. Der **Konjunktiv Präsens** tritt in der Regel in **Nebensätzen im Konjunktiv** auf und wird meist mit **Indikativ** übersetzt.
2. Der Konjunktiv Präsens drückt im Nebensatz eine **Gleichzeitigkeit** zum Geschehen im **übergeordneten Satz** aus.

G2 F

Verb: Bildung des Konjunktiv Präsens

e-/i-/kons. Konjugation

Präsensstamm	**Moduszeichen**	Personalendung
mone-	***-a-***	*-t*

3. Der **Konjunktiv Präsens** wird in der **e-**, **i- und kons. Konjugation** gebildet, indem an den **Präsensstamm** das **Moduszeichen *-ā-*** und die **Personalendungen**
   - *-m, -s, -t, -mus, -tis, -nt* im Aktiv bzw.
   - *-r, -ris, -tur, -mur, -minī, -ntur* im Passiv

   angefügt werden.

e-Konj.: Aktiv

	Singular	Plural
1. P.	*mone-**a**-m*	*mone-**ā**-mus*
2. P.	*mone-**ā**-s*	*mone-**ā**-tis*
3. P.	*mone-**a**-t*	*mone-**a**-nt*

e-Konj.: Passiv

	Singular	Plural
1. P.	*mone-**a**-r*	*mone-**ā**-mur*
2. P.	*mone-**ā**-ris*	*mone-**ā**-minī*
3. P.	*mone-**ā**-tur*	*mone-**a**-ntur*

i-Konj.	kons. Konj.	kons. Konj. (ĭ)
*audi-**a**-m* …	*ag-**a**-m* …	*capi-**a**-m* …

a-Konjugation

Präsens-stamm	**Modus-zeichen**	Personal-endung
voca- (a durchgestrichen)	***-e-***	*-t*

Lerntipp

Das Moduszeichen ***-ā-*** (***-ē-*** in der a-Konj.) ist das Signal für den **Konjunktiv Präsens**.

4. In der **a-Konjugation** wird der **Konjunktiv Präsens** gebildet, indem statt des ***-ā-*** im Präsensstamm das **Moduszeichen *-ē-*** erscheint.
- **Akt.**: *vocem, vocēs, vocet, vocēmus, vocētis, vocent*
- **Pass.**: *vocer, vocēris, vocētur, vocēmur, vocēminī, vocentur*

Sonderkonjugationen

5. Die **Sonderkonjugationen** bilden den **Konjunktiv Präsens** so:

esse

	Singular	Plural
1. P.	*sim*	*sīmus*
2. P.	*sīs*	*sītis*
3. P.	*sit*	*sint*

posse

	Singular	Plural
1. P.	*pos-sim*	*pos-sīmus*
2. P.	*pos-sīs*	*pos-sītis*
3. P.	*pos-sit*	*pos-sint*

- ***velle***: *velim, velīs, velit, velīmus, velītis, velint*
- ***nōlle***: *nōlim, nōlīs, nōlit, nōlīmus, nōlītis, nōlint*
- ***mālle***: *mālim, mālīs, mālit, mālīmus, mālītis, mālint*

G3 S

Objektsgenitiv (Genitivus obiectivus)

1. Der **Genitiv** gibt oft den **Besitzer** einer Sache oder einer Empfindung oder den **Urheber** einer Handlung an: *īra **hostium*** – „die Wut **der Feinde**".
2. Nach einigen Substantiven, vor allem solchen der **Empfindung**, z. B. ***īra***, ***amor*** oder ***timor***, kann ein **Genitivattribut** aber eine weitere Funktion haben: Als **Objektsgenitiv** gibt es das **Objekt** an, also das **Ziel der Empfindung**: *īra Rōmānōrum* – „die Wut **auf** die Römer".
3. Der Objektsgenitiv wird mit einem **Präpositionalausdruck** („zu, für, nach, auf, vor") übersetzt: „Wut **auf** jemanden/etwas, die Liebe **zu** jemandem/etwas, Angst **vor** jemandem/etwas".

Rōmānī *hostēs*

G1 F Substantiv: e-Deklination

1. Die Substantive der **e-Deklination** enden im **Nom. Sg.** auf ***-ēs***, im **Gen. Sg.** auf ***-eī***: ***rēs, reī***.

	Singular	Plural
Nom.	*rēs*	*rēs*
Gen.	*reī*	*rērum*
Dat.	*reī*	*rēbus*
Akk.	*rem*	*rēs*
Abl.	*rē*	*rēbus*

2. Die Substantive dieser Deklination sind in der Regel **feminin**; eine **Ausnahme** ist ***diēs, diēī* m** – „der Tag".

! Einige Formen der e-Dekl. sind mehrdeutig:

rēs
- Nom. Sg.
- Nom. Pl.
- Akk. Pl.

reī
- Gen. Sg.
- Dat. Sg.

rēbus
- Dat. Pl.
- Abl. Pl.

Hier helfen dir der Textzusammenhang und der Numerus des Prädikats.

Geschafft!

Du kennst nun **alle fünf Deklinationen**:

- **a-Dekl.**: *domin-**a**, domin-**ae*** (f)
- **o-Dekl.**: *domin-**us**, domin-**ī*** (m); *verb-**um**, verb-**ī*** (n)
- **kons. Dekl.**: *ōrātor, ōrātōr-**is*** (m); *virtūs, virtūt-**is*** (f); *carmen, carmin-**is*** (n)
- **e-Dekl.**: ***rēs, reī*** (f)
- **u-Dekl.**: *cōnspect-**us**, cōnspect-**ūs*** (m)

! ***dominus, cōnspectus, virtūs***
Die Endung *-us* im Nom. Sg. haben verschiedene Deklinationen:
- ***dominus, -ī***: o-Dekl.
- ***virtūs, virtūt-is***: kons. Dekl.
- ***cōnspectus, -ūs***: u-Dekl.

Lerne immer den Genitiv mit, um die Deklination zu kennen.

G2 S Verb: Konjunktiv Perfekt

1. Der **Konjunktiv Perfekt** tritt in der Regel in **Nebensätzen im Konjunktiv** auf und wird meist mit **Indikativ** übersetzt.
2. Der Konjunktiv Perfekt drückt im Nebensatz in der Regel eine **Vorzeitigkeit** zum Geschehen im **übergeordneten Satz** aus.

G2 F Verb: Bildung des Konjunktiv Perfekt

Konjunktiv Perfekt Aktiv

Perfektstamm	**Moduszeichen**	Personalendung
vocāv-	***-eri-***	*-t*

Lerntipp

Das Moduszeichen ***-eri-*** ist das Signal für den **Konjunktiv Perfekt Aktiv.**

3. Der **Konjunktiv Perfekt Aktiv** wird gebildet, indem an den **Perfektstamm** das **Moduszeichen** ***-eri-*** und die **Personalendungen** *-m, -s, -t, -mus, -tis, -nt* angefügt werden.

v-Perfekt

	Singular	Plural
1. P.	*vocāv-**eri**-m*	*vocāv-**eri**-mus*
2. P.	*vocāv-**eri**-s*	*vocāv-**eri**-tis*
3. P.	*vocāv-**eri**-t*	*vocāv-**eri**-nt*

u-Perfekt	s-Perfekt	Reduplikations-perfekt	Dehnungs-perfekt	Perfekt ohne Veränderung
*monu-**eri**-m* ...	*commīs-**eri**-m* ...	*cucurr-**eri**-m* ...	*ēg-**eri**-m* ...	*dēfend-**eri**-m* ...

4. Auch die **Sonderkonjugationen** bilden den **Konjunktiv Perfekt** so:

esse

	Singular	Plural
1. P.	*fu-**eri**-m*	*fu-**eri**-mus*
2. P.	*fu-**eri**-s*	*fu-**eri**-tis*
3. P.	*fu-**eri**-t*	*fu-**eri**-nt*

posse

	Singular	Plural
1. P.	*potu-**eri**-m*	*potu-**eri**-mus*
2. P.	*potu-**eri**-s*	*potu-**eri**-tis*
3. P.	*potu-**eri**-t*	*potu-**eri**-nt*

- ***velle***: *volu**erim**, volu**eris**, volu**erit**, volu**erimus**, volu**eritis**, volu**erint***
- ***nōlle***: *nōlu**erim**, nōlu**eris**, nōlu**erit**, nōlu**erimus**, nōlu**eritis**, nōlu**erint***
- ***mālle***: *mālu**erim**, mālu**eris**, mālu**erit**, mālu**erimus**, mālu**eritis**, mālu**erint***

Konjunktiv Perfekt Passiv

5. Der **Konjunktiv Perfekt Passiv** wird mit dem **PPP** und einer **Form von *esse* im Konjunktiv Präsens** gebildet.

	Singular	Plural
1. P.	*vocātus, -a, -um sim*	*vocātī, -ae, -a sīmus*
2. P.	*vocātus, -a, -um sīs*	*vocātī, -ae, -a sītis*
3. P.	*vocātus, -a, -um sit*	*vocātī, -ae, -a sint*

Lerntipp

vocātus sit
Konjunktiv Perfekt Passiv =
PPP + Konj. Präs. von *esse*

Geschafft!

Du kennst nun **alle Tempora im Konjunktiv Aktiv und Passiv**:

Tempora, die mit dem Präsensstamm gebildet werden			Tempora, die mit dem Perfektstamm (Akt.) bzw. dem PPP (Pass.) gebildet werden		
	Aktiv	Passiv		Aktiv	Passiv
Präs.	*mone-a-m*	*mone-a-r*	Perf.	*monu-eri-m*	*monitus, -a, -um sim*
Imperf.	*monē-re-m*	*monē-re-r*	Plqupf.	*monu-isse-m*	*monitus, -a, -um essem*

G1 F Verb: Futur I

1. Das **lateinische Futur I** ist wie im Deutschen ein **Tempus der Zukunft**.
2. Im Deutschen wird das Futur I mit einer Form von „werden“ und dem Infinitiv Präsens gebildet: „ich werde rufen“, „er wird ermahnen“.

a-/e-Konjugation

Präsens-stamm	**Tempus-zeichen**	Personal-endung
	-b-	*-ō*
vocā-	***-bi-***	*-t*
	-bu-	*-nt*

Lerntipp: „Gespensterfutur“

*vocā-**b**-ō, vocā-**bi**-s, vocā-**bu**-nt*
Die Verben der a-/e-Konj. bilden das „Gespensterfutur“ auf ***-bo/-bi-/-bu-***.

3. Die Verben der **a- und e-Konjugation** bilden das **Futur I**, indem an den **Präsensstamm** das **Tempuszeichen *-b-/-bi-/-bu-*** und die **Personalendungen des Präsens**
   - *-ō, -s, -t, -mus, -tis, -nt* im Aktiv bzw.
   - *-or, -ris, -tur, -mur, -minī, -ntur* im Passiv

   angefügt werden.

a-Konj.: *vocāre* – „rufen“

	Singular		Plural	
1. P.	*vocā-**b**-ō*	ich werde rufen	*vocā-**bi**-mus*	wir werden rufen
2. P.	*vocā-**bi**-s*	du wirst rufen	*vocā-**bi**-tis*	ihr werdet rufen
3. P.	*vocā-**bi**-t*	er/sie/es wird rufen	*vocā-**bu**-nt*	sie werden rufen

! *vocā-**bā**-s ↔ vocā-**bi**-s*
Die Tempuszeichen sind sehr ähnlich:
- ***-bā-*** → Imperf.
- ***-b-/-bi-/-bu-*** → Fut. I

- **e-Konj.** (*monēre* – „ermahnen“): *monē**bō**, monē**bis**, monē**bit**, monē**bi**mus, monē**bi**tis, monē**bunt***

a-Konj.: *vocāre* – „rufen“ (Passiv)

	Singular		Plural	
1. P.	*vocā-**b**-ōr*	ich werde gerufen werden	*vocā-**bi**-mur*	wir werden gerufen werden
2. P.	*vocā-**be**-ris*	du wirst gerufen werden	*vocā-**bi**-minī*	ihr werdet gerufen werden
3. P.	*vocā-**bi**-tur*	er/sie/es wird gerufen werden	*vocā-**bu**-ntur*	sie werden gerufen werden

!
- ich **werde** ermahnt → Präs. Pass.
- ich **werde** ermahnen → Fut. I Akt.
- ich **werde** ermahnt **werden** → Fut. I Pass.

Das dt. **„werden“** wird für die Bildung des **Passivs** und die Bildung des **Futurs** verwendet (→ L29 Ü1).

i-/kons. Konjugation

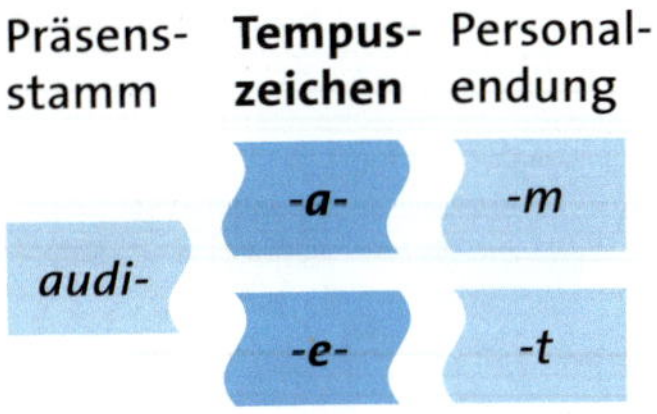

4. Die Verben der **i- und kons. Konjugation** bilden das **Futur I**, indem an den **Präsensstamm** das **Tempuszeichen *-e-***, nur in der 1. P. Sg. ***-a-***, und die **Personalendungen** (*-m, -s, -t, -mus, -tis, -nt*) angefügt werden.

i-Konj.: *audīre* – „hören"

	Singular	Plural
1. P.	*audi-**a**-m*	*audi-**ē**-mus*
2. P.	*audi-**ē**-s*	*audi-**ē**-tis*
3. P.	*audi-**e**-t*	*audi-**e**-nt*

- **kons. Konj.** (*agere* – „tun"): *ag**am**, ag**ē**s, ag**e**t, ag**ē**mus, ag**ē**tis, ag**e**nt*
- **kons. Konj. (ĭ)** (*capere* – „fangen"): *capi**am**, capi**ē**s, capi**e**t, capi**ē**mus, capi**ē**tis, capi**e**nt*

Lerntipp: „Kamel-Futur"

*audi-**am**, audi-**ē**-s*
Die Verben der i-/kons. Konj. bilden das „K***am***-***e***l-Futur".

! *audi**am***
*audi**ā**s ↔ audi**ē**s*
Die **1. P. Sg.** ist in der **i-/kons. Konj.** im Konj. Präs. und Ind. Fut. I **gleich**. Die übrigen Formen unterscheiden sich nur durch:
- Signal *-a-* → **Konj. Präs.**
- Signal *-e-* → **Ind. Fut. I**

Sonderkonjugationen

5. ***esse*** bildet das **Futur I** so:

	Singular		Plural	
1. P.	*erō*	ich werde sein	*erimus*	wir werden sein
2. P.	*eris*	du wirst sein	*eritis*	ihr werdet sein
3. P.	*erit*	er/sie/es wird sein	*erunt*	sie werden sein

6. ***posse*** bildet das **Futur I**, indem an den Stamm *pot-* die **Futur-I-Formen von *esse*** angefügt werden.

	Singular		Plural	
1. P.	*pot-erō*	ich werde können	*pot-erimus*	wir werden können
2. P.	*pot-eris*	du wirst können	*pot-eritis*	ihr werdet können
3. P.	*pot-erit*	er/sie/es wird können	*pot-erunt*	sie werden können

Lerntipp

pot-erō
Futur I von *posse* =
pot- + Fut. I von *esse*

7. ***velle, nōlle*** und ***mālle*** bilden das **Futur I** wie die Verben der kons. Konjugation mit dem **Tempuszeichen** *-a-/-e-*:
   - *vol**a**m* („ich werde wollen"), *vol**ē**s, vol**e**t, vol**ē**mus, vol**ē**tis, vol**e**nt*
   - *nōl**a**m* („ich werde nicht wollen"), *nōl**ē**s, nōl**e**t, nōl**ē**mus, nōl**ē**tis, nōl**e**nt*
   - *māl**a**m* („ich werde lieber wollen"), *māl**ē**s, māl**e**t, māl**ē**mus, māl**ē**tis, māl**e**nt*

Lerntipp: „Kamel-Futur"

*vol-**a**m, vol-**ē**-s*
Auch ***velle, nōlle*** und ***mālle*** bilden das „K**a**m-**e**l-Futur".

G1 S Übersetzung des Futur I

*Tarquinius mox Rōmam **petet**.*

Tarquinius **wird** bald Rom **angreifen**. / Tarquinius **greift** bald Rom **an**.

8. Das lateinische **Futur I** wird **im Deutschen** in der Regel mit dem **Futur I** wiedergegeben. Wenn durch ein **Signal** (hier: „bald") deutlich wird, dass die Handlung in der Zukunft stattfindet, kann man im Deutschen oft auch das **Präsens** verwenden (→ L29 Ü7).

G2 F Verb: Sonderkonjugation des Verbs *īre*

1. ***īre*** heißt **„gehen"**.

Tempora mit dem Präsensstamm

2. Der Präsensstamm ist *ī-*. In den **Formen**, in denen ein **Vokal auf den Stamm folgt**, wird *ī-* in der Regel zu ***e-***.

Lerntipp

Mit einigen Ausnahmen wird *īre* wie die Verben der **e-Konj.** konjugiert.

Indikativ Präsens

	Singular	Plural
1. P.	***e-ō***	***ī-mus***
2. P.	***ī-s***	***ī-tis***
3. P.	***i-t***	***e-u-nt***

- **Ind. Imperf.**: *ī**bam**, ī**bās**, ī**bat**, ī**bā**mus, ī**bā**tis, ī**ba**nt*
- **Fut. I**: *ī**bō**, ī**bis**, ī**bit**, ī**bi**mus, ī**bi**tis, ī**bunt***
- **Konj. Präs.**: ***eam**, **eās**, **eat**, **eā**mus, **eā**tis, **eant***
- **Konj. Imperf.**: *ī**rem**, ī**rēs**, ī**ret**, ī**rē**mus, ī**rē**tis, ī**rent***
- **Imp. Sg., Pl.**: *ī!, īte!*
- **PPA**: ***iēns**, **euntis***

Tempora mit dem Perfektstamm

3. Der **Perfektstamm** ist ebenfalls ***i-***. Die **Tempora mit dem Perfektstamm** werden **regelmäßig** gebildet. Nur in den **Formen**, in denen ein ***-is-*** **auf den Stamm folgt, verschmilzt das *i-*** des Stammes mit dem *-i-* der Personalendung bzw. des Moduszeichens.

Indikativ Perfekt

	Singular	Plural
1. P.	*i-ī*	*i-imus*
2. P.	***īstī***	***īstis***
3. P.	*i-it*	*i-ērunt*

- **Ind. Plqupf.**: *ieram, ierās, ierat, ierāmus, ierātis, ierant*
- **Konj. Perf.**: *ierim, ieris, ierit, ierimus, ieritis, ierint*
- **Konj. Plqupf.**: *īssem, īssēs, īsset, īssēmus, īssētis, īssent*
- **Inf. Perf.**: ***īsse***

! ***eo, is, ii***
Diese Formen sind mehrdeutig: Sie können entweder von *īre* oder dem Demonstrativpronomen *is, ea, id* kommen (→ L29 Ü6).

G1
F

Verb: Sonderkonjugation des Verbs *ferre*

1. ***ferre*** heißt **„tragen, bringen; ertragen"**.

Tempora mit dem Präsensstamm

2. Der **Präsensstamm** ist *fer-*. Die **Tempora**, die **mit dem Präsensstamm** gebildet werden, bildet *ferre* mit wenigen Ausnahmen wie die Verben der **kons. Konjugation**.
3. Nur die **Formen**, bei denen **auf den Stamm** ein ***r***, ***s*** oder ***t*** **folgt**, werden **ohne Bindevokal** gebildet.

Lerntipp

Mit einigen Ausnahmen wird *ferre* wie die Verben der **kons. Konj.** konjugiert.

Indikativ Präsens Aktiv

	Singular	Plural
1. P.	*fer-ō*	*fer-i-mus*
2. P.	***fer-s***	***fer-tis***
3. P.	***fer-t***	*fer-u-nt*

Indikativ Präsens Passiv

	Singular	Plural
1. P.	*fer-or*	*fer-i-mur*
2. P.	***fer-ris***	*fer-i-minī*
3. P.	***fer-tur***	*fer-u-ntur*

	Ind. Imperf.	Fut. I	Konj. Präs.	Konj. Imperf.
Akt.	*fer-**ēba**-m* ...	*fer-**a**-m* ...	*fer-**a**-m* ...	***fer-re**-m* ...
Pass.	*fer-**ēba**-r* ...	*fer-**a**-r* ...	*fer-**a**-r* ...	***fer-re**-r* ...

- **Inf. Präs. Akt., Pass.:** ***ferre, ferrī***
- **Imp. Sg., Pl.:** ***fer!, ferte!***
- **PPA:** *ferēns, ferentis*

Tempora mit dem Perfektstamm und dem PPP

4. Der **Perfektstamm** ist ***tul-***, das **PPP** lautet ***lātus, -a, -um***.

	Ind. Perf.	Ind. Plqupf.	Konj. Perf.	Konj. Plqupf.
Akt.	*tul-ī* ...	*tul-**era**-m* ...	*tul-**eri**-m* ...	*tul-**isse**-m* ...
Pass.	*lātus, -a, -um sum* ...	*lātus, -a, -um eram* ...	*lātus, -a, -um sim* ...	*lātus, -a, -um essem* ...

- **Inf. Perf. Akt.:** *tul**isse***
- **Inf. Perf. Pass.:** *lātum esse*

Komposita

5. Bei den **Komposita** von ***ferre*** verändert sich teilweise das **Präfix**.

***au**ferre, **au**ferō, **abs**tulī, **ab**lātum*	wegtragen, wegbringen, wegnehmen
***cōn**ferre, **cōn**ferō, **con**tulī, **col**lātum*	zusammentragen, zusammenbringen; vergleichen
***īn**ferre, **īn**ferō, **in**tulī, **il**lātum*	hineintragen; einflößen
***prō**ferre, **prō**ferō, **prō**tulī, **prō**lātum*	hervorbringen; vorbringen
***re**ferre, **re**ferō, **ret**tulī, **re**lātum*	zurückbringen; berichten

G2 F

Verb: Futur II

1. Das lateinische **Futur II** ist ein weiteres **Tempus der Zukunft**.
2. Im Deutschen wird das Futur II mit einer Form von „werden" und dem Infinitiv Perfekt gebildet: „er wird gerufen haben".

Futur II Aktiv

Perfektstamm	**Tempuszeichen**	Personalendung
vocāv-	***-eri-***	*-t*

Lerntipp

Das Tempuszeichen ***-eri-*** ist das Signal für das **Futur II.**

3. Das **Futur II** wird gebildet, indem an den **Perfektstamm** das **Tempuszeichen *-eri-*** und die **Personalendungen** angefügt werden. Eine **Ausnahme** ist die **1. P. Sg.**; hier lautet das Tempuszeichen ***-er-***: *vocāv-**er**-ō*.

v-Perfekt: *vocāre*

	Singular		Plural	
1. P.	*vocāv-**er**-ō*	ich werde gerufen haben	*vocāv-**eri**-mus*	wir werden gerufen haben
2. P.	*vocāv-**eri**-s*	du wirst gerufen haben	*vocāv-**eri**-tis*	ihr werdet gerufen haben
3. P.	*vocāv-**eri**-t*	er wird gerufen haben	*vocāv-**eri**-nt*	sie werden gerufen haben

! *vocāv-**era**-t* ↔ *vocāv-**eri**-t*
Die Tempuszeichen sind sehr ähnlich:
- ***-era-*** → Plqupf.
- ***-eri-*** → Fut. II

! *vocāv-**erō*** ↔ *vocāv-**erim***
Fut. II **Konj. Perf.**
Die Formen des **Fut. II Akt.** und des **Konj. Perf. Akt.** sind **gleich**. Nur in der **1. P. Sg. unterscheiden** sie sich.

4. Die **Bildung des Futur II** ist, auch in den Sonderkonjugationen, **immer gleich**.

u-Perfekt	s-Perfekt	Reduplikationsperfekt	Dehnungsperfekt	Perfekt ohne Veränderung
monēre	*committere*	*currere*	*agere*	*dēfendere*
*monu-**eri**-t*	*commīs-**eri**-t*	*cucurr-**eri**-t*	*ēg-**eri**-t*	*dēfend-**eri**-t*

esse	***posse***	***velle***	***nōlle***	***mālle***	***īre***	***ferre***
*fu-**eri**-t*	*potu-**eri**-t*	*volu-**eri**-t*	*nōlu-**eri**-t*	*mālu-**eri**-t*	*i-**eri**-t*	*tul-**eri**-t*

Lerntipp

audīv-erit
fēc-erint
fu-erō
Futur II = Perfektstamm + Fut. I von *esse*/*-erint* (3. P. Pl.)

Futur II Passiv

5. Das **Futur II Passiv** wird mit dem **PPP** und einer **Form von *esse* im Futur I** gebildet.

	Singular		Plural	
1. P.	*vocātus, -a, -um erō*	ich werde gerufen worden sein	*vocātī, -ae, -a erimus*	wir werden gerufen worden sein
2. P.	*vocātus, -a, -um eris*	du wirst gerufen worden sein	*vocātī, -ae, -a eritis*	ihr werdet gerufen worden sein
3. P.	*vocātus, -a, -um erit*	er/sie/es wird gerufen worden sein	*vocātī, -ae, -a erunt*	sie werden gerufen worden sein

Lerntipp

vocātus erit
Futur II Passiv = PPP + Fut. I von *esse*

G2 S

Verwendung des Futur II

Quid patriciī agent,	*cum plēbēiī Rōmam **relīquerint**?*
Futur I	**Futur II**
Was werden die Patrizier tun,	wenn die Plebejer Rom **verlassen haben/haben werden**?

6. Das **Futur II** tritt **fast immer zusammen mit** einem **Futur I** auf und drückt eine **Vorzeitigkeit** gegenüber einem Geschehen in der Zukunft aus: Es beschreibt eine zukünftige Handlung, die vor einem anderen Geschehen in der Zukunft abgeschlossen ist.
7. Beide Handlungen liegen in der Zukunft, allerdings müssen die Plebejer erst Rom verlassen haben (Futur II: *relīquerint*), bevor die Patrizier etwas deswegen tun können (Futur I: *agent*).
8. Das lateinische Futur II wird **im Deutschen** meist mit dem **Perfekt** wiedergegeben. Oft kann es auch mit dem **Präsens** übersetzt werden.

Geschafft!

Du kennst nun **alle Tempora** des Lateinischen:

Aktiv					
Formen, die mit dem Präsensstamm gebildet werden			Formen, die mit dem Perfektstamm gebildet werden		
Präs.	*voc-ō*	ich rufe	Perf.	*vocāv-ī*	ich habe gerufen
Imperf.	*vocā-ba-m*	ich rief	Plqupf.	*vocāv-era-m*	ich hatte gerufen
Fut. I	*vocā-b-ō*	ich werde rufen	Fut. II	*vocāv-er-ō*	ich werde gerufen haben
Inf. Präs.	*vocā-re*	rufen	Inf. Perf.	*vocāv-isse*	gerufen haben

Passiv					
Formen, die mit dem Präsensstamm gebildet werden			Formen, die mit dem PPP gebildet werden		
Präs.	*voc-or*	ich werde gerufen	Perf.	*vocātus sum*	ich bin gerufen worden
Imperf.	*vocā-ba-r*	ich wurde gerufen	Plqupf.	*vocātus eram*	ich war gerufen worden
Fut. I	*vocā-b-or*	ich werde gerufen werden	Fut. II	*vocātus erō*	ich werde gerufen worden sein
Inf. Präs.	*vocā-rī*	gerufen werden	Inf. Perf.	*vocātum esse*	gerufen worden sein

Das **Präsens** bezeichnet einen **in der Gegenwart ablaufenden Vorgang** oder eine **allgemeine Feststellung**.

Das **Imperfekt** bezeichnet oft **andauernde** und **wiederholte Vorgänge** (Zustände, Gewohnheiten, Situationen) **in der Vergangenheit**.

Das **Perfekt** bezeichnet einen **in der Vergangenheit abgeschlossenen Vorgang** und ist das **lateinische Erzähltempus**. Es bezeichnet auch die **Vorzeitigkeit gegenüber** einem Vorgang in der **Gegenwart**.

Das **Plusquamperfekt** bezeichnet die **Vorzeitigkeit gegenüber** einem Vorgang in der **Vergangenheit**.

Das **Futur I** bezeichnet einen **Vorgang in der Zukunft**.

Das **Futur II** bezeichnet die **Vorzeitigkeit gegenüber** einem Vorgang in der **Zukunft**.

WH S

AcI

1. Der **AcI** (***Accusativus cum Infinitivo***, „Akkusativ mit Infinitiv“) ist eine häufige Konstruktion im Lateinischen und wird im Deutschen meistens mit einem **dass-Satz** übersetzt.

Lēgātus nārrat ***Rōmānōs*** ***pūgnāre.***
(Subjekts-)Akkusativ → Infinitiv

Der Gesandte berichtet, **dass** **die Römer** **kämpfen.**
Subjekt → Prädikat

Zeitverhältnis im AcI

2. Der **Infinitiv im AcI** gibt immer das **Zeitverhältnis** zur übergeordneten Handlung an (→ L31 Ü2):

Infinitiv und Zeitverhältnis	Übergeordnete Aussage	Übersetzung im dt. dass-Satz (lat. AcI)
Inf. Präs. → gleichzeitig	Präsens	Präsens
Inf. Präs. → gleichzeitig	Vergangenheitstempus	Präteritum
Inf. Perf. → vorzeitig	Präsens	Perfekt
Inf. Perf. → vorzeitig	Vergangenheitstempus	Plusquamperfekt

Pronomina im AcI

3. Das **Subjekt im AcI** kann auch ein Personalpronomen sein.

Caesar: Gaudeō ***mē*** *vīcisse.*
Caesar sagt: „Ich freue mich, dass **ich** gesiegt habe.“

4. Wenn das **Pronomen in der 3. Person** steht, unterscheidet das Lateinische zwischen reflexiver und nicht-reflexiver Verwendung: Bei **reflexiver Verwendung** steht im AcI eine Form des **reflexiven Personalpronomens.**

Caesar gaudet ***sē*** *vīcisse.*
Caesar freut sich, dass **er (selbst)** gesiegt hat.
→ Caesar ist Subjekt im übergeordneten Satz und im dt. dass-Satz (= lat. AcI).

Lerntipp

Der **AcI** steht nach „Kopfverben“.

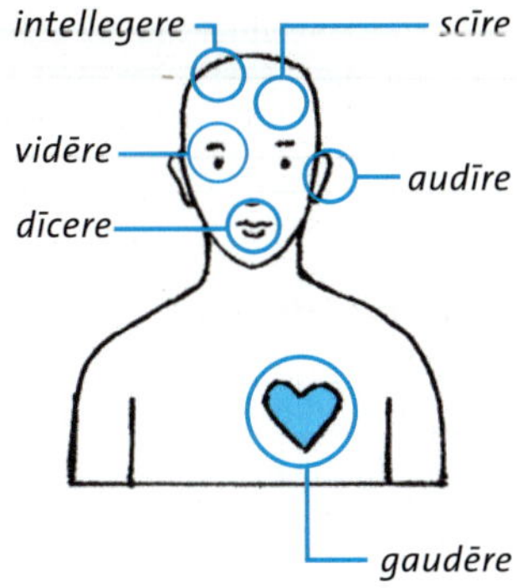

5. Bei **nicht-reflexiver Verwendung** steht im AcI eine Form von ***is, ea, id***.

> *Mīlitēs Caesarem laudant. Gaudent* ***eum*** *vīcisse.*
> Die Soldaten loben Caesar. Sie freuen sich, dass **er** gesiegt hat.
> → Das Subjekt im übergeordneten Satz ist *mīlitēs*; das Subjekt im dt. dass-Satz (= lat. AcI) ist Caesar, also eine andere Person.

G S Oratio obliqua

1. Wie im Deutschen gibt es auch im Lateinischen neben der direkten Rede die sog. **indirekte Rede**, die **Oratio obliqua**.
2. Meist steht vor Beginn der **Oratio obliqua** ein **redeeinleitendes Verb**, z. B. *dīcere, putāre*, von dem die indirekte Rede abhängig ist.
3. In der **Oratio obliqua** stehen im Lateinischen
   - Aussagesätze im AcI,
   - alle Nebensätze im Konjunktiv.

Lēgātus dīcit	*Helvētiōs in fīnēs Haeduōrum pervēnisse.*	
redeeinleitendes Verb	Akk.	Inf.

Lerntipp

Im Lateinischen wird das **redeeinleitende Verb oft nur einmal** verwendet, dem dann **mehrere Sätze in der Oratio obliqua folgen.**

4. Bei der **Wiedergabe im Deutschen** verwendet man grundsätzlich den **Konjunktiv I**, z. B. „er gebe". Entspricht diese Form dem Indikativ, wird der Konjunktiv II verwendet, z. B „sie gäben" statt „sie geben". Entspricht der Konjunktiv II ebenfalls dem Indikativ, weicht man in der Regel auf die Umschreibung mit „würde" aus: „sie würden gehen" statt „sie gehen" bzw. „sie gingen" (→ T10; L31 Ü3).

> *Lēgātus dīcit*
> redeeinleitendes Verb
> *Haeduōs auxilium ā Caesare* ***petere****, quia Helvētiōs* ***timeant****.*
> Aussagesatz im AcI — Nebensatz im Konjunktiv (kausal)
> Der Gesandte sagt,
> die Haeduer **bäten** Caesar um Hilfe, weil sie die Helvetier **fürchteten/fürchten würden**.

5. Für die **Pronomina** in der **Oratio obliqua** gelten die **Regeln wie im AcI** (→ L31 Ü4):

- **Bezieht sich das Pronomen** auf das **Subjekt des übergeordneten Satzes**, wird das **Reflexivpronomen** verwendet; es kann **durch *ipse, ipsa, ipsum* verstärkt** werden.
- **In allen übrigen Fällen** verwendet man Formen von ***is, ea, id*** oder ***ille, illa, illud.***

*Haeduī dīcunt Helvētiōs in fīnēs **suōs** pervēnisse.*

***Sē** **eōs** timēre. Itaque **sē** ā Caesare auxilium petere.*

Die Haeduer sagen, die Helvetier seien in **ihr** (eigenes; gemeint ist das der Haeduer) Gebiet gelangt. **Sie** (selbst; gemeint sind die Haeduer) würden **diese** (gemeint sind die Helvetier) fürchten. Deshalb bäten **sie** Caesar um Hilfe.

WH F

Verb: Tempora und Modi

Tempora mit dem Präsensstamm

1. Die Verben aller Konjugationen bilden die Tempora mit dem **Präsensstamm** (Präsens, Futur I, Imperfekt) mit diesen **Personalendungen**:
   - **aktiv:** *-ō/-m, -s, -t, -mus, -tis, -nt*
   - **passiv:** *-(o)r, -ris, -tur, -mur, -minī, -ntur*
2. Zur Unterscheidung der **Tempora** und **Modi** werden je nach Konjugation unterschiedliche **Signale** (Tempus- und Moduszeichen) verwendet:

Tempus	Modus	Signal	Beispiel
Präsens	Ind.	–	*voca-t, mone-t, audi-t, ag-i-t*
	Konj.	a-Konj.: *-e-* statt *-a-* e-/i-/kons. Konj.: *-a-*	*voc-**e**-t* *mone-**a**-t, audi-**a**-t, ag-**a**-t*
Imperfekt	Ind.	a-/e-Konj.: *-ba-* i-/kons. Konj.: *-ēba-*	*vocā-**ba**-t, monē-**ba**-t, audi-**ēba**-t, ag-**ēba**-t*
	Konj.	alle Konj.: *-re-*	*vocā-**re**-t, monē-**rē**-t, audī-**re**-t, ag-e-**re**-t*
Futur I	Ind.	a-/e-Konj.: *-b-* (1. P. Sg.), *-bi-*, *-be-* (2. P. Sg. Pass.), *-bu-* (3. P. Pl.) i-/kons. Konj.: *-a-* (1. P. Sg.), *-e-*	*vocā-**bi**-t, monē-**bi**-t* *audi-**a**-m, audi-**e**-t; ag-**a**-m, ag-**e**-t*

! *agam*
agās ⟷ *agēs*
Die **1. P. Sg.** ist in der **kons. Konj.** und in der **kons. (ĭ) Konj.** im **Konj. Präs.** und **Fut. I gleich.**
Die übrigen Formen unterscheiden sich nur durch das Signal:
- Signal **-*ā*-** → **Konj. Präs.**
- Signal **-*ē*-** → **Fut. I**

! *ágĕris* ⟷ *agḗris*
- kurzes *ĕ* → Präs.
- langes *ē* → Fut. I

„Gespensterfutur"

„Kamel-Futur"

Tempora mit dem Perfektstamm und dem PPP

3. Die Bildung der **Tempora und Modi mit dem Perfektstamm und dem PPP** (Perfekt, Plusquamperfekt und Futur II) ist **in allen Konjugationen gleich.**
4. Die Bildung des **Perfektstamms** und des **PPP** ist dagegen bei den Verben der **kons. Konjugation nicht einheitlich**. Deshalb **lernst** du die **Stammformen** dieser Verben immer mit. Daran erkennst du **Konjugation, Präsensstamm, Perfektstamm und PPP**.

capere,	*capiō,*	*cēpī,*	*captum*
Inf.,	1. P. Sg. Präs.,	1. P. Sg. Perf.,	PPP

In der Regel bilden die Komposita die **Stammformen wie das dazugehörige Verbum Simplex**.

mittere,	***mittō,***	***mīsī,***	***missum***	schicken, senden
admittere,	***admittō,***	***admīsī,***	***admissum***	zulassen

Lerntipp

Du findest alle **unregelmäßigen Stammformen auf S. 247–255** und kannst sie im **Stammformenverzeichnis (S. 256–259)** nachschlagen.

Aktiv

5. Die Formen im **Aktiv** werden mit dem **Perfektstamm**, diesen **Signalen** (Tempus- und Moduszeichen) und **Personalendungen** gebildet:

Personalendungen
- Perfekt: *-ī, -istī, -it, -imus, -istis, -ērunt*
- Plusquamperfekt, Futur II: *-m/-ō, -s, -t, -mus, -tis, -nt*

Tempus	Modus	Signal	Beispiel
Perfekt	Ind.	–	*vocāv-i-t*
	Konj.	*-eri-*	*vocāv-**eri**-t*
Plusquamperfekt	Ind.	*-era-*	*vocāv-**era**-t*
	Konj.	*-isse-*	*vocāv-**isse**-t*
Futur II	Ind.	*-er(i)-*	*vocāv-**eri**-t*

Passiv

6. Die Formen im **Passiv** werden mit dem **PPP** und einer **Form von *esse*** gebildet.

! Im **Passiv** unterscheiden sich die **Formen mit dem PPP** nur durch **Tempus und Modus von *esse***.

Tempus	Modus	Form von *esse*	Beispiel
Perfekt	Ind.	Ind. Präs.	*vocātus, -a, -um* ***est***
	Konj.	Konj. Präs.	*vocātus, -a, -um* ***sit***
Plusquamperfekt	Ind.	Ind. Imperf.	*vocātus, -a, -um* ***erat***
	Konj.	Konj. Imperf.	*vocātus, -a, -um* ***esset***
Futur II	Ind.	Ind. Fut. I	*vocātus, -a, -um* ***erit***

G F

Verb: Deponentien

Passive Form	Aktive Bedeutung
*arbitr-**or***	ich glaube
*ūt-**or***	ich nutze
*ori-**or***	ich fange an

1. Deponentien sind **Verben**, die im Lateinischen nur **passive Formen** bilden, aber **aktive Bedeutung** haben. Sie können **im Deutschen nie passiv** übersetzt werden.
2. Die Deponentien aller Konjugationen werden genau **wie die regulären Verben im Passiv konjugiert**.

Tempora mit dem Präsensstamm

Indikativ Präsens

	Singular		Plural	
1. P.	*arbitr-or*	ich glaube	*arbitrā-mur*	wir glauben
2. P.	*arbitrā-ris*	du glaubst	*arbitrā-minī*	ihr glaubt
3. P.	*arbitrā-tur*	er/sie/es glaubt	*arbitra-ntur*	sie glauben

Ind. Imperf.	Fut. I	Konj. Präs.	Konj. Imperf.
arbitrā-ba-r ...	*arbitrā-b-or* ...	*arbitr-e-r* ...	***arbitrā-re-r*** ...

3. Auch den **Infinitiv** gibt es **nur im Passiv**: *arbitrā-rī* – „glauben, meinen“, *ūt-ī* – „gebrauchen, benutzen“.
4. Als **aktive Form** bilden die Deponentien nur das **PPA**, das auch **aktive Bedeutung** hat: *arbitrā-ns, -ntis* – „glaubend/einer, der glaubt“.

Imperativ

5. Der Imperativ der Deponentien unterscheidet sich von dem der regulären Verben:
   - Der **Imperativ Sg.** wird mit dem **Präsensstamm** und der **Endung *-re*** gebildet: *arbitrā- + **-re!*** – „glaube!“
   - Der **Imperativ Pl.** wird mit dem **Präsensstamm** und der **Endung *-minī*** gebildet und entspricht der **2. P. Pl. Ind. Präs.**: *arbitrā- + **-minī!*** – „glaubt!“

Lerntipp

***arbitrārī, arbitror, arbitrātus sum* – „glauben“**
Diese Verben heißen Deponentien, weil sie ihre **aktiven Formen abgelegt** haben (*dēpōnere* – „ablegen“).

Lerntipp

versārī, versor, versātus sum
→ a-Konj.
ūtī, ūtor, ūsus sum
→ kons. Konj.
orīrī, orior, ortus sum
→ i-Konj.
Um die Konjugation und das Partizip Perfekt zu kennen, lernst du die Stammformen mit.

! ***arbitrā-re!***
Imp. Sg. = Präsensstamm + ***-re***
arbitrā-minī!
Imp. Pl. = 2. P. Pl. Ind. Präs.

Tempora mit dem Perfektstamm

6. Die Deponentien bilden die **Tempora des Perfektstamms** mit dem **Partizip Perfekt** und der entsprechenden **Form von *esse***.
7. Auch hier entspricht die Bildung den regulären Verben im Passiv.

Ind. Perf.	Ind. Plqupf.	Fut. II	Konj. Perf.	Konj. Plqupf.
arbitrātus, -a, -um sum ...	*arbitrātus, -a, -um eram* ...	*arbitrātus, -a, -um erō* ...	*arbitrātus, -a, -um sim* ...	*arbitrātus, -a, -um essem* ...

PPP

8. Das **PPP** hat ebenfalls **aktive Bedeutung** und kann in manchen Fällen auch eine **Gleichzeitigkeit** ausdrücken; sonst gelten die **gleichen Übersetzungsmöglichkeiten** wie bei den regulären Verben.

Mīles gladiō ***ūsus*** *hostem interficit.*
PPP
Der Soldat tötet den Feind, **indem** er sein Schwert **benutzt**.
modaler Adverbialsatz (gleichzeitig)

9. Das **PPP** wird oft als **Präpositionalausdruck** übersetzt:

arbitrātus, -a, -um	im Glauben, in der Meinung
ūsus, -a, -um	unter Verwendung von/mit

WH F

Partizipien

1. Du kennst die beiden lateinischen **Partizipien**:

- **Partizip Präsens Aktiv (PPA):** ***vocā-ns, voca-nt-is***
  - Signal: ***-ns/-nt-***
  - **kons. Dekl.**
  - **Gleichzeitigkeit**
- **Partizip Perfekt Passiv (PPP):** ***vocātus, -a, -um; monitus, -a, -um; missus, -a, -um***
  - a-/e-/i-Konj.: **Präsensstamm + *-tus, -ta, -tum***; e-Konj.: ***ē*** des Stammes wird zu ***i***
  - kons. Konj./unregelmäßige Verben: **letzte Form der Stammformen**
  - **a-/o-Dekl.**
  - **Vorzeitigkeit**

WH S

Partizip als PC

2. PPA und PPP können als **Participium coniunctum** (PC) mit den folgenden **Übersetzungsmöglichkeiten** wiedergegeben werden:

***Prīncipēs** Gallōrum ā Vercingetorīge **convocātī** concilium habuērunt.*

wörtlich:	**Die** von Vercingetorix **einberufenen Anführer** der Gallier hielten eine Versammlung ab. **Die Anführer** der Gallier hielten, von Vercingetorix **einberufen**, eine Versammlung ab. → Wiedergabe mit einem **deutschen Partizip**
Relativsatz:	**Die Anführer** der Gallier, **die** von Vercingetorix **einberufen worden waren**, hielten eine Versammlung ab. → Wiedergabe als **Relativsatz mit Relativpronomen**
Adverbialsatz:	Nachdem **die Anführer** der Gallier von Vercingetorix **einberufen worden waren**, hielten sie eine Versammlung ab. → Wiedergabe als **Nebensatz mit Subjunktion**
Beiordnung:	**Die Anführer** der Gallier **waren** von Vercingetorix **einberufen worden** und hielten daraufhin eine Versammlung ab. → Wiedergabe als **Hauptsatz**, Anschluss mit **„und“ + Adverb**
Präpositionalausdruck:	Nach **der Einberufung** durch Vercingetorix hielten **die Anführer** der Gallier eine Versammlung ab. → Wiedergabe als **Substantivierung mit Präposition**

3. Wenn das PC mit einem **Präpositionalausdruck** wiedergegeben wird,

- wird eine passende **Präposition** gewählt, hier: „nach“; die **Sinnrichtung** wird dabei durch die **Wahl der Präposition** (hier: temporal) ausgedrückt.

- wird das **Partizip zum Substantiv**, hier: „das Einberufen / die Einberufung“,
- werden die **Ergänzungen, die zum Partizip gehören, als Attribut** angefügt, hier: „durch Vercingetorix“.

4. Beim **Übersetzen eines PC** kannst du in diesen Schritten vorgehen:
   - Bestimme das **Partizip** sowie dessen **Bezugswort (KNG-Kongruenz)**.
   - **Übersetze** den **Partizipialausdruck sowie die dazugehörigen Wörter** zunächst **als Aussagesatz.**
   - Übersetze den übrigen Satz.
   - Wähle eine passende **Übersetzungsmöglichkeit** sowie eine geeignete **Sinnrichtung** und füge das PC in den übrigen Satz ein:

	Adverbialsatz	**Beiordnung**	**Präpositionalausdruck**
Sinnrichtung	Subjunktionen	Adverbien	Präpositionen
temporal (Zeit)	PPA: während, als PPP: nachdem, als	PPA: und dabei, und währenddessen PPP: und dann, und danach	PPA: bei(m) PPP: nach
kausal (Grund)	weil, da	und daher, und deshalb	wegen
konzessiv (Einschränkung)	obwohl, obgleich	und dennoch, und trotzdem	trotz
modal (Art und Weise)	indem; dadurch, dass	und dadurch, und so	durch, mit

G S

Ablativus absolutus (Abl. abs.)

Caesar appropinquat. Gallī nōn fugiunt → ***Caesare appropinquante*** *Gallī nōn fugiunt.*

Caesar nähert sich. Die Gallier fliehen nicht. → **Obwohl Caesar sich nähert,** fliehen die Gallier nicht.

1. Der **Ablativus absolutus** („losgelöster Ablativ“) ist eine häufige Konstruktion im Lateinischen. Er besteht aus einem **Substantiv oder Pronomen im Ablativ** und einem **Partizip** (PPP oder PPA) **im Ablativ**: *Caesare appropinquante* – „Obwohl Caesar sich nähert“.
2. Wie das PC beschreibt der **Abl. abs.** die **Umstände der übergeordneten Handlung** näher.
3. Beim **PC** ist das **Bezugswort des Partizips Teil des Satzes** (meist als Subjekt oder Objekt), beim **Abl. abs.** ist das **Bezugswort nicht Teil des Satzes (also losgelöst)** (→ L33 Ü3).
4. Der **Abl. abs.** kann **wie das PC** mit **Adverbialsatz, Beiordnung oder Präpositionalausdruck** (→ L33 WH S) wiedergegeben werden.

Lerntipp

Meist gilt:
Partizip + Nomen im Ablativ = Abl. abs.

! **Abl. abs. = Adverbiale**
Daher kann ein **Abl. abs. niemals wörtlich oder als Relativsatz** übersetzt werden.

Oppidō captō multī captīvī abductī sunt.

Adverbialsatz:	**Nachdem die Stadt erobert worden war,** wurden viele Gefangene weggeführt.
Beiordnung:	**Die Stadt war erobert worden und dann** wurden viele Gefangene weggeführt.
Präpositionalausdruck:	**Nach der Eroberung der Stadt** wurden viele Gefangene weggeführt.

5. Der Abl. abs. kann wie das PC verschiedene **Sinnrichtungen** haben: **temporal, kausal, konzessiv, modal** (→ L33 WH S; L33 Ü4). Auch hier muss das **Zeitverhältnis** beachtet werden: **PPP → Vorzeitigkeit, PPA → Gleichzeitigkeit.**
6. Wie das PC kann auch der Abl. abs. erweitert sein.

Conciliō ā Vercingetorīge convocātō *prīncipēs Gallōrum convēnērunt.*
Nachdem eine Versammlung von Vercingetorix einberufen worden war, kamen die Anführer der Gallier zusammen.

!

vocante ↔ *vocātō, -ā, -ō*
PPA: akt., GZ ↔ PPP: pass., VZ

Übersetzungstipp

conciliō ā Vercingetorīge convocātō – „nachdem Vercingetorix **eine Versammlung einberufen hatte**"
Oft kann ein **Abl. abs. mit PPP im Dt.** auch **aktiv** übersetzt werden.

Geschafft!

Du kennst jetzt die beiden **Partizipialkonstruktionen**:

- **Participium coniunctum (PC):**
  Prīncipēs ā Vercingetorīge ***convocātī*** *concilium habuērunt.*
- **Ablativus absolutus (Abl. abs.):**
  Conciliō convocātō *prīncipēs Vercingetorīgem secūtī sunt.*

	Kasus	Übersetzungsmöglichkeiten
PC	alle Kasus	wörtlich: „Die von Vercingetorix **einberufenen** Anführer hielten eine Versammlung ab." / „Die Anführer hielten, von Vercingetorix **einberufen**, eine Versammlung ab." Relativsatz: „Die Anführer, die von Vercingetorix **einberufen worden waren**, hielten eine Versammlung ab." Adverbialsatz: „**Nachdem** die Anführer von Vercingetorix **einberufen worden waren**, hielten sie eine Versammlung ab." Beiordnung: „Die Anführer **waren** von Vercingetorix **einberufen worden** und hielten daraufhin eine Versammlung ab." Präpositionalausdruck: „**Nach der Einberufung** durch Vercingetorix hielten die Anführer eine Versammlung ab."
Abl. abs.	NUR Abl.	Adverbialsatz: „**Nachdem eine Versammlung einberufen worden war**, folgten die Anführer Vercingetorix." Beiordnung: „**Eine Versammlung war einberufen worden und daraufhin** folgten die Anführer Vercingetorix." Präpositionalausdruck: „**Nach der Einberufung einer Versammlung** folgten die Anführer Vercingetorix."

G1 F Verb: Sonderkonjugation des Verbs *fierī*

1. ***fierī*** heißt **„gemacht werden, werden; entstehen, geschehen"**.

Tempora mit dem Präsensstamm

2. Das Verb ***fierī*** vertritt in den Tempora, die **mit dem Präsensstamm** gebildet werden, die **passiven Formen des Verbs *facere***.
3. Der **Präsensstamm** ist *fī-*. Die Formen von *fierī* werden **im Präsensstamm aktiv gebildet**.

Indikativ Präsens

	Singular	Plural
1. P.	*fī-ō*	*fī-mus*
2. P.	*fī-s*	*fī-tis*
3. P.	*fi-t*	*fī-u-nt*

Lerntipp

Mit einigen Ausnahmen wird *fierī* wie die Verben der **i-Konj.** konjugiert.

- **Ind. Imperf.:** *fīēbam, fīēbās, fīēbat, fīēbāmus, fīēbātis, fīēbant*
- **Fut. I:** *fīam, fīēs, fīet, fīēmus, fīētis, fīent*
- **Konj. Präs.:** *fīam, fīās, fīat, fīāmus, fīātis, fīant*
- **Konj. Imperf.:** *fierem, fierēs, fieret, fierēmus, fierētis, fierent*
- **Imp. Sg., Pl.:** *fī!, fīte!*

Tempora mit dem PPP

4. *fierī* bildet keine Tempora, die mit dem Perfektstamm gebildet werden; hier werden die **Formen von *facere* im Passiv** verwendet.

Inf. Perf.	Ind. Perf.	Ind. Plqupf.	Fut. II	Konj. Perf.	Konj. Plqupf.
factum esse	*factus, -a, -um sum* ...	*factus, -a, -um eram* ...	*factus, -a, -um erō* ...	*factus, -a, -um sim* ...	*factus, -a, -um essem* ...

G2 F Verb: Semideponentien

1. **Semideponentien** sind „halbe" Deponentien: Sie bilden einen **Teil ihrer Formen** nur **aktiv**, einen **Teil** nur **passiv**.
2. Die meisten Semideponentien bilden die **Tempora, die mit dem Präsensstamm gebildet werden, aktiv**: *gaudeō* – „ich freue mich". Die **Tempora des Perfektstamms** werden dagegen **passiv mit dem Partizip Perfekt** gebildet: *gāvīsus sum* – „ich habe mich gefreut".

Aktive Bildung	**Passive Bildung**	
gaudēre, gaudeō	***gāvīsus sum***	sich freuen, Spaß haben
solēre, soleō	***solitus sum***	gewohnt sein, pflegen (zu tun)
audēre, audeō	***ausus sum***	wagen

Lerntipp

gaudēre, gaudeō, gāvīsus sum
An den Stammformen erkennst du ein Semideponens.

3. **Alle Formen** – sowohl die aktiven als auch die passiven – haben **aktive Bedeutung**: *gāvīsus sum* – „ich habe mich gefreut“.

Geschafft!

Du kennst nun **alle drei Arten von Verben**:

- **reguläre Verben**: *monēre, moneō, monuī, monitum*
- **Deponentien**: *ūtī, ūtor, ūsus sum*
- **Semideponentien**: *solēre, soleō, solitus sum*

G+ S

Ablativ der Art und Weise (Ablativus modi)

Der **Ablativ der Art und Weise (Ablativus modi)** antwortet auf die Frage **„Wie? / Auf welche Weise? / Unter welchen Umständen?“**. Er kann alleine oder mit der Präposition *cum* stehen (→ L34 Ü8).

eō modō	auf diese Art und Weise
summō (cum) studiō dēfendere	mit höchstem Eifer verteidigen
amīcōrum comitātū	in der Begleitung von Freunden

G1 F

nd-Form: Gerundium

Iūdex:
a. ***Iūdicāre** mihi placet; **iūdicāre** dēsīderō.*
Mir gefällt es, **zu urteilen / das Urteilen**;
ich sehne mich danach, **zu urteilen** / nach **dem Urteilen**.

b. ***Iūdicandō** scelerātōs vindicō.*
Durch das Urteilen bestrafe ich Verbrecher.

1. Der **Infinitiv eines Verbs** kann im Lateinischen und im Deutschen **wie ein Substantiv die Funktion eines Subjekts oder Objekts im Akkusativ** (Satz a) übernehmen. In den übrigen Kasus und beim Akkusativ nach *ad* hat das Lateinische dafür eine eigene Form: Dieses **Verbalsubstantiv** nennt man **Gerundium** (Satz b).
2. Das **Gerundium** wird gebildet, indem an den **Präsensstamm** das Signal ***-nd-*** und die **Endungen der o-Deklination im Neutrum Singular** angefügt werden: *voca-**nd**-ī* – „des Rufens".

(Nom.	*vocāre*)
Gen.	*voca-**nd**-ī*
Dat.	*voca-**nd**-ō*
Akk.	*ad voca-**nd**-um*
Abl.	*voca-**nd**-ō*

3. In der **i- und kons. Konjugation** wird zwischen Stamm und *-nd-* zusätzlich der **Bindevokal *-e-*** eingefügt; ***īre*** bildet das Gerundium unregelmäßig:
   - *audi-**e**-nd-ī*
   - *ag-**e**-nd-ī*
   - *capi-**e**-nd-ī*
   - *e-u-nd-ī*

G1 S

Verwendung des Gerundiums

4. Im **Genitiv** tritt das Gerundium oft als **Attribut** zusammen **mit einem Substantiv** auf. Der **Dativ** kommt nur **selten** vor. Im **Akkusativ** steht es immer **nach der Präposition *ad***. Im **Ablativ** steht das Gerundium im **bloßen Ablativ** oder **nach der Präposition *in***.

5. Die wörtliche Übersetzung des Gerundiums in den einzelnen Kasus lautet:

Kasus	Gerundium	Übersetzung
Gen.	*ratiō **dēfendendī***	die Art und Weise **des Verteidigens** / die Art und Weise, sich **zu verteidigen**
Gen. + *causā*	***dēfendendī causā***	**um sich zu verteidigen** / **um der Verteidigung willen**
ad + Akk.	***ad dēfendendum***	**zum Verteidigen**
Abl.	***dēfendendō***	**durch (das) Verteidigen**
in + Abl.	***in dēfendendō***	**beim Verteidigen** / **während des Verteidigens**

6. Häufig sind auch freiere Übersetzungen möglich: *cupiditās sciendī* – „die Wissbegierde", *ratiō dēfendendī* – „die Verteidigungsstrategie", *cupiditās vincendī* – „der Ehrgeiz".
7. Das Gerundium kann **Objekte und Adverbien** bei sich haben.

> ***Scelera*** *committendō latrōnēs cīvibus nocent.*
> Objekt (Akk.)
> Durch das Begehen von **Verbrechen** / Indem sie **Verbrechen** begehen, schaden Räuber den Bürgern.
>
> ***Iniūstē*** *agendō latrōnēs cīvibus nocent.*
> Adverb
> Durch **ungerechtes Handeln** / Indem sie **ungerecht** handeln, schaden Räuber den Bürgern.

Lerntipp

Folgende Regel hilft dir bei der Übersetzung des Gerundiums: Im **Genitiv** geht's meist mit **„zu"** zu, im **Ablativ** kommt man mit **„durch"** durch, steht ***in*** dabei, probier's mit **„bei"**.

8. Die wörtliche Übersetzung des Gerundiums ist nicht immer sinnvoll und oft nicht möglich, vor allem **wenn das Gerundium durch ein Objekt oder Adverb erweitert** ist. Daher sind folgende **Übersetzungsmöglichkeiten zu empfehlen**:

Kasus	Übersetzung	Beispiel
Gen.	„zu" + Inf.	*cōnsilium pecūniam **rapiendī*** – „der Plan, Geld **zu rauben**"
Abl.	„indem/dadurch, dass" + Prädikat	*Pecūniam rapiendō possessiō mea crēscit.* – „**Indem/Dadurch, dass ich** Geld **raube**, nimmt mein Besitz zu."
in + Abl.	„während" + Prädikat „bei/während" + Inf.	***In rapiendō*** *amīcī mē iuvant.* – „**Während ich raube**, helfen mir meine Freunde." „**Beim Rauben / Während des Raubens** helfen mir meine Freunde."

G2 F nd-Form: Gerundivum

cupiditās ***vītam beātam agendī***   *cupiditās* ***vītae beātae agendae***

Objekt (Akk.)   Gerundium   Attribut (Gen.)   **Gerundivum**

das Verlangen, **ein glückliches Leben zu führen**

1. Du kennst schon das Verbalsubstantiv, das Gerundium (→ L35 G1). Den gleichen Sachverhalt kann im Lateinischen auch ein Verbaladjektiv ausdrücken: Ein solches **Verbaladjektiv** nennt man **Gerundivum**.
2. Das **Gerundivum** wird mit dem Signal ***-nd-*** und den **Endungen der a- und o-Deklination** gebildet:
   - *voca-**nd**-us, -a, -um*
   - *mone-**nd**-us, -a, -um*
   - *audi-**e**-**nd**-us, -a, -um*
   - *ag-**e**-**nd**-us, -a, -um*
   - *capi-**e**-**nd**-us, -a, -um*
3. Das Gerundivum wird genauso dekliniert wie die **Adjektive der a- und o-Deklination**. Es steht immer in **KNG-Kongruenz** zu seinem **Bezugswort**: *studium iniūri**ae** iūstē vindicand**ae*** – „das Streben, ein Unrecht gerecht zu bestrafen".

! *voca-**nd**-ī ↔ voca-**nt**-ēs*
- ***-nd-*** → Signal für Gerun**d**ium/Gerun**d**ivum
- ***-nt-*** → Signal für PPA

G2 S Verwendung des Gerundivums

4. Für das Gerundivum gelten die **gleichen Übersetzungsmöglichkeiten wie für das Gerundium**; das **Bezugswort des Gerundivums** wird dabei oft zum **Objekt** (meist im Akkusativ):

Kasus	Übersetzung	Beispiel
Gen.	„zu" + Inf.	*cōnsilium pecūniae* ***rapiendae*** – „der Plan, Geld zu rauben"
Gen. + *causā*	„um … zu" + Inf.	*pecūniae* ***rapiendae causā*** – „**um** Geld **zu rauben**"
ad + Akk.	„(um) … zu" + Inf.	***ad*** *pecūniam* ***rapiendam*** – „**zum Raub** des Geldes / **um** Geld **zu rauben**"
Abl.	„durch" + Inf. „indem/dadurch, dass" + Prädikat	*Pecūniā* ***rapiendā*** *possessiō mea crēscit.* – „**Durch den Raub** von Geld / **das Rauben** von Geld nimmt mein Besitz zu." „**Indem/Dadurch, dass ich** Geld **raube**, nimmt mein Besitz zu."
in + Abl.	„bei/während" + Inf. „während" + Prädikat	***In*** *pecūniā* ***rapiendā*** *amīcī mē iuvant.* – „**Beim Raub** von Geld / **Rauben** von Geld helfen mir meine Freunde." „**Während ich** Geld **raube**, helfen mir meine Freunde."

G+
S

Relativer Satzanschluss

***Milō** accūsātur. **Quem** Cicerō dēfendit.*
Relativ-
pronomen

Milo wird angeklagt. **Diesen** verteidigt Cicero.

1. Das lateinische **Relativpronomen** kann am Satzanfang die Funktion eines **Demonstrativpronomens** haben und wird dann mit „dieser, diese, dieses“ übersetzt. Es nimmt ein wichtiges Wort des vorhergehenden Satzes auf und **verknüpft** so beide **Sätze** inhaltlich **eng** miteinander. Dies nennt man **relativen Satzanschluss** (→ L35 Ü7).
2. Das Relativpronomen im Neutrum kann sich auch **auf den gesamten Satz beziehen**.

*Clōdius mortuus est. **Quae cum ita sint**, Milō accūsātur.*
Clodius ist tot. **Weil dies so ist, / Deshalb** wird Milo angeklagt.

3. Feste Wendungen sind:

quae cum ita sint	weil das so ist; deshalb
quam ob rem / quamobrem	deswegen
quārē	weshalb; deshalb

WH F Verb: Mehrdeutige Signale (Futur I / Konjunktiv Präsens und Futur II / Konjunktiv Perfekt)

Die Verben bilden die Tempora und Modi mit unterschiedlichen **Signalen** (Tempus- und Moduszeichen): Je nach Konjugation können die **gleichen Signale unterschiedliche Funktionen** haben.

Futur I und Konjunktiv Präsens

	Konjugation	Signal	Beispiel
Futur I	a-/e-Konj.	Tempuszeichen *-b-* (1. P. Sg.), *-bi-*, *-be-* (2. P. Sg. Pass.), *-bu-* (3. P. Pl.)	*vocā-**bi**-t*, *monē-**bi**-t*
	i-/kons. Konj	Tempuszeichen *-a-* (1. P. Sg.), *-e-*	*audi-**a**-m*, *audi-**e**-t;* *ag-**a**-m, ag-**e**-t*
Konjunktiv Präsens	e-/i-/kons. Konj	Moduszeichen *-ā-*	*mone-**a**-t*, *audi-**a**-t*, *ag-**a**-t*
	a-Konj.	Moduszeichen *-ē-* statt *-ā-*	*voc-**e**-t*

Futur II und Konjunktiv Perfekt

	Konjugation	Signal	Beispiel
Futur II	alle	Tempuszeichen *-er-* (1. P. Sg.), *-eri-*	*vocāv-**er**-ō*, *vocāv-**eri**-s*
Konjunktiv Perfekt	alle	Moduszeichen *-eri-*	*vocāv-**eri**-m*, *vocāv-**eri**-s*

! *vocās – moneam – agam*
Das **Signal *a*** ist mehrdeutig:
- a-Konj.: Ind. Präs.
- e-/i-/kons. Konj.: Konj. Präs.
- i-/kons. Konj.: Fut. I (1. P. Sg.)

! *monēs – vocēs – agēs*
Das **Signal *e*** ist mehrdeutig:
- e-Konj.: Ind. Präs.
- a-Konj.: Konj. Präs.
- i-/kons. Konj.: Fut. I

! *ágĕris ⟷ agḗris*
- kurzes ***ĕ*** → Präs.
- langes ***ē*** → Fut. I

! *vocāv-**eri**-t*
Das **Signal *-eri-*** ist mehrdeutig:
- Fut. II Akt.
- Konj. Perf. Akt.

Nur in der **1. P. Sg.** unterscheiden sich die Formen:
- *vocāv-**erō**:* Fut. II
- *vocāv-**erim**:* Konj. Perf.

G1 S Konjunktiv im Hauptsatz: Wünsche (Optativ)

Unerfüllbarer Wunsch

1. Im Lateinischen kann der **Konjunktiv im Hauptsatz** einen **Wunsch** ausdrücken; man spricht dann von einem **Optativ** (*optāre – „wünschen“*).
2. Der **Konjunktiv Imperfekt** und der **Konjunktiv Plusquamperfekt** werden für einen **Wunsch** verwendet, von dem der Sprecher denkt, dass er **nicht erfüllt werden kann**. Man spricht deshalb oft verkürzt von einem **„unerfüllbaren Wunsch“**.
3. Der **lateinische Optativ** wird oft durch ***utinam (nē)*** oder ***vellem/ nōllem*** eingeleitet. Im Deutschen wird der **unerfüllbare Wunsch** oft mit **„wenn doch (nicht)“ und dem Konjunktiv II** übersetzt.
4. Der **Konjunktiv Imperfekt** drückt einen **Wunsch** in Bezug auf die **Gegenwart** aus.

***Utinam** domum redīre **possem**!*
***Vellem** domum redīre **possem**!*
*Domum redīre **possem**!*
Wenn ich **doch** nach Hause **zurückkehren könnte**!

***Utinam nē** / **Nōllem** } familiam **dēsīderārem**!*
Wenn ich **doch** meine Familie **nicht vermissen würde**!

5. Der **Konjunktiv Plusquamperfekt** drückt einen **Wunsch** in Bezug auf die **Vergangenheit** aus.

***Utinam** iam anteā auxilium ab amīcō **petīvissem**!*
***Vellem** iam anteā auxilium ab amīcō **petīvissem**!*
*Auxilium iam anteā ab amīcō **petīvissem**!*
Wenn ich **doch** meinen Freund schon früher um Hilfe **gebeten hätte**!

***Utinam nē** / **Nōllem** } familiam relinquere **dēbuissem**!*
Wenn ich **doch** meine Familie **nicht hätte** verlassen **müssen**!

Erfüllbarer Wunsch

6. Auch der **Konjunktiv Präsens** kann im Hauptsatz einen **Wunsch** ausdrücken, der sich auf die **Gegenwart** bezieht; der Sprecher denkt dann, dass dieser Wunsch **erfüllbar** ist. Man spricht deshalb oft verkürzt von einem **„erfüllbaren Wunsch“**.
7. Auch dieser **Optativ** wird oft durch ***utinam (nē)*** oder durch ***velim/nōlim*** eingeleitet. Im Deutschen übersetzt man ihn meist mit **„möge“ und dem Infinitiv** oder **„hoffentlich“ und dem Indikativ**.

***Utinam** amīcus mē **iuvet**!*
***Velim** amīcus mē **iuvet**!*
*Amīcus mē **iuvet**!*
Möge mein Freund mir **helfen**! / **Hoffentlich hilft** mir mein Freund!

***Utinam** amīcus **nē** mē **dēserat**!*
***Nōlim** amīcus mē **dēserat**!*
Möge mein Freund mich nicht im Stich lassen! /
Hoffentlich lässt mein Freund mich nicht im Stich!

8. Weitere Übersetzungsmöglichkeiten sind **„sollen (bitte)“ und der Infinitiv** oder der **Imperativ**.

***Utinam** mē **iuvēs**!*
***Velim** mē **iuvēs**!*
*Mē **iuvēs**!*
Du **sollst** mir **(bitte) helfen**! / **Hilf** mir **(doch bitte)**!

Lerntipp

Konj. Imperf. → „würde“
Konj. Plqupf. → „hätte/wäre“
Konj. Präs. → „möge“

G2 S Konjunktiv im Hauptsatz: Aufforderungen (Hortativ, Iussiv, Prohibitiv)

1. Der **Konjunktiv im Hauptsatz** kann auch eine **Aufforderung** oder ein **Verbot** ausdrücken. Für die **Verneinung** wird auch hier ***nē*** verwendet.

Hortativ

2. Wenn der **Konjunktiv Präsens** eine **Aufforderung an die 1. P. Pl.** ausdrückt, spricht man von einem **Hortativ** (*hortārī* – „ermuntern, auffordern"). Er wird oft mit **„Lass(t) uns ...!"** oder der **1. P. Pl. mit dem Verb am Anfang übersetzt.**

> *Amīcum* ***iuvēmus!***
> **Lasst uns** unserem Freund **helfen!** / **Helfen wir** unserem Freund!
>
> ***Eāmus!***
> **Lasst uns gehen! / Gehen wir!**

Lerntipp

Adeāmus!
(*ad-īre* – „herangehen") – „Lasst uns anfangen! / Packen wir's an! / Los geht's!"
Hortativ = Aufforderung an die 1. P. Pl.

Iussiv

3. Wenn der **Konjunktiv Präsens** eine **Aufforderung an die 3. Person** ausdrückt, spricht man von einem **Iussiv** (*iubēre* – „befehlen"). Man übersetzt ihn meist mit **„sollen"**.

> *Iūdex: „Scelerātī poenam* ***luant!****"*
> Der Richter sagt: „Verbrecher **sollen bestraft werden!**"

Prohibitiv

4. Zusammen mit ***nē*** drückt der **Konjunktiv Perfekt** eine verneinte Aufforderung, ein **Verbot**, aus; man spricht hier von einem **Prohibitiv** (*prohibēre* – „verhindern").

Nē *dēspērāv****eris!***	Verzweif**le nicht!**
Nē *dēspērāv****eritis!***	Verzweif**elt nicht!**

5. Er entspricht dem verneinten Imperativ (*Nōlī dēspērāre!, Nōlīte dēspērāre!*) und wird wie dieser übersetzt.

G3 S

Konjunktiv im Hauptsatz: Überlegung (Deliberativ)

1. Der **Konjunktiv Präsens** und der **Konjunktiv Imperfekt** können in einem **Fragesatz** auch eine **Überlegung** ausdrücken. Man spricht hier von einem **Deliberativ** (*dēlīberāre* – „überlegen").
2. Meist tritt der **Deliberativ** in der 1. Person auf. Er wird mit **„sollen"** (Konjunktiv Präsens) oder mit **„hätte sollen"** (Konjunktiv Imperfekt) übersetzt (→ L36 Ü6).
3. Der **Konjunktiv Präsens** drückt eine **Überlegung** aus, die sich auf die **Gegenwart** bezieht.

*Quid **agam**?*	Was **soll ich tun**?
*Amīcō nōn **crēdam**?*	**Soll ich** meinem Freund nicht **vertrauen**?

4. Der **Konjunktiv Imperfekt** drückt eine **Überlegung** aus, die sich auf die **Vergangenheit** bezieht.

*Quid **agerem**?*	Was **hätte ich tun sollen**?
*Amīcō nōn **crēderem**?*	**Hätte ich** meinem Freund nicht **vertrauen sollen**?

! **Deliberativ**
*Quid **dīcerem**?* – „Was **hätte** ich **sagen sollen**?"
lat. Konj. Imperf. → dt. Konj. II der Verg.

Geschafft!

Du kennst nun die verschiedenen **Funktionen des Konjunktivs im Hauptsatz**:

Konjunktiv Präsens	
Optativ (erfüllbar, Ggw.)	***(Utinam)*** *Omnēs incolumēs **simus**!* – „**Hoffentlich sind** wir alle unversehrt! / **Mögen** wir alle unversehrt **sein**!"
Iussiv	*Cīvēs lēgibus **pāreant**!* – „Die Bürger **sollen** den Gesetzen **gehorchen**!"
Hortativ	*Iūstē **agāmus**!* – „**Lasst** uns gerecht **handeln**! / **Handeln** wir gerecht!"
Deliberativ (Ggw.)	*Quid **faciam**?* – „Was **soll** ich **machen**?"
Konjunktiv Imperfekt	
Optativ (unerfüllbar, Ggw.)	***(Utinam)*** *Omnēs cīvēs lēgibus **parērent**!* – „**Wenn doch** alle Bürger den Gesetzen **gehorchen würden**!"
Deliberativ (Verg.)	*Quid **facerem**?* – „Was **hätte** ich **machen sollen**?"
Irrealis (Ggw.)	*Ego tē **iuvārem**.* – „Ich **würde** dir **helfen**."
Konjunktiv Perfekt	
Prohibitiv	***Nē*** *amīcum **neglēxeris**!* – „**Vernachlässige** deinen Freund **nicht**!"
Konjunktiv Plusquamperfekt	
Optativ (unerfüllbar, Verg.)	***(Utinam)*** ***Nē*** *amīcum **neglēxissem**!* – „**Wenn** ich **doch** meinen Freund **nicht vernachlässigt hätte**!"
Irrealis (Verg.)	*Ego tē **iūvissem**.* – „Ich **hätte** dir **geholfen**."

WH F

nd-Form: Gerundivum

*studium **amīcae** **<u>inveniendae</u>***
die Bemühung, **eine Freundin** **<u>zu finden</u>**

1. Das **Gerundivum** ist ein **Verbaladjektiv** und wird mit dem Signal ***-nd-*** sowie den **Endungen der a- und o-Deklination** gebildet: *voca-**nd**-us, -a, -um*; *audi-**e-nd**-us, -a, -um*.
2. Das Gerundivum wird genauso dekliniert wie die **Adjektive der a- und o-Deklination**. Es steht immer in **KNG-Kongruenz** zu seinem **Bezugswort**: *studium amōr**is** discend**ī***.

! *voca-**nd**-ī* ↔ *voca-**nt**-ēs*
- ***-nd-*** → Signal für Geru**nd**ium/Geru**nd**ivum
- ***-nt-*** → Signal für PPA

WH S

Verwendung des Gerundivums

3. Beim Übersetzen wird das **Bezugswort des Gerundivums** oft zum **Objekt** (meist im Akkusativ):

Kasus	Übersetzung	Beispiel
Gen.	„zu" + Inf.	*gaudium librī **legendī*** – „die Freude, ein Buch **zu lesen**"
Gen. + *causā*	„um ... zu" + Inf.	*librī **legendī causā*** – „**um** ein Buch **zu lesen**"
ad + Akk.	„(um) ... zu" + Inf.	***ad** librōs **legendōs*** **– „zum Lesen** von Büchern / (**um**) Bücher **zu lesen**"
Abl.	„durch" + Inf. „indem/dadurch, dass" + Prädikat	*Librīs **legendīs** discō.* – „**Durch das Lesen** von Büchern lerne ich. **Indem/Dadurch, dass ich** Bücher **lese**, lerne ich."
in + Abl.	„bei/während" + Inf. „während" + Prädikat	***In** librīs **legendīs** discō.* – „**Beim Lesen / Während des Lesens** von Büchern lerne ich. **Während ich** Bücher **lese**, lerne ich."

G S

Gerundivum mit *esse*

*Puella apta **quaerenda est**.*
(Ein passendes Mädchen **ist zu suchen**.)
Ein passendes Mädchen **muss gesucht werden**.
Man **muss** ein passendes Mädchen **suchen**.

1. Das **Gerundivum** kann auch **mit *esse*** verbunden werden: Das Gerundivum ist dann ein **Prädikatsnomen** und bildet zusammen **mit *esse*** das **Prädikat**. Es drückt in dieser Verwendung eine **Notwendigkeit** aus und wird mit **„müssen"** übersetzt.

Lerntipp

Ein **Gerundivum mit *esse*** steht NUR
- im **Nominativ** oder
- im **Akkusativ** (AcI).

2. Das **Gerundivum mit *esse*** hat immer **passive Bedeutung**. Der **Urheber der Handlung** steht dabei im **Dativ**: Man spricht vom **Dativ des Urhebers** (Dativus auctoris).

> ***Iuvenibus*** *puellae quaerendae sunt.*
> (**Den jungen Männern** sind Mädchen zu suchen.)
> Die Mädchen müssen **von den jungen Männern** gesucht werden. (Pass.)
> **Die jungen Männer** müssen die Mädchen suchen. (Akt.)

Bei einer **Übersetzung im Passiv** wird der **Urheber** mit **„von"** wiedergegeben, bei einer **Übersetzung im Aktiv** wird der **Urheber** bzw. die **Person im Dativ** zum **Subjekt**.

3. Ist das **Gerundivum mit *esse* verneint**, wird es mit **„nicht dürfen"** übersetzt.

> *Puella* ***reprehendenda nōn est.***
> (Das Mädchen **ist nicht zu kritisieren.**)
> Das Mädchen **darf nicht kritisiert werden.**
> Man **darf** das Mädchen **nicht kritisieren.**

4. Das Gerundivum mit *esse* wird **bei Verben**, die **kein Objekt im Akkusativ** bei sich haben, **unpersönlich** verwendet: Es hat dann kein Bezugswort und erscheint **im Neutrum Singular**. Das **Objekt** steht jeweils **im vom Verb geforderten Kasus**, z. B. bei *ūtī* im Ablativ.

> *Sapientiā* ***ūtendum est.***
> (Weisheit **ist zu gebrauchen.**)
> Weisheit **muss gebraucht werden.**
> **Man muss** Weisheit **gebrauchen.**
>
> *Puellae sapientiā* ***ūtendum est.***
> Das Mädchen **muss** Weisheit **gebrauchen.**

Geschafft!

Du kennst nun die verschiedenen **Funktionen des Dativs**:

Funktion	Beispiel
Dativ des Besitzers	***Mihi*** *multa negōtia sunt.* – „(**Mir** sind viele Aufgaben.) / **Ich** habe viele Aufgaben."
Dativ des Vorteils	*Puella dōna pulchra* ***sibi*** *petit.* – „Das Mädchen will **für sich** schöne Geschenke haben."
Dativ des Urhebers	***Mihi*** *puella colenda est.* – „Das Mädchen muss **von mir** verehrt werden. / **Ich** muss das Mädchen verehren."

G1 S Das substantivierte Neutrum Plural

omnia	alles/alle Dinge
multa	vieles/viele Dinge
nova	neues/neue Dinge
ea	dies/diese Dinge

1. Im Lateinischen kann das **Neutrum von Adjektiven und Pronomina** im **Plural wie ein Substantiv** verwendet werden: *Videō* ***omnia***. – „Ich sehe **alles**."
2. Diese Ausdrücke können **im Deutschen** entweder mit dem **Singular** übersetzt werden oder es muss **zusätzlich** das Wort „**Dinge**" eingefügt werden (→ L38 Ü3a): *omnia* – „alles/alle Dinge", *bona* – „das Gute/Gutes/gute Dinge".
3. Oft tritt das substantivierte Neutrum Plural zusammen mit einem Relativpronomen auf: *omnia, quae* – „alle Dinge, die/alles, was".

G2 S Ellipse

1. Unter einer **Ellipse** versteht man die **Auslassung eines Wortes**, in der Regel einer Form von *esse* (→ L38 Ü3b).

Ubī bene, ibī patria.	Wo es gut <**ist**>, da <**ist**> Heimat.

2. Häufig kommt die Ellipse **bei mit *esse* zusammengesetzten Formen** vor.

Amor arte regendus. *(Amor arte regendus <**est**>.)*	Die Liebe muss durch Kunst gelenkt werden.

G3 S Genitiv des geteilten Ganzen (Genitivus partitivus)

multum ***aurī*** viel **(an) Gold**

1. Der **Genitiv des geteilten Ganzen** bezeichnet eine **Gesamtmenge** *(aurī)*, **von der ein Teil genommen wird** *(multum)*. Er antwortet auf die Frage **„Wovon?"**.
2. Der Genitiv des geteilten Ganzen steht **nach**

- **Substantiven**: *cōpia* ***aurī*** – „eine Menge **(an) Gold**", *pars* ***armōrum*** – „ein Teil **der Waffen**",
- **Adjektiven**: *multum* ***aurī*** – „viel **(an) Gold**",
- **Pronomina**: *aliquid* ***pecūniae*** – „etwas **(an) Geld**", *quis* ***nostrum*** – „wer **von uns**",
- **Adverbien**: *satis* ***pecūniae*** – „genug **(an) Geld**".

Geschafft!

Du kennst nun die verschiedenen **Funktionen des Genitivs** (→ L38 Ü5):

Funktion	Beispiel
Genitivattribut	*opēs* ***Rōmānōrum*** – „der Reichtum **der Römer**"
Objektsgenitiv	*cupiditās* ***aurī*** – „die Gier **nach Gold**"
Genitiv des geteilten Ganzen	*quis* ***māiōrum*** – „wer **von den Vorfahren**"

G1 F

Adjektiv und Adverb: Steigerung (Komparation)

1. **Adjektive und Adverbien** können **gesteigert** werden. Diesen Vorgang nennt man **Komparation.**
2. Wie im Deutschen unterscheidet man **drei Vergleichsstufen**:
- **Positiv** (Grundstufe): „der **lange** Weg"
- **Komparativ** (erste Steigerungsstufe): „der **längere** Weg"
- **Superlativ** (zweite Steigerungsstufe): „der **längste** Weg"

Adjektiv: Komparativ

3. Die Formen des **Komparativs** werden gebildet, indem **an den Stamm** der Baustein ***-ior-*** und die **Endungen der Substantive der kons. Deklination** angefügt werden: *long-**iōr**-ēs viae* – „die längeren Wege", *grav-**iōr**-a saxa* – „schwerere Steine".
4. Wie bei den Substantiven der kons. Dekl. haben der **Nom. Sg. m/f** (*long-**ior***) und der **Nom./Akk. Sg. n** (*long-**ius***) keine eigene Endung.

	Singular		
	m	f	n
Nom.	*long-**ior***	*long-**ior***	*long-**ius***
Gen.	*long-**iōr**-is*	*long-**iōr**-is*	*long-**iōr**-is*
Dat.	*long-**iōr**-ī*	*long-**iōr**-ī*	*long-**iōr**-ī*
Akk.	*long-**iōr**-em*	*long-**iōr**-em*	*long-**ius***
Abl.	*long-**iōr**-e*	*long-**iōr**-e*	*long-**iōr**-e*

	Plural		
	m	f	n
Nom.	*long-**iōr**-ēs*	*long-**iōr**-ēs*	*long-**iōr**-a*
Gen.	*long-**iōr**-um*	*long-**iōr**-um*	*long-**iōr**-um*
Dat.	*long-**iōr**-ibus*	*long-**iōr**-ibus*	*long-**iōr**-ibus*
Akk.	*long-**iōr**-ēs*	*long-**iōr**-ēs*	*long-**iōr**-a*
Abl.	*long-**iōr**-ibus*	*long-**iōr**-ibus*	*long-**iōr**-ibus*

Adjektiv: Superlativ

5. Die Formen des **Superlativs** werden gebildet, indem **an den Stamm** der Baustein ***-issim-*** und die **Endungen der a- und o-Deklination** angefügt werden: *long-**issim**-a via* – „der längste Weg", *grav-**issim**-a saxa* – „die schwersten Steine".

	Singular		
	m	f	n
Nom.	*long-**issim**-us*	*long-**issim**-a*	*long-**issim**-um*
Gen.	*long-**issim**-ī*	*long-**issim**-ae*	*long-**issim**-ī*
Dat.	*long-**issim**-ō*	*long-**issim**-ae*	*long-**issim**-ō*
Akk.	*long-**issim**-um*	*long-**issim**-am*	*long-**issim**-um*
Abl.	*long-**issim**-ō*	*long-**issim**-ā*	*long-**issim**-ō*

	Plural		
	m	f	n
Nom.	*long-**issim**-ī*	*long-**issim**-ae*	*long-**issim**-a*
Gen.	*long-**issim**-ōrum*	*long-**issim**-ārum*	*long-**issim**-ōrum*
Dat.	*long-**issim**-īs*	*long-**issim**-īs*	*long-**issim**-īs*
Akk.	*long-**issim**-ōs*	*long-**issim**-ās*	*long-**issim**-a*
Abl.	*long-**issim**-īs*	*long-**issim**-īs*	*long-**issim**-īs*

6. Auch die **Steigerungsformen** stehen in **KNG-Kongruenz** zu ihrem **Bezugswort**: *vi**a** longior/longissim**a*** – „der längere/längste Weg“, *graviōr**a**/gravissim**a** sax**a*** – „die schwereren/schwersten Steine“.

Lerntipp

Positiv: a-/o-Dekl. (*beātus, -a, -um*) oder **kons. Dekl.** (*ingēns, -ntis*)
Komparativ: kons. Dekl.
Superlativ: a-/o-Dekl.

Adverb: Komparativ und Superlativ

7. Auch viele **Adverbien** können **gesteigert** werden.
8. Der **Komparativ der Adverbien** entspricht dem **Komparativ der Adjektive im Neutrum Singular:** *long-**ius*** – „weiter“, *grav-**ius*** – „schwerer“.
9. Der **Superlativ** wird wie die Adverbien der Adjektive der a- und o-Deklination mit der **Endung** *-**ē*** gebildet: *long-issim-**ē*** – „am längsten“, *grav-issim-**ē*** – „am schwersten“.

! *sapient-ius*
Komparativ Adv. = Komparativ Adj. Sg. n

G1 S

Verwendung der Komparationsformen

Komparativ

10. Beim **Komparativ** werden **zwei Größen miteinander verglichen**. Die **Bezugsgröße**, mit der etwas verglichen wird, wird oft mit ***quam*** – „als“ angegeben.

*Haec via **longior** est **quam** illa.*	Dieser Weg ist **länger als** jener.

11. **Fehlt** eine **zweite Größe zum Vergleich**, hat der Komparativ eine **verstärkende** oder **abschwächende Funktion**. Man übersetzt ihn mit Ausdrücken wie **„recht“, „ziemlich“, „(all)zu“** und dem **Positiv**.

*Mōns **altior** est.*	Der Berg ist **ziemlich/zu hoch**.

Superlativ

12. Der **Superlativ** kann eine Eigenschaft in ihrer **stärksten Ausprägung** beschreiben.

via ***longissima***	der **längste** Weg

13. Der Superlativ kann aber auch ausdrücken, dass eine Eigenschaft in **sehr hohem Maß** vorliegt **(Elativ)**. Man übersetzt ihn mit einem Adverb wie **„sehr“, „überaus“** und dem Positiv.

via ***longissima***	ein **sehr langer** Weg

14. Oft sind freiere Übersetzungen möglich: *puella* ***fēlīcissima*** – „ein **überglückliches** Mädchen“ (→ L39 Ü6a, c).

G2 S

Ablativ des Vergleichs (Ablativus comparationis)

a. *Urbs Rōma clārior est* ***quam Athēnae***.
=
b. *Urbs Rōma clārior est* ***Athēnīs***.
Die Stadt Rom ist berühmter **als Athen**.

1. Die **Größe, mit der etwas verglichen wird**, kann entweder mit *quam* angeschlossen werden (a) oder **im Ablativ** (b) stehen. Diesen Ablativ nennt man **Ablativ des Vergleichs**.
2. Bei der Übersetzung des Ablativs des Vergleichs muss im Deutschen „**als**“ eingefügt werden.

Geschafft!

Du kennst nun die verschiedenen **Funktionen des Ablativs**:

Funktion	Verwendung	Beispiel
Ablativ der Art und Weise	*cum*/ohne Präp.	***cum virtūte*** *vīvere* – „**tugendhaft** leben“
Ablativ des Mittels	ohne Präp.	***armīs*** *pūgnāre* – „**mit Waffen** kämpfen“
Ablativ des Grundes	ohne Präp.	***fābulā*** *gaudēre* – „sich **über die Geschichte** freuen“
Ablativ der Trennung	*ā/ab/dē/ē/ex/sine/* ohne Präp.	***cūrīs*** *vacāre* – „**von Sorgen** frei sein / **keine Sorgen** haben“
Ablativ des Ortes	*in*/ohne Präp.	***in urbe Rōmā*** *esse* – „**in der Stadt Rom** sein“
Ablativ der Zeit	ohne Präp.	***mediā nocte*** – **„mitten in der Nacht“**
Ablativ des Vergleichs	ohne Präp.	*fortior* ***deīs*** – „stärker **als die Götter**“

WH F Adjektiv und Adverb: Steigerung (Komparation)

Adjektiv

1. Die Formen des **Komparativs** werden gebildet, indem **an den Stamm** der Baustein ***-ior-*** und die **Endungen der Substantive der konsonantischen Deklination** angefügt werden: *sapient-**iōr**-ēs*. Der **Nom. Sg. m/f** (*sapient-**ior***) und der **Nom./Akk. Sg. n** (*sapient-**ius***) haben keine eigene Endung.
2. Die Formen des **Superlativs** werden gebildet, indem **an den Stamm** der Baustein ***-issim-*** und die **Endungen der a- und o-Deklination** angefügt werden: *sapient-**issim**-us, -a, -um*.
3. Auch die **Steigerungsformen** stehen in **KNG-Kongruenz** zu ihrem **Bezugswort**: *homō sapient**ior**/sapient**issimus*** – „der weisere/weiseste Mensch".

Lerntipp

Positiv: a-/o-Dekl. (*bonus, -a, -um*) oder **kons. Dekl.** (*ingēns, -ntis*)
Komparativ: kons. Dekl.
Superlativ: a-/o-Dekl.

Adverb

4. Der **Komparativ der Adverbien** entspricht dem **Komparativ der Adjektive im Neutrum Singular**; der Superlativ wird wie die Adverbien der Adjektive der a- und o-Deklination mit der **Endung *-ē*** gebildet: *sapienter – sapient-**ius** – sapient-**issim-ē***.

! *sapient-ius*
Komparativ Adv. = Komparativ Adj. Sg. n

WH S Verwendung der Komparationsformen

5. Wenn der Komparativ ohne eine **zweite Größe zum Vergleich** steht, kann er mit **„recht"**, **„ziemlich"** sowie **„(all)zu"** und dem **Positiv** übersetzt werden.

*epistula **longior***	ein **recht langer** Brief

6. Wenn der **Superlativ** eine Eigenschaft nicht in ihrer **stärksten Ausprägung** beschreibt, sondern angibt, dass sie in **sehr hohem Maß** vorliegt **(Elativ)**, wird er mit einem Adverb wie **„sehr"**, **„überaus"** und dem **Positiv** oder **freier übersetzt**.

*epistula **longissima***	ein **sehr langer/ellenlanger** Brief

G
F

Adjektiv und Adverb: Unregelmäßige Komparation

1. Folgende Adjektive und die dazugehörigen Adverbien bilden den **Komparativ und Superlativ unregelmäßig**:

Adjektiv

Positiv → a-/o-Dekl.		Komparativ → kons. Dekl.		Superlativ → a-/o-Dekl.	
bonus, -a, -um	gut	*melior, melius*	besser	*optimus, -a, -um*	der/die/das beste
malus, -a, -um	schlecht	*pēior, pēius*	schlechter	*pessimus, -a, -um*	der/die/das schlechteste
māgnus, -a, -um	groß	*māior, māius*	größer	*māximus, -a, -um*	der/die/das größte
parvus, -a, -um	klein	*minor, minus*	kleiner	*minimus, -a, -um*	der/die/das kleinste
multī, -ae, -a	viele	*plūrēs, plūra* Gen. *plūrium*	mehr	*plūrimī, -ae, -a*	die meisten

2. Die unregelmäßigen Formen werden ebenso wie die regelmäßigen dekliniert und stehen in **KNG-Kongruenz** zu ihrem Bezugswort: *bon**a** māiōr**a*** – „größere Güter“, *plūrim**ae** virtūt**ēs*** – „die meisten Tugenden“.

Adverb

Positiv		Komparativ		Superlativ	
bene	gut	*melius*	besser	*optimē*	am besten
male	schlecht	*pēius*	schlechter	*pessimē*	am schlechtesten
valdē	sehr	*magis*	mehr	*māximē*	am meisten
paulum	wenig	*minus*	weniger	*minimē*	am wenigsten
multum	viel	*plūs*	mehr	*plūrimum*	am meisten

Adjektive auf *-er* oder *-lis*

3. Bei **Adjektiven**, die im **Nom. Sg. m auf *-er*** oder ***-lis*** enden, weicht die Bildung des **Superlativs** ab:

- Adjektive, die im **Nom. Sg. m auf *-er*** enden, bilden den Superlativ mit ***-rim**-us, -a, -um: pulcher-**rim**-us, -a, -um* – „der/die/das schönste“.
- Einige Adjektive, die im **Nom. Sg. m auf *-lis*** enden, bilden den Superlativ mit ***-lim**-us, -a, -um: facil-**lim**-us, -a, -um* – „der/die/das einfachste“.

WH S Relativsätze und Relativer Satzanschluss

1. Ein **Relativsatz** wird mit einem **Relativpronomen** eingeleitet und steht in **NG-Kongruenz** zu seinem **Bezugswort**: Er hat dann die Funktion eines **Attributs**. Der **Kasus** des Relativpronomens ergibt sich aus seiner **Funktion im Relativsatz** (hier: Objekt im Akkusativ).

Lerntipp

Die Satzglieder im Relativsatz kannst du ebenso erfragen wie in anderen Sätzen auch.

> ***Librī,*** ***quōs*** *Seneca scrīpsit, ā nōbīs libenter leguntur.*
>
> **Die Bücher, die** Seneca geschrieben hat, werden von uns gern gelesen.

2. **Am Satzanfang** kann das lateinische Relativpronomen als **relativer Satzanschluss** ein wichtiges Wort des vorhergehenden Satzes aufnehmen und so beide **Sätze** inhaltlich **eng** miteinander **verknüpfen**: Es hat dann die Funktion eines Demonstrativpronomens und wird mit **„dieser, diese, dieses"** übersetzt.

> *Seneca multōs librōs scrīpsit.* ***Quī*** *etiam ā nōbīs libenter leguntur.*
>
> Relativpronomen
>
> Seneca schrieb viele Bücher. **Diese** werden auch von uns gern gelesen.

3. Das Relativpronomen im Neutrum kann sich auch **auf den gesamten Satz beziehen**.

> ***Seneca clārissimus est. Quae cum ita sint,*** *librī eius etiam ā nōbīs leguntur.*
>
> **Seneca ist sehr berühmt. (Da dies so ist,) / Deshalb** werden seine Bücher auch von uns gelesen.

G S Vorangestellter und verallgemeinernder Relativsatz

> ***Quae mala*** *accidunt, sustineō.* **Die(jenigen) Übel, die** passieren, halte ich aus.

1. Im Lateinischen kann der **Relativsatz** auch **vor dem übergeordneten Satz** stehen. Das **Bezugswort** steht dann meist **nur im Relativsatz**. Bei der **Übersetzung** ins Deutsche muss dieses **in den übergeordneten Satz gezogen** werden.

2. Auch kann im Lateinischen ein **Relativsatz ohne ein Bezugswort** vorkommen; das Relativpronomen wird dann mit **„derjenige, der“** oder **„wer“** bzw. **„das, was“** oder **„was“** übersetzt.

*Nōn dēspērat, **quī** fātō crēdit.*	**Derjenige, der** auf das Schicksal vertraut, verzweifelt nicht. **Wer** auf das Schicksal vertraut, verzweifelt nicht.

3. Dabei kann der **Relativsatz ohne Bezugswort** auch vorangestellt und/oder **mit einem verallgemeinernden Relativpronomen** eingeleitet sein.

***Quī** fātō crēdit, nōn dēspērat.*	**Derjenige, der** auf das Schicksal vertraut, verzweifelt nicht. **Wer** auf das Schicksal vertraut, verzweifelt nicht.
***Quidquid** accidit, sustineō.*	**Was auch immer** passiert, halte ich aus. Ich halte **alles, was auch immer** passiert, aus.

WH S Fragesätze (Interrogativsätze)

1. Wie im Deutschen unterscheidet man im Lateinischen **Wort-** und **Satzfragen**.
2. **Wortfragen** werden mit einem **Interrogativpronomen** (*quis?* – „wer?", *quid?* – „was?") oder **Interrogativadverb** (*ubī?* – „wo?", *quandō?* – „wann?") eingeleitet: ***Quis** beātus est?* – „**Wer** ist glücklich?"
3. **Satzfragen** werden im Lateinischen mit einer **Fragepartikel** (Fragewörtchen; ***-ne, nōnne, num***) markiert: *Beātus**ne** es?* – „Bist du glücklich?"

G1 S Konjunktiv im Nebensatz: Indirekte Fragesätze

*Lūcīlius **rogat**,* *[**quis**] vītam nostram regat.*
Lucilius **fragt**, **wer** unser Leben **lenke/lenkt**.

1. Im Gegensatz zu direkten Fragen **hängen indirekte Fragen** von einem übergeordneten Satz **ab**, in dem ein Verb des Fragens steht: **„Wer lenkt unser Leben?"** → Lucilius fragt, **wer unser Leben lenke/lenkt**.
2. Im Lateinischen stehen **indirekte Fragesätze immer im Konjunktiv**. Im Deutschen steht der Konjunktiv in der Regel nach einleitenden Verben des Fragens; sonst wird häufig auch der Indikativ verwendet.
3. Wie bei den direkten Fragen unterscheidet man **zwei Arten** von indirekten Fragesätzen:

*Quīdam **rogant**,*
Einige **fragen**,

- **Wortfrage**, eingeleitet mit einem Interrogativadverb (*ubī, cūr, ...*) oder einem Interrogativpronomen (*quis, quid, ...*):

  ... [***cūr***] *philosophandum **sit**.*
  ... **warum** man philosophieren **müsse/muss**.

  ... [***quis***] *sapiēns **sit**.*
  ... **wer** weise **sei/ist**.

- **Satzfrage**, eingeleitet mit Fragepartikel *num, -ne, an:*

  ... [***num***] *fātum nōbīs **imperet**.*
  ... **ob** das Schicksal uns **beherrsche/beherrscht**.

Geschafft!

Du kennst nun bereits drei **Nebensätze**, die im Lateinischen **mit dem Konjunktiv** stehen, aber meist **mit dem Indikativ übersetzt** werden.

	Übersetzung
***ut*-Satz** mit *ut/nē* *ut/ut nōn*	 dass; damit, um ... zu/dass nicht; damit nicht, um nicht ... zu (so)dass/(so)dass nicht
***cum*-Satz**	als, nachdem; da, weil; obwohl; während (dagegen)
indirekter Fragesatz mit *ubī, cūr, ...* *quis, quid, ...* *num, -ne, an*	 wo, warum, ... wer, was, ... ob

G2 S

Doppelter Akkusativ

Lūcīlius	***Senecam***	***amīcum***	*dīcit.*
	Objekt (Akk.)	**Prädikatsnomen im Akk.**	

Lucilius nennt **Seneca** **seinen Freund** / bezeichnet **Seneca** **als seinen Freund**.

Seneca	***amīcitiam***	***māgnum bonum***	*putat/exīstimat.*
	Objekt (Akk.)	**Prädikatsnomen im Akk.**	

Seneca hält **die Freundschaft** **für ein großes Gut**.

1. Wie im Deutschen haben im Lateinischen einige Verben **zwei Akkusative** bei sich: ein **Akkusativ-Objekt** und ein **Prädikatsnomen im Akkusativ**.
2. Folgende Verben werden mit doppeltem Akkusativ anders übersetzt:

dīcere	(jem./etw.) (jem./etw.) nennen / (jem./etw.) als (jem./etw.) bezeichnen
putāre/exīstimāre	(jem./etw.) für (jem./etw.) halten

Formenlehre

1 Veränderliche Wortarten

1.1 Nomina

Substantiv	*dominus, -ī* m – „der Herr“		
Adjektiv	Positiv		*clārus, -a, -um* – „berühmt“
	Komparativ		*clārior, -ōris* – „der berühmtere“
	Superlativ		*clārissimus, -a, -um* – „der berühmteste“
Pronomen (Pl. **Pronomina**)	Personalpronomen		*ego* – „ich“, *tū* – „du“, *nōs* – „wir“, *vōs* – „ihr“
	Possessivpronomen		*meus* – „mein“, *tuus* – „dein“
	Demonstrativpronomen		*is, ea, id* – „dieser, diese, dieses“
	Relativpronomen		*quī, quae, quod* – „der, die, das“
	Indefinitpronomen	subst.	*aliquis, aliquid* – „irgendjemand, irgendetwas“
		adj.	*aliquī, aliqua, aliquod* – „irgendein, irgendeine, irgendein“
	Interrogativpronomen	subst.	*quis, quid?* – „wer, was?“
		adj.	*quī, quae, quod?* – „welcher, welche, welches?“
Numerale (Pl. **Numeralia**)	Kardinalzahl		*ūnus, -a, -um* – „eins“
	Ordinalzahl		*prīmus, -a, -um* – „der erste“

Man bestimmt die Nomina durch drei Kategorien:

Kasus (Pl. **Kasūs**)	Nominativ (Wer/Was?)	**Numerus** (Pl. **Numeri**)	Singular (Einzahl)
	Genitiv (Wessen?)		Plural (Mehrzahl)
	Dativ (Wem?)		
	Akkusativ (Wen/Was?)	**Genus** (Pl. **Genera**)	Maskulinum (männlich)
	Ablativ (Womit/Wodurch/Wovon?)		Femininum (weiblich)
	Vokativ (Anrede)		Neutrum (sächlich)

1.2 Verb

Verben werden **konjugiert**. Man bestimmt Verbformen durch fünf Kategorien:

Person	1., 2., 3.	**Numerus** (Pl. **Numeri**)	Singular, Plural
Modus (Pl. **Modi**)	Indikativ	**Tempus** (Pl. **Tempora**)	Präsens
	Imperativ		Imperfekt
	Konjunktiv		Futur I
			Perfekt
Genus Verbi	Aktiv		Plusquamperfekt
	Passiv		Futur II

Neben den konjugierten Verbformen gibt es:

Infinitiv	Präsens Aktiv/Passiv	*vocā-re* – „(zu) rufen“/*vocā-rī* – „gerufen (zu) werden“
	Perfekt Aktiv/Passiv	*vocā-visse* – „gerufen (zu) haben“/*vocātum, -am, -um esse* – „gerufen worden (zu) sein“
Partizip	Präsens Aktiv	*vocāns*, Gen. *vocantis* – „rufend”
	Perfekt Passiv	*vocātus, -a, -um* – „gerufen”
Gerundium	*(vocā-re), voca-nd-ī, voca-nd-ō, ad voca-nd-um, voca-nd-ō*	
Gerundivum	*voca-nd-us, -a, -um*	

2 Unveränderliche Wortarten

Präposition	*ad* m. Akk. – „zu, an", *cum* m. Abl. – „mit"	**Konjunktion**	*sed* – „aber", *et* – „und"
Adverb	*semper* – „immer", *iūstē* – „gerecht", *ācriter* – „heftig"	**Subjunktion**	*quia* – „weil", *quamquam* – „obwohl"

Satzlehre

1 Satzarten

Aussagesatz	*Amīcī veniunt.* – „Die Freunde kommen."
Aufforderungssatz	*Venī, amīce!* – „Komm, Freund!"
Fragesatz	*Cūr amīcī nōn veniunt?* – „Warum kommen die Freunde nicht?"

2 Nebensatzarten

mit Indikativ	**Relativsatz**	eingeleitet mit Relativpronomen ***quī, quae, quod*** in NG-Kongruenz zu seinem Bezugswort
	Adverbialsatz	temporal (***cum, dum, postquam, ubī***)
		kausal (***quia, quod, quoniam***)
		konditional (***sī/nisī***)
		konzessiv (***etsī/quamquam***)
mit Konjunktiv		***ut/nē*** (final, Wunsch/Aufforderung, konsekutiv)
	Adverbialsatz	***cum*** (temporal, kausal, konzessiv, adversativ); ***dum*** (temporal); ***etsī*** (konzessiv)
		sī/nisī (konditional)
	indirekter Fragesatz	eingeleitet mit Interrogativadverb (*cūr?, ubī?, ...*)
		eingeleitet mit Interrogativpronomen (*quis?, quid?, ...*)
		eingeleitet mit Fragepartikel (*-ne, an, ...*)

3 Satzglieder und Satzgliedteile

3.1 Satzglieder

Subjekt	***Rōmānī*** *deōs colunt.* – „**Die Römer** verehren die Götter."	
Prädikat	*Rōmānī deōs* ***colunt***. – „Die Römer **verehren** die Götter."	
Objekt	**Dativobjekt**	*Deī* ***Rōmānīs*** *adsunt.* – „Die Götter helfen **den Römern**."
	Akkusativobjekt	*Rōmānī* ***deōs*** *colunt.* – „Die Römer verehren **die Götter**."
	Ablativobjekt	*Cīvēs Rōmānī* ***lībertāte*** *fruuntur.* – „Römische Bürger genießen **Freiheit**."
Adverbiale	*Rōmānī deōs* ***dōnīs*** *colunt.* – „Die Römer verehren die Götter **mit Geschenken**."	
Prädikatsnomen	**Adjektiv**	*Templum* ***māgnum*** *est.* – „Der Tempel ist **groß**."
	Substantiv	*Minerva* ***dea*** *est.* – „Minerva ist eine Göttin."

3.2 Satzgliedteile

Attribut	**Adjektiv als Attribut**	*Rōmānī deōs* ***māgnōs*** *colunt.* – „Die Römer verehren die **großen** Götter."
	Genitivattribut	*Venus dea* ***amōris*** *est.* – „Venus ist die Göttin **der Liebe**."
	Relativsatz als Attribut	*Herculēs,* ***cuius pater Iuppiter est****, multōs labōrēs sustinet.* – „Herkules, **dessen Vater Jupiter ist**, erträgt viele Mühen."
Apposition	**Substantiv als Attribut**	*Rōmānī Iūnōnem* ***deam*** *colunt.* – „Die Römer verehren **die Göttin** Juno."
Prädikativum	**Adjektiv als Prädikativum**	*Iuppiter* ***ūnus*** *Sāturnum vincit.* – „Jupiter besiegt **als Einziger/allein** Saturn."
	Substantiv als Prädikativum	*Iuppiter* ***dominus*** *deōrum et hominum Olympō et orbī terrārum imperat.* – „Jupiter herrscht **als Herr** der Götter und Menschen über den Olymp und den Erdkreis."

Nomina

1 Substantive

	a-Dekl.	o-Dekl.			e-Dekl.	u-Dekl.	
	domina **(f) – „Herrin“**	***dominus*** **(m) – „Herr“**	***verbum*** **(n) – „Wort“**	***ager*** **(m) – „Acker“**	***rēs*** **(f) – „Sache“**	***cōnspectus*** **(m) – „Anblick“**	***domus*** **(f) – „Haus“**
Nom. Sg.	*domin-a*	*domin-us*	*verb-um*	*ager*	*rēs*	*cōnspect-us*	*dom-us*
Gen. Sg.	*domin-ae*	*domin-ī*	*verb-ī*	*agr-ī*	*reī*	*cōnspect-ūs*	*dom-ūs*
Dat. Sg.	*domin-ae*	*domin-ō*	*verb-ō*	*agr-ō*	*reī*	*cōnspect-uī*	*dom-uī*
Akk. Sg.	*domin-am*	*domin-um*	*verb-um*	*agr-um*	*rem*	*cōnspect-um*	*dom-um*
Abl. Sg.	*domin-ā*	*domin-ō*	*verb-ō*	*agr-ō*	*rē*	*cōnspect-ū*	*dom-ō*
Nom. Pl.	*domin-ae*	*domin-ī*	*verb-a*	*agr-ī*	*rēs*	*cōnspect-ūs*	*dom-ūs*
Gen. Pl.	*domin-ārum*	*domin-ōrum*	*verb-ōrum*	*agr-ōrum*	*rērum*	*cōnspect-uum*	*dom-ōrum*
Dat. Pl.	*domin-īs*	*domin-īs*	*verb-īs*	*agr-īs*	*rēbus*	*cōnspect-ibus*	*dom-ibus*
Akk. Pl.	*domin-ās*	*domin-ōs*	*verb-a*	*agr-ōs*	*rēs*	*cōnspect-ūs*	*dom-ōs*
Abl. Pl.	*domin-īs*	*domin-īs*	*verb-īs*	*agr-īs*	*rēbus*	*cōnspect-ibus*	*dom-ibus*

	kons. Dekl.						
	homō **(m) – „Mensch“**	***carmen*** **(n) – „Lied“**	***Iūppiter*** **(m) – „Jupiter“**	***cīvis*** **(m/f) – „Bürger“**	***urbs*** **(f) – „Stadt“**	***animal*** **(n) – „Lebewesen“**	***vīs*** **(f) – „Kraft“**
Nom. Sg.	*homō*	*carmen*	*Iūppiter*	*cīvis*	*urbs*	*animal*	*vīs*
Gen. Sg.	*homin-is*	*carmin-is*	*Iov-is*	*cīv-is*	*urb-is*	*animāl-is*	–
Dat. Sg.	*homin-ī*	*carmin-ī*	*Iov-ī*	*cīv-ī*	*urb-ī*	*animāl-ī*	–
Akk. Sg.	*homin-em*	*carmen*	*Iov-em*	*cīv-em*	*urb-em*	*animal*	*vim*
Abl. Sg.	*homin-e*	*carmin-e*	*Iov-e*	*cīv-e*	*urb-e*	*animāl-ī*	*vī*
Nom. Pl.	*homin-ēs*	*carmin-a*	–	*cīv-ēs*	*urb-ēs*	*animāl-ia*	*vīr-ēs*
Gen. Pl.	*homin-um*	*carmin-um*	–	*cīv-ium*	*urb-ium*	*animāl-ium*	*vīr-ium*
Dat. Pl.	*homin-ibus*	*carmin-ibus*	–	*cīv-ibus*	*urb-ibus*	*animāl-ibus*	*vīr-ibus*
Akk. Pl.	*homin-ēs*	*carmin-a*	–	*cīv-ēs*	*urb-ēs*	*animāl-ia*	*vīr-ēs*
Abl. Pl.	*homin-ibus*	*carmin-ibus*	–	*cīv-ibus*	*urb-ibus*	*animāl-ibus*	*vīr-ibus*

2 Adjektive

2.1 Positiv

	a-/o-Dekl.					
	longus, -a, -um – „lang"			*pulcher, pulchra, pulchrum* – „schön"		
	m	f	n	m	f	n
Nom. Sg.	*long-us*	*long-a*	*long-um*	*pulch-e-r*	*pulchr-a*	*pulchr-um*
Gen. Sg.	*long-ī*	*long-ae*	*long-ī*	*pulchr-ī*	*pulchr-ae*	*pulchr-ī*
Dat. Sg.	*long-ō*	*long-ae*	*long-ō*	*pulchr-ō*	*pulchr-ae*	*pulchr-ō*
Akk. Sg.	*long-um*	*long-am*	*long-um*	*pulchr-um*	*pulchr-am*	*pulchr-um*
Abl. Sg.	*long-ō*	*long-ā*	*long-ō*	*pulchr-ō*	*pulchr-ā*	*pulchr-ō*
Nom. Pl.	*long-ī*	*long-ae*	*long-a*	*pulchr-ī*	*pulchr-ae*	*pulchr-a*
Gen. Pl.	*long-ōrum*	*long-ārum*	*long-ōrum*	*pulchr-ōrum*	*pulchr-ārum*	*pulchr-ōrum*
Dat. Pl.		*long-īs*			*pulchr-īs*	
Akk. Pl.	*long-ōs*	*long-ās*	*long-a*	*pulchr-ōs*	*pulchr-ās*	*pulchr-a*
Abl. Pl.		*long-īs*			*pulchr-īs*	

	kons. Dekl.								
	ingēns (einendig) – „gewaltig"			*turpis, turpe* (zweiendig) – „hässlich"			*ācer, ācris ācer* (dreiendig) – „scharf"		
	m	f	n	m	f	n	m	f	n
Nom. Sg.		*ingēns*			*turpis*	*turpe*	*ācer*	*ācris*	*ācre*
Gen. Sg.		*ingent-is*			*turp-is*			*ācr-is*	
Dat. Sg.		*ingent-ī*			*turp-ī*			*ācr-ī*	
Akk. Sg.		*ingent-em*	*ingēns*		*turp-em*	*turpe*		*ācr-em*	*ācre*
Abl. Sg.		*ingent-ī*			*turp-ī*			*ācr-ī*	
Nom. Pl.		*ingent-ēs*	*ingent-ia*		*turp-ēs*	*turp-ia*		*ācr-ēs*	*ācr-ia*
Gen. Pl.		*ingent-ium*			*turp-ium*			*ācr-ium*	
Dat. Pl.		*ingent-ibus*			*turp-ibus*			*ācr-ibus*	
Akk. Pl.		*ingent-ēs*	*ingent-ia*		*turp-ēs*	*turp-ia*		*ācr-ēs*	*ācr-ia*
Abl. Pl.		*ingent-ibus*			*turp-ibus*			*ācr-ibus*	

2.2 Komparativ

	kons. Dekl.		
	longior, longius – „länger"		
	m	f	n
Nom. Sg.	*long-ior*		*long-ius*
Gen. Sg.	*long-iōr-is*		
Dat. Sg.	*long-iōr-ī*		
Akk. Sg.	*long-iōr-em*		*long-ius*
Abl. Sg.	*long-iōr-e*		
Nom. Pl.	*long-iōr-ēs*		*long-iōr-a*
Gen. Pl.	*long-iōr-um*		
Dat. Pl.	*long-iōr-ibus*		
Akk. Pl.	*long-iōr-ēs*		*long-iōr-a*
Abl. Pl.	*long-iōr-ibus*		

2.3 Superlativ

	a-/o-Dekl.		
	longissimus, -a, -um – „der/die/das längste"		
	m	f	n
Nom. Sg.	*long-issim-us*	*long-issim-a*	*long-issim-um*
Gen. Sg.	*long-issim-ī*	*long-issim-ae*	*long-issim-ī*
Dat. Sg.	*long-issim-ō*	*long-issim-ae*	*long-issim-ō*
Akk. Sg.	*long-issim-um*	*long-issim-am*	*long-issim-um*
Abl. Sg.	*long-issim-ō*	*long-issim-ā*	*long-issim-ō*
Nom. Pl.	*long-issim-ī*	*long-issim-ae*	*long-issim-a*
Gen. Pl.	*long-issim-ōrum*	*long-issim-ārum*	*long-issim-ōrum*
Dat. Pl.	*long-issim-īs*		
Akk. Pl.	*long-issim-ōs*	*long-issim-ās*	*long-issim-a*
Abl. Pl.	*long-issim-īs*		

2.4 Unregelmäßige Komparation

Positiv		**Komparativ**		**Superlativ**	
bonus, -a, -um	gut	*melior, melius*	besser	*optimus, -a, -um*	der/die/das beste
malus, -a, -um	schlecht	*pēior, pēius*	schlechter	*pessimus, -a, -um*	der/die/das schlechteste
māgnus, -a, -um	groß	*māior, māius*	größer	*māximus, -a, -um*	der/die/das größte
parvus, -a, -um	klein	*minor, minus*	kleiner	*minimus, -a, -um*	der/die/das kleinste
multum/ multī, -ae, -a	viel/viele	*plūs/ plūrēs, plūra* Gen. *plūrium*	mehr	*plūrimum/ plūrimī, -ae, -a*	am meisten /sehr viel / die meisten

3 Pronomina

3.1 Personalpronomina

	1. Person	2. Person	3. Person	
			nicht-reflexiv	reflexiv
Nom. Sg.	*ego* ich	*tū* du	–	–
Gen. Sg.	*meī* meiner	*tuī* deiner	*eius* seiner, ihrer/dessen	*suī* seiner, ihrer
Dat. Sg.	*mihi* mir	*tibi* dir	*eī* ihm, ihr, ihm	*sibi* sich
Akk. Sg.	*mē* mich	*tē* dich	*eum, eam, id* ihn, sie, es	*sē* sich
Abl. Sg.	*ā mē/mēcum* von mir/mit mir	*ā tē/tēcum* von dir/mit dir	*ab/cum eō, eā, eō* von/mit ihm, ihr, ihm	*ā sē/sēcum* von sich/mit sich
Nom. Pl.	*nōs* wir	*vōs* ihr	–	–
Gen. Pl.	*nostrī, -um* unser	*vestrī, -um* euer	*eōrum, eārum, eōrum* ihrer	*suī* ihrer
Dat. Pl.	*nōbīs* uns	*vōbīs* euch	*eīs (iīs)* ihnen	*sibi* sich
Akk. Pl.	*nōs* uns	*vōs* euch	*eōs, eās, ea* sie	*sē* sich
Abl. Pl.	*ā nōbīs/nōbīscum* von uns/mit uns	*ā vōbīs/vōbīscum* von euch/mit euch	*ab/cum eīs (iīs)* von/mit ihnen	*ā sē/sēcum* von sich/mit sich

3.2 Possessivpronomina

	1. Person	2. Person	3. Person	
			nicht-reflexiv	reflexiv
Sg.	*meus, mea, meum* mein	*tuus, tua, tuum* dein	*eius* sein, ihr, sein	*suus, sua, suum* sein, ihr, sein
Pl.	*noster, nostra, nostrum* unser	*vester, vestra, vestrum* euer	*eōrum, eārum, eōrum* ihr	*suus, sua, suum* ihr

3.3 Demonstrativpronomina

3.3.1 *hic, haec, hoc* – „dieser“; *ille, illa, illud* – „jener“; *iste, ista, istud* – „dieser (da)“

	hic, haec, hoc			*ille, illa, illud*			*iste, ista, istud*		
	m	f	n	m	f	n	m	f	n
Nom. Sg.	*hic*	*haec*	*hoc*	*ille*	*illa*	*illud*	*iste*	*ista*	*istud*
Gen. Sg.	*huius*			*illīus*			*istīus*		
Dat. Sg.	*huic*			*illī*			*istī*		
Akk. Sg.	*hunc*	*hanc*	*hoc*	*illum*	*illam*	*illud*	*istum*	*istam*	*istud*
Abl. Sg.	*hōc*	*hāc*	*hōc*	*illō*	*illā*	*illō*	*istō*	*istā*	*istō*
Nom. Pl.	*hī*	*hae*	*haec*	*illī*	*illae*	*illa*	*istī*	*istae*	*ista*
Gen. Pl.	*hōrum*	*hārum*	*hōrum*	*illōrum*	*illārum*	*illōrum*	*istōrum*	*istārum*	*istōrum*
Dat. Pl.	*hīs*			*illīs*			*istīs*		
Akk. Pl.	*hōs*	*hās*	*haec*	*illōs*	*illās*	*illa*	*istōs*	*istās*	*ista*
Abl. Pl.	*hīs*			*illīs*			*istīs*		

3.3.2 *is, ea, id* – „dieser; der(jenige); er“; *īdem, eadem, idem* – „derselbe“; *ipse, ipsa, ipsum* – „selbst; gerade; persönlich“

	is, ea, id			*īdem, eadem, idem*			*ipse, ipsa, ipsum*		
	m	f	n	m	f	n	m	f	n
Nom. Sg.	*is*	*ea*	*id*	*īdem*	*eadem*	*idem*	*ipse*	*ipsa*	*ipsum*
Gen. Sg.	*eius*			*eiusdem*			*ipsīus*		
Dat. Sg.	*eī*			*eīdem*			*ipsī*		
Akk. Sg.	*eum*	*eam*	*id*	*eundem*	*eandem*	*idem*	*ipsum*	*ipsam*	*ipsum*
Abl. Sg.	*eō*	*eā*	*eō*	*eōdem*	*eādem*	*eōdem*	*ipsō*	*ipsā*	*ipsō*
Nom. Pl.	*eī (iī)*	*eae*	*ea*	*eī-dem (iī-dem)*	*eaedem*	*eadem*	*ipsī*	*ipsae*	*ipsa*
Gen. Pl.	*eōrum*	*eārum*	*eōrum*	*eōrundem*	*eārundem*	*eōrundem*	*ipsōrum*	*ipsārum*	*ipsōrum*
Dat. Pl.	*eīs (iīs)*			*eīs-dem (iīs-dem)*			*ipsīs*		
Akk. Pl.	*eōs*	*eās*	*ea*	*eōsdem*	*eāsdem*	*eadem*	*ipsōs*	*ipsās*	*ipsa*
Abl. Pl.	*eīs (iīs)*			*eīs-dem (iīs-dem)*			*ipsīs*		

3.4 Relativpronomina *quī, quae, quod* – „der, die, das“

	quī, quae, quod		
	m	f	n
Nom. Sg.	*quī*	*quae*	*quod*
Gen. Sg.	*cuius*		
Dat. Sg.	*cui*		
Akk. Sg.	*quem*	*quam*	*quod*
Abl. Sg.	*quō*	*quā*	*quō*
Nom. Pl.	*quī*	*quae*	*quae*
Gen. Pl.	*quōrum*	*quārum*	*quōrum*
Dat. Pl.	*quibus*		
Akk. Pl.	*quōs*	*quās*	*quae*
Abl. Pl.	*quibus*		

3.5 Interrogativpronomen *quis?, quid?* – „wer?, was?“/*quī?, quae?, quod?* – „welcher?, welche?, welches?“

	quis, quid **(subst.)**		
	m	f	n
Nom. Sg.	*quis?*		*quid?*
Gen. Sg.	*cuius?*		
Dat. Sg.	*cui?*		
Akk. Sg.	*quem?*		*quod?*
Abl. Sg.	*ā quō?*		*quō?*

Die Formen des adjektivischen Interrogativpronomens entsprechen den Formen des Relativpronomens (→ Tabelle 3.4).

3.6 Indefinitpronomina

3.6.1 *aliquis, aliquid* – „irgendjemand, irgendetwas“/*aliquī, aliqua, aliquod* – „irgendein, irgendeine, irgendein“

	aliquis, aliquid **(subst.)**			***aliquī, aliqua, aliquod*** **(adjekt.)**		
	m	f	n	m	f	n
Nom. Sg.	*aliquis*		*aliquid*	*aliquī*	*aliqua*	*aliquod*
Gen. Sg.	*alicuius*			*alicuius*		
Dat. Sg.	*alicui*			*alicui*		
Akk. Sg.	*aliquem*		*aliquid*	*aliquem*	*aliquam*	*aliquod*
Abl. Sg.	*aliquō*			*aliquō*	*aliquā*	*aliquō*
Nom. Pl.	–			*aliquī*	*aliquae*	*aliqua*
Gen. Pl.	–			*aliquōrum*	*aliquārum*	*aliquōrum*
Dat. Pl.	–			*aliquibus*		
Akk. Pl.	–			*aliquōs*	*aliquās*	*aliqua*
Abl. Pl.	–			*aliquibus*		

3.6.2 *quīdam, quaedam, quiddam/quīdam, quaedam, quoddam* – „ein gewisser; einige, manche“

	quīdam, quaedam, quiddam/quoddam **(subst./adjekt.)**		
	m	**f**	**n**
Nom. Sg.	*quīdam*	*quaedam*	*quiddam/quoddam*
Gen. Sg.		*cuiusdam*	
Dat. Sg.		*cuidam*	
Akk. Sg.	*quendam*	*quandam*	*quiddam/quoddam*
Abl. Sg.	*quōdam*	*quādam*	*quōdam*
Nom. Pl.	*quīdam*	*quaedam*	*quaedam*
Gen. Pl.	*quōrundam*	*quārundam*	*quōrundam*
Dat. Pl.		*quibusdam*	
Akk. Pl.	*quōsdam*	*quāsdam*	*quaedam*
Abl. Pl.		*quibusdam*	

3.6.3 *nēmō, nihil* – „niemand, nichts“/*nūllus, -a, -um* – „kein“

	nēmō, nihil **(subst.)**			***nūllus, -a, -um*** **(adjekt.)**		
	m	**f**	**n**	**m**	**f**	**n**
Nom. Sg.	*nēmō*		*nihil/nīl*	*nūllus*	*nūlla*	*nūllum*
Gen. Sg.	*nūllīus*		*nūllīus reī*		*nūllīus*	
Dat. Sg.	*nēminī*		*nūllī reī*		*nūllī*	
Akk. Sg.	*nēminem*		*nihil/nīl*	*nūllum*	*nūllam*	*nūllum*
Abl. Sg.	*nūllō*		*nūllā rē*	*nūllō*	*nūllā*	*nūllō*
Nom. Pl.		–		*nūllī*	*nūllae*	*nūlla*
Gen. Pl.		–		*nūllōrum*	*nūllārum*	*nūllōrum*
Dat. Pl.		–			*nūllīs*	
Akk. Pl.		–		*nūllōs*	*nūllās*	*nūlla*
Abl. Pl.		–			*nūllīs*	

Wie ***nūllus*** bilden auch folgende Wörter den **Gen. Sg. auf *-īus*** und den **Dat. Sg. auf *-ī***:

alius, -a, -ud; Ersatzform: Gen. *alterīus*, Dat. *alterī*	ein anderer
alter, altera, alterum	der eine (von beiden)
sōlus, -a, -um	allein, einzig
tōtus, -a, -um	ganz
ūllus, -a, -um	irgendein
ūnus, -a, -um	ein(er), ein einziger

4 Numeralia

4.1 1, 2, 3

	ūnus			*duo*			*trēs*		
	m	**f**	**n**	**m**	**f**	**n**	**m**	**f**	**n**
Nom.	*ūnus*	*ūna*	*ūnum*	*duo*	*duae*	*duo*	*trēs*		*tria*
Gen.	*ūnīus*			*duōrum*	*duārum*	*duōrum*	*trium*		
Dat.	*ūnī*			*duōbus*	*duābus*	*duōbus*	*tribus*		
Akk.	*ūnum*	*ūnam*	*ūnum*	*duōs*	*duās*	*duo*	*trēs*		*tria*
Abl.	*ūnō*	*ūnā*	*ūnō*	*duōbus*	*duābus*	*duōbus*	*tribus*		

4.2 1–20, 50, 100, 1000

Zahlzeichen		**Kardinalzahlen**	**Ordinalzahlen**
I	1	*ūnus, -a, -um*	*prīmus, -a, -um*
II	2	*duo, duae, duo*	*secundus, -a, -um*
III	3	*trēs, trēs, tria*	*tertius, -a, -um*
IV	4	*quattuor*	*quartus, -a, -um*
V	5	*quīnque*	*quīntus, -a, -um*
VI	6	*sex*	*sextus, -a, -um*
VII	7	*septem*	*septimus, -a, -um*
VIII	8	*octō*	*octāvus, -a, -um*
IX	9	*novem*	*nōnus, -a, -um*
X	10	*decem*	*decimus, -a, -um*
XI	11	*ūndecim*	*ūndecimus, -a, -um*
XII	12	*duodecim*	*duodecimus, -a, -um*
XIII	13	*trēdecim*	*tertius decimus, -a, -um*
XIV	14	*quattuordecim*	*quartus decimus, -a, -um*
XV	15	*quīndecim*	*quīntus decimus, -a, -um*
XVI	16	*sēdecim*	*sextus decimus, -a, -um*
XVII	17	*septendecim*	*septimus decimus, -a, -um*
XVIII	18	*duodēvīgintī*	*duodēvīcēsimus, -a, -um*
XIX	19	*ūndēvīgintī*	*undēvīcēsimus, -a, -um*
XX	20	*vīgintī*	*vīcēsimus, -a, -um*
L	50	*quīnquāgintā*	*quīnquāgēsimus, -a, -um*
C	100	*centum*	*centēsimus, -a, -um*
M	1000	*mīlle*	*mīllēsimus, -a, -um*

Kleine Wörter

5 Adverbien: unregelmäßige Komparation

Positiv		Komparativ		Superlativ	
bene	gut	*melius*	besser	*optimē*	am besten
male	schlecht	*pēius*	schlechter	*pessimē*	am schlechtesten
valdē	sehr	*magis*	mehr	*māximē*	am meisten
multum	viel	*plūs*	mehr	*plūrimum*	am meisten
paulum	wenig	*minus*	weniger	*minimē*	am wenigsten

6 Präpositionen

	örtlich	zeitlich	übertragen
Präpositionen mit Genitiv			
causā (nachgestellt)	–	–	um ... willen (*m. Gen.*), wegen (*m. Gen.*)
Präpositionen mit Akkusativ			
ad	zu (... hin) (*m. Dat.*); bei (*m. Dat.*), an (*m. Dat.*)	an (*m. Dat.*), zu (*m. Dat.*)	nach (*m. Dat.*), zu (*m. Dat.*)
adversus	gegen (*m. Akk.*)	–	gegen (*m. Akk.*)
ante	vor (*m. Dat.*)	vor (*m. Dat.*)	vor (*m. Dat.*)
apud	bei (*m. Dat.*)	–	–
circum	rings um *(m. Akk.)*, um ... herum *(m. Akk.)*	–	–
citra	diesseits *(m. Gen.)*		
inter	zwischen (*m. Dat.*)	während (*m. Gen.*)	–
intrā	innerhalb *(m. Gen.)*	–	–
ob	entgegen (*m. Dat.*)	–	wegen (*m. Gen.*)
per	durch (... hindurch) (*m. Akk.*); über (*m. Akk.*)	durch (*m. Akk.*)	durch (*m. Akk.*)
post	hinter (*m. Dat.*)	nach (*m. Dat.*)	–
praeter	an ... vorbei (*m. Dat.*)	–	außer (*m. Dat.*), gegen (*m. Akk.*)
prope	nahe bei *(m. Dat.)*, in der Nähe von *(m. Dat.)*	–	–
propter	–	–	wegen (*m. Gen.*)
trāns	über ... hinüber *(m. Akk.)*; jenseits *(m. Gen.)*	–	–
Präpositionen mit Ablativ			
ā/ab	von (*m. Dat.*), von ... her (*m. Dat.*), von ... weg (*m. Dat.*)	von (*m. Dat.*)	von (*m. Dat.*), von ... her (*m. Dat.*)
cōram	vor *(m. Dat.)*	–	–
cum	–	–	(zusammen) mit (*m. Dat.*)
dē	von ... herab (*m. Dat.*); von (*m. Dat.*)	von (*m. Dat.*)	von (*m. Dat.*), über (*m. Akk.*), um (*m. Akk.*)/wegen (*m. Gen.*)
ē/ex	aus (*m. Dat.*), aus ... heraus (*m. Dat.*); von ... her (*m. Dat.*)	von ... her (*m. Dat.*); seit (*m. Dat.*)	aus (*m. Dat.*), von (*m. Dat.*)
prō	vor (*m. Dat.*)	–	für (*m. Akk.*); statt (*m. Gen.*), an Stelle von (*m. Dat.*)
sine	–	–	ohne (*m. Akk.*)

Präpositionen mit Akkusativ und Ablativ			
in (m. Akk.) (Frage: Wohin?)	in (... hinein) (*m. Akk.*); auf (*m. Akk.*); nach (...hin) (*m. Dat.*)	in (... hinein) (*m. Akk.*)	gegen (*m. Akk.*)
in (m. Abl.) (Frage: Wo?)	in (*m. Dat.*), an (*m. Dat.*), auf (*m. Dat.*), bei (*m. Dat.*)	in (*m. Dat.*)	an (*m. Dat.*), bei (*m. Dat.*)
sub (m. Akk.) (Frage: Wohin?)	unter (*m. Akk.*)	–	unter (*m. Akk.*)
sub (m. Abl.) (Frage: Wo?)	unter (*m. Dat.*)	–	unter (*m. Dat.*)

7 Konjunktionen

anreihend	
atque; ac	und, und auch
et	und; auch
et ... et ...	sowohl ... als auch ...
etiam	auch; sogar
neque	und nicht, auch nicht, aber nicht
neque ... neque	weder ... noch
-que (angehängt)	und
quoque (nachgestellt)	auch
entgegensetzend	
at	aber, jedoch
autem (nachgestellt)	aber, jedoch
nōn sōlum ..., sed etiam ...	nicht nur ..., sondern auch ...
sed	aber, doch, jedoch; sondern
tamen	dennoch, jedoch
vērō	wirklich; aber; jawohl
vērum	aber, sondern
ausschließend	
an (im Fragesatz)	oder
aut	oder
aut ... aut ...	entweder ... oder ...
nēve ... nēve	weder ... noch
sīve	oder, beziehungsweise
sīve ... sīve ...	sei es(, dass) ... oder (dass ...)
vel	oder
folgernd	
ergō	also, folglich
igitur	also
itaque	daher, deshalb
begründend	
enim (nachgestellt)	denn, nämlich
nam	denn, nämlich

8 Subjunktionen

8.1 Subjunktionen mit Indikativ

temporal	
cum	(immer) wenn; (damals) als; (dann), wenn; sobald
dum (m. Ind. Präs.)	während (Übs. gleichzeitig zur übergeordneten Handlung)
dum	(solange) bis; solange
postquam (m. Ind. Perf.)	nachdem (Übs. vorzeitig zur übergeordneten Handlung)
ubī	sobald
kausal	
quia	weil
quod	weil
faktisch	
quod	dass
konditional	
nisī	wenn nicht; außer
sī	wenn, falls
konzessiv	
etsī	auch wenn
quamquam	obwohl
Vergleich	
ut	wie

8.2 Subjunktionen mit Konjunktiv

temporal	
cum	als, nachdem (Übs. m. Ind.)
dum	bis (Übs. m. Ind.)
kausal	
cum	da, weil (Übs. m. Ind.)
konditional	
nisī	wenn nicht; außer
sī	wenn, falls
konzessiv	
cum	obwohl (Übs. m. Ind.)
etsī	auch wenn

adversativ	
cum	während (dagegen) (Übs. m. Ind.)
Begehren	
nē	dass nicht
ut	dass
konsekutiv	
ut	sodass (Übs. m. Ind.)
ut nōn	sodass nicht (Übs. m. Ind.)
final	
nē	damit nicht, um nicht ... zu
ut	damit, um ... zu

9 Einleitende Wörter mit mehreren Bedeutungen

cum	
(immer) wenn; (damals) als; (dann), wenn; sobald	Subj. m. Ind.: temporal
als, nachdem (Übs. m. Ind.)	Subj. m. Konj.: temporal
da, weil (Übs. m. Ind.)	Subj. m. Konj.: kausal
obwohl (Übs. m. Ind.)	Subj. m. Konj.: konzessiv
während (dagegen) (Übs. m. Ind.)	Subj. m. Konj.: adversativ
(zusammen) mit	Präp. m. Abl.
ne	
dass nicht	Subj. m. Konj.: Begehren
damit nicht, um nicht ... zu	Subj. m. Konj.: final
–	Fragepartikel (angehängt)
nicht ... einmal	*nē ... quidem*
quam	
die, welche	Relativpronomen (Akk. Sg. f)
als	Adverb (bei Vergleichen)
quō	
durch den, durch welchen	Relativpronomen (Abl. Sg. m/n)
wohin; wodurch; dorthin	Adverb
quod	
das, welches	Relativpronomen (Nom./Akk. Sg. n)
welches?	Adj. Interrogativpronomen (Nom./Akk. Sg. n)

weil	Subj. m. Ind.: kausal
dass	Subj. m. Ind.: faktisch
ubī	
sobald	Subj. m. Ind.: temporal
wo?	Adverb
ut	
wie	Subj. m. Ind.: Vergleich
dass	Subj. m. Konj.: Begehren
sodass (Übs. m. Ind.)	Subj. m. Konj.: konsekutiv
damit, um ... zu	Subj. m. Konj.: final
wie	Adverb

Verben

10 Deutsche Verben

	schwaches Verb		starkes Verb	
	Aktiv	**Passiv**	**Aktiv**	**Passiv**
Inf. Präs.	hören	gehört werden	rufen	gerufen werden
Präs.	ich höre du hörst er/sie/es hört wir hören ihr hört sie hören	ich werde gehört du wirst gehört er/sie/es wird gehört wir werden gehört ihr werdet gehört sie werden gehört	ich rufe du rufst er/sie/es ruft wir rufen ihr ruft sie rufen	ich werde gerufen du wirst gerufen er/sie/es wird gerufen wir werden gerufen ihr werdet gerufen sie werden gerufen
Prät.	ich hörte du hörtest er/sie/es hörte wir hörten ihr hörtet sie hörten	ich wurde gehört du wurdest gehört er/sie/es wurde gehört wir wurden gehört ihr wurdet gehört sie wurden gehört	ich rief du riefst er/sie/es rief wir riefen ihr rieft sie riefen	ich wurde gerufen du wurdest gerufen er/sie/es wurde gerufen wir wurden gerufen ihr wurdet gerufen sie wurden gerufen
Fut. I	ich werde hören du wirst hören er/sie/es wird hören wir werden hören ihr werdet hören sie werden hören	ich werde gehört werden du wirst gehört werden er/sie/es wird gehört werden wir werden gehört werden ihr werdet gehört werden sie werden gehört werden	ich werde rufen du wirst rufen er/sie/es wird rufen wir werden rufen ihr werdet rufen sie werden rufen	ich werde gerufen werden du wirst gerufen werden er/sie/es wird gerufen werden wir werden gerufen werden ihr werdet gerufen werden sie werden gerufen werden
Konj.[1] I der Ggw.[2]	ich höre du hörest er/sie/es höre wir hören ihr höret sie hören	ich werde gehört du werdest gehört er/sie/es werde gehört wir werden gehört ihr werdet gehört sie werden gehört	ich rufe du rufest er/sie/es rufe wir rufen ihr rufet sie rufen	ich werde gerufen du werdest gerufen er/sie/es werde gerufen wir werden gerufen ihr werdet gerufen sie werden gerufen
Konj.[1] II der Ggw.[3]	ich hörte du hörtest er/sie/es hörte wir hörten ihr hörtet sie hörten	ich würde gehört (werden) du würdest gehört (werden) er/sie/es würde gehört (werden) wir würden gehört (werden) ihr würdet gehört (werden) sie würden gehört (werden)	ich riefe du riefest er/sie/es riefe wir riefen ihr riefet sie riefen	ich würde gerufen (werden) du würdest gerufen (werden) er/sie/es würde gerufen (werden) wir würden gerufen (werden) ihr würdet gerufen (werden) sie würden gerufen (werden)
Imp. Sg.	Hör(e)!	–	Ruf(e)!	–
Imp. Pl.	Hört!		Ruft!	
Partizip I	hörend	–	rufend	–

	schwaches Verb		starkes Verb	
	Aktiv	**Passiv**	**Aktiv**	**Passiv**
Inf. Perf.	gehört haben	gehört worden sein	gerufen haben	gerufen worden sein
Perf.	ich habe gehört	ich bin gehört worden	ich habe gerufen	ich bin gerufen worden
	du hast gehört	du bist gehört worden	du hast gerufen	du bist gerufen worden
	er/sie/es hat gehört	er/sie/es ist gehört worden	er/sie/es hat gerufen	er/sie/es ist gerufen worden
	wir haben gehört	wir sind gehört worden	wir haben gerufen	wir sind gerufen worden
	ihr habt gehört	ihr seid gehört worden	ihr habt gerufen	ihr seid gerufen worden
	sie haben gehört	sie sind gehört worden	sie haben gerufen	sie sind gerufen worden
Plqupf.	ich hatte gehört	ich war gehört worden	ich hatte gerufen	ich war gerufen worden
	du hattest gehört	du warst gehört worden	du hattest gerufen	du warst gerufen worden
	er/sie/es hatte gehört	er/sie/es war gehört worden	er/sie/es hatte gerufen	er/sie/es war gerufen worden
	wir hatten gehört	wir waren gehört worden	wir hatten gerufen	wir waren gerufen worden
	ihr hattet gehört	ihr wart gehört worden	ihr hattet gerufen	ihr wart gerufen worden
	sie hatten gehört	sie waren gehört worden	sie hatten gerufen	sie waren gerufen worden
Fut. II	ich werde gehört haben	ich werde gehört worden sein	ich werde gerufen haben	ich werde gerufen worden sein
	du wirst gehört haben	du wirst gehört worden sein	du wirst gerufen haben	du wirst gerufen worden sein
	er/sie/es wird gehört haben	er/sie/es wird gehört worden sein	er/sie/es wird gerufen haben	er/sie/es wird gerufen worden sein
	wir werden gehört haben	wir werden gehört worden sein	wir werden gerufen haben	wir werden gerufen worden sein
	ihr werdet gehört haben	ihr werdet gehört worden sein	ihr werdet gerufen haben	ihr werdet gerufen worden sein
	sie werden gehört haben	sie werden gehört worden sein	sie werden gerufen haben	sie werden gerufen worden sein
Konj.[1] I der Verg.[2]	ich habe gehört	ich sei gehört worden	ich habe gerufen	ich sei gerufen worden
	du habest gehört	du seist/seiest gehört worden	du habest gerufen	du seist/seiest gerufen worden
	er/sie/es habe gehört	er/sie/es sei gehört worden	er/sie/es habe gerufen	er/sie/es sei gerufen worden
	wir haben gehört	wir seien gehört worden	wir haben gerufen	wir seien gerufen worden
	ihr habet gehört	ihr seiet gehört worden	ihr habet gerufen	ihr seiet gerufen worden
	sie haben gehört	sie seien gehört worden	sie haben gerufen	sie seien gerufen worden
Konj.[1] II der Verg.	ich hätte gehört	ich wäre gehört worden	ich hätte gerufen	ich wäre gerufen worden
	du hättest gehört	du wärst/wärest gehört worden	du hättest gerufen	du wärst/wärest gerufen worden
	er/sie/es hätte gehört	er/sie/es wäre gehört worden	er/sie/es hätte gerufen	er/sie/es wäre gerufen worden
	wir hätten gehört	wir wären gehört worden	wir hätten gerufen	wir wären gerufen worden
	ihr hättet gehört	ihr wäret gehört worden	ihr hättet gerufen	ihr wäret gerufen worden
	sie hätten gehört	sie wären gehört worden	sie hätten gerufen	sie wären gerufen worden
Partizip II	–	gehört	–	gerufen

1 Die Verwendung des Konjunktivs im Deutschen entspricht meistens nicht der Verwendung im Lateinischen. Dabei musst du immer den Kontext beachten.

2 Wenn die Formen des Konjunktivs I identisch mit denen des Indikativs sind, wird stattdessen die entsprechende Form des Konjunktivs II verwendet.

3 Wenn die Formen des Konjunktivs II identisch mit denen des Indikativs sind, wird stattdessen die Umschreibung mit „würde" verwendet: „ich würde hören, ..."

11 Lateinische Verben

11.1 Reguläre Verben

11.1.1 Tempora mit dem Präsensstamm im Aktiv: Präsens, Imperfekt, Futur I

	a-Konj.	e-Konj.	i-Konj.	kons. Konj.	kons. Konj. (ĭ)
Inf.	*vocā-re*	*monē-re*	*audī-re*	*ag-e-re*	*cape-re*
Präs.	*voc-ō*	*mone-ō*	*audi-ō*	*ag-ō*	*capi-ō*
	vocā-s	*monē-s*	*audī-s*	*ag-i-s*	*capi-s*
	voca-t	*mone-t*	*audi-t*	*ag-i-t*	*capi-t*
	vocā-mus	*monē-mus*	*audī-mus*	*ag-i-mus*	*capi-mus*
	vocā-tis	*monē-tis*	*audī-tis*	*ag-i-tis*	*capi-tis*
	voca-nt	*mone-nt*	*audi-u-nt*	*ag-u-nt*	*capi-u-nt*
Imperf.	*vocā-ba-m*	*monē-ba-m*	*audi-ēba-m*	*ag-ēba-m*	*capi-ēba-m*
	vocā-bā-s	*monē-bā-s*	*audi-ēbā-s*	*ag-ēbā-s*	*capi-ēbā-s*
	vocā-ba-t	*monē-ba-t*	*audi-ēba-t*	*ag-ēba-t*	*capi-ēba-t*
	vocā-bā-mus	*monē-bā-mus*	*audi-ēbā-mus*	*ag-ēbā-mus*	*capi-ēbā-mus*
	vocā-bā-tis	*monē-bā-tis*	*audi-ēbā-tis*	*ag-ēbā-tis*	*capi-ēbā-tis*
	vocā-ba-nt	*monē-ba-nt*	*audi-ēba-nt*	*ag-ēba-nt*	*capi-ēba-nt*
Fut. I	*vocā-b-ō*	*monē-b-ō*	*audi-a-m*	*ag-a-m*	*capi-a-m*
	vocā-bi-s	*monē-bi-s*	*audi-ē-s*	*ag-ē-s*	*capi-ē-s*
	vocā-bi-t	*monē-bi-t*	*audi-e-t*	*ag-e-t*	*capi-e-t*
	vocā-bi-mus	*monē-bi-mus*	*audi-ē-mus*	*ag-ē-mus*	*capi-ē-mus*
	vocā-bi-tis	*monē-bi-tis*	*audi-ē-tis*	*ag-ē-tis*	*capi-ē-tis*
	vocā-bu-nt	*monē-bu-nt*	*audi-e-nt*	*ag-e-nt*	*capi-e-nt*
Konj. Präs.	*voc-e-m*	*mone-a-m*	*audi-a-m*	*ag-a-m*	*capi-a-m*
	voc-ē-s	*mone-ā-s*	*audi-ā-s*	*ag-ā-s*	*capi-ā-s*
	voc-e-t	*mone-a-t*	*audi-a-t*	*ag-a-t*	*capi-a-t*
	voc-ē-mus	*mone-ā-mus*	*audi-ā-mus*	*ag-ā-mus*	*capi-ā-mus*
	voc-ē-tis	*mone-ā-tis*	*audi-ā-tis*	*ag-ā-tis*	*capi-ā-tis*
	voc-e-nt	*mone-a-nt*	*audi-a-nt*	*ag-a-nt*	*capi-a-nt*
Konj. Imperf.	*vocā-re-m*	*monē-re-m*	*audī-re-m*	*ag-e-re-m*	*cape-re-m*
	vocā-rē-s	*monē-rē-s*	*audī-rē-s*	*ag-e-rē-s*	*cape-rē-s*
	vocā-re-t	*monē-re-t*	*audī-re-t*	*ag-e-re-t*	*cape-re-t*
	vocā-rē-mus	*monē-rē-mus*	*audī-rē-mus*	*ag-e-rē-mus*	*cape-rē-mus*
	vocā-rē-tis	*monē-rē-tis*	*audī-rē-tis*	*ag-e-rē-tis*	*cape-rē-tis*
	vocā-re-nt	*monē-re-nt*	*audī-re-nt*	*ag-e-re-nt*	*cape-re-nt*
Imp. Sg.	*vocā!*	*monē!*	*audī!*	*age!*	*cape!*
Imp. Pl.	*vocā-te!*	*monē-te!*	*audī-te!*	*ag-i-te!*	*capi-te!*
PPA	*vocā-ns, -ntis*	*monē-ns, -ntis*	*audi-ē-ns, -ntis*	*ag-ē-ns, -ntis*	*capi-ē-ns, -ntis*

11.1.2 Tempora mit dem Präsensstamm im Passiv: Präsens, Imperfekt, Futur I

	ā-Konj.	ē-Konj.	ī-Konj.	kons. Konj.	kons. Konj. (ĭ)
Inf.	*vocā-rī*	*monē-rī*	*audī-rī*	*ag-ī*	*capī*
Präs.	*voc-or*	*mone-or*	*audi-or*	*ag-or*	*capi-or*
	vocā-ris	*monē-ris*	*audī-ris*	*ag-e-ris*	*cape-ris*
	vocā-tur	*monē-tur*	*audī-tur*	*ag-i-tur*	*capi-tur*
	vocā-mur	*monē-mur*	*audī-mur*	*ag-i-mur*	*capi-mur*
	vocā-minī	*monē-minī*	*audī-minī*	*ag-i-minī*	*capi-minī*
	voca-ntur	*mone-ntur*	*audi-u-ntur*	*ag-u-ntur*	*capi-u-ntur*
Imperf.	*vocā-ba-r*	*monē-ba-r*	*audi-ēba-r*	*ag-ēba-r*	*capi-ēba-r*
	vocā-bā-ris	*monē-bā-ris*	*audi-ēbā-ris*	*ag-ēbā-ris*	*capi-ēbā-ris*
	vocā-bā-tur	*monē-bā-tur*	*audi-ēbā-tur*	*ag-ēbā-tur*	*capi-ēbā-tur*
	vocā-bā-mur	*monē-bā-mur*	*audi-ēbā-mur*	*ag-ēbā-mur*	*capi-ēbā-mur*
	vocā-bā-minī	*monē-bā-minī*	*audi-ēbā-minī*	*ag-ēbā-minī*	*capi-ēbā-minī*
	vocā-ba-ntur	*monē-ba-ntur*	*audi-ēba-ntur*	*ag-ēba-ntur*	*capi-ēba-ntur*
Fut. I	*vocā-b-or*	*monē-b-or*	*audi-a-r*	*ag-a-r*	*capi-a-r*
	vocā-be-ris	*monē-be-ris*	*audi-ē-ris*	*ag-ē-ris*	*capi-ē-ris*
	vocā-bi-tur	*monē-bi-tur*	*audi-ē-tur*	*ag-ē-tur*	*capi-ē-tur*
	vocā-bi-mur	*monē-bi-mur*	*audi-ē-mur*	*ag-ē-mur*	*capi-ē-mur*
	vocā-bi-minī	*monē-bi-minī*	*audi-ē-minī*	*ag-ē-minī*	*capi-ē-minī*
	vocā-bu-ntur	*monē-bu-ntur*	*audi-e-ntur*	*ag-e-ntur*	*capi-e-ntur*
Konj. Präs.	*voc-e-r*	*mone-a-r*	*audi-a-r*	*ag-a-r*	*capi-a-r*
	voc-ē-ris	*mone-ā-ris*	*audi-ā-ris*	*ag-ā-ris*	*capi-ā-ris*
	voc-ē-tur	*mone-ā-tur*	*audi-ā-tur*	*ag-ā-tur*	*capi-ā-tur*
	voc-ē-mur	*mone-ā-mur*	*audi-ā-mur*	*ag-ā-mur*	*capi-ā-mur*
	voc-ē-minī	*mone-ā-minī*	*audi-ā-minī*	*ag-ā-minī*	*capi-ā-minī*
	voc-e-ntur	*mone-a-ntur*	*audi-a-ntur*	*ag-a-ntur*	*capi-a-ntur*
Konj. Imperf.	*vocā-re-r*	*monē-re-r*	*audī-re-r*	*ag-e-re-r*	*cape-re-r*
	vocā-rē-ris	*monē-rē-ris*	*audī-rē-ris*	*ag-e-rē-ris*	*cape-rē-ris*
	vocā-rē-tur	*monē-rē-tur*	*audī-rē-tur*	*ag-e-rē-tur*	*cape-rē-tur*
	vocā-rē-mur	*monē-rē-mur*	*audī-rē-mur*	*ag-e-rē-mur*	*cape-rē-mur*
	vocā-rē-minī	*monē-rē-minī*	*audī-rē-minī*	*ag-e-rē-minī*	*cape-rē-minī*
	vocā-re-ntur	*monē-re-ntur*	*audī-re-ntur*	*ag-e-re-ntur*	*cape-re-ntur*

11.1.3 Tempora mit dem Perfektstamm im Aktiv und mit dem PPP im Passiv: Perfekt, Plusquamperfekt, Futur II

	Aktiv	Passiv
Inf.	*vocā-visse*	*vocātum esse*
Perf.	*vocāv-ī*	*vocātus, -a, -um sum*
	vocāv-istī	*vocātus, -a, -um es*
	vocāv-it	*vocātus, -a, -um est*
	vocāv-imus	*vocātī, -ae, -a sumus*
	vocāv-istis	*vocātī, -ae, -a estis*
	vocāv-ērunt	*vocātī, -ae, -a sunt*
Plqupf.	*vocāv-era-m*	*vocātus, -a, -um eram*
	vocāv-erā-s	*vocātus, -a, -um erās*
	vocāv-era-t	*vocātus, -a, -um erat*
	vocāv-erā-mus	*vocātī, -ae, -a erāmus*
	vocāv-erā-tis	*vocātī, -ae, -a erātis*
	vocāv-era-nt	*vocātī, -ae, -a erant*
Fut. II	*vocāv-er-ō*	*vocātus, -a, -um erō*
	vocāv-eri-s	*vocātus, -a, -um eris*
	vocāv-eri-t	*vocātus, -a, -um erit*
	vocāv-eri-mus	*vocātī, -ae, -a erimus*
	vocāv-eri-tis	*vocātī, -ae, -a eritis*
	vocāv-eri-nt	*vocātī, -ae, -a erunt*
Konj. Perf.	*vocāv-eri-m*	*vocātus, -a, -um sim*
	vocāv-eri-s	*vocātus, -a, -um sīs*
	vocāv-eri-t	*vocātus, -a, -um sit*
	vocāv-eri-mus	*vocātī, -ae, -a sīmus*
	vocāv-eri-tis	*vocātī, -ae, -a sītis*
	vocāv-eri-nt	*vocātī, -ae, -a sint*
Konj. Plqupf.	*vocāv-isse-m*	*vocātus, -a, -um essem*
	vocāv-issē-s	*vocātus, -a, -um essēs*
	vocāv-isse-t	*vocātus, -a, -um esset*
	vocāv-issē-mus	*vocātī, -ae, -a essēmus*
	vocāv-issē-tis	*vocātī, -ae, -a essētis*
	vocāv-isse-nt	*vocātī, -ae, -a essent*
PPP	–	*vocātus, -a, -um*

11.2 Deponentien

Inf. Präs.	*pat-ī*	Inf. Perf.	*passum esse*
Präs.	*pati-or*	Perf.	*passus, -a, -um sum*
Imperf.	*pati-ēba-r*	Plqupf.	*passus, -a, -um eram*
Fut. I	*pati-a-r*	Fut. II	*passus, -a, -um erō*
Konj. Präs.	*pati-a-r*	Konj. Perf.	*passus, -a, -um sim*
Konj. Imperf.	*pate-re-r*	Konj. Plqupf.	*passus, -a, -um essem*
Imp. Sg.	*pate-re!*	PPA	*pati-ē-ns, -ntis*
Imp. Pl.	*pati-minī!*	Partizip Perfekt	*passus, -a, -um*

11.3 Sonderkonjugationen

11.3.1 *esse* – „sein", *posse* – „können"

Inf. Präs.	*esse*	*posse*	Inf. Perf.	*fu-isse*	*potu-isse*
Präs.	*sum*	*pos-sum*	Perf.	*fu-ī*	*potu-ī*
	es	*pot-es*		*fu-istī*	*potu-istī*
	est	*pot-est*		*fu-it*	*potu-it*
	sumus	*pos-sumus*		*fu-imus*	*potu-imus*
	estis	*pot-estis*		*fu-istis*	*potu-istis*
	sunt	*pos-sunt*		*fu-ērunt*	*potu-ērunt*
Imperf.	*era-m*	*pot-eram*	Plqupf.	*fu-era-m*	*potu-era-m*
	erā-s	*pot-erās*		*fu-erā-s*	*potu-erā-s*
	era-t	*pot-erat*		*fu-era-t*	*potu-era-t*
	erā-mus	*pot-erāmus*		*fu-erā-mus*	*potu-erā-mus*
	erā-tis	*pot-erātis*		*fu-erā-tis*	*potu-erā-tis*
	era-nt	*pot-erant*		*fu-era-nt*	*potu-era-nt*
Fut. I	*erō*	*pot-erō*	Fut. II	*fu-er-ō*	*potu-er-ō*
	eris	*pot-eris*		*fu-eri-s*	*potu-eri-s*
	erit	*pot-erit*		*fu-eri-t*	*potu-eri-t*
	erimus	*pot-erimus*		*fu-eri-mus*	*potu-eri-mus*
	eritis	*pot-eritis*		*fu-eri-tis*	*potu-eri-tis*
	erunt	*pot-erunt*		*fu-eri-nt*	*potu-eri-nt*
Konj. Präs.	*si-m*	*pos-sim*	Konj. Perf.	*fu-eri-m*	*potu-eri-m*
	sī-s	*pos-sīs*		*fu-eri-s*	*potu-eri-s*
	si-t	*pos-sit*		*fu-eri-t*	*potu-eri-t*
	sī-mus	*pos-sīmus*		*fu-eri-mus*	*potu-eri-mus*
	sī-tis	*pos-sītis*		*fu-eri-tis*	*potu-eri-tis*
	si-nt	*pos-sint*		*fu-eri-nt*	*potu-eri-nt*

Konj. Imperf.	*esse-m*	*posse-m*	**Konj. Plqupf.**	*fu-isse-m*	*potu-isse-m*
	essē-s	*possē-s*		*fu-issē-s*	*potu-issē-s*
	esse-t	*posse-t*		*fu-isse-t*	*potu-isse-t*
	essē-mus	*possē-mus*		*fu-issē-mus*	*potu-issē-mus*
	essē-tis	*possē-tis*		*fu-issē-tis*	*potu-issē-tis*
	esse-nt	*posse-nt*		*fu-isse-nt*	*potu-isse-nt*
Imp. Sg.	*es!*	–			
Imp. Pl.	*es-te!*	–			

11.3.2 *velle* – „wollen", *nōlle* – „nicht wollen", *mālle* – „lieber wollen"

Inf. Präs.	*velle*	*nōlle*	*mālle*	**Inf. Perf.**	*volu-isse*	*nōlu-isse*	*mālu-isse*
Präs.	*volō*	*nōlō*	*mālō*	**Perf.**	*volu-ī*	*nōlu-ī*	*mālu-ī*
	vīs	*nōn vīs*	*māvīs*		*volu-istī*	*nōlu-istī*	*mālu-istī*
	vult	*nōn vult*	*māvult*		*volu-it*	*nōlu-it*	*mālu-it*
	volumus	*nōlumus*	*mālumus*		*volu-imus*	*nōlu-imus*	*mālu-imus*
	vultis	*nōn vultis*	*māvultis*		*volu-istis*	*nōlu-istis*	*mālu-istis*
	volunt	*nōlunt*	*mālunt*		*volu-ērunt*	*nōlu-ērunt*	*mālu-ērunt*
Imperf.	*vol-ēba-m*	*nōl-ēba-m*	*māl-ēba-m*	**Plqupf.**	*volu-era-m*	*nōlu-era-m*	*mālu-era-m*
	vol-ēbā-s	*nōl-ēbā-s*	*māl-ēbā-s*		*volu-erā-s*	*nōlu-erā-s*	*mālu-erā-s*
	vol-ēba-t	*nōl-ēba-t*	*māl-ēba-t*		*volu-era-t*	*nōlu-era-t*	*mālu-era-t*
	vol-ēbā-mus	*nōl-ēbā-mus*	*māl-ēbā-mus*		*volu-erā-mus*	*nōlu-erā-mus*	*mālu-erā-mus*
	vol-ēbā-tis	*nōl-ēbā-tis*	*māl-ēbā-tis*		*volu-erā-tis*	*nōlu-erā-tis*	*mālu-erā-tis*
	vol-ēba-nt	*nōl-ēba-nt*	*māl-ēba-nt*		*volu-era-nt*	*nōlu-era-nt*	*mālu-era-nt*
Fut. I	*vol-a-m*	*nōl-a-m*	*māl-a-m*	**Fut. II**	*volu-er-ō*	*nōlu-er-ō*	*mālu-er-ō*
	vol-ē-s	*nōl-ē-s*	*māl-ē-s*		*volu-eri-s*	*nōlu-eri-s*	*mālu-eri-s*
	vol-e-t	*nōl-e-t*	*māl-e-t*		*volu-eri-t*	*nōlu-eri-t*	*mālu-eri-t*
	vol-ē-mus	*nōl-ē-mus*	*māl-ē-mus*		*volu-eri-mus*	*nōlu-eri-mus*	*mālu-eri-mus*
	vol-ē-tis	*nōl-ē-tis*	*māl-ē-tis*		*volu-eri-tis*	*nōlu-eri-tis*	*mālu-eri-tis*
	vol-e-nt	*nōl-e-nt*	*māl-e-nt*		*volu-eri-nt*	*nōlu-eri-nt*	*mālu-eri-nt*
Konj. Präs.	*veli-m*	*nōli-m*	*māli-m*	**Konj. Perf.**	*volu-eri-m*	*nōlu-eri-m*	*mālu-eri-m*
	velī-s	*nōlī-s*	*mālī-s*		*volu-eri-s*	*nōlu-eri-s*	*mālu-eri-s*
	veli-t	*nōli-t*	*māli-t*		*volu-eri-t*	*nōlu-eri-t*	*mālu-eri-t*
	velī-mus	*nōlī-mus*	*mālī-mus*		*volu-eri-mus*	*nōlu-eri-mus*	*mālu-eri-mus*
	velī-tis	*nōlī-tis*	*mālī-tis*		*volu-eri-tis*	*nōlu-eri-tis*	*mālu-eri-tis*
	veli-nt	*nōli-nt*	*māli-nt*		*volu-eri-nt*	*nōlu-eri-nt*	*mālu-eri-nt*
Konj. Imperf.	*velle-m*	*nōlle-m*	*mālle-m*	**Konj. Plqupf.**	*volu-isse-m*	*nōlu-isse-m*	*mālu-isse-m*
	vellē-s	*nōllē-s*	*māllē-s*		*volu-issē-s*	*nōlu-issē-s*	*mālu-issē-s*
	velle-t	*nōlle-t*	*mālle-t*		*volu-isse-t*	*nōlu-isse-t*	*mālu-isse-t*
	vellē-mus	*nōllē-mus*	*māllē-mus*		*volu-issē-mus*	*nōlu-issē-mus*	*mālu-issē-mus*
	vellē-tis	*nōllē-tis*	*māllē-tis*		*volu-issē-tis*	*nōlu-issē-tis*	*mālu-issē-tis*
	velle-nt	*nōlle-nt*	*mālle-nt*		*volu-isse-nt*	*nōlu-isse-nt*	*mālu-isse-nt*
Imp. Sg.	–	*nōlī!*	–				
Imp. Pl.	–	*nōlī-te!*	–				
PPA	*vol-ē-ns, -ntis*	*nōl-ē-ns, -ntis*	–				

11.3.3 *īre* – „gehen"

Inf. Präs.	*ī-re*	**Inf. Perf.**	*īsse*
Präs.	*e-ō* *ī-s* *i-t* *ī-mus* *ī-tis* *e-u-nt*	**Perf.**	*i-ī* *īstī* *i-it* *i-imus* *īstis* *i-ērunt*
Imperf.	*ī-ba-m* *ī-bā-s* *ī-ba-t* *ī-bā-mus* *ī-bā-tis* *ī-ba-nt*	**Plqupf.**	*i-era-m* *i-erā-s* *i-era-t* *i-erā-mus* *i-erā-tis* *i-era-nt*
Fut. I	*ī-b-ō* *ī-bi-s* *ī-bi-t* *ī-bi-mus* *ī-bi-tis* *ī-bu-nt*	**Fut. II**	*i-er-ō* *i-eri-s* *i-eri-t* *i-eri-mus* *i-eri-tis* *i-eri-nt*
Konj. Präs.	*e-a-m* *e-ā-s* *e-a-t* *e-ā-mus* *e-ā-tis* *e-a-nt*	**Konj. Perf.**	*i-eri-m* *i-eri-s* *i-eri-t* *i-eri-mus* *i-eri-tis* *i-eri-nt*
Konj. Imperf.	*ī-re-m* *ī-rē-s* *ī-re-t* *ī-rē-mus* *ī-rē-tis* *ī-re-nt*	**Konj. Plqupf.**	*īsse-m* *īssē-s* *īsse-t* *īssē-mus* *īssē-tis* *īsse-nt*
Imp. Sg.	*ī!*	**PPA**	*i-ē-ns, e-u-ntis*
Imp. Pl.	*ī-te!*	**PPP**	*i-tum*

11.3.4 *ferre* – „tragen, bringen; ertragen“

	Aktiv	Passiv		Aktiv	Passiv
Inf. Präs.	*fer-re*	*fer-rī*	**Inf. Perf.**	*tul-isse*	*lātum esse*
Präs.	*fer-ō*	*fer-or*	**Perf.**	*tul-ī*	*lātus, -a, -um sum*
	fer-s	*fer-ris*		*tul-istī*	*lātus, -a, -um es*
	fer-t	*fer-tur*		*tul-it*	*lātus, -a, -um est*
	fer-i-mus	*fer-i-mur*		*tul-imus*	*lātī, -ae, -a sumus*
	fer-tis	*fer-i-minī*		*tul-istis*	*lātī, -ae, -a estis*
	fer-u-nt	*fer-u-ntur*		*tul-ērunt*	*lātī, -ae, -a sunt*
Imperf.	*fer-ēba-m*	*fer-ēba-r*	**Plqupf.**	*tul-era-m*	*lātus, -a, -um eram*
	fer-ēbā-s	*fer-ēbā-ris*		*tul-erā-s*	*lātus, -a, -um erās*
	fer-ēba-t	*fer-ēbā-tur*		*tul-era-t*	*lātus, -a, -um erat*
	fer-ēbā-mus	*fer-ēbā-mur*		*tul-erā-mus*	*lātī, -ae, -a erāmus*
	fer-ēbā-tis	*fer-ēbā-minī*		*tul-erā-tis*	*lātī, -ae, -a erātis*
	fer-ēba-nt	*fer-ēba-ntur*		*tul-era-nt*	*lātī, -ae, -a erant*
Fut. I	*fer-a-m*	*fer-a-r*	**Fut. II**	*tul-er-ō*	*lātus, -a, -um erō*
	fer-ē-s	*fer-ē-ris*		*tul-eri-s*	*lātus, -a, -um eris*
	fer-e-t	*fer-ē-tur*		*tul-eri-t*	*lātus, -a, -um erit*
	fer-ē-mus	*fer-ē-mur*		*tul-eri-mus*	*lātī, -ae, -a erimus*
	fer-ē-tis	*fer-ē-minī*		*tul-eri-tis*	*lātī, -ae, -a eritis*
	fer-e-nt	*fer-e-ntur*		*tul-eri-nt*	*lātī, -ae, -a erunt*
Konj. Präs.	*fer-a-m*	*fer-a-r*	**Konj. Perf.**	*tul-eri-m*	*lātus, -a, -um sim*
	fer-ā-s	*fer-ā-ris*		*tul-eri-s*	*lātus, -a, -um sīs*
	fer-a-t	*fer-ā-tur*		*tul-eri-t*	*lātus, -a, -um sit*
	fer-ā-mus	*fer-ā-mur*		*tul-eri-mus*	*lātī, -ae, -a sīmus*
	fer-ā-tis	*fer-ā-minī*		*tul-eri-tis*	*lātī, -ae, -a sītis*
	fer-a-nt	*fer-a-ntur*		*tul-eri-nt*	*lātī, -ae, -a sint*
Konj. Imperf.	*fer-re-m*	*fer-re-r*	**Konj. Plqupf.**	*tul-isse-m*	*lātus, -a, -um essem*
	fer-rē-s	*fer-rē-ris*		*tul-issē-s*	*lātus, -a, -um essēs*
	fer-re-t	*fer-rē-tur*		*tul-isse-t*	*lātus, -a, -um esset*
	fer-rē-mus	*fer-rē-mur*		*tul-issē-mus*	*lātī, -ae, -a essēmus*
	fer-rē-tis	*fer-rē-minī*		*tul-issē-tis*	*lātī, -ae, -a essētis*
	fer-re-nt	*fer-re-ntur*		*tul-isse-nt*	*lātī, -ae, -a essent*
Imp. Sg.	*fer!*	–			
Imp. Pl.	*fer-te!*	–			
PPA	*fer-ē-ns, -ntis*	–	**PPP**	–	*lātus, -a, -um*

11.3.5 *fierī* – „gemacht werden, werden; enstehen, geschehen"

Inf. Präs.	*fie-rī*	**Inf. Perf.**	*factum esse*
Präs.	*fī-ō* *fī-s* *fī-t* *fī-mus* *fī-tis* *fī-u-nt*	**Perf.**	*factus, -a, -um sum* *factus, -a, -um es* *factus, -a, -um est* *factī, -ae, -a sumus* *factī, -ae, -a estis* *factī, -ae, -a sunt*
Imperf.	*fī-ēba-m* *fī-ēbā-s* *fī-ēba-t* *fī-ēbā-mus* *fī-ēbā-tis* *fī-ēba-nt*	**Plqupf.**	*factus, -a, -um eram* *factus, -a, -um erās* *factus, -a, -um erat* *factī, -ae, -a erāmus* *factī, -ae, -a erātis* *factī, -ae, -a erant*
Fut. I	*fī-a-m* *fī-ē-s* *fī-e-t* *fī-ē-mus* *fī-ē-tis* *fī-e-nt*	**Fut. II**	*factus, -a, -um erō* *factus, -a, -um eris* *factus, -a, -um erit* *factī, -ae, -a erimus* *factī, -ae, -a eritis* *factī, -ae, -a erunt*
Konj. Präs.	*fī-a-m* *fī-ā-s* *fī-a-t* *fī-ā-mus* *fī-ā-tis* *fī-a-nt*	**Konj. Perf.**	*factus, -a, -um sim* *factus, -a, -um sīs* *factus, -a, -um sit* *factī, -ae, -a sīmus* *factī, -ae, -a sītis* *factī, -ae, -a sint*
Konj. Imperf.	*fie-re-m* *fie-rē-s* *fie-re-t* *fie-rē-mus* *fie-rē-tis* *fie-re-nt*	**Konj. Plqupf.**	*factus, -a, -um essem* *factus, -a, -um essēs* *factus, -a, -um esset* *factī, -ae, -a essēmus* *factī, -ae, -a essētis* *factī, -ae, -a essent*
Imp. Sg.	*fī!*	**PPA**	–
Imp. Pl.	*fī-te!*	**PPP**	*factus, -a, -um*

11.4 Stammformen

a-Konjugation

v-Perfekt

1.	*vocāre*	*vocō*	*vocāvī*	*vocātum*	rufen

In gleicher Weise werden die Stammformen der meisten Verben der a-Konjugation gebildet.

u-Perfekt

2.	*domāre*	*domō*	*domuī*	*domitum*	zähmen; besiegen, unterwerfen
3.	*vetāre*	*vetō*	*vetuī*	*vetitum*	verbieten

Reduplikationsperfekt

4.	*dare*	*dō*	*dedī*	*datum*	geben
5.	*stāre*	*stō*	*stetī*	–	stehen, dastehen
	īnstāre	*īnstō*	*īnstitī*	–	bevorstehen, drohen
	restāre	*restō*	*restitī*	–	übrig bleiben; Widerstand leisten

Dehnungsperfekt

6.	*iuvāre* (m. Akk.)	*iuvō*	*iūvī*	*iūtum*	helfen, unterstützen; erfreuen

e-Konjugation

v-Perfekt

7.	*complēre* (m. Abl.)	*compleō*	*complēvī*	*complētum*	ausfüllen, anfüllen (mit); erfüllen
8.	*dēlēre*	*dēleō*	*dēlēvī*	*dēlētum*	zerstören
9.	*flēre*	*fleō*	*flēvī*	*flētum*	weinen (über); beweinen; beklagen

u-Perfekt

10.	*monēre*	*moneō*	*monuī*	*monitum*	(er)mahnen, erinnern

In gleicher Weise werden die Stammformen der meisten Verben der e-Konjugation gebildet.

11.	*carēre* (m. Abl.)	*careō*	*caruī*	*(caritūrus)*	entbehren, nicht haben; frei sein von
12.	*docēre*	*doceō*	*docuī*	*doctum*	lehren, belehren
13.	*dolēre* (m. Abl.)	*doleō*	*doluī*	–	schmerzen; Schmerz empfinden (über)
14.	*iacēre*	*iaceō*	*iacuī*	–	liegen
15.	*latēre*	*lateō*	*latuī*	–	verborgen sein
16.	*miscēre*	*misceō*	*miscuī*	mixtum	mischen
17.	*pārēre*	*pāreō*	*pāruī*	*(pāritūrus)*	gehorchen, folgen
	appārēre	*appāreō*	*appāruī*	*(appāritūrus)*	erscheinen, sich zeigen
18.	*patēre*	*pateō*	*patuī*	–	offenstehen
19.	*silēre*	*sileō*	*siluī*	–	schweigen

20. *studēre* (m. Dat.)	*studeō*	*studuī*	–	(m. Inf.) sich bemühen (zu tun), wünschen (zu tun), (tun) wollen; (m. Dat.) sich beschäftigen mit, streben nach
21. *tenēre*	*teneō*	*tenuī*	–	halten, festhalten
continēre	*contineō*	*continuī*	–	zusammenhalten, enthalten; im Zaum halten
obtinēre	*obtineō*	*obtinuī*	*obtentum*	innehaben, in Besitz haben, besetzt halten
pertinēre	*pertineō*	*pertinuī*	–	sich erstrecken, sich beziehen
retinēre	*retineō*	*retinuī*	*retentum*	zurückhalten, behalten, festhalten
sustinēre	*sustineō*	*sustinuī*	*sustentum*	aushalten, ertragen
22. *timēre*	*timeō*	*timuī*	–	fürchten, sich fürchten

s-Perfekt

23. *ārdēre*	*ārdeō*	*arsī*	–	brennen, glühen
24. *iubēre*	*iubeō*	*iūssī*	*iussum*	befehlen, anordnen
25. *manēre*	*maneō*	*mānsī*	–	bleiben; warten (auf), erwarten
26. *persuādēre* (m. Dat.)	*persuādeō*	*persuāsī*	*persuāsum*	überreden (m. *ut*), überzeugen (m. AcI)
27. *rīdēre*	*rīdeō*	*rīsī*	*rīsum*	lachen; auslachen
28. *torquēre*	*torqueō*	*torsī*	*tortum*	drehen; schleudern; foltern, quälen

Reduplikationsperfekt

29. *pendēre*	*pendeō*	*pependī*	–	hängen; abhängen von (m. *ex*)
30. *(spondēre*	*spondeō*	*spopondī*	*spōnsum*	geloben)
respondēre	*respondeō*	*respondī*	*respōnsum*	antworten

Dehnungsperfekt

31. *cavēre* (m. Akk.)	*caveō*	*cāvī*	*cautum*	sich hüten (vor), sich in Acht nehmen (vor)
32. *movēre*	*moveō*	*mōvī*	*mōtum*	bewegen; erregen
commovēre	*commoveō*	*commōvī*	*commōtum*	bewegen, beunruhigen, veranlassen
33. *sedēre*	*sedeō*	*sēdī*	*sessum*	sitzen, dasitzen
possidēre	*possideō*	*possēdī*	*possessum*	besitzen
34. *vidēre*	*videō*	*vīdī*	*vīsum*	sehen
prōvidēre	*prōvideō*	*prōvīdī*	*prōvīsum*	(m. Dat.) sorgen für; (m. Akk.) vorhersehen

i-Konjugation

v-Perfekt

35. *audīre*	*audiō*	*audīvī*	*audītum*	hören, anhören

In gleicher Weise werden die Stammformen der meisten Verben der i-Konjugation gebildet.

s-Perfekt

36. *haurīre*	*hauriō*	*hausī*	*haustum*	schöpfen; nehmen
37. *sentīre*	*sentiō*	*sēnsī*	*sēnsum*	fühlen, spüren; meinen

Dehnungsperfekt

38.	*venīre*	*veniō*	*vēnī*	*ventum*	kommen
	convenīre	*conveniō*	*convēnī*	*conventum*	zusammenkommen; treffen; besuchen; passen; glücken
	intervenīre	*interveniō*	*intervēnī*	*interventum*	in die Quere kommen; sich ereignen
	invenīre	*inveniō*	*invēnī*	*inventum*	finden, auffinden; erfinden
	pervenīre	*perveniō*	*pervēnī*	*perventum*	kommen zu/nach, gelangen
	prōvenīre	*prōveniō*	*prōvēnī*	*prōventum*	hervorkommen; wachsen, entstehen

Kons. Konjugation

v-Perfekt

39.	*arcessere*	*arcessō*	*arcessīvī*	*arcessītum*	herbeirufen, holen, holen lassen
40.	*cernere*	*cernō*	*crēvī*	–	sehen, erkennen
	dēcernere	*dēcernō*	*dēcrēvī*	*dēcrētum*	beschließen, entscheiden
41.	*crēscere*	*crēscō*	*crēvī*	–	wachsen; zunehmen
42.	*nōscere*	*nōscō*	*nōvī*	*nōtum*	erkennen, kennenlernen
	cōgnōscere	*cōgnōscō*	*cōgnōvī*	*cōgnitum*	kennenlernen, erkennen; erfahren; Perf. wissen, kennen
43.	*petere*	*petō*	*petīvī*	*petītum*	(er)bitten; verlangen, haben wollen; aufsuchen; angreifen
	repetere	*repetō*	*repetīvī*	*repetītum*	verlangen, zurückverlangen; wiederholen
44.	*quaerere*	*quaerō*	*quaesīvī*	*quaesītum*	suchen; *(ē/ex)* (jdn.) fragen
45.	*quiēscere*	*quiēscō*	*quiēvī*	–	ruhen, sich ausruhen
	conquiēscere	*conquiēscō*	*conquiēvī*	conquiētum	zur Ruhe kommen, Ruhe finden
46.	*sinere*	*sinō*	*sīvī*	*situm*	lassen, zulassen, erlauben
	dēsinere	*dēsinō*	*dēsiī*	*dēsitum*	ablassen, aufhören

u-Perfekt

47.	*alere*	*alō*	*aluī*	*al(i)tum*	aufziehen, (er)nähren
48.	*colere*	*colō*	*coluī*	*cultum*	bewirtschaften, bebauen, pflegen; verehren
49.	*cōnsulere*	*cōnsulō*	*cōnsuluī*	*cōnsultum*	(m. Dat.) sorgen für; (m. Akk.) um Rat fragen; (m. *dē*) beraten (über)
50.	*dēserere*	*dēserō*	*dēseruī*	*dēsertum*	verlassen, im Stich lassen
51.	*pōnere*	*pōnō*	*posuī*	*positum*	setzen, stellen, legen
	compōnere	*compōnō*	*composuī*	*compositum*	ordnen; vergleichen; verfassen
	dēpōnere	*dēpōnō*	*dēposuī*	*dēpositum*	ablegen, niederlegen
	dispōnere	*dispōnō*	*disposuī*	*dispositum*	verteilen, ordnen, einteilen
	prōpōnere	*prōpōnō*	*prōposuī*	*prōpositum*	vorschlagen, vor Augen stellen, in Aussicht stellen

s-Perfekt

52.	*cēdere*	*cēdō*	*cessī*	*cessum*	(weg-)gehen; nachgeben
	accēdere	*accēdō*	*accessī*	*accessum*	herbeikommen, herantreten, sich nähern
	concēdere	*concēdō*	*concessī*	*concessum*	weichen, nachgeben; erlauben, zugestehen
	dēcēdere	*dēcēdō*	*dēcessī*	*dēcessum*	weggehen; sterben
	excēdere	*excēdō*	*excessī*	*excessum*	hinausgehen
	recēdere	*recēdō*	*recessī*	*recessum*	fortgehen, sich zurückziehen

53. *cōnstringere*	*cōnstringō*	*cōnstrīnxī*	*cōnstrictum*	zusammenschnüren, binden
54. *dīcere*	*dīcō*	*dīxī*	*dictum*	sagen, sprechen; (m. dopp. Akk.) nennen, bezeichnen als
55. *dūcere*	*dūcō*	*dūxī*	*ductum*	führen, ziehen
abdūcere	*abdūcō*	*abdūxī*	*abductum*	wegführen, entführen, verschleppen
addūcere	*addūcō*	*addūxī*	*adductum*	heranführen; veranlassen
dēdūcere	*dēdūcō*	*dēdūxī*	*dēductum*	hinabführen, wegführen; geleiten
ēdūcere	*ēdūcō*	*ēdūxī*	*ēductum*	herausführen
prōdūcere	*prōdūcō*	*prōdūxī*	*prōductum*	hervorbringen, vorführen
redūcere	*redūcō*	*redūxī*	*reductum*	zurückführen
subdūcere	*subdūcō*	*subdūxī*	*subductum*	wegnehmen
trādūcere	*trādūcō*	*trādūxī*	*trāductum*	hinüberführen
56. *exstinguere*	*exstinguō*	*exstīnxī*	*exstīnctum*	löschen, auslöschen; vernichten
57. *fingere*	*fingō*	*fīnxī*	*fictum*	formen, gestalten; sich ausdenken, erlügen
58. *flectere*	*flectō*	*flexī*	*flexum*	biegen, beugen; umstimmen
59. *gerere*	*gerō*	*gessī*	*gestum*	tragen; führen, ausführen
60. *īnstruere*	*īnstruō*	*īnstrūxī*	*īnstrūctum*	einrichten; unterweisen; erbauen
61. *intellegere*	*intellegō*	*intellēxī*	*intellēctum*	erkennen, verstehen, einsehen
neglegere	*neglegō*	*neglēxī*	*neglēctum*	vernachlässigen, gering schätzen
62. *mittere*	*mittō*	*mīsī*	*missum*	schicken, senden
admittere	*admittō*	*admīsī*	*admissum*	zulassen
committere	*committō*	*commīsī*	*commissum*	begehen; veranstalten; anvertrauen
dīmittere	*dīmittō*	*dīmīsī*	*dīmissum*	entsenden, wegschicken, entlassen
permittere	*permittō*	*permīsī*	*permissum*	erlauben, überlassen
prōmittere	*prōmittō*	*prōmīsī*	*prōmissum*	versprechen
63. *nūbere* (m. Dat.)	*nūbō*	*nūpsī*	*nūptum*	(einen Mann) heiraten
64. *premere*	*premō*	*pressī*	*pressum*	drücken, unterdrücken, bedrängen
opprimere	*opprimō*	*oppressī*	*oppressum*	überfallen, überwältigen, niederwerfen; unterdrücken
65. *regere*	*regō*	*rēxī*	*rēctum*	lenken, leiten; herrschen
pergere	*pergō*	*perrēxī*	*perrēctum*	fortfahren (zu tun), weitermachen; aufbrechen
surgere	*surgō*	*surrēxī*	*surrēctum*	aufstehen, sich erheben
66. *scrībere*	*scrībō*	*scrīpsī*	*scrīptum*	schreiben
67. *trahere*	*trahō*	*trāxī*	*tractum*	ziehen, zerren, schleppen
retrahere	*retrahō*	*retrāxī*	*retractum*	zurückziehen, zurückhalten
68. *vīvere*	*vīvō*	*vīxī*	–	leben

Reduplikationsperfekt

69. *addere*	*addō*	*addidī*	*additum*	hinzufügen
condere	*condō*	*condidī*	*conditum*	gründen, bauen; verwahren, bergen
crēdere	*crēdō*	*crēdidī*	*crēditum*	glauben; vertrauen, anvertrauen
dēdere	*dēdō*	*dēdidī*	*dēditum*	ausliefern, übergeben; auf etwas (aus)richten
perdere	*perdō*	*perdidī*	*perditum*	zugrunde richten, verderben; verlieren
prōdere	*prōdō*	*prōdidī*	*prōditum*	verraten, preisgeben; überliefern
reddere	*reddō*	*reddidī*	*redditum*	zurückgeben
trādere	*trādō*	*trādidī*	*trāditum*	übergeben; überliefern
70. *bibere*	*bibō*	*bibi*	–	trinken

71.	*cadere*	*cadō*	*cécidī*	–	fallen
	dēcidere	*dēcidō*	*dēcidī*	–	herabfallen
	incidere	*íncidō*	*íncidī*	–	geraten (in); stoßen (auf); sich ereignen
72.	*caedere*	*caedō*	*cecīdī*	*caesum*	fällen; niederschlagen, töten
	occīdere	*occīdō*	*occīdī*	*occīsum*	niederschlagen, töten
73.	*cōnsistere*	*cōnsistō*	*constitī*	–	stehen bleiben; sich aufstellen
	resistere	*resistō*	*restitī*	–	sich widersetzen, Widerstand leisten
74.	*contendere*	*contendō*	*contendī*	*contentum*	sich anstrengen; kämpfen; eilen; behaupten
	ostendere	*ostendō*	*ostendī*	–	zeigen, erklären, offenbaren
75.	*currere*	*currō*	*cucurrī*	*cursum*	laufen, rennen
	concurrere	*concurrō*	*concurrī*	*concursum*	zusammenlaufen
	occurrere	*occurrō*	*occurrī*	*occursum*	entgegenlaufen, entgegentreten, begegnen
	recurrere	*recurrō*	*recurrī*	*recursum*	zurücklaufen, zurückkehren
	trānscurrere	*trānscurrō*	*trāns(cu)currī*	*trānscursum*	hinüberlaufen; vorbeieilen
76.	*discere*	*discō*	*didicī*	–	lernen
77.	*fallere*	*fallō*	*fefellī*	–	täuschen; unbemerkt bleiben
78.	*parcere* (m. Dat.)	*parcō*	*pepercī*	–	schonen, sparen
79.	*pellere*	*pellō*	*pepulī*	*pulsum*	schlagen, stoßen; treiben, vertreiben
	compellere	*compellō*	*compulī*	*compulsum*	zusammentreiben
	expellere	*expellō*	*expulī*	*expulsum*	vertreiben, verjagen, verbannen
	impellere	*impellō*	*impulī*	*impulsum*	antreiben, veranlassen
	repellere	*repellō*	*reppulī*	*repulsum*	zurückstoßen, abwehren, vertreiben
80.	*pōscere*	*pōscō*	*popōscī*	–	fordern
81.	*tangere*	*tangō*	*tetigī*	*tāctum*	berühren; erreichen

Dehnungsperfekt

82.	*agere*	*agō*	*ēgī*	*āctum*	tun; handeln, verhandeln; treiben
	cōgere	*cōgō*	*coēgī*	*coāctum*	versammeln; zwingen
	peragere	*peragō*	*perēgī*	*perāctum*	durchführen, vollenden
83.	*cōnsīdere*	*cōnsīdō*	*cōnsēdī*	*cōnsessum*	sich setzen, sich niederlassen
84.	*corrumpere*	*corrumpō*	*corrūpī*	*corruptum*	verderben; bestechen
85.	*frangere*	*frangō*	*frēgī*	*frāctum*	brechen, (etw.) zerbrechen
86.	*legere*	*legō*	*lēgī*	*lēctum*	lesen; sammeln; auswählen
	colligere	*colligō*	*collēgī*	*collēctum*	sammeln
	ēligere	*ēligō*	*ēlēgī*	*ēlēctum*	auslesen, auswählen
87.	*relinquere*	*relinquō*	*relīquī*	*relictum*	verlassen, zurücklassen
88.	*vincere*	*vincō*	*vīcī*	*victum*	siegen, besiegen

Perfekt ohne Veränderung

89.	*dēfendere* (*ā/ab* m. Abl.)	*dēfendō*	*dēfendī*	*dēfēnsum*	abwehren; verteidigen (gegen)
90.	*dēscendere*	*dēscendō*	*dēscendī*	*dēscēnsum*	herabsteigen, hinabsteigen
91.	*incendere*	*incendō*	*incendī*	*incēnsum*	entflammen, in Brand setzen
92.	*luere*	*luō*	*luī*	–	büßen; bezahlen
93.	*prehendere*	*prehendō*	*prehendī*	*prehēnsum*	ergreifen

comprehendere	*comprehendō*	*comprehendī*	*comprehēnsum*	ergreifen, festnehmen, erfassen; begreifen
reprehendere	*reprehendō*	*reprehendī*	*reprehēnsum*	tadeln, kritisieren
94. *ruere*	*ruō*	*ruī*	–	(sich) stürzen, eilen, rennen; einstürzen
95. *solvere*	*solvō*	*solvī*	*solūtum*	lösen, auflösen
96. *statuere*	*statuō*	*statuī*	*statūtum*	aufstellen; festsetzen; beschließen
cōnstituere	*cōnstituō*	*cōnstituī*	*cōnstitūtum*	aufstellen; festsetzen, einrichten; (m. Inf.) beschließen (zu tun)
restituere	*restituō*	*restituī*	*restitūtum*	wiederherstellen
97. *tribuere*	*tribuō*	*tribuī*	*tribūtum*	zuteilen
98. *vertere*	*vertō*	*vertī*	*versum*	drehen, wenden
āvertere	*āvertō*	*āvertī*	*āversum*	abwenden, fernhalten; entfernen
ēvertere	*ēvertō*	*ēvertī*	*ēversum*	umstürzen, zerstören

Kons. Konjugation (ĭ)

v-Perfekt

99. *cupere*	*cupiō*	*cupīvī*	*cupītum*	wünschen (zu tun), wollen, begehren

u-Perfekt

100. *rapere*	*rapiō*	*rapuī*	*raptum*	rauben; mit sich reißen
corripere	*corripiō*	*corripuī*	*correptum*	packen, (gewaltsam) ergreifen
ēripere	*ēripiō*	*ēripuī*	*ēreptum*	entreißen

s-Perfekt

101. *aspicere*	*aspiciō*	*aspexī*	*aspectum*	ansehen, erblicken
cōnspicere	*cōnspiciō*	*cōnspēxī*	*cōnspectum*	ansehen, erblicken
prōspicere	*prōspiciō*	*prōspexī*	*prōspectum*	(m. Akk.) vorausschauen; erblicken; (m. Dat.) sorgen für
respicere	*respiciō*	*respexī*	*respectum*	zurückblicken auf; berücksichtigen

Reduplikationsperfekt

102. *parĕre*	*pariō*	*peperī*	*partum*	zur Welt bringen, erzeugen; erwerben

Dehnungsperfekt

103. *capere*	*capiō*	*cēpī*	*captum*	fassen, fangen, ergreifen; einnehmen
accipere	*accipiō*	*accēpī*	*acceptum*	annehmen, empfangen, erhalten; vernehmen
incipere	*incipiō*	*coepī*	*coeptum*	anfangen, beginnen
recipere	*recipiō*	*recēpī*	*receptum*	zurücknehmen, aufnehmen
suscipere	*suscipiō*	*suscēpī*	*susceptum*	auf sich nehmen, unternehmen
104. *facere*	*faciō*	*fēcī*	*factum*	machen, tun
afficere (m. Abl.)	*afficiō*	*affēcī*	*affectum*	versehen mit
dēficere	*dēficiō*	*dēfēcī*	*dēfectum*	ausgehen; (m. Akk.) fehlen; (*ā*/*ab*) abfallen (von)
efficere	*efficiō*	*effēcī*	*effectum*	bewirken, vollenden; herstellen
interficere	*interficiō*	*interfēcī*	*interfectum*	töten, vernichten

perficere	*perficiō*	*perfēcī*	*perfectum*	vollenden; durchsetzen
satisfacere	*satisfaciō*	*satisfēcī*	*satisfactum*	Genugtuung leisten, befriedigen
105. *fugere* (m. Akk.)	*fugiō*	*fūgī*	–	fliehen (vor); meiden
effugere	*effugiō*	*effūgī*	–	entfliehen, entkommen
106. *inicere*	*iniciō*	*iniēcī*	*iniectum*	hineinwerfen; hervorrufen
prōicere	*proicio*	*proieci*	*prōiectum*	hinwerfen

Deponentien

a-Konjugation

107. *adhortārī*	*adhortor*	*adhortātus sum*	anfeuern, antreiben
108. *arbitrārī*	*arbitror*	*arbitrātus sum*	glauben, meinen
109. *cōnspicārī*	*cōnspicor*	*cōnspicātus sum*	erblicken
110. *grātulārī*	*grātulor*	*grātulātus sum*	beglückwünschen; gratulieren; (m. AcI) sich glücklich preisen, dass
111. *imitārī*	*imitor*	*imitātus sum*	nachahmen, nachmachen
112. *interpretārī*	*interpretor*	*interpretātus sum*	deuten, erklären
113. *morārī*	*moror*	*morātus sum*	aufhalten; sich aufhalten, verweilen
114. *philosophārī*	*philosophor*	*philosophātus sum*	philosophieren
115. *precārī*	*precor*	*precātus sum*	(an)beten; bitten; wünschen
116. *suspicārī*	*suspicor*	*suspicātus sum*	verdächtigen; vermuten
117. *versārī* (*in* m. Abl.)	*versor*	*versātus sum*	sich aufhalten, sich befinden (in), sich beschäftigen (mit)

e-Konjugation

118. *cōnfitērī*	*cōnfiteor*	*cōnfessus sum*	gestehen, bekennen
119. *tuērī*	*tueor*	–	betrachten; bewahren; beschützen (vor)
120. *vidērī*	*videor*	*vīsus sum*	scheinen

i-Konjugation

121. *ōrdīrī*	*ōrdior*	*ōrsus sum*	beginnen, anfangen
122. *orīrī*	*orior*	*ortus sum*	geboren werden, entstehen, beginnen; aufgehen
adorīrī	*adorior*	*adortus sum*	angreifen

Kons. Konjugation

123. *complectī*	*complector*	*complexus sum*	umfassen, umarmen
124. *dēlābī*	*dēlābor*	*dēlāpsus sum*	herabgleiten
ēlābī	*ēlābor*	*ēlāpsus sum*	weggleiten; entrinnen
125. *fruī* (m. Abl.)	*fruor*	*frūctus sum*	genießen
perfruī (m. Abl.)	*perfruor*	*perfrūctus sum*	(voll und ganz) genießen
126. *loquī*	*loquor*	*locūtus sum*	sprechen
127. *nāscī*	*nāscor*	*nātus sum*	geboren werden, entstehen
128. *proficīscī*	*proficīscor*	*profectus sum*	aufbrechen, reisen, marschieren
129. *sequī* (m. Akk.)	*sequor*	*secūtus sum*	folgen

	īnsequī (m. Akk.)	*īnsequor*	*īnsecūtus sum*	(unmittelbar) folgen, verfolgen; (mit Worten) angreifen
130.	*ūtī* (m. Abl.)	*ūtor*	*ūsus sum*	gebrauchen, benutzen
131.	*vehī*	*vehor*	*vectus sum*	(selbst) fahren

Kons. Konjugation (ĭ)

132.	*morī*	*morior*	*mortuus sum*	sterben
133.	*patī*	*patior*	*passus sum*	leiden, ertragen; zulassen

Semideponentien

e-Konjugation

134.	*audēre*	*audeō*	*ausus sum*	wagen
135.	*gaudēre*	*gaudeō*	*gāvīsus sum*	sich freuen, Spaß haben
136.	*solēre*	*soleō*	*solitus sum*	gewohnt sein, pflegen

Unpersönliche Ausdrücke

137.	*(accidere)*	*áccidit*	*áccidit*	es geschieht, es ereignet sich; es stößt zu
138.	*(cōnstāre)*	*cōnstat*	*cōnstitit*	es steht fest, es ist bekannt
139.	*(decēre)*	*decet* (m. Akk.)	*decuit*	es schickt sich (für jdn.), es steht (jdm.)
140.	*(licēre)*	*licet*	*licuit*	es ist möglich (zu tun); es ist erlaubt (zu tun)
141.	*(oportēre)*	*oportet*	*oportuit*	es gehört sich, man muss

Unvollständige Verben

142.	*nōvisse*	–	*nōvī*	–	wissen, kennen
143.	*ōdisse*	–	*ōdī*	–	hassen

Sonderkonjugationen

144.	*esse*	*sum*	*fuī*	*(futūrus)*	sein
	adesse (m. Dat.)	*adsum*	*adfuī/affuī*	–	da sein; helfen
	dēesse	*dēsum*	*dēfuī*	–	fehlen
	interesse (m. Dat.)	*intersum*	*interfuī*	–	dazwischen sein; teilnehmen (an)
	posse	*possum*	*potuī*	–	können; vermögen
	praeesse (m. Dat.)	*praesum*	*praefuī*	–	an der Spitze stehen, leiten
	prōdesse	*prōsum*	*prōfuī*	–	nützen
	superesse	*supersum*	*superfuī*	–	übrig sein, überleben
145.	*ferre*	*ferō*	*tulī*	*lātum*	tragen, bringen; ertragen

	auferre	*auferō*	*abstulī*	*ablātum*	wegtragen, wegbringen, wegnehmen
	cōnferre	*cōnferō*	*contulī*	*collātum*	zusammentragen, zusammenbringen; vergleichen
	differre	*differō*	*distulī*	*dīlātum*	aufschieben, verschieben; sich unterscheiden
	efferre	*efferō*	*extulī*	*ēlātum*	hinausbringen; in die Höhe heben
	īnferre	*īnferō*	*intulī*	*illātum*	hineintragen; einflößen
	offerre	*offerō*	*obtulī*	*oblātum*	anbieten
	perferre	*perferō*	*pertulī*	*perlātum*	überbringen; ertragen
	prōferre	*prōferō*	*prōtulī*	*prōlātum*	hervorbringen; vorbringen
	referre	*referō*	*rettulī*	*relātum*	zurückbringen; berichten
	tollere	*tollō*	*sustulī*	*sublātum*	hochheben, aufheben; beseitigen, wegnehmen
146.	*fierī*	*fīō*	*factus sum*		gemacht werden; entstehen, geschehen
147.	*īre*	*eō*	*iī*	*itum*	gehen
	abīre	*abeō*	*abiī*	*abitum*	weggehen, abtreten, zurücktreten (von)
	exīre	*exeō*	*exiī*	*exitum*	herausgehen, verlassen, ausrücken
	inīre	*ineō*	*iniī*	*initum*	hineingehen, betreten; beginnen
	obīre	*obeō*	*obiī*	*obitum*	entgegengehen, begegnen
	perīre	*pereō*	*periī*	–	zugrunde gehen, umkommen
	praeterīre (m. Akk.)	*praetereō*	*praeteriī*	*praeteritum*	vorübergehen, vorbeigehen; übergehen
	redīre	*redeō*	*rediī*	*reditum*	zurückgehen, zurückkehren
	subīre	*subeō*	*subiī*	*subitum*	auf sich nehmen
	trānsīre (m. Akk.)	*trānseō*	*trānsiī*	*trānsitum*	hinübergehen, überschreiten, überqueren
148.	*velle*	*volō*	*voluī*	–	wollen
	mālle	*mālō*	*māluī*	–	lieber wollen
	nōlle	*nōlō*	*nōluī*	–	nicht wollen

Hier ist immer die Nummer verzeichnet, unter der du das Verb in der Liste der Stammformen (S. 247–255) findest.

Hier ist immer die Nummer verzeichnet, unter der du das Verb in der Liste der Stammformen (S. 247–255) findest.

Gr Gr: Grammatikalische Grundbegriffe (S. 222f.); L: Lektion des Grammatik-Teils (S. 178–221); T: Tabelle (S. 224–255)

Lateinisch-deutsches Vokabelverzeichnis

A

ā/ab *(m. Abl.)*	von, von ... her, von ... weg	7
abdūcere, abdūcō, abdūxī, abductum	wegführen, entführen, verschleppen	24
abīre, abeō, abiī, abitum	weggehen, abtreten, zurücktreten (von)	36
abundāre *(m. Abl.)*	übervoll sein (von); Überfluss haben (an)	6
accēdere, accēdō, accessī, accessum	herbeikommen, herantreten, sich nähern	3, 16, 24
accidere, áccidit, áccidit	geschehen, sich ereignen; zustoßen	16
accipere, accipiō, accēpī, acceptum	annehmen, empfangen, erhalten; vernehmen	10, 19, 23
accūsāre	anklagen, beschuldigen	12
ācer, ācris, ācre	scharf; heftig	10
āctiō, āctiōnis *f*	die Tätigkeit, die Handlung; die (Gerichts-)Verhandlung	14
ad *(m. Akk.)*	zu (... hin); bei, an; nach	7
addere, addō, addidī, additum	hinzufügen	28
addūcere, addūcō, addūxī, adductum	heranführen; veranlassen	25
adesse, adsum, affuī, – *(m. Dat.)*	da sein; helfen	4, 12
adhibēre	anwenden; hinzuziehen	9
adhortārī, adhortor, adhortātus sum	anfeuern, antreiben	41
adhūc	bis jetzt, immer noch	20
admīrātiō, admīrātiōnis *f*	die Bewunderung, das Staunen	29
admittere, admittō, admīsī, admissum	zulassen	22, 23
admonēre	erinnern; ermahnen, auffordern *(m. ut)*	42
adorīrī, adorior, adortus sum	angreifen	34
adulēscēns, adulēscentis *m; Gen. Pl.* adulēscentium	der Jugendliche, der junge Mann	27
adventus, adventūs *m*	die Ankunft	28
adversus *(m. Akk.)*	gegen	41
aedificāre	bauen, erbauen	9
aedis, aedis *f*	der Tempel; *Pl.* das Haus	24
aedibus recipere	in sein Haus aufnehmen	25
aequitās, aequitātis *f*	die Gleichheit; die Ausgeglichenheit	34–36
aestās, aestātis *f*	der Sommer, die Hitze	22
aestimāre	schätzen, einschätzen; meinen, halten für	40
aetās, aetātis *f*	das Lebensalter; das Zeitalter; die Zeit	27
aeternus, -a, -um	ewig	31–33
afficere, afficiō, affēcī, affectum	versehen mit	32
ager, agrī *m*	der Acker, das Feld; *Pl.* das Land	8
agere, agō, ēgī, āctum	tun; handeln, verhandeln; treiben	12, 14, 23
agere (dē) (cum)	verhandeln (über) (mit)	12
bene agere (cum)	gut auskommen (mit)	12
fābulam agere	ein Schauspiel aufführen	12
grātiās agere	danken	12
tempus agere	seine Zeit verbringen	12
vītam agere	sein Leben verbringen	12
agitāre	treiben, in Bewegung setzen, antreiben	26
agmen, agminis *n*	der Heereszug; die Schar	29
alere, alō, aluī, al(i)tum	aufziehen, (er-)nähren	30
aliēnus, -a, -um	fremd	15
aliquandō	einst, (irgendwann) einmal	11
aliquī, aliqua, aliquod *(adj., Formen T3.6.1)*	irgendein, irgendeine, irgendein	35

aliquis, aliquid *(subst., Formen T3.6.1)*	irgendjemand, irgendetwas	35
alius, alia, aliud; *Gen.* alterīus, *Dat.* alterī	ein anderer	33
alter, altera, alterum; *Gen.* alterīus, *Dat.* alterī	ein anderer; der zweite	27–30
alter ... alter ...	der eine ..., der andere	27–30
altus, -a, -um	hoch; tief	38
amāre	lieben, (gerne) mögen	20
ambitiōsus, -a, -um	ehrgeizig	40–42
amīca, -ae *f*	die Freundin	1
amīcitia, -ae *f*	die Freundschaft	4
amīcitiam facere	Freundschaft schließen	25
amīcus, -ī *m*	der Freund	1
amor, amōris *m*	die Liebe	22
amplus, -a, -um	weit, geräumig; bedeutend	25
an	*(im Fragesatz)* oder; *(im indirekten Fragesatz)* ob	19, 42
animal, animālis *n*	das Lebewesen, das Tier	21
animus, -ī *m*	das Herz, das Gemüt, der Mut; der Geist, die Seele	5
annus, -ī *m*	das Jahr	11
ante *(Adv.)*	vorher	38
ante *(m. Akk.)*	vor	7
anteā	vorher, früher	14
apparāre	vorbereiten, betreiben	34
appārēre	erscheinen, sich zeigen	12
appellāre	anreden, ansprechen; benennen	27
appropinquāre	sich nähern, näher kommen	33
aptus, -a, -um	passend, geeignet	37
apud *(m. Akk.)*	bei	22
āra, -ae *f*	der Altar	7
arbiter, -trī *m*	der Schiedsrichter; der Gebieter	41
arbitrārī, arbitror, arbitrātus sum	glauben, meinen	32
arbor, arboris *f*	der Baum	16
arcānus, -a, -um	geheim, geheimnisvoll; heimlich	42
arcessere, arcessō, arcessīvī, arcessītum	herbeirufen, holen, holen lassen	21
ārdēre, ārdeō, ārsī, –	brennen, glühen	5, 14
arma, -ōrum *n (Pl.)*	die Waffen	
ad arma vocāre	zu den Waffen rufen	12
arma capere	zu den Waffen greifen	8
ars, artis *f*	die Kunst; die Fertigkeit	16
arx, arcis *f*	die Burg, die Stadtburg	24
asper, aspera, asperum	rau, grob, hart	17
aspicere, aspiciō, aspexī, aspectum	ansehen, erblicken	14, 24
at	aber, jedoch	17
āter, ātra, ātrum	schwarz, finster	22
atque/ac	und, und auch	9
auctor, auctōris *m*	der Urheber, der Veranlasser, der Gründer, der Schriftsteller	24
auctōritās, auctōritātis *f*	das Ansehen, der Einfluss	36
audācia, -ae *f*	der Wagemut, die Kühnheit; die Frechheit	11
audāx; Gen. audācis	mutig, unbekümmert; frech	42
audēre, audeō, ausus sum	wagen	34
audīre	hören, anhören	2
auferre, auferō, abstulī, ablātum	wegtragen, wegbringen, wegnehmen	30
augurium, -ī *n*	die Weissagung, die Vogelschau	27
augurium agere	eine Vogelschau abhalten	27
aura, -ae *f*	der Windhauch, der Lufthauch, die Luft	22
aureus, -a, -um	golden; vergoldet	38
aurum, -ī *n*	das Gold	38
aut	oder	27
aut ... aut ...	entweder ... oder ...	27
autem *(nachgestellt)*	aber, jedoch	13

auxilium, -ī *n*	die Hilfe	6
auxiliō esse (*m. Dat.*)	helfen	36
auxiliō venīre	zu Hilfe kommen	6
auxilium petere	um Hilfe bitten	6
avāritia, -ae *f*	die Habgier; der Geiz	40–42
avārus, -a, -um	habgierg	40–42
āvertere, āvertō, āvertī, āversum	abwenden, fernhalten; entfernen	5, 18
avus, -ī *m*	der Großvater	16

B

barbarus, -a, -um	fremd, ausländisch; barbarisch; *Subst.* der Barbar	15
beātus, -a, -um	glücklich	18
bellum, -ī n	der Krieg	15
bellum committere	einen Krieg beginnen	18
bellum gerere (cum)	Krieg führen (mit)	15
bellum īnferre	angreifen	30
bene	gut	2
bibere, bibō, bibī, –	trinken	6, 19
bonum, -ī *n*	das Gut	40
bonus, -a, -um	gut	8

C

cadere, cadō, cécidī, –	fallen	16
caedere, caedō, cecīdī, caesum	fällen; niederschlagen, töten	14, 24
caedēs, caedis *f*; *Gen. Pl.* caedium	der Mord, das Blutbad	28
caelum, -ī *n*	der Himmel; das Klima	21
calamitās, calamitātis *f*	das Unglück, das Unheil; der Schaden	16
canis, canis *m/f*	der Hund / die Hündin	23
cantāre	singen	5
capere, capiō, cēpī, captum	fassen, fangen, ergreifen; einnehmen	3, 19, 23
capillus, -ī *m*	das Haar	39
captīvus, -a, -um	gefangen; *Subst.* der/die Gefangene	25
caput, capitis *n*	das Haupt, der Kopf; die Hauptstadt	23
carēre (*m. Abl.*)	entbehren, nicht haben; frei sein von	36
carmen, carminis *n*	das Lied, das Gedicht	6
cārus, -a, -um	lieb, teuer, wertvoll	13
castra, -ōrum *n (Pl.)*	das Lager, das Kriegslager	29
castra movēre	ein Lager abbrechen, aufbrechen	30
castra pōnere	ein Lager aufschlagen	29
cāsus, cāsūs *m*	der Fall; der Zufall; der Unglücksfall	41
causa, -ae *f*	der Grund, die Ursache; der Fall, der (Gerichts-) Prozess	14
causā (*m. Gen.; nachgestellt)*	um ... willen, wegen	32
cavēre, caveō, cāvī, cautum (*m. Akk.*)	sich hüten (vor), sich in Acht nehmen (vor)	8, 17
cēdere, cēdō, cessī, cessum	(weg-)gehen; nachgeben	30
celeber, celebris, celebre	viel besucht; gefeiert	17
celebrāre	feiern	18
celer, celeris, celere	schnell	10
cēna, -ae *f*	die (Haupt-) Mahlzeit, das Essen	6
cēnāre	essen, speisen	6
centum	hundert	19
cernere, cernō, crēvī, –	sehen, erkennen	32
certāmen, certāminis *n*	der Wettkampf, der Kampf	37
certāre	kämpfen, streiten, wetteifern	17
certē (*Adv.*)	sicher, gewiss	4
certus, -a, -um	sicher	39
certiōrem facere (*m. Akk.*)	benachrichtigen	31
cervīx, cervīcis *f*	der Nacken, der Hals	34–36
cessāre (*m. Inf.*)	zögern (zu tun), sich Zeit lassen	3
cēterum	übrigens, im Übrigen	41
cibus, -ī m	die Speise; die Nahrung	6
circum (*m. Akk.*)	rings um, um ... herum	27–30

cithara, -ae *f*	die Kithara	39
citō	schnell	8
citrā *(m. Akk.)*	diesseits	31
citus, -a, -um	schnell, rasch	37
cīvīlis, cīvīle	bürgerlich	37–39
cīvis, cīvis *m/f*	der Bürger / die Bürgerin	5
cīvitās, cīvitātis *f*	der Staat; die Bürgerschaft; das Bürgerrecht	11
clam	heimlich	3
clāmāre	(laut) rufen, schreien	1
clāmor, clāmōris *m*	der Schrei; das Geschrei; der Lärm	3
clārus, -a, -um	hell, klar; berühmt	10
classis, classis *f*	die Flotte, die Abteilung	26
cōgere, cōgō, coēgī, coāctum	versammeln; zwingen	24
cōgitāre	denken; beabsichtigen (zu tun)	1
sēcum cōgitāre	bei sich / im Stillen denken	16
cōgitātiō, cōgitātiōnis *f*	das Denken, der Gedanke	36
cōgnātus, -a, -um	verwandt	37–39
cōgnōscere, cōgnōscō, cōgnōvī, cōgnitum	kennenlernen, erkennen; erfahren; Perf. wissen, kennen	17
Cicerōnem cōgnōvī	ich kenne Cicero	17
colere, colō, coluī, cultum	bewirtschaften, bebauen, pflegen; verehren	7, 12
colligere, colligō, collēgī, collēctum	sammeln	22
color, colōris *m*	die Farbe	33
coma, -ae *f*	das Haar	39
comes, comitis *m/f*	der Gefährte / die Gefährtin; der Begleiter / die Begleiterin	11
comitātus, comitātūs *m*	die Begleitung, das Gefolge	34

committere, committō, commīsī, commissum	begehen; veranstalten; anvertrauen	14, 23
proelium committere	eine Schlacht liefern, ein Gefecht beginnen	33
scelus committere	ein Verbrechen begehen	14
commodum, -ī n	der Vorteil, die Annehmlichkeit	37
commovēre, commoveō, commōvī, commōtum	bewegen, beunruhigen, veranlassen	22, 24
commūnicāre	gemeinsam machen; (gemeinsam) besprechen	42
commūnis, commūne	allgemein, gemeinsam	33
comparāre	beschaffen, bereiten, vorbereiten	34
compellere, compellō, compulī, compulsum	zusammentreiben	31–33
complectī, complector, complexus sum	umfassen, umarmen	39
complēre, compleō, complēvī, complētum *(m. Abl.)*	ausfüllen, anfüllen (mit); erfüllen	6, 13
complūrēs, complūra *(Pl.)*; *Gen.* complūrium	mehrere	34
compōnere, compōnō, composuī, compositum	ordnen; vergleichen; verfassen	20, 23
comprehendere, comprehendō, comprehendī, comprehēnsum	ergreifen, festnehmen, erfassen; begreifen	14
concēdere, concēdō, concessī, concessum	weichen, nachgeben; erlauben, zugestehen	24
concilium, conciliī *n*	die Versammlung	33
concurrere, concurrō, concurrī, concursum	zusammenlaufen	32
condere, condō, condidī, conditum	gründen, bauen; verwahren, bergen	26
condiciō, condiciōnis *f*	die Bedingung, die Lage	31–33
cōnferre, cōnferō, contulī, collātum	zusammentragen, zusammenbringen; vergleichen	30
sē cōnferre	sich begeben	30

cōnfīrmāre	(be)kräftigen, verstärken; ermutigen	15
cōnfitērī, cōnfiteor, cōnfessus sum	gestehen, bekennen	40–42
coniūnx, coniugis *m/f*	der Ehemann / die Ehefrau	17
conquiēscere, conquiēscō, conquiēvī, conquiētum	zur Ruhe kommen, Ruhe finden	36
cōnsīdere, cōnsīdō, cōnsēdī, cōnsessum	sich setzen, sich niederlassen	33
cōnsilium, -ī *n*	der Rat, der Ratschlag; der Plan; der Beschluss	8
cōnsilium capere	einen Plan fassen	8
cōnsilium dare	einen Rat erteilen	13
cōnsistere, cōnsistō, cōnstitī, –	stehen bleiben; sich aufstellen	4, 14
cōnsistere in *(m. Abl.)*	bestehen aus	32
cōnspectus, cōnspectūs *m*	der Anblick, das Blickfeld	27
cōnspicārī, cōnspicor, cōnspicātus sum	erblicken	33
cōnspicere, cōnspiciō, cōnspexī, cōnspectum	ansehen, erblicken	22, 24
cōnstat, cōnstitit	es steht fest, es ist bekannt	15
cōnstituere, cōnstituō, cōnstituī, cōnstitūtum	aufstellen; festsetzen, einrichten; *(m. Inf.)* beschließen (zu tun)	19, 25
cōnstituere dē *(m. Abl.)*	entscheiden über	32
cōnstringere, cōnstringō, cōnstrīnxī, cōnstrictum	zusammenschnüren, binden	41
cōnsuētūdō, cōnsuētūdinis *f*	die Gewohnheit	32
cōnsul, cōnsulis *m*	der Konsul	11
cōnsulere, cōnsulō, cōnsuluī, cōnsultum	*(m. Dat.)* sorgen für; *(m. Akk.)* um Rat fragen; *(m. dē)* beraten (über)	27
contendere, contendō, contendī, contentum	sich anstrengen; kämpfen; eilen; behaupten	24
contentus, -a, -um *(m. Abl.)*	zufrieden (mit)	8
continēre	zusammenhalten, enthalten; im Zaum halten	8
contrā *(Adv.)*	dagegen	24
contrōversia, -ae *f*	der Streit, die Meinungsverschiedenheit	32
convenīre, conveniō, convēnī, conventum	zusammenkommen; treffen; besuchen; passen; glücken	2, 13, 17, 25
amīcam convenīre	eine Freundin treffen	13
mihi convenit	es passt (zu) mir	13
conventus, conventūs *m*	die Versammlung; die Schar	30
conversātiō, conversātiōnis *f*	der Umgang; das Gespräch	40–42
convīvium, -ī *n*	das Gastmahl, das Gelage	13
convocāre	zusammenrufen, herbeirufen, einberufen	33
cōpia, -ae *f*	die Menge, der Vorrat; *Pl. auch:* die Truppen	20
cor, cordis n	das Herz	21
cordī esse	am Herzen liegen	21
cōram *(m Abl.)*	vor, in Gegenwart von	42
corpus, corporis n	der Körper; der Leichnam	15
corripere, corripiō, corripuī, correptum	packen, (gewaltsam) ergreifen	22, 23
corrumpere, corrumpō, corrūpī, corruptum	verderben; bestechen	24
cottīdiē	täglich	40
crās	morgen	7
crāstinus, -a, -um	morgig	40
creāre	schaffen, erschaffen; wählen	12
crēdere, crēdō, crēdidī, crēditum	glauben; vertrauen, anvertrauen	12, 20, 26
crēscere, crēscō, crēvī, –	wachsen; zunehmen	20
crīmen, crīminis *n*	das Verbrechen; der Vorwurf; die Anklage	21
crīminī dare	zum Vorwurf machen	21
crūdēlis, crūdēle	grausam, hartherzig	13

cultus, cultūs *m*	die Pflege; die Verehrung; die Lebensweise; die Kultur; die Bildung	38
cum *(m. Abl.)*	(zusammen) mit	7
cum *(m. Ind.)*	(immer) wenn; (damals) als; (dann), wenn; sobald	20
cum *(m. Konj.)*	als, nachdem; da, weil; obwohl; während (dagegen)	25
cunctī, -ae, -a	alle	19
cunctus, -a, -um	gesamt, ganz	34–36
cupere, cupiō, cupīvī, cupītum *(m. Inf.)*	wünschen (zu tun), wollen, begehren	3, 12
cupiditās, cupiditātis *f*	die Gier, die Begierde, das Verlangen; die Leidenschaft	27
cūr?	warum?	1
cūra, -ae *f*	die Sorge; die Pflege	10
cūrāre *(m. Akk.)*	sich kümmern (um), sorgen (für); pflegen	13
cūria, -ae *f*	die Kurie, das Rathaus	8
currere, currō, cucurrī, cursum	laufen, rennen	3, 20, 25
currus, currūs *m*	der Wagen	37
custōs, custōdis *m*	der Wächter	11

D

damnāre	verurteilen	14
damnōsus, -a, -um	schädlich, verderblich	40–42
dare, dō, dedī, datum	geben	13, 14, 23
sē dare	sich hingeben, sich widmen	16
dē *(m. Abl.)*	von ... herab; von, über; um	7
dē amīcō timēre	um den Freund fürchten	7
dē Capitōliō nārrāre	vom Kapitol erzählen	7
dea, -ae *f*	die Göttin	7
dēbēre	müssen; schulden	1
nōn dēbēre	nicht müssen; nicht dürfen	3
dēbilis, dēbile	schwach	36

dēcēdere, dēcēdō, dēcessī, dēcessum	weggehen; sterben	19, 24
dē vītā dēcēdere	sterben	19
decem	zehn	19
dēcernere, dēcernō, dēcrēvī, dēcrētum	beschließen, entscheiden	27
decet, decuit *(m. Akk.)*	es schickt sich (für jdn.), es steht (jdm.)	13
vestis mē decet	das Kleid steht mir	13
dēcidere, dēcidō, dēcidī, –	herabfallen	37
dēdere, dēdō, dēdidī, dēditum	ausliefern, übergeben; auf etwas (aus)richten	32
dēdūcere, dēdūcō, dēdūxī, dēductum	hinabführen, wegführen; geleiten	29
dēesse, dēsum, dēfuī, –	fehlen	13
dēfendere, dēfendō, dēfendī, dēfēnsum (ā/ab)	abwehren; verteidigen (gegen)	11, 14
dēfēnsiō, dēfēnsiōnis *f*	die Verteidigung	36
dēficere, dēficiō, dēfēcī, dēfectum	ausgehen; *(Akk.)* fehlen; (ā/ab) abfallen (von)	26
vīrēs mē dēficiunt	die Kräfte verlassen mich	26
deinde	hierauf, dann	24
dēlābī, dēlābor, dēlāpsus sum	herabgleiten	37
dēlectāre	erfreuen, Freude bereiten	5
dēlērē, dēleō, dēlēvī, dēlētum	zerstören	26
dēlīberāre	überlegen; nachdenken	42
dēmōnstrāre	zeigen, darlegen, beweisen	31
dēmum	endlich, erst	27–30
dēnique	schließlich	9
dēpōnere, dēpōnō, dēposuī, dēpositum	ablegen, niederlegen	20, 23
dēscendere, dēscendō, dēscendī, dēscēnsum	herabsteigen, hinabsteigen	21
dēserere, dēserō, dēseruī, dēsertum	verlassen, im Stich lassen	12, 23
dēsīderāre	sich sehnen nach, vermissen; *(m. Inf.)* ersehnen (zu tun)	5

dēsinere, dēsinō, dēsiī, dēsitum	ablassen, aufhören	12, 13
dēspērāre (dē)	verzweifeln (über), die Hoffnung aufgeben	26
dētrīmentum, -ī *n*	der Nachteil, der Schaden	21
dētrīmentō esse	schaden	21
deus, -ī *m*	der Gott	7
dext(e)r dext(e)ra, dext(e)rum	rechts	34–36
dext(e)ra, dext(e)rae *f*	die rechte Hand	34–36
dīcere, dīcō, dīxī, dictum	sagen, sprechen; *(m. dopp. Akk.)* nennen, bezeichnen als	3, 14, 42
alicui salūtem dīcere	jemanden grüßen	40
diēs, diēī m	der Tag	28
differre, differo, distulī, dīlātum	aufschieben, verschieben; sich unterscheiden	32
difficilis, difficile	schwer, schwierig	20
digitus, -ī *m*	der Finger	37
dīgnus, -a, -um *(m. Abl.)*	würdig, wert	27
dīligēns; *Gen.* dīligentis	sorgfältig, gewissenhaft	13
dīmittere, dīmittō, dīmīsī, dīmissum	entsenden, wegschicken, entlassen	30
discere, discō, didicī, –	lernen	35
dispōnere, dispōnō, disposuī, dispositum	verteilen, ordnen, einteilen	41
disputāre	diskutieren, sprechen über	18
dissimilis, dissimile	unähnlich	40–42
diū	lange (Zeit)	3
dīversus, -a, -um	entgegengesetzt; verschieden	38
dīvīnus, -a, -um	göttlich	32
docēre, doceō, docuī, doctum	lehren, belehren	5
dolēre	schmerzen; *(m. Abl.)* Schmerz empfinden (über)	12
dolor, dolōris *m*	der Schmerz	5
dolus, -ī *m*	die List, die Täuschung	9
domāre, domō, domuī, domitum	zähmen; besiegen, unterwerfen	38
domī	zu Hause	11
domina, -ae *f*	die Herrin; die Hausherrin	1
dominus, -ī *m*	der Herr; der Hausherr	1
domum	heim, nach Hause	29
domus, domūs *f*	das Haus	29
dōnāre	schenken; beschenken	10
dōnum, -ī *n*	das Geschenk	24
dormīre	schlafen	6
druidēs, druidum *m. Pl.*	die Druiden	32
dūcere, dūcō, dūxī, ductum	führen, ziehen	7, 16, 23
deōrum numerō dūcere	zu den Göttern zählen	32
dulcis, dulce	süß, lieblich	22
dum	(solange) bis; solange; *(m. Ind. Präs.)* während	31
duo, duae, duo	zwei	23
duodecim	zwölf	23
dūrus, -a, -um	hart, hartherzig	12
dux, ducis *m/f*	der Anführer / die Anführerin	29

E

ē *(m. Abl.)*	aus, aus ... heraus; von ... her; seit	7
ecce!	sieh da!, schau! / seht da!, schaut!	3
ēdūcere, ēdūcō, ēdūxī, ēductum	herausführen	34
efferre, efferō, extulī, ēlātum	hinausbringen; in die Höhe heben	27–30
efficere, efficiō, effēcī, effectum	bewirken, vollenden; herstellen	41
effugere, effugiō, effūgī	entfliehen, entkommen	26
ego	ich	2
ēgregius, -a, -um	hervorragend, ausgezeichnet	15
ēlābī, ēlābor, ēlāpsus sum	weggleiten; entrinnen	40
ēligere, ēligō, ēlēgī, ēlēctum	auslesen, auswählen	29
enim *(nachgestellt)*	denn, nämlich	6
eō	deswegen; dorthin	33
epistula, -ae *f*	der Brief	2
eques, equitis *m*	der Reiter, der Ritter	32

equidem	(ich) allerdings, freilich	17
equitātus, equitātūs *m*	die Reiterei	33
equus, -ī *m*	das Pferd	6
ergō	also, folglich	7
ēripere, ēripiō, ēripuī, ēreptum	entreißen	11, 12, 23
errāre	sich irren; umherirren	26
esse, sum, fuī, –	sein	4, 12
est	er/sie/es ist; es gibt	1
et	und; auch	1
et ... et ...	sowohl ... als auch ...	5
etiam	auch; sogar	4
etsī	auch wenn, wenn auch	37
ēvertere, ēvertō, ēvertī, ēversum	umstürzen, zerstören	27–30
ex *(m. Abl.)*	aus, aus ... heraus; von ... her; seit	7
excēdere, excēdō, excessī, excessum	hinausgehen	31–33
exemplum, -ī *n*	das Beispiel; das Vorbild	28
exercitus, exercitūs *m*	das Heer	27
exilium, -ī *n*	die Verbannung, das Exil	12
exīre, exeō, exiī, exitum	herausgehen, verlassen, ausrücken	29
exīstimāre	einschätzen, meinen; *(m. dopp. Akk.)* halten für	27–30, 42
expedīre	losmachen; abwickeln; ermöglichen	35
expedītus, -a, -um	ohne (Marsch-) Gepäck; ungehindert	34
expellere, expellō, expulī, expulsum	vertreiben, verjagen, verbannen	28
expūgnāre	erobern	31
exspectāre	warten (auf), erwarten	2
exstinguere, exstinguō, exstīnxī, exstīnctum	löschen, auslöschen; vernichten	23

F

fābula, -ae *f*	die Geschichte, die Erzählung; das Theaterstück	2
facere, faciō, fēcī, factum	machen, tun	7, 14, 23
certiōrem facere *(m. Akk.)*	benachrichtigen	31
faciēs, faciēī *f*	das Gesicht; das Aussehen	38
facilis, facile	einfach, leicht, mühelos	17
factum, -ī *n*	die Tat	23
fallāx; *Gen.* fallācis	trügerisch	36
fallere, fallō, fefellī, –	täuschen; unbemerkt bleiben	28
fāma, -ae *f*	das Gerücht; der (gute oder schlechte) Ruf	31–33
familia, -ae *f*	die Familie	1
familiāris, familiāre	vertraut, verwandt, freundschaftlich; *Subst.* der Vertraute, der Verwandte, der Freund	16
fātum, -ī *n*	der Götterspruch; das Schicksal	26
fēlīx; *Gen.* fēlīcis	glücklich; erfolgreich	10
fēmina, -ae *f*	die Frau	9
ferē *(Adv.)*	fast, ungefähr	32
ferre, ferō, tulī, lātum	tragen, bringen; ertragen	30
ferrum, -ī *n*	das Eisen; die Waffe, das Schwert	25
ferus, -a, -um	wild	15
fidēlis, fidēle	treu, zuverlässig	34
animō fidēlī esse in amicum	einem Freund gegenüber treu sein	34
fidēs, fideī *f*	die Treue; das Vertrauen; der Glaube; die Zuverlässigkeit	28
fīdus, -a, -um	treu	12
fierī, fīō, factus sum	gemacht werden, werden; entstehen, geschehen	34
obviam fierī	begegnen	34
fīlia, -ae *f*	die Tochter	5
fīlius, -ī *m*	der Sohn	5
fingere, fingō, fīnxī, fictum	formen, gestalten; sich ausdenken, erlügen	21, 23
fīnīre	beenden; begrenzen	14

fīnis, fīnis *m*	das Ende; die Grenze; das Ziel; *Pl.* das Gebiet	24
fīnitimus, -a, -um	angrenzend, benachbart; *(Subst.)* der Nachbar	31–33
flamma, -ae *f*	die Flamme	26
flectere, flectō, flexī, flexum	biegen, beugen; umstimmen	22
flēre, fleō, flēvī, flētum	weinen (über); beweinen; beklagen	24
flūmen, flūminis *n*	der Fluss	16
forās	heraus, hinaus, nach draußen	2
foris, foris *f*	der Türflügel; *Pl.* die Tür	39
fōrma, -ae *f*	die Gestalt; die Schönheit	22
fortāsse	vielleicht	20
forte	zufällig	37
fortis, forte	tapfer; stark; tatkräftig	10
fortūna, -ae *f*	das Schicksal; das Glück; *Pl.* die Güter, das Vermögen	41
forum, -ī *n*	das Forum, der (Markt-)Platz, das Stadtzentrum	1, 4, 7
frangere, frangō, frēgī, frāctum	brechen, (etw.) zerbrechen	23
frāter, frātris *m*	der Bruder	6
frōns, frondis *f*	das Blatt, das Laub	39
fruī, fruor, frūctus sum *(m. Abl.)*	genießen	36
frūstrā	vergeblich, umsonst	4
fuga, -ae *f*	die Flucht	31
fugāre	in die Flucht schlagen; vertreiben	40–42
fugere, fugiō, fūgī, – *(m. Akk.)*	fliehen (vor); meiden	3, 19
fūr, fūris *m/f*	der Dieb / die Diebin	3
furor, furōris *m*	der Wahnsinn, das Wüten, die Wut	23
futūrus, -a, -um	künftig, zukünftig	37–39

G

gaudēre, gaudeō, gāvīsus sum	sich freuen, Spaß haben	1, 34
gaudium, -ī *n*	die Freude	1
gēns, gentis *f*	das Geschlecht, der Stamm, das Volk	15
genus, generis *n*	die Art, das Geschlecht, die Abstammung; der Stand	32
gerere, gerō, gessī, gestum	tragen; führen, ausführen	18
rem gerere	kämpfen	33
sē gerere	sich benehmen	18
gladius, -ī *m*	das Schwert	6
glōria, -ae *f*	der Ruhm, die Ehre	18
glōriam sibi parāre	sich Ruhm verschaffen	18
grātia, -ae *f*	der Dank; die Gunst; die Anmut	9
grātiam habēre	danken	9
grātulārī, grātulor, grātulātus sum	beglückwünschen, gratulieren; *(m. AcI)* sich glücklich preisen, dass	38
grātus, -a, -um	dankbar; willkommen	40
gravis, grave	schwer, gewichtig; ernst, bedeutend	32
gremium, -ī *n*	der Schoß	37

H

habēre	haben; halten	3
habitābilis, habitābile	bewohnbar, wohnlich	37–39
habitāre	wohnen, bewohnen	4
haud	nicht	13
haurīre, hauriō, hausī, haustum	schöpfen; nehmen	35
hīc	hier	1
hic, haec, hoc	dieser, diese, dieses	23
hiems, hiemis *f*	der Winter; das Unwetter	21
hinc	von hier; hierauf; daher	22
hodiē	heute	1
hodiernus, -a, -um	heutig	40
homō, hominis *m*	der Mensch	5
honestus, -a, -um	ehrenhaft, angesehen	35
honōs/honor, honōris *m*	die Ehre; das Ehrenamt	18
māgnō honōre esse	hohes Ansehen genießen	32
hōra, -ae *f*	die Stunde	5
hospes, hospitis *m*	der Gastgeber; der Gast(freund)	6

hostis, hostis *m/f*	der (Landes-)Feind / die Feindin	6
hūc	hierher	22
hūmānus, -a, -um	menschlich; gebildet	40
humus, -ī *f*	die Erde, der (Erd-) Boden	21

I

iacēre	liegen	25
iactāre	schwingen; schleudern; durcheinanderwerfen	41
iactūra, -ae *f*	der Verlust	40
iam	schon, bereits	1
nōn iam	nicht mehr	4
ibi	dort	3
īdem, eadem, idem	der gleiche, derselbe	31
igitur	also, folglich	35
īgnis, īgnis *m*	das Feuer	21
īgnōrāre	nicht wissen, nicht kennen	19
nōn īgnōrāre	genau wissen, gut kennen	19
ille, illa, illud	jener, jene, jenes	23
Herculēs ille	der berühmte Herkules	23
imbēcillitās, imbēcillitātis *f*	die Schwäche	40–42
imitārī, imitor, imitātus sum	nachahmen, nachmachen	40–42
immō	im Gegenteil; ja sogar	23
immortālis, immortāle	unsterblich; *Subst.* der Unsterbliche, der Gott	21
impedīmentum, impedīmentī *n*	das Hindernis; *Pl.* das Gepäck	34
impetrāre	bekommen; bewirken	40
impedīre	hindern, verhindern	11
impellere, impellō, impulī, impulsum	antreiben, veranlassen	26
imperāre *(m. Dat.)*	befehlen; herrschen (über)	23
imperātor, imperātōris *m*	der Feldherr; der Kaiser	5, 15
imperium, -ī *n*	der Befehl, die Herrschaft; das Reich	24
impetus, impetūs *m*	der Angriff, der Ansturm	27
impetum facere in *(m. Akk.)*	jdn. angreifen	27
imprīmīs	in erster Linie, besonders	18
improbus, -a, -um	schlecht, unanständig, niederträchtig	8
in *(m. Abl.)*	in, an, auf, bei (wo?)	7
in *(m. Akk.)*	in (... hinein); auf; nach (...hin); gegen (wohin?)	7
in hostēs	gegen die Feinde	7
inānis, ināne	sinnlos, wertlos; leer	36
incendere, incendō, incendī, incēnsum	entflammen, in Brand setzen	8, 18
inceptum, -ī *n*	das Vorhaben	27–30
incertus, -a, -um	unsicher, ungewiss, unbestimmt	26
incidere, íncidō, íncidī, –	geraten (in); stoßen (auf); sich ereignen	35
incipere, incipiō, coepī, coeptum	anfangen, beginnen	5, 19, 23
incolumis, incolume	heil, unversehrt	10
incrēdibilis, incrēdibile	unglaublich	15
īnfēlīx; *Gen.* īnfēlīcis	unglücklich	24
īnferī, -ōrum m	die (Bewohner der) Unterwelt	22
īnferre, īnferō, intulī, illātum *(m. Dat.)*	hineintragen; einflößen	30
bellum īnferre	angreifen	30
ingenium, -ī *n*	die Begabung; das Genie	25
ingēns; *Gen.* ingentis	riesig, gewaltig	10
inhumanus, -a, -um	unmenschlich; ungebildet	40–42
inicere, iniciō, iniēcī, iniectum	hineinwerfen; hervorrufen	27–30
inimīcus, -a, -um	feindlich; *(Subst.)* der (persönliche) Feind	8
inīre, ineō, iniī, initum	hineingehen, betreten; beginnen	29
cōnsilium inīre	einen Beschluss fassen	29
initium, -ī n	der Eingang, der Anfang	21
iniūria, -ae *f*	das Unrecht, die Beleidigung	29
iniūstus, -a, -um	ungerecht	35

inopia, inopiae f	die Armut, die Not	31–33
inquam/inquīs/ inquit	sag(t)e ich / (sag(te)st du / sagt(e) er/sie/es)	21
īnsequī, īnsequor, īnsecūtus sum *(m. Akk.)*	(unmittelbar) folgen, verfolgen; (mit Worten) angreifen	39
īnsidiae, -ārum *f (Pl.)*	der Hinterhalt, die Falle	19
īnsidiās parāre	einen Hinterhalt legen	19
īnsidiātor, īnsidiātōris *m*	der Wegelagerer, der Räuber	34
īnstāre, īnstō, īnstitī, –	bevorstehen, drohen	20
īnstruere, īnstruō, īnstrūxī, īnstrūctum	einrichten; unterweisen; erbauen	20
īnsula, -ae *f*	die Insel; der Wohnblock	4, 9
intellegere, intellegō, intellēxī, intellēctum	erkennen, verstehen, einsehen	10, 16
inter *(m. Akk.)*	zwischen, unter; während	7
inter sē	untereinander	16
intereā	inzwischen	6
interesse, intersum, interfuī, – (m. Dat.)	dazwischen sein; teilnehmen (an)	17
lūdīs interesse	an den Spielen teilnehmen	17
interficere, interficiō, interfēcī, interfectum	töten, vernichten	14, 23
interpretārī, interpretor, interpretātus sum	deuten, erklären	32
interpretātiō (-iōnis) Rōmāna (-ae) *f*	*die Praxis, „fremde" Götter mit römischen Namen zu übersetzen und zu interpretieren*	32
intervenīre, interveniō, intervēnī, interventum	dazwischenkommen; sich ereignen	42
intrā *(m. Akk.)*	innerhalb	30
intrāre	betreten, eintreten (in)	2
inūtilis, inūtile	unnütz, unbrauchbar	31–33
invenīre, inveniō, invēnī, inventum	finden, auffinden, erfinden	4, 17, 25
invidia, -ae *f*	der Neid; die Anfeindung; die Missgunst	27
invītāre	einladen	17
ipse, ipsa, ipsum	selbst, persönlich; gerade	28
īra, -ae *f*	der Zorn, die Wut	10
īram incendere	Zorn erregen	10
īrātus, -a, -um	zornig, erzürnt	14
īre, eō, iī, itum	gehen	29
is, ea, id	dieser; der(jenige); er	13
iste, ista, istud	dieser, dieser da	27–30
ita	so	3
itaque	daher, deshalb	11
item	ebenso	31
iter, itíneris *n*	der Weg; die Reise; der Marsch	22
iterum	wiederum, ein zweites Mal	9
iterum atque iterum	immer wieder	9
iubēre, iubeō, iussī, iussum *(m. Akk.)*	befehlen, anordnen	13, 15
iūcundus, -a, -um	angenehm, erfreulich	13
iūdex, iūdicis *m*	der Richter	14
iūdicāre	urteilen; beurteilen, entscheiden	24
iūdicium, -ī *n*	das Urteil, die Entscheidung; das Gericht	12
iūs, iūris *n*	das Recht	31–33
iūsiūrandum / iūs iūrandum, iūris iūrandī *n*	der Eid, der Schwur	25
iūsiūrandum dare	einen Eid schwören	25
iūstus, -a, -um	gerecht, rechtschaffen	14
iuvāre, iuvō, iūvī, iūtum *(m. Akk.)*	helfen, unterstützen; erfreuen	10, 17
iuvenālis, iuvenāle	jung, jugendlich	39
iuvenis, iuvenis *m*	der junge Mann	7

L

labor, labōris *m*	die Arbeit, die Mühe	13
labōrāre	arbeiten; leiden, *(m. Abl.)* leiden (an)	1, 6

lacertus, -ī *m*	der (Ober-)Arm	39
lacrima, -ae *f* lacrimās dare	die Träne weinen	12 25
laetitia, laetitiae *f*	die Freude; die Fröhlichkeit	34–36
laetus, -a, -um	froh, fröhlich	9
latēre	verborgen sein	7
latrō, latrōnis *m*	der Räuber	35
latus, lateris *n*	die Seite; die Flanke	37
laudābilis, laudābile	lobenswert	28
laudāre	loben	2
laurus, -ī *f*	der Lorbeer(baum)	39
lectus, -ī *m*	das Bett, das Lager	25
lēgātus, -ī *m*	der Gesandte; der Offizier, der Unterfeldherr	6, 15
legere, legō, lēgī, lēctum	lesen; sammeln; auswählen	10, 17
leō, leōnis *m*	der Löwe	21
levis, leve	leicht; leichtsinnig, wankelmütig	10
lēx, lēgis *f* lēx nāta, lēgis nātae *f* lēx scrīpta, lēgis scrīptae *f*	das Gesetz; die Bedingung das Naturrecht das geschriebene Recht	31–33 35 35
libenter	gern	2
līber, lībera, līberum (ā/ab)	frei (von)	8
liber, librī m	das Buch	13
līberāre *(m. Abl.)*	befreien (von)	6
līberī, -ōrum *m (Pl.)*	die Kinder	4
lībertās, lībertātis *f*	die Freiheit	15
licet, licuit *(m. Inf.)*	es ist möglich (zu tun); es ist erlaubt (zu tun)	4
lignum, -ī *n*	das Holz	39
littera, -ae *f*	der Buchstabe; *Pl.* der Brief; die Literatur; die Wissenschaft(en)	19
lītus, lītoris *n*	die Küste, der Strand	15
locāre	legen, stellen; vermieten	9
locus, -ī *m*; loca, -ōrum *n Pl.*	der Ort, der Platz, die Stelle; *Pl. auch:* die Gegend	16
longinquus, -a, -um	entfernt; langwierig	31–33
longus, -a, -um	lang; lang anhaltend	30
loquī, loquor, locūtus sum	sprechen	36
lūctus, lūctūs *m*	die Trauer	28
lūdus, -ī *m*	das Spiel; die Schule	2, 5
luere, luō, luī, – poenam luere	büßen; bezahlen Strafe leiden, bestraft werden	35 35
lūx, lūcis *f*	das Licht, das Tageslicht	22
lūxuria, -ae *f*	der Überfluss; die Genusssucht	40–42
lūxuriōsus, -a, -um	ausschweifend	40–42

M

magis	mehr	16
māgnitūdō, māgnitūdinis *f*	die Größe, die Erhabenheit	15
māgnus, -a, -um	groß; bedeutend, wichtig	8
māiōrēs, māiōrum *m (Pl.)*	die Vorfahren	16
mālle, mālō, māluī, –	lieber wollen	17
malus, -a, -um	böse, schlecht, schlimm	8
mandāre	übergeben, anvertrauen; auftragen	9
manēre, maneō, mānsī, –	bleiben; warten (auf), erwarten	2, 15
manus, manūs *f*	die Hand; die Schar	27
mare, maris *n*	das Meer	26
marītus, -ī *m*	der Ehemann	17
māter, mātris *f*	die Mutter	5
maximus, -a, -um	der größte, sehr groß	34–36
mē *(Akk.)*	mich	11
medius, -a, -um	der mittlere; mitten in …	15
meherc(u)le!	beim Herkules!	4
membrum, -ī *n*	das (Körper-)Glied; *Pl.* die Gliedmaßen	39
memorāre	in Erinnerung rufen, erwähnen, erzählen	23

memoria, -ae *f*	die Erinnerung, das Andenken; das Gedächtnis	12
memoriā tenēre	in Erinnerung haben, im Gedächtnis behalten	12
mēns, mentis *f*	der Geist, der Verstand	28
in mentem venīre	in den Sinn kommen	30
metus, metūs *m*	die Angst, die Furcht	27–30
meus, -a, -um	mein	16
mihi *(Dat.)*	mir	11
mīles, mīlitis *m*	der Soldat	14
mīlitāris, mīlitāre	militärisch	32
rēs mīlitāris, reī mīlitāris *f*	das Kriegswesen	32
mīlle, *Pl.* mīlia, -ium	tausend	23
mīrus, -a, -um	erstaunlich, sonderbar, wunderbar	15
miscēre, misceō, miscuī, mixtum	mischen	42
miser, misera, miserum	arm, unglücklich, erbärmlich	8
miserī, -ōrum *m (Pl.)*	die Armen	8
miseria, -ae *f*	das Elend, das Unglück	28
mittere, mittō, mīsī, missum	schicken, senden	15, 23
moderātus, -a, -um	besonnen, ruhig; maßvoll	39
modus, -ī *m*	die Art, die Weise; das Maß	15
moenia, moenium *n (Pl.)*	die Mauer(n), die Stadtmauer(n)	27
mollis, molle	weich, sanft	25
monēre	(er)mahnen, erinnern	2
mōns, montis *m*	der Berg	16
mōnstrum, -ī *n*	das Ungeheuer	23
morārī, moror, morātus sum	aufhalten; sich aufhalten, verweilen	34
morbus, -ī *m*	die Krankheit	27–30
morī, morior, mortuus sum	sterben	40
mors, mortis *f*	der Tod	5

mortālis, mortāle	sterblich; *Subst.* der Sterbliche, der Mensch	21
mortuus, -a, -um	tot	12
mōs, mōris *m*	die Sitte, der Brauch; *Pl.* die Gewohnheiten; der Charakter	38
mōs māiōrum, mōris māiōrum *m*	das Sittengesetz der Vorfahren, das ungeschriebene Recht	29, 35
movēre, moveō, mōvī, mōtum	bewegen; erregen	22, 24
mox	bald; dann	4
muliebris, muliebre	weiblich; unmännlich	30
mulier, mulieris *f*	die (erwachsene) Frau	17
multī, -ae, -a	viele	8
multa, -ōrum *n (Pl.)*	vieles	13
multum	viel, sehr	8
multitūdō, multitūdinis *f*	die Vielzahl, die Menge	19
mūnītiō, mūnītiōnis *f*	das Belagerungswerk	33
mūnus, mūneris *n*	die Aufgabe, das Amt; das Geschenk	38
mūtāre	ändern, wechseln, verwandeln	25

N

nam	denn, nämlich	1
nārrāre	erzählen, berichten	1
nāscī, nāscor, nātus sum	geboren werden, entstehen	38
nātiō, nātiōnis *f*	das Volk, der Volksstamm	32
nātūra, -ae *f*	die Natur	35
nāvis, nāvis *f*	das Schiff	26
-ne?	*unübersetzte Fragepartikel*	19
nē *(m. Konj.)*	dass nicht; damit nicht, um nicht ... zu	25
nē ... quidem	nicht einmal	11
necāre	töten	11
necessārius, -a, -um	nötig, notwendig	21
necessārius, -ī *m*	der Nahestehende, der Freund	31
necesse est	es ist nötig, es ist notwendig	15

negāre	leugnen; verweigern; *(m. AcI)* sagen, dass nicht	15
neglegentia, -ae *f*	die Nachlässigkeit	40
neglegere, neglegō, neglēxī, neglēctum	vernachlässigen, gering schätzen	27–30
negōtium, -ī *n*	die Aufgabe; das Geschäft	16
negōtia gerere	seinen Geschäften nachgehen	18
nēmō, *Gen.* nūllīus, *Dat.* nēminī, *Akk.* nēminem, *Abl.* nūllō	niemand	40
nēmō nostrum	niemand von uns	40–42
nepōs, nepōtis *m*	der Neffe, der Enkel	37–39
neque/nec	und nicht, auch nicht, aber nicht	18
neque ... neque .../ nec ... nec ...	weder ... noch ...	18
nescīre	nicht wissen, nicht kennen	2
nēve ... nēve	weder ... noch	40–42
nex, necis *f*	der Mord; der Tod	35
nihil	nichts	10
nimis	zu, allzu	16
nisī	wenn nicht; außer	20
nōbilis, nōbile	vornehm, adelig; berühmt	31–33
nocēre	schaden	25
nōlle, nōlō, nōluī, –	nicht wollen	17
nōmen, nōminis *n*	der Name	1, 25
nōn	nicht	1
nōndum	noch nicht	18
nōnne?	etwa nicht?, denn nicht?	19
nōnnūllī, -ae, -a	einige, manche	11
nōs	wir	13
nōscere, nōscō, nōvī, nōtum	erkennen, kennenlernen	37
noster, nostra, nostrum	unser	16
nōtus, -a, -um	bekannt	34–36
novem	neun	23
nōvisse, nōvī	kennen, wissen	37
novus, -a, -um	neu, neuartig	16
nox, noctis *f*	die Nacht	10
nūbere, nūbō, nūpsī, nūptum *(m. Dat.)*	(einen Mann) heiraten	17
nūdus, -a, -um	nackt, bloß	15
nūllus, -a, -um; *Gen.* nūllīus, *Dat.* nūllī	kein	34
num?	etwa?	19
nūmen, nūminis n	die Gottheit; der göttliche Wille, die göttliche Macht	32
numerāre	zählen, aufzählen	37–39
numerus, -ī *m*	die Zahl, die Anzahl	27
numquam	niemals	9
nunc	nun, jetzt	2
nūper	neulich	20
nympha, -ae *f*	die Nymphe	39

O

ob	*(m. Akk.)* wegen	28
quam ob rem	deswegen	28
obīre, obeō, obiī, obitum *(m. Akk.)*	entgegengehen, begegnen	29
(mortem) obīre	sterben	29
obses, obsidis *m/f*	die Geisel	29
obsidēs imperāre	Geiseln (zu stellen) befehlen / die Stellung von Geiseln befehlen	29
obtinēre, obtineō, obtinuī, obtentum	innehaben, in Besitz haben, besetzt halten	27
occīdere, occīdō, occīdī, occīsum	niederschlagen, töten	24
occupāre	einnehmen, in Besitz nehmen; beschäftigen	41
occurrere, occurrō, occurrī, occursum	entgegenlaufen, entgegentreten, begegnen	25
oculus, -ī	das Auge	5
oculōs flectere	die Augen wenden	22
ōdisse, ōdī	hassen	40–42
offerre, offerō, obtulī, oblātum	anbieten	33
sē mortī offerre	sich in Lebensgefahr bringen	36
officium, -ī *n*	der Dienst, die Pflicht	37
omnīnō	insgesamt, überhaupt, völlig	18
omnis, omne	jeder; all; ganz	10
omnia, -ium *n (Pl.)*	alles	10
oportet, oportuit	es gehört sich, man muss	17
oppidum, -ī *n*	die Stadt, die Befestigung	20

opprimere, opprimō, oppressī, oppressum	überfallen, überwältigen, niederwerfen; unterdrücken	28
oppūgnāre	angreifen	30
ops, opis *f*	die Hilfe; die Kraft; *Pl.* der Reichtum; die Macht	38
optāre	wünschen	27
opus est	*(m. Dat.)* es ist nötig (für jdn.); *(m. Abl.)* jd. braucht, benötigt (etwas)	21
mihi cēnāre opus est	für mich ist es nötig zu essen	21 21
mihi cibīs opus est	ich brauche Essen	21
ōrāre	beten (zu), bitten	7
ōrātiō, ōrātiōnis *f*	die Rede	11
ōrātiōnem habēre	eine Rede halten	14
ōrātor, ōrātōris *m*	der Redner	3
orbis, orbis *m*	der Kreis, die Scheibe	23
orbis terrārum	der Erdkreis	23
ōrdīrī, ōrdior, ōrsus sum	beginnen, anfangen	38
ōrdō, ōrdinis *m*	die Ordnung, die Reihe; der (gesellschaftliche) Stand	41
orīrī, orior, ortus sum	geboren werden, entstehen, beginnen; aufgehen	32
ōrnāre	schmücken; auszeichnen, ausstatten	17
ōsculum, -ī *n*	der Kuss	39
ostendere, ostendō, ostendī, –	zeigen, erklären, offenbaren	9, 18
ōtium, -ī *n*	die Freizeit, die Ruhe, die Muße	13
ōtium agere	seine Freizeit verbringen	16
ōtiō sē dare	seine Freizeit genießen	16

P

paene	beinahe, fast	26
paenula, -ae *f*	der Reisemantel	34
pār; *Gen.* paris	gleich, ebenbürtig	23
parāre	bereiten; vorbereiten; erwerben; *(m. Inf.)* vorhaben (zu tun)	11
parcere, parcō, pepercī, – *(m. Dat.)*	schonen, sparen	25
parentēs, parent(i)um *m (Pl.)*	die Eltern	4
pārēre	gehorchen, folgen	1
parĕre, pariō, peperī, partum	zur Welt bringen, erzeugen; erwerben	24
pars, partis *f*	der Teil; die Richtung	31
partim	zum Teil, teilweise	34
partim ... partim	teils ... teils	34
parvus, -a, -um	klein, gering	8
parva, -ōrum *n (Pl.)*	die Kleinigkeiten	13
pater, patris *m*	der Vater	5
patēre	offenstehen	34–36
patī, patior, passus sum	leiden, ertragen; zulassen	40
patrēs, patrum *m (Pl.)*	die Senatoren	12
patria, -ae *f*	das Vaterland, die Heimat	12
patriciī, -ōrum *m Pl.*	die Patrizier (Vertreter der Adelsschicht Roms)	30
patrius, -a, -um	väterlich, des Vaters	37–39
paucī, -ae, -a	wenige	17
paulum	ein wenig, ein bisschen	14
paulō	(um) ein wenig, ein bisschen	14
paulō post	ein wenig später	14
pāx, pācis *f*	der Friede	17
pācem facere	Frieden schließen	17
peccāre	Fehler machen, Fehler begehen; unmoralisch handeln	42
pectus, pectoris *n*	die Brust, das Herz	15
pecūnia, -ae *f*	das Geld	10
pellere, pellō, pepulī, pulsum	schlagen, stoßen; treiben, vertreiben	11, 20, 26
pendēre, pendeō, pependī, –	hängen; abhängen von (m. ex)	40
per *(m. Akk.)*	durch (... hindurch); über	7
peragere, peragō, perēgī, perāctum	durchführen, vollenden	23
perdere, perdō, perdidī, perditum	zugrunde richten, verderben; verlieren	26
perferre, perferō, pertulī, perlātum	überbringen; ertragen	42
perficere, perficiō, perfēcī, perfectum	vollenden; durchsetzen	27–30

perfruī, perfruor, perfrūctus sum *(m. Abl.)*	(voll und ganz) genießen	36
pergere, pergō, perrēxī, perrēctum	fortfahren (zu tun), weitermachen; aufbrechen	8, 16
perīculum, -ī *n*	die Gefahr	4
perīre, pereō, periī, –	zugrunde gehen, umkommen	29
permittere, permittō, permīsī, permissum	erlauben, überlassen	27
perpetuus, -a, -um	ununterbrochen, dauerhaft, ewig	18
persuādēre, persuādeō, persuāsī, persuāsum *(m. Dat.)*	überreden (m. ut); überzeugen (m. AcI)	40
perterrēre	(jdn.) heftig erschrecken	26
pertinēre	sich erstrecken, sich beziehen	4
pertinēre ad	sich beziehen auf, betreffen	42
perturbāre	durcheinanderbringen, verwirren, stören	25
pervenīre, perveniō, pervēnī, perventum	kommen zu/nach, gelangen	25
pēs, pedis *m*	der Fuß	21
petere, petō, petīvī, petītum	(er)bitten; verlangen, haben wollen; aufsuchen; angreifen	3, 12
philosophārī, philosophor, philosophātus sum	philosophieren	41
philosophia, -ae *f*	die Philosophie	40
pietās, pietātis *f*	die Frömmigkeit; das Pflichtgefühl, das Pflichtbewusstsein, das Verantwortungsbewusstsein	27–30
pius, -a, -um	fromm; verantwortungs-/pflichtbewusst	26
plācāre	besänftigen, beruhigen	5
placēre	gefallen	1
placet *(m. Inf.)*	es gefällt zu ...	1
placidus, -a, -um	sanft, ruhig, friedlich	17
plēbēiī, -ōrum *m Pl.*	die Plebejer (Vertreter der nicht-adligen Bevölkerung Roms)	30
plēbs, plēbis *f*	das (einfache) Volk	28
plēnus, -a, -um *(m. Gen.)*	voll (von/mit)	10
plūrimī, plūrimōrum *m (Pl.)*	die meisten, sehr viele	36
plūrimum	sehr viel, am meisten	34–36
poena, -ae *f*	die Strafe	14
poenās dare	bestraft werden	14
poēta, -ae *m*	der Dichter	5
pōnere, pōnō, posuī, positum	setzen, stellen, legen	20, 23
pontus, -ī *m*	das Meer	37–39
populus, -ī *m*	das Volk	3
porta, -ae *f*	die Tür, das Tor, der Eingang	8
portāre	tragen, bringen	6
pōscere, pōscō, popōscī, –	fordern	34
posse, possum, potuī, –	können; vermögen	4, 12
possessiō, possessiōnis *f*	der Besitz, das Eigentum; *Pl.* die Besitztümer	31
possidēre, possideō, possēdī, possessum	besitzen	34–36
post *(Adv.)*	nachher, später; hinten (befindlich)	34
post *(m. Akk.)*	nach; hinter	7
posteā	nachher, später	13
posterus, -a, -um	der nachfolgende, der nächste	33
postquam *(m. Ind. Perf.)*	nachdem	20
postrēmō	schließlich, zuletzt	26
pōstulāre	fordern, verlangen	27
potēns; *Gen.* potentis	mächtig, stark	10
potentia, -ae *f*	die Macht	20
potestās, potestātis *f*	die Macht; die Möglichkeit	35
praeclārus, -a, -um	vortrefflich, ausgezeichnet	14
praeesse, praesum, praefuī, – *(m. Dat.)*	an der Spitze stehen, leiten	19
prōvinciae praeesse	eine Provinz regieren	19

praemium, -ī *n*	die Belohnung, der Lohn	10
praeparāre	vorbereiten	41
praesidium, -ī *n*	der Schutz, die Schutztruppe	36
praeter *(m. Akk.)*	außer	31
praeterīre, praetereō, praeteriī, praeteritum *(m. Akk.)*	vorübergehen, vorbeigehen; übergehen	40
precārī, precor, precātus sum	(an)beten; bitten; wünschen	39
precēs, precum *f (Pl.)*	die Bitten	30
prehendere, prehendō, prehendī, prehēnsum	ergreifen	22
premere, premō, pressī, pressum	drücken, unterdrücken, bedrängen	23
pretium, -ī *n*	der Preis; der Wert	40
prīmus, -a, -um	der erste	23
prīnceps, prīncipis *m*	der Erste; der Anführer	33
prīscus, -a, -um	alt; ehrwürdig, altehrwürdig	38
prīstinus, -a, -um	der frühere, der ehemalige	25
prius	vorher, früher	42
prīvātus, -a, -um	privat, eigen	27–30
prō *(m. Abl.)*	vor; für; statt, an Stelle von	7
prō cibō	anstelle des Essens / als Essen	7
prō salūte ōrāre	für das Wohlergehen beten	7
prō templō	vor dem Tempel	7
probāre	billigen, gutheißen; prüfen	18
probus, -a, -um	anständig, gut; tüchtig	14
prōdere, prōdō, prōdidī, prōditum	verraten, preisgeben; überliefern	12, 20, 26
prōdesse, prōsum, prōfuī, –	nützen	27–30
prōdigium, -ī *n*	das Vorzeichen	27
prōdūcere, prōdūcō, prōdūxī, prōductum	hervorbringen, vorführen	33
proelium, -ī *n*	die Schlacht, das Gefecht	32
proelium committere	eine Schlacht liefern, ein Gefecht beginnen	33

profectō	in der Tat, tatsächlich	9
prōferre prōferō, prōtulī, prōlātum	hervorbringen; vorbringen	30
proficīscī, proficīscor, profectus sum	aufbrechen, reisen, marschieren	34
prohibēre (ā/ab)	abhalten (von), hindern (an), verhindern	9
prōicere, prōiciō, prōiēcī, prōiectum	hinwerfen	33
prōlēs, prōlis *f*	der Nachkomme	37–39
prōmittere, prōmittō, prōmīsī, prōmissum	versprechen	19, 23
prope *(m. Akk.)*	nahe bei, in der Nähe von	29
properāre	eilen, sich beeilen	1
prōpōnere, prōpōnō, prōposuī, prōpositum	vorschlagen, vor Augen stellen, in Aussicht stellen	24
propter *(m. Akk.)*	wegen	14
prōspicere, prōspiciō, prōspexī, prōspectum	*(m. Akk.)* vorausschauen; erblicken; *(m. Dat.)* sorgen für	40
prōtinus	sofort, auf der Stelle	25
prōvenīre, prōveniō, prōvēnī, prōventum	hervorkommen; wachsen, entstehen	38
prōvidēre, prōvideō, prōvīdī, prōvīsum	*(m. Dat.)* sorgen für; *(m. Akk.)* vorhersehen	18
prōvincia, -ae *f*	die Provinz	19
proximus, -a, -um	der nächste	31
prūdēns; *Gen.* prūdentis	klug	10
pūblicus, -a, -um	öffentlich, staatlich	18
pudīcitia, -ae *f*	die Schamhaftigkeit, die Keuschheit	28
pudor, pudōris *m*	die Scham; die Ehrfurcht	34–36
puella, -ae *f*	das Mädchen	8
puer, puerī *m*	der Junge	8
pūgna, -ae *f*	der Kampf, die Schlacht	5
pūgnāre	kämpfen	15
pulcher, pulchra, pulchrum	schön	8
pulchritūdō, pulchritūdinis *f*	die Schönheit	24

putāre	glauben, meinen; *(m. dopp. Akk.)* halten für	15, 42

Q

quā	wo, wie	39
quaerere, quaerō, quaesīvī, quaesītum	suchen; *(ē/ex)* (jdn.) fragen	3, 15, 19
amīcum quaerere	den Freund suchen	19
ex amīcō quaerere	den Freund fragen	19
quaesō/quaesumus	(ich) bitte/wir bitten	16
quam *(bei Vergleichen)*	als	17
quamquam	obwohl	18
quandō?	wann?	19
quantopere	wie sehr	12
quantus, -a, -um	wie groß, wie viel	18
quārē	weshalb, deshalb	24
quartus, -a, -um	der vierte	31
quattuor	vier	18
-que	und	11
quī, quae, quod	der, die, das; welcher, welche, welches	9
quia	weil	12
quid?	was?	2
quīdam, quaedam, quoddam *(adj.)*; quīdam, quaedam, quiddam *(subst.)*	ein (gewisser), *Pl.* einige, manche	40
quidem	zwar, wenigstens, freilich	9
quiēscere, quiēscō, quiēvī, –	ruhen, sich ausruhen	16
quīnque	fünf	19
quis?	wer?	4
quisquam, quicquam	irgendjemand, irgendetwas	40
quisquis, quidquid	wer auch immer; jeder, der; *m/f Pl.* alle, die; *n Pl.* alles, was	36
quōquō modō	auf welche Weise auch immer, auf jede Weise	36
quō	wohin?; wodurch?; dorthin	19
quō ..., hōc	je ..., desto	40–42
quod	weil; dass	34
quodsī	wenn nun, wenn also	31–33
quōmodo	wie; auf welche Weise	17
quondam	einmal, einst	18
quoniam	da ja, da nun	36
quoque *(nachgestellt)*	auch	13
quotiēns	wie oft	12

R

raeda, -ae *f*	der Reisewagen	34
rapere, rapiō, rapuī, raptum	rauben; mit sich reißen	3, 12, 23
ratiō, ratiōnis *f*	die Vernunft; die Art und Weise; die Methode; die Überlegung	35
ratis, ratis *f*	das Floß; das Schiff	37
recēdere, recēdō, recessī, recessum	fortgehen, sich zurückziehen	40–42
recēns; *Gen.* recentis	frisch, jung, neu	18
recipere, recipiō, recēpī, receptum	zurücknehmen, aufnehmen	25
sē recipere	sich zurückziehen	31
recitāre	vorlesen, vortragen	19
rēctē *(Adv.)*	richtig; zu Recht	18
rēctor, rēctōris *m*	der Lenker	41
recurrere, recurrō, recurrī, recursum	zurücklaufen, zurückkehren	34
reddere, reddō, reddidī, redditum	zurückgeben	22, 26
redīre, redeō, rediī, reditum	zurückgehen, zurückkehren	29
redūcere, redūcō, redūxī, reductum	zurückführen	33
referre referō, rettulī, relātum	zurückbringen; berichten	30
regere, regō, rēxī, rēctum	lenken, leiten; herrschen	27
rēgīna, -ae *f*	die Königin	26
regiō, regiōnis *f*	das Gebiet, die Gegend; die Richtung	22
rēgnum, -ī *n*	die Herrschaft, die Königsherrschaft; das Reich	23

religiō, religiōnis *f*	die Götterverehrung, der Glaube, die Frömmigkeit; *Pl.* die Kulthandlungen, die religiösen Bräuche	32
relinquere, relinquō, relīquī, relictum	verlassen, zurücklassen	3, 15
reliquus, -a, -um	übrig	31
repellere, repellō, reppulī, repulsum	zurückstoßen, abwehren, vertreiben	6, 20, 26
repente	plötzlich	33
repetere, repetō, repetīvī,repetītum	verlangen, zurückverlangen; wiederholen	35
reprehendere, reprehendō, reprehendī, reprehēnsum	tadeln, kritisieren	21
rēs, reī *f*	die Sache, das Ding; die Angelegenheit	28
rēs adversae, rērum adversārum *f (Pl.)*	das Unglück	28
rēs dīvīna, reī dīvīnae *f*	die Kulthandlung, das Opfer	32
rēs mīlitāris, reī mīlitāris *f*	das Kriegswesen	32
rēs prīvāta, reī prīvātae *f*	die Privatsache	27–30
rēs pūblica, reī pūblicae *f*	der Staat, das Gemeinwesen, die Republik	28
rēs venit ad	es kommt zu	28
resistere, resistō, restitī, –	sich widersetzen, Widerstand leisten	24
respicere, respiciō, respexī, respectum	zurückblicken auf; berücksichtigen	27–30
respondēre, respondeō, respondī, respōnsum	antworten	4, 18
restāre, restō, restitī, –	übrig bleiben; Widerstand leisten	17
restituere, restituō, restituī, restitūtum	wiederherstellen	25
retinēre, retineō, retinuī, retentum	zurückhalten, behalten, festhalten	25
retrahere, retrahō, retrāxī, retractum	zurückziehen, zurückhalten	42
retrō	zurück, rückwärts	40
rēx, rēgis *m*	der König	26
rīdēre, rīdeō, rīsī, rīsum	lachen; auslachen	6, 15
rīpa, -ae *f*	das Ufer	29
rogāre	fragen; bitten (um)	2
rudis, rude	roh, unbearbeitet	38
ruere, ruō, ruī, –	(sich) stürzen, eilen, rennen; einstürzen	9, 18
rūrsus	wieder; zurück	33
rūs, rūris *n*	das Land, das Feld	16
rūrī	auf dem Lande	16

S

sacerdōs, sacerdōtis *m/f*	der Priester / die Priesterin	7
sacrificium, -ī *n*	das Opfer	32
sacrum, -ī *n*	das Opfer(tier), *Pl.* die Opferhandlung	7
sacrum facere	opfern	7
saepe	oft	3
saevus, -a, -um	wild, grimmig	26
sagitta, -ae f	der Pfeil	39
salūs, salūtis *f*	die Rettung; das Wohl(ergehen); der Gruß	7
alicui salūtem dīcere	jemanden grüßen	40
salūtī esse	heilsam sein	21
salūtāre	grüßen, begrüßen	2
salvē!/salvēte!	sei gegrüßt! / seid gegrüßt!	2
sānctus, -a, -um	heilig, geweiht	37–39
sapiēns; *Gen.* sapientis	weise; *Subst.* der Weise	21
sapientia, -ae *f*	die Weisheit	18
satis/sat	genug	19
satisfacere, satisfaciō, satisfēcī, satisfactum	Genugtuung leisten, befriedigen	33
saxum, -ī *n*	der Fels(brocken), der Stein	22
scelerātus, -ī m	der Verbrecher	4
scelus, sceleris n	das Verbrechen; der Frevel	14
scīre	wissen, kennen	4
scrībere, scrībō, scrīpsī, scrīptum	schreiben	13, 16
sē, sibi, sēcum	sich *(Akk.)*, sich *(Dat.)*, mit sich	16
secundus, -a, -um	der zweite; günstig	23
sed	aber, doch; sondern	1
sedēre, sedeō, sēdī, sessum	sitzen, dasitzen	26
sēdēs, sēdis *f*	der Sitz, der Wohnsitz	37–39

semper	immer	1
senātus, senātūs *m*	der Senat	34
senior, senius; *Gen.* seniōris	älter	37–39
sententia, -ae *f*	der Satz; der Sinnspruch; die Meinung	18
sentīre, sentiō, sēnsī, sēnsum	fühlen, spüren; meinen	23
sequī, sequor, secūtus sum *(m. Akk.)*	folgen	33
sermō, sermōnis *m*	das Gespräch; die Sprache	6
sermōnem habēre (cum)	ein Gespräch führen (mit)	9
serva, -ae *f*	die Dienerin, die Sklavin	1
servāre	retten (vor); bewahren, beschützen	12
servīre	dienen, Sklave sein	13
servitūs, servitūtis *f*	die Sklaverei, die Knechtschaft	13
servus, -ī *m*	der Diener, der Sklave	1
sex	sechs	19
sī	wenn, falls	18
sīc	so, auf diese Weise	20
sīdus, sīderis *n*	der Stern, das Sternbild	37–39
sīgnum, -ī *n*	das Zeichen; das Feldzeichen; die Statue	26
silēre	schweigen	35
silva, -ae *f*	der Wald	31
similis, simile	ähnlich	31–33
simplicitās, simplicitātis *f*	die Einfachheit, die Natürlichkeit	38
simul	gleichzeitig, zugleich	37–39
sine *(m. Abl.)*	ohne	9
sinere, sinō, sīvī, situm	lassen, zulassen, erlauben	21
situs, -a, -um	gelegen	9
sīve	oder, beziehungsweise	33
sīve ... sīve ...	sei es (, dass) ... oder (dass ...)	33
socius, -ī *m*	der Gefährte, der Kamerad; der Bundesgenosse	26
sōl, sōlis *m*	die Sonne	3
solēre, soleō, solitus sum	gewohnt sein, pflegen	34
sollicitāre	beunruhigen, erregen; aufwiegeln	12
sōlum	nur, bloß, einzig, allein	4
nōn sōlum ..., sed etiam ...	nicht nur ..., sondern auch ...	4
solum, -ī *n*	der Boden	38
sōlus, -a, -um; *Gen.* sōlīus, *Dat.* sōlī	allein, einzig; einsam	29
solvere, solvō, solvī, solūtum	lösen, auflösen	37
soror, sorōris *f*	die Schwester	5
sors, sortis *f*	das Los, das Schicksal	8
spectāre	(an)schauen, betrachten	5
spērāre	hoffen, erwarten	34–36
spēs, speī *f*	die Hoffnung, die Erwartung	30
stāre, stō, stetī, –	stehen, dastehen	14
statim	sofort, auf der Stelle	2
statuere, statuō, statuī, statūtum	aufstellen; festsetzen; beschließen	31
studēre	*(m. Inf.)* sich bemühen (zu tun), wünschen (zu tun), (tun) wollen; *(m. Dat.)* sich beschäftigen mit, streben nach	2, 18
studium, -ī *n*	die Bemühung, das Streben; die (wissenschaftliche) Beschäftigung	18
summō studiō	mit höchstem Eifer	18
stultitia, -ae *f*	die Dummheit	28
sub *(m. Abl.)*	unter (wo?)	11
sub *(m. Akk.)*	unter (wohin?)	22
subdūcere, subdūcō, subdūxī, subductum	wegnehmen	38
subīre, subeō, subiī, subitum	auf sich nehmen	29
perīcula subīre	Gefahren auf sich nehmen	29
subitō	plötzlich	2

suī, -ōrum *m (Pl.)*	die Seinen / die Ihren	28
sua, -ōrum *n (Pl.)*	das Seine / das Eigene	31
summus, -a, -um	der höchste, der oberste; der letzte	18
sunt	sie sind; es gibt	1
superāre	überwinden; besiegen; *(m. Abl.)* übertreffen (an)	23
superbia, -ae *f*	der Hochmut, der Stolz, die Überheblichkeit	23
superbus, -a, -um	hochmütig; *(m. Abl.)* stolz (auf)	9
superesse, supersum, superfuī, –	übrig sein, überleben	21
superī, -ōrum *m*	die (Götter der) Oberwelt	23
supplex; *Gen.* supplicis	demütig, flehentlich	22
surgere, surgō, surrēxī, surrēctum	aufstehen, sich erheben	30
suscipere, suscipiō, suscēpī, susceptum	auf sich nehmen, unternehmen	14, 23
suspicārī, suspicor, suspicātus sum	verdächtigen; vermuten	42
sustinēre, sustineō, sustinuī, sustentum	aushalten, ertragen	23
suus, -a, -um	sein, ihr	16
T		
tabula, -ae *f*	die Tafel, das Gemälde	2
tacēre	still sein, schweigen; verschweigen	2
tālis, tāle	solch, so (beschaffen)	34
tam *(bei Adj.)*	so	13
tamen	dennoch, jedoch	12
tandem	endlich, schließlich	4
tangere, tangō, tetigī, tāctum	berühren; erreichen	25
tantum	nur	8
tantundem … quantum	ebensoviel … wie	42
tantus, -a, -um	so groß, so viel	14
tēctum, -ī *n*	das Dach, das Haus	10
tellūs, tellūris *f*	die Erde	37–39
tēlum, -ī *n*	das Geschoss; das Wurfgeschoss, der Pfeil	23
tempestās, tempestātis *f*	das Unwetter, das Gewitter	26
templum, -ī *n*	der Tempel	7
temptāre	*(m. Inf.)* versuchen (zu tun); *(m. Akk.)* angreifen, betasten	23
tempus, temporis *n*	die Zeit; *Pl.* die Zeitumstände	12
tenēre	halten, festhalten	3
tenuis, tenue	dünn, zart; schwach	37
tergum, tergī *n*	der Rücken	33
ā tergō	von hinten	34
terga vertere	fliehen	33
terra, -ae *f*	das Land; die Erde	21
terrēre	(jdn.) erschrecken	14
testis, testis *m/f*; *Gen. Pl.* testium	der Zeuge / die Zeugin	28
tibi *(Dat.)*	dir	11
timēre	fürchten, sich fürchten	2
timor, timōris *m*	die Angst, die Furcht	6
tolerābilis, tolerābile	erträglich	41
tollere, tollō, sustulī, sublātum	hochheben, aufheben; beseitigen, wegnehmen	24
torquēre, torqueō, torsī, tortum	drehen; schleudern; foltern, quälen	19
tot *(indekl.)*	so viele	6
totiēns	so oft	36
tōtus, -a, -um; *Gen.* tōtīus, *Dat.* tōtī	ganz	19
trādere, trādō, trādidī, trāditum	übergeben; überliefern	33
trādūcere, trādūcō, trādūxī, trāductum	hinüberführen	31
trahere, trahō, trāxī, tractum	ziehen, zerren, schleppen	16
trāns *(m. Akk.)*	jenseits	31
trānscurrere, trānscurrō, trāns(cu)currī, trānscursum	hinüberlaufen; vorbeieilen	40
trānsīre, trānseō, trānsiī, trānsitum *(m. Akk.)*	hinübergehen, überschreiten, überqueren	29
flūmen trānsīre	den Fluss überqueren	29
trānquillus, -a, -um	ruhig, gelassen	36
trepidāre	beben	39

trēs, tria	drei	23
tribuere, tribuō, tribuī, tribūtum	zuteilen	21
tribūnus, -ī *m*	der Tribun	28
tribūnus plēbis, tribūnī plēbis *m*	der Volkstribun	30
trīstis, trīste	traurig, düster	17
tū	du	2
tuērī, tueor, – (ā/ab)	betrachten; bewahren; beschützen (vor)	39
tum	dann, darauf, da; damals	1
tunc	dann, darauf; da; damals	40–42
turba, -ae *f*	die (Menschen-) Menge; das Durcheinander; der Lärm	5
turbāre	durcheinander bringen; verwirren	40–42
turpis, turpe	hässlich, schändlich	10
tūtus, -a, -um (ā/ab)	sicher (vor), geschützt (vor/ gegen)	21
tuus, -a, -um	dein	16

U

ubī	sobald	31
ubī?	wo?	1
ubīque	überall	3
ūllus, -a, -um; *Gen.* ūllīus, *Dat.* ūllī	irgendein	31–33
ultimus, -a, -um	der letzte, der entfernteste	22
umbra, -ae *f*	der Schatten	22
umerus, -ī *m*	die Schulter	23
umquam	jemals	15
unde?	woher?	10
undique	von überall her, von allen Seiten	14
ūniversum, -ī *n*	das Universum, das Weltall	41
ūniversus, -a, -um	all, ganz, sämtlich	11
ūnus, -a, -um; *Gen.* ūnīus, *Dat.* ūnī	ein(er), ein einziger	20
urbs, urbis *f*	die Stadt, die Großstadt, die Hauptstadt	8
ūsus, ūsūs *m*	der Gebrauch, der Nutzen	27
ūsuī est	es ist nützlich	27
ut	wie	34
ut *(m. Konj.)*	dass; sodass; damit, um ... zu	25
uterque utraque, utrumque; *Gen.* utrīusque, *Dat.* utrīque	jeder von beiden, beide	37–39
ūtī, ūtor, ūsus sum *(m. Abl.)*	gebrauchen, benutzen	32
utinam	(erfüllbar) hoffentlich; (unerfüllbar) wenn doch	36
ūva, -ae *f*	die Traube	38
uxor, uxōris *f*	die Ehefrau	5
uxōrem dūcere	(eine Frau) heiraten	17

V

vacāre *(m. Abl.)*	leer sein, frei sein (von), ohne (etwas) sein, (etwas) entbehren	6
valdē	sehr	11
valēre	gesund sein; gelten, Einfluss haben	20
valē!/valēte!	lebe wohl! / lebt wohl!	20
vallum, -ī *n*	der Wall	33
vāstāre	verwüsten	31
vehemēns; *Gen.* vehementis	heftig, nachdrücklich, energisch	10
vehī, vehor, vectus sum	(selbst) fahren	34
vel	oder	20
velle, volō, voluī, –	wollen	17
vēlum, -ī *n*	das Tuch; das Segel; der Vorhang	37
velut	wie, wie zum Beispiel	13
venia, -ae *f*	die Nachsicht, die Verzeihung	2
veniam rogāre	um Verzeihung bitten	2
venīre, veniō, vēnī, ventum	kommen	1, 14, 25
ventus, -ī *m*	der Wind	26
verbum, -ī *n*	das Wort	1
verba facere	sprechen, reden	10
vērō	wirklich; aber; jawohl	20
versārī, versor, versātus sum (in *m. Abl.*)	sich aufhalten, sich befinden (in), sich beschäftigen (mit)	32

vertere, vertō, vertī, versum	drehen, wenden	20
vērum	aber, sondern	35
vērus, -a, -um	echt, richtig, wahr	9
vērum dīcere	die Wahrheit sagen	9
vester, vestra, vestrum	euer	16
vestis, vestis *f*	das Kleid, die Kleidung	9
vestem gerere	ein Kleidungsstück tragen	18
vetāre, vetō, vetuī, vetitum	verbieten	26
vetus; *Gen.* veteris	alt	26
via, -ae *f*	der Weg, die Straße	4
viam facere	einen Weg bahnen	10
victor, victōris *m*	der Sieger	20
victōria, -ae *f*	der Sieg	24
vīcus, -ī *m*	das Dorf; die Gasse	4
vidēre, videō, vīdī, vīsum	sehen	2, 14
vidērī, videor, vīsus sum	scheinen	31–33
vīlis, vīle	gering, wertlos	40
vīlla, -ae *f*	die Villa, das Landhaus	16
vincere, vincō, vīcī, victum	siegen, besiegen	6, 15
vinculum, -ī *n*	die Fessel	23
in vincula dare	fesseln, in Fesseln legen	23
vindicāre	beanspruchen; befreien; bestrafen	27
vīnum, -ī *n*	der Wein	6
vir, virī *m*	der Mann	8
virgō, virginis *f*	die junge Frau, das Mädchen	29
virtūs, virtūtis *f*	die Tugend; die Tapferkeit; die Tüchtigkeit; *Pl.* die guten Taten; die guten Eigenschaften	12
vīs, –, –, vim, vī, *Pl.* vīrēs, vīrium *f*	die Kraft, die Gewalt; die Menge; *Pl. auch:* die Streitkräfte	10
vīta, -ae *f*	das Leben, die Lebensweise	8
vītam ēripere *(m. Dat.)*	das Leben rauben, ermorden	11
vītāre	meiden, vermeiden	40–42
vitium, -ī *n*	der Fehler, das Laster, die schlechte Eigenschaft	12
vīvere, vīvō, vīxī, –	leben	11, 16
vīvus, -a, -um	lebend, lebendig; zu Lebzeiten	22
vix	kaum, mit Mühe	4
vocāre	rufen	3
volāre	fliegen, eilen	25
voluptās, voluptātis *f*	die Lust, das Vergnügen	40–42
vōs	ihr	13
vōx, vōcis *f*	die Stimme; das Wort	9
māgnā vōce	mit lauter Stimme	9
parvā vōce	mit leiser Stimme	9
vulnus, vulneris *n*	die Wunde	39

A

Abel ***m:*** biblischer Bruder von Kain

Actium, -ī ***n:*** Ort in Griechenland, Schauplatz der Seeschlacht von Actium (31 v. Chr.), wo Antonius und Kleopatra von Octavian besiegt wurden

Aenēās, -ae ***m:*** trojanischer Held, Stammvater der Römer; Aeneas floh mit seinem Vater und dem Sohn Ascanius aus dem brennenden Troja. Nach langen Irrfahrten, die ihn auch nach Karthago führten, kam er nach Latium. Dort bestand er schwere Kämpfe erfolgreich und heiratete die Königstochter Lavinia.

Aesōpus, -ī ***m,*** *Äsop:* griech. Fabeldichter, 6. Jh. v. Chr.

Aginnum, -ī ***n,*** *Agen:* Ort in Südfrankreich, Schauplatz der Schlacht von Agen 107 v. Chr. zwischen Helvetiern und Römern

Agrippīna, -ae ***f,*** *Agrippina die Jüngere:* als Gemahlin des Claudius röm. Kaiserin und Mutter von Nero

Alba (-ae) Longa (-ae) ***f:*** antike Stadt in Italien, ca. 20 km südöstlich von Rom, nach dem Mythos von Ascanius gegründet

Alesia, -ae ***f:*** Stadt in Gallien (heute: Alise-Sainte-Reine)

Allobrogēs, -um ***m,*** *die Allobroger:* keltischer Bergstamm in Südostfrankreich

Alpēs, -ium ***f:*** die Alpen

Ambarrī, -ōrum ***m,*** *die Ambarrer:* gallischer Stamm

Amor, -ōris ***m:*** röm. Gott der Liebe

Amūlius, -ī ***m:*** mythischer König von Alba Longa, entmachtete König Numitor, seinen Bruder; Amulius wurde von Romulus und Remus getötet

Antōnius, -ī ***m,*** *Marcus Antonius, Mark Anton:* Konsul, nach Caesars Tod in Opposition zu Octavian, Selbstmord mit Kleopatra (30 v. Chr.)

Apollō, -inis ***m,*** *Apoll, Apollo, Apollon:* griech.-röm. Gott der Weissagung, Dichtung und Heilkunde, Sohn des Jupiter; oft dargestellt mit Kithara oder Lyra

Aquītānī, -ōrum ***m,*** *die Aquitaner:* Volk in Südwestfrankreich

Āra (-ae ***f*****) Pācis Augustae:** „Altar des Friedens des Augustus" in Rom, 13–9 v. Chr. zu Ehren des Kaisers Augustus errichtet

Arar, -ris ***m,*** *der Arar:* Nebenfluss der Rhône (heute: Saône)

Aristotelēs, -is ***m:*** bedeutender griech. Philosoph (384–322 v. Chr.), Schüler des griech. Philosophen Platon, Lehrer von Alexander dem Großen (makedonischer Herrscher, 356–323 v. Chr.)

Arminius (-ī) Cheruscus (-ī) m, *Arminius (Hermann) der Cherusker:* germanischer Heerführer, besiegte 9 n. Chr. die röm. Truppen

Arntzen, Helmut ***m:*** deutscher Fabeldichter (1931–2014), von ihm stammt u. a. die Fabel „Der Wolf und das Lamm"

Artemis, -idis ***f:*** griech. Göttin der Jagd (lat. Diana)

Arvernī, -ōrum ***m,*** *die Arverner:* keltischer Stamm in der heutigen französischen Region Auvergne mit Hauptsiedlung „Gergovia" (heute: Gergovie)

Ascanius, -ī ***m:*** mythischer Sohn des Aeneas und dessen erster Frau Kreusa aus Troja, soll Gründer der Stadt Alba Longa gewesen sein

Athēnae, -ārum ***f:*** Athen

Atomisten, die: griech. Philosophen, nach denen alles aus kleinsten, unteilbaren Teilchen besteht

Augustus, -ī ***m,*** *Gaius Iulius Caesar Octavianus:* erster Kaiser Roms; 27 v. Chr. Ehrentitel „Augustus"; gestorben 14 n. Chr.; auch Oktavian genannt

B

Bacchus, -ī ***m:*** röm. Gott des Weines (griech. Dionysos)

Belgae, -ārum ***m:*** die Belger

Bellum (-ī) Gallicum (-ī) ***n:*** der gallische Krieg, Werk Caesars

Brūtus, -ī ***m,*** *Lucius Iunius Brutus:* röm. Adliger (ca. 500 v. Chr.), vertrieb den letzten König Tarquinius Superbus; Brutus bedeutet eigentlich „der Dummkopf".

C

Caesar, -is ***m,*** *Gaius Iulius Caesar:* 100–44 v. Chr. (ermordet), röm. Feldherr, Politiker und Schriftsteller; führte Krieg in Gallien und beschrieb ihn in seinem Werk *De bello Gallico*; Alleinherrscher nach dem Sieg über Pompeius im Bürgerkrieg

Capitōlium, -ī ***n,*** *das Kapitol:* einer der Hügel Roms, auf dem sich der Burgberg und der Tempel der drei Götter Jupiter, Juno und Minerva befanden

Caravaggio, Michelangelo Merisi da ***m:*** italienischer Maler, schuf u. a. das Gemälde „Narcissus" (1598/99)

Catilīna, -ae ***m,*** *Lucius Sergius Catilina:* Organisator der Catilinarischen Verschwörung, die 63 v. Chr. von Cicero aufgedeckt wurde; fiel 62 v. Chr. im Kampf

Celtae, -ārum ***m,*** *die Kelten:* gallischer Volksstamm

Cernunnos ***m:*** keltische Gottheit

Cicerō, -ōnis ***m,*** *Marcus Tullius Cicero:* 106–43 v. Chr. (ermordet); Politiker, Redner und Schriftsteller; engagierte sich für den Erhalt der röm. Republik

Cimbrī, -ōrum ***m,*** *die Kimbern:* nordgermanischer Stamm, wanderten Ende des 2. Jh. v. Chr. mit den Teutonen nach Süden, wurden vom röm. Heer unter dem Kommando des Marius besiegt

Circus (-ī) Māximus (-ī) ***m:*** die größte Rennbahn Roms

Claudius, -ī ***m,*** *Tiberius Claudius Caesar Augustus Germanicus:* röm. Kaiser (41–54 n. Chr.)

Clōdius, -ī ***m,*** *Publius Clodius Pulcher:* Volkstribun, Gegner Ciceros, 52 v. Chr. von Milo ermordet

Cloelia, -ae ***f:*** röm. Jungfrau, die, um der Geiselhaft beim Etruskerkönig zu entkommen, durch den Tiber schwamm; von so viel Heldenmut *(virtus laudabilis)* beeindruckt, ließ der König sie weitere Geiseln retten

Collātīnus, -ī ***m,*** *Lucius Tarquinius Collatinus:* Mann der Lucretia, Konsul der frühen röm. Republik

Commentāriī, -ōrum ***m,*** *die Kommentare:* Sachliteratur, die für amtliche Aufzeichnungen, Notizen und sachliche Darstellungen diente; Caesar bezeichnet sein Werk *De bello Gallico* als *Commentarii*, obwohl es nur den Anschein erweckt, ein objektiver Bericht zu sein.

Corduba, -ae ***f,*** *Córdoba:* Stadt in Spanien, Geburtsort Senecas

Coriolānus, -ī ***m,*** *Gaius Marcius Coriolanus, Coriolan:* röm. Patrizier, gestorben ca. 490 v. Chr., Feldherr, Beiname nach seinem Sieg über die volskische Stadt Corioli

Coriolī, -ōrum ***m:*** Stadt der Volsker

Cornelia, -ae ***f:*** Mutter der Gracchen (2. Jh. v. Chr.); Tochter des Scipio Africanus, des Älteren

Corsica, -ae ***f,*** *Korsika:* Insel im Mittelmeer, Verbannungsort Senecas; *Adj.:* **Cors(ic)us, -a, -um:** korsisch, aus Korsika

Crassus, -ī ***m,*** *Marcus Licinius Crassus:* Politiker der späten röm. Republik, ging ein Bündnis mit Pompeius und Caesar ein (das sogenannte erste Triumvirat)

Critognātus, -ī ***m:*** angesehener Arverner

Curia (-ae) Iulia (-ae) ***f:*** Sitz des röm. Senats auf dem Forum Romanum, bis heute erhalten

cursus (-ūs) honōrum ***m:*** röm. Ämterlaufbahn

D

Dalí, Salvador ***m:*** spanischer Maler, schuf u. a. das Gemälde „Metamorphose des Narcissus“ (1937)

Danaī, -ōrum ***m,*** *die Danaer:* andere Bezeichnung für die Griechen

Daphnē, -ēs ***f,*** *Daphne:* Nymphe, in die sich Apollo in den Metamorphosen Ovids unsterblich verliebt; Tochter des Peneus

Delphī, -ōrum ***m:*** Stadt in Griechenland, Sitz des Orakels des Apollo

Diēs (-eī) āter (-tris) ***m:*** schwarzer Tag; im antiken Rom Ausdruck für einen Unglückstag; speziell für die Niederlage der Römer gegen die Kelten im Jahr 387 v. Chr.

Drūsus, -ī ***m,*** *Nero Claudius Drusus:* Stiefsohn des Augustus, gestorben 9 v. Chr.

E

Ēchō, -ūs ***f,*** *Echo:* Nymphe, die den Jüngling Narziss in den Metamorphosen Ovids vergeblich umwirbt

Epicūrēī, -ōrum ***m,*** *die Epikureer:* Anhänger der Lehre des Philosophen Epikur

Epicūrus, -ī ***m,*** *Epikur:* griech. Philosoph (3. Jh. v. Chr.); lehrte das glückselige Leben, dessen Grundlage nach seiner Lehre die Lust *(voluptas)* ist

Ēsus, -ī ***m:*** Gottheit der Gallier, die mit Menschenblut versöhnt wurde und nach der *Interpretatio Romana* mit Mars gleichgesetzt wurde

Etrūria, -ae ***f,*** *Etrurien:* Landschaft in Mittelitalien, heutige Toskana

Etruscus, -ī ***m:*** Etrusker, Bewohner Etruriens; *Adj.:* **Etruscus, -a, -um:** etruskisch, aus Etrurien

F

Faustulus, -ī ***m:*** mythischer Hirte, der Romulus und Remus aufnahm

Favōnius, -ī ***m,*** *Marcus Favonius:* röm. Politiker (ca. 90–42 v. Chr.), Optimat

Fortūna, -ae ***f:*** röm. Göttin des Schicksals und Glücks; oft dargestellt mit einem Füllhorn

Forum (-ī) Augustī ***n,*** *das Augustusforum:* von Augustus erbaute Erweiterung des Forum Romanum

Forum (-ī) Rōmānum (-ī) ***n,*** *das Forum:* Hauptplatz Roms in der Senke zwischen Palatin, Kapitol und Esquilin

G

Gallī, -ōrum ***m:*** die Gallier; *Adj.:* **Gallus, -a, -um:** gallisch

Gallia, -ae ***f,*** *Gallien:* zusammenfassende Bezeichnung für Siedlungsgebiete keltischer Stämme, das von Atlantik, Nordsee, Rhein, Alpen und Pyrenäen begrenzt wird

Gallia (-ae) Cisalpina (-ae) ***f:*** Gallien diesseits der Alpen, röm. Provinz in Norditalien

Gallia (-ae) Transalpina (-ae) ***f:*** Gallien jenseits der Alpen, röm. Provinz in Gallien, heutige Provence

Garumna, -ae ***f,*** *die Garonne:* Fluss in Südwestfrankreich

Germānī, -ōrum ***m:*** die Germanen; *Adj.:* **Germānus, -a, -um:** germanisch

Germānia, -ae ***f:*** Germanien

Gracchī, -ōrum ***m,*** *die Gracchen:* Brüder und Volkstribunen, Land- und Sozialreformer im 2. Jh. v. Chr.: *Tiberius Sempronius Gracchus*: Volkstribun 133 v. Chr., *Gaius Sempronius Gracchus:* Volkstribun 123 und 122 v. Chr.

Graecī, -ōrum ***m:*** die Griechen; *Adj.:* **Graecus, -a, -um:** griechisch

Graecia, -ae ***f:*** Griechenland

Grannus, -ī ***m:*** Heilgott der Kelten

H

Haeduī, -ōrum ***m,*** *die Haeduer:* keltischer Stamm in Gallien, Verbündete der Römer

Helena, -ae ***f:*** nach dem Mythos wunderschöne Frau

Helicōn, -ōnis ***m,*** *der Helikon:* Gebirge in Boötien (Griechenland) nördlich des Golfs von Korinth, Sitz der Musen

Helvētiī, -ōrum ***m,*** *die Helvetier:* keltisches Volk in der heutigen Schweiz

Herculēs, -is ***m,*** *Herkules:* berühmtester Held der griech. Sagenwelt (griech. Herakles), Sohn des Jupiter

Hēsiodus, -ī ***m,*** *Hesiod:* griech. Dichter (ca. 700 v. Chr.), auf ihn geht die Vorstellung verschiedener Weltzeitalter zurück

Honōs, -ōris ***m:*** röm. Gott der Ehre

Horātius, -ī ***m,*** *Quintus Horatius Flaccus, Horaz:* röm. Dichter zur Zeit des Augustus, gestorben 8 n. Chr.; Zeitgenosse des Livius

I

Iāniculum, -ī ***n:*** einer der sieben Hügel Roms am rechten Ufer des Tiber

Īcarus, -ī ***m,*** *Ikarus:* Sohn des Baumeisters und Erfinders Daedalus; stürzte ins Meer, weil er zu nah an der Sonne flog

Illyricum, -ī ***n,*** *Illyrien:* Landschaft auf der westlichen Balkanhalbinsel

Imperium (-ī) Rōmānum (-ī) ***n,*** *das Römische Reich:* ausgehend von Rom und Italien, umfasste es in seiner größten Ausdehnung Anfang des 2. Jh. n. Chr. den gesamten Mittelmeerraum, weite Teile West- und Südeuropas sowie Nordafrikas bis nach Kleinasien

Interpretātiō (-ōnis) Rōmāna (-ae) ***f:*** röm. Sitte, fremde Gottheiten zur Identifikation als Gottheiten der eigenen Religion zu interpretieren

Italia, -ae ***f:*** Italien; *Adj.:* **Italus, -a, -um:** italisch

Iūlia, -ae ***f:*** Tochter und Enkelin des Augustus

Iūnō, -ōnis ***f,*** *Juno:* Göttin der Ehe, Ehefrau des Jupiter; oft dargestellt mit Pfau

Iūppiter, Iovis ***m,*** *Jupiter:* Göttervater (griech. Zeus), Gott des Wetters; oft dargestellt mit Blitzbündel

Iūstitia, -ae ***f,*** *Justitia:* röm. Göttin des Rechts

J

Julianischer Kalender: von Julius Caesar im Römischen Reich eingeführter Kalender, Vorläufer des heutigen gregorianischen Kalenders

K

Kain ***m:*** biblischer Bruder von Abel

L

Latīni, -ōrum ***m,*** *die Latiner:* Volk in Latium (Mittelitalien)

Latium, -ī ***n:*** Landschaft in Mittelitalien, Heimat der Latiner

Lātōna, -ae ***f:*** Geliebte von Jupiter; Mutter von Apollo und Diana

Lāvīnia, -ae ***f:*** mythische Tochter eines Latinerkönigs, zweite Frau des Aeneas

Lessing, Gotthold Ephraim ***m:*** Schriftsteller der Aufklärung, der Gedichte, Dramen, Fabeln und theoretische Schriften zur Philosophie, Ästhetik und Theologie verfasste (1729–1781)

Līber, -ī ***m:*** Beiname des röm. Gottes Bacchus

Licinia, -ae ***f:*** Gattin des Gaius Gracchus

Līvius, -ī ***m,*** *Titus Livius:* röm. Geschichtsschreiber (59 v. Chr.–17 n. Chr.), sein Hauptwerk war *Ab urbe condita*

Lūcīlius, -ī ***m,*** *Lucilius:* Freund des Philosophen Seneca und Adressat der *Briefe an Lucilius*

Lucrētia, -ae ***f,*** *Lukretia:* Frau des Lucius Tarquinius Collatinus; von Sextus Tarquinius, dem Sohn des Königs Tarquinius Superbus, vergewaltigt; nahm sich das Leben

Lūna, -ae ***f:*** röm. Mondgöttin

Lycia, -ae ***f,*** *Lykien:* Landschaft im Südwesten der heutigen Türkei; *Adj.:* **Lycius, -a, -um:** lykisch, aus Lykien

M

Macedonia, -ae ***f:*** Makedonien

Mārcus, -ī ***m:*** lat. Vorname; Sohn des Cicero

Marius, -ī ***m,*** *Gaius Marius:* röm. Feldherr, mehrfach Konsul; er führte eine Heeresreform durch, besiegte mit seinen Truppen die germanischen Stämme der Kimbern und Teutonen; Marius starb 86 v. Chr.

Mārs, Mārtis ***m,*** *Mars:* Gott des Krieges (griech. Ares); oft dargestellt mit Rüstung; seine Söhne sind u. a. Romulus und Remus

Martin Luther King ***m:*** kämpfte im Zuge der Bürgerrechtsbewegung „Civil Rights Movement" v. a. gegen die Diskriminierung von Schwarzen in den USA; berühmteste Rede „I have a dream" (1963)

Mātrona, -ae ***f,*** *die Marne:* Nebenfluss der Seine

Mercurius, -ī m, *Merkur:* Götterbote; Gott der Reisenden, des Handels und der Diebe (griech. Hermes); Sohn des Jupiter; oft dargestellt mit Flügelhelm, -schuhen und Heroldsstab

Messalīna, -ae ***f,*** *Valeria Messalina:* dritte Gattin des röm. Kaisers Claudius, verbannte Seneca im Jahr 41 n. Chr. wegen einer angeblichen Affäre mit Claudius' Nichte nach Korsika

Milō, -ōnis m, *Titus Annius Milo:* röm. Politiker, Gegner des Clodius, von Cicero verteidigt; Milo starb 48 v. Chr.

Minerva, -ae ***f,*** *Minerva:* Göttin des Handwerks und der Künste (griech. Athena); oft dargestellt mit Helm und Speer

Mūsa, -ae ***f,*** *die Muse:* Göttin(nen) des Gesanges, der Künste und Wissenschaften; es gibt neun Musen

N

Narcissus, -ī m, *Narziss:* mythologischer Jüngling, der in den Metamorphosen Ovids von der Nymphe Echo vergeblich umworben wird

Nerō, -ōnis m, *Nero Claudius Caesar Augustus Germanicus:* röm. Kaiser (54–68 n. Chr.)

Numitor, -ōris m: König von Alba Longa, Vater der Rhea Silvia, Großvater von Romulus und Remus

O

Ōceanus, -ī m, *Okeanus, Okeanos:* mythologischer Titan, Vater der Meernymphen

Octāviānus, -ī m, *Gaius Iulius Caesar Octavianus, Augustus:* Großneffe Caesars, nach der Seeschlacht von Actium 31 v. Chr. Alleinherrscher, erster Kaiser Roms, erhielt 27 v. Chr. den Ehrentitel *Augustus*, gestorben 14 n. Chr.

Olympus, -ī m, *der Olymp:* höchster Berg Griechenlands; Sitz der Götter

Optimātēs, -(i)um, *die Optimaten:* politische Gruppe, die ihre Ziele mithilfe des Senats erreichen wollte und den Senat für maßgeblich hielt, z. B. Milo, Cicero

Orgetorīx, -īgis m, *Orgetorix:* vornehmer Helvetier, organisierte 58 v. Chr. die Auswanderung seines Volkes

Ovidius, -ī m, *Publius Ovidius Naso, Ovid:* röm. Dichter (43 v. Chr.–17 n. Chr.); verfasste z. B. die Werke *Ars Amatoria, Amores, Epistulae ex Ponto, Tristia, Metamorphosen*

P

Palātium, -ī n, *der Palatin:* einer der sieben Hügel Roms, wo auch Cicero sein Haus hatte; später Wohnsitz der Kaiser; gilt als ältester bewohnter Stadtteil

Patavium, -ī n, *Padua:* Stadt in Venezien, Geburtsort des Livius

pater (-ris) patriae m: Ehrentitel, der durch den röm. Senat verliehen wurde

patriciī, -ōrum m, *die Patrizier:* röm. Bürger aus alten Adelsfamilien

Penātēs, -ium m, *die Penaten:* röm. Hausgötter

Pēnēus, -ī m, *Peneus, Peneius:* Flussgott, mythologischer Vater der Nymphe Daphne

Phaedrus, -ī m: röm. Fabeldichter, 1. Jh. n. Chr.

Phoebus, -ī m: Beiname Apollos als Sonnengott

plēbēiī, -ōrum m, *die Plebejer:* röm. Bürger, die nicht zum alten Adel gehörten

Pompēius, -ī m, *Gnaeus Pompeius Magnus:* röm. Feldherr und Politiker, ließ 55 v. Chr. das Pompeiustheater bauen; ging ein Bündnis mit Crassus und Caesar ein (das sogenannte erste Triumvirat); im Bürgerkrieg zwischen den Anhängern Caesars und denen des Pompeius siegten Caesar und seine Truppen

Pontus, -ī m: das Schwarze Meer; röm. Gott des Schwarzen Meeres

Populārēs, -um, *die Popularen:* politische Gruppe, die ihre Ziele mithilfe von Volkstribun und Volk erreichen wollte, z. B. Clodius, Caesar

Porsenna, -ae m: etruskischer König

prōcōnsulātus, -ūs m: das Prokonsulat; die Statthalterschaft in einer römischen Provinz nach Ende des Konsulats

prooemium, -ī n: das Proöm, die Einleitung

Punische Kriege: militärische Auseinandersetzungen zwischen Rom und Karthago; Erster: 264–241 v. Chr.; Zweiter: 218–201 v. Chr.; Dritter: 149–146 v. Chr. (Zerstörung Karthagos)

Pyrēnaeī (-ōrum) montēs (-ium) m Pl.: die Pyrenäen

Pythōn, -ōnis m: Schlange/Drache, von Apollo getötet

Q

Quīntus, -ī m: röm. Vorname; Sohn des Tullius; Bruder des Cicero

R

Remus, -ī m: mythischer Sohn des Mars und der Rhea Silvia, Zwillingsbruder des Romulus

Rhēa (-ae) Silvia (-ae) ***f:*** nach dem Mythos Numitors Tochter, Vestalin, Mutter von Romulus und Remus

Rhēnus, -ī m: der Rhein

Rhodanus, -ī m: die Rhône

Rōma, -ae ***f:*** Rom

Rōmānī, -ōrum m: die Römer; *Adj.:* **Rōmānus, -a, -um:** römisch

Rōmulus, -ī *m*: nach dem Mythos Sohn des Mars und der Rhea Silvia, Zwillingsbruder des Remus, Stadtgründer von Rom

S

Sabīnae, -ārum *f*: die Sabinerinnen

Sabīnī, -ōrum *m*, *die Sabiner:* Volk in Mittelitalien

Sallustius, -ī *m*, *Gaius Sallustius Crispus, Sallust:* röm. Historiker (86–35 v. Chr.)

Santonī, -um *m*, *die Santoner:* keltisches Volk in der heutigen Landschaft Saintonge (Frankreich)

Sāturnus, -ī *m*, *Saturn:* Gott des Ackerbaus (griech. Kronos); *Adj.:* **Sāturnius, -a, -um:** zu Saturn gehörend, des Saturn

Scīpiō, -ōnis *m*, *Publius Cornelius Scipio Aemilianus Africanus, Scipio minor, Scipio der Jüngere:* Feldherr im 3. Punischen Krieg, 146 v. Chr. Zerstörer Karthagos

Semprōnia, -ae *f*: röm. Adlige, mutmaßlich an der Verschwörung des Catilina beteiligt

Seneca, -ae *m*, *Lucius Annaeus Seneca:* berühmter Philosoph und Schriftsteller u. a. der *Briefe an Lucilius*, Erzieher des röm. Kaisers Nero

Sēquana, -ae *m*: die Seine

Sēquanī, -ōrum *m*, *die Sequaner:* Volk in Gallien

Sextus (-ī) Tarquinius (-ī) *m*: Sohn des Tarquinius Superbus, des letzten Königs Roms; Vergewaltiger der Lucretia

Sōcratēs, -is *m*, *Sokrates:* griech. Philosoph, der durch gezieltes Befragen seiner Gesprächspartner Lösungen zu philosophischen Problemen sucht (sokratischer Dialog); gestorben 399 v. Chr.

Sōl, -is *m*: röm. Sonnengott (griech. Helios)

Stōica, -ōrum *n*: die stoische Philosophie; **Stōicus, -ī *m*:** stoischer Philosoph, Stoiker; *Adj.:* **Stōicus, -a, -um:** stoisch

Suētōnius, -ī *m*, *C. Suetonius Tranquillus, Sueton:* röm. Biograph, 2. Jh. n. Chr.

T

Tacitus, -ī *m*, *Publius Cornelius Tacitus:* röm. Geschichtsschreiber, gestorben ca. 120 n. Chr.

Taranis, -is *m*, *Taranis:* Name Jupiters bei den Galliern und Britanniern; Göttervater der Gallier

Tarquinius, -ī *m*, *Lucius Tarquinius Superbus:* letzter röm. König, der vertrieben wurde; *Superbus* bedeutet „der Hochmütige"

Tellūs, -ūris *f*, *Tellus, Terra:* röm. Göttin der Erde

Teutonī, -ōrum / Teutonēs, -um *m*, *die Teutonen:* nordgermanischer Stamm, wanderten Ende des 2. Jh. v. Chr. mit den Kimbern nach Süden; wurden vom röm. Heer unter dem Kommando des Marius besiegt

Tiberis, -is *m*, *der Tiber:* Fluss in Rom und Umgebung

Tīrō, -ōnis *m*, *Marcus Tullius Tiro:* Sklave Ciceros, später freigelassen; dessen Sekretär und Freund

Tomī, -ōrum *m*: Stadt am Schwarzen Meer (heute: Constanţa bzw. Konstanza), Verbannungsort Ovids

Triumvirat, das: „Dreimännerbund"; erstes: politisches Bündnis zwischen Caesar, Pompeius und Crassus; zweites: politisches Bündnis zwischen Octavian, Antonius und Lepidus

Trōia, -ae *f*, *Troja:* Stadt in Kleinasien; mythischer Schauplatz des Trojanischen Krieges; von dort floh Aeneas, um eine neue Heimatstadt zu gründen

Trōiānī, -ōrum *m*: die Trojaner

Tullia, -ae *f*: Tochter des Cicero (ca. 79–45 v. Chr)

Tullius, -ī *m*, *Quintus Tullius Cicero:* Bruder Ciceros, 54–52 v. Chr. *legatus* in Britannien

V

Venus, -eris *f*: röm. Göttin der Liebe (griech. Aphrodite), oft dargestellt mit Rosen

Vercingetorīx, -īgis *m*: gallischer Anführer im Krieg gegen Caesar

Vergilius, -ī *m*, *Publius Vergilius Maro, Vergil:* röm. Dichter, Verfasser des röm. Nationalepos *Aeneis*, gestorben 19 v. Chr.

Vesta, -ae *f*: röm. Göttin und Hüterin des Herdfeuers (griech. Hestia); oft dargestellt mit Herdfeuer und Opferbrot; ihre Priesterinnen werden *Vestales*, also Vestalinnen, genannt

Via (-ae) Appia (-ae) *f*: älteste röm. Straße

Victōria, -ae *f*: röm. Göttin des Sieges (griech. Nike); oft dargestellt mit Lorbeerkranz in der rechten Hand

Virtūs, -ūtis *f*: röm. Göttin der Tugend

Volscī, -ōrum *m*, *die Volsker:* Volk in Latium

Vulcānus, -ī *m*: röm. Gott des Feuers und der Schmiedekunst (griech. Hephaistos), Sohn des Jupiter und der Juno, oft dargestellt mit Hammer und Amboss

Z

Zēnō(n), -ōnis *m*, *Zeno(n) von Kition:* hellenistischer Philosoph, Begründer der Philosophenschule Stoa um 300 v. Chr.

Zeitstrahl

494–287 v. Chr.
Ständekämpfe

264–146 v. Chr.
Nach drei Punischen Kriegen wird Rom Weltmacht.

133–121 v. Chr.
Reformversuche der Gracchen bei der Landverteilung scheitern.

Spaltung des Adels in Optimaten und Popularen

Königszeit **Republik**

800 v. Chr. | 600 v. Chr. | 400 v. Chr. | 200 v. Chr. | 100 v. Chr.

753 v. Chr.
Gründung Roms der Sage nach

509 v. Chr.
Sturz des Tarquinius Superbus und Gründung der Republik

63 v. Chr
Ciceros Konsulat, Niederschlagung der Catilinarischen Verschwörung

60 v. Chr.
Triumvirat von Caesa[r,] Pompeius und Crassus

451 v. Chr.
Zwölftafelgesetz

387 v. Chr.
Zerstörung Roms durch die Kelten *(dies ater)*

113–101 v. Chr.
Siege der Kimbern und Teutonen *(furor Teutonicus)*

107 v. Chr.
Schlacht von Agen endet mit Sieg der Helvetier.

564 v. Chr.
Tod des Aesop

306 v. Chr.
Epikur gründet seine Philosophenschule.

300 v. Chr.
Zenon gründet die stoische Philosophenschule.

49–45 v. Chr.
Bürgerkrieg endet mit Sieg Caesars.

43–31 v. Chr,
Bürgerkrieg endet mit Sieg Octavians.

27 v. Chr.–
14 n. Chr.
Prinzipat des Augustus

54–68 n. Chr.
Nero Kaiser

Kaiserzeit

0

58 v. Chr.
Clodius Volkstribun, Verbannung Ciceros

58–51 v. Chr.
Caesar erobert Gallien.

44 v. Chr.
Ermordung Caesars

43 v. Chr.
Ermordung Ciceros

9. n. Chr.
Tod des Drusus

49 n. Chr.
Seneca wird Neros Erzieher.

65 n. Chr.
Selbsttötung Senecas

52 v. Chr.
Bündnis gallischer Stämme unter Vercingetorix

8 n. Chr.
Verbannung Ovids

17 n. Chr.
Tod des Ovid

50 n. Chr.
Tod des Phaedrus

58–51 v. Chr.
Caesars *Bellum Gallicum*

30 v.–17 n. Chr.
Livius' Geschichtswerk *Ab urbe condita*

ca. 29–
40 n. Chr.
Fabeln des Phaedrus

62–65 n. Chr.
Senecas *Epistulae ad Lucilium*

52 v. Chr.
Ciceros *Pro Milone*

29–19 v. Chr.
Vergils *Aeneis*

15 v.–8 n.Chr.
Ovids Liebesdichtung und *Metamorphosen*

8–17 n. Chr.
Ovids *Tristia*

Bildquellenverzeichnis

S. 10 stock.adobe.com/Renáta Sedmáková; S. 11 mauritius images/XYZ PICTURES; S. 12 Bridgeman Images/Tarker; S. 15 akg-images; S. 16 o. akg-images/Nimatallah, u. stock.adobe.com/Bill Perry; S. 19 imago/Leemage; S. 20 o. mauritius images/alamy stock photo/The Picture Art Collection, u. bpk/Münzkabinett, SMB/Dirk Sonnenwald; S. 23 mauritius images/alamy stock photo/Artokoloro; S. 24 mauritius images/alamy stock photo/The History Collection; S. 27 mauritius images/alamy stock photo/Peter Horree; S. 29 mauritius images/alamy stock photo/Classic Image; S. 30 akg-images/WHA/World History Archive; S. 31 Shutterstock.com/TuiPhotoEngineer; S. 32 bpk/Münzkabinett, SMB/Dirk Sonnenwald; S. 34 © Musée cantonal des Beaux-Arts de Lausanne; S. 37 akg-images; S. 38 bpk/DeAgostini/New Picture Library/A. Dagli Orti; S. 41 dpa Picture-Alliance/The Holbarn Archive/Leemage; S. 42 mauritius images/alamy stock photo/David Keith Jones; S. 45 mauritius images/alamy stock photo/Painters; S. 47 mauritius images/alamy stock photo/Lanmas; S. 48 akg-images; S. 50 akg-images; S. 51 ASTERIX®- OBELIX®- IDEFIX®/ © 2021 LES EDITIONS ALBERT RENE/GOSCINNY – UDERZO; S. 52 akg-images/Erich Lessing; S. 55 interfoto e.k./Mary Evans; S. 56 interfoto e.k./fine art images; S. 59 akg-images/Bildarchiv Monheim; S. 60 bpk/Scala; S. 63 interfoto e.k./Mary Evans; S. 64 Shutterstock.com/Cris Foto; S. 65 dpa Picture-Alliance/The Holbarn Archive/Leemage; S. 66 mauritius images/alamy stock photo/Art Collection 2; S. 67 mauritius images/alamy stock photo/mccool; S. 68 akg-images/Ghigo Roli; S. 69 stock.adobe.com/tynrud; S. 70 Bridgeman Images; S. 73 akg-images/Fototeca Gilardi; S. 74 bpk/DeAgostini/New Picture Library; S. 77 akg-images/Erich Lessing; S. 78 akg-images/Werner Forman; S. 81 mauritius images/alamy stock photo/Artokoloro; S. 83 mauritius images/alamy stock photo/RKMLGE/BTEU; S. 85 li. mauritius images/alamy stock photo/Steve Vidler/VG Bild-Kunst, Bonn 2021, re. Bridgeman Images; S. 86 bpk/Antikensammlung, SMB/CoDArchLab; S. 87 akg-images; S. 88 mauritius images/alamy stock photo/JOHN KELLERMAN; S. 91 akg-images/VG Bild-Kunst Bonn, 2021; S. 92 akg-images; S. 95 mauritius images/Peter Horree/Alamy/Alamy Stock Photos; S. 96 akg-images/Album/Oronoz; S. 99 akg-images/VG Bild-Kunst Bonn, 2021; S. 101 bpk/Herzog Anton Ulrich-Museum; S. 102 akg-images/Eric Vandeville; S. 103 Shutterstock.com/Liv Oeian; S. 104 mauritius images/Memento; S. 105 mauritius images/alamy stock photo/Historic Collection; S. 106 mauritius images/alamy stock photo/Holly Bickerton; S. 107 mauritius images/alamy stock photo/Classic Image; S. 108 akg-images; S. 109 akg-images; S. 110 akg-images/Erich Lessing; S. 111 mauritius images/alamy stock photo/The Reading Room; S. 146 stock.adobe.com; S. 290 li. akg-images/De Agostini Picture Lib.; re. Bridgeman Images; S. 291 o. akg-images (Augustus), bpk/Antikensammlung, SMB/Johannes Laurentius (Caesar), stock.adobe.com/Renáta Sedmáková (Livius), bpk/ Antikensammlung, SMB/CoDArchLab (Seneca), bpk/Scala (Cicero), akg/Ghigo Roli (Ovid).

Imperium Romanum

Das Imperium um 46 v. Chr.

Das Imperium bis 14 n. Chr.

Das Imperium bis 200 n. Chr.

A
B
C
D
E
1
2
3
4
5
6
RAETIA
Danuvius
Rhenus
NORICUM
ALPES MONTES
PANNONIA
ILLYRICUM
Comum
GALLIA CISALPINA
Mediolanum
Vercellae
VENETIA
Aquileia
Verona
Patavium
VIA POSTUMIA
Padus
Cremona
Mantua
Pola
LIGURIA
Parma
Mutina
VIA AEMILIA
Bononia
Ravenna
Genua
VIA AURELIA
Rubico
Ariminum
Luca
Florentia
APPENNINI MONTES
Mare Ligusticum
Pisae
Volaterrae
Arnus
Arretium
UMBRIA
Ancona
Mare Adriaticum
DALMATIA
Spalatum
ETRURIA
Lacus Trasimenus
Tiberis
VIA FLAMINIA
ILVA
Rosellae
Perusia
SABINI
Volci
VIA CLODIA
Reate
Tarquinii
Veii
Caere
ROMA
CORSICA
SAMNIUM
Praeneste
APULIA
Ostia
Lavinium
LATIUM
Arpinum
Cannae
Formiae
VIA TRAIANA
Tarracina
Capua
Beneventum
Olbia
CAMPANIA
Cumae
Vesuvius
Neapolis
Pompeii
Venusia
VIA APPIA
Brundisium
CAPREAE
Paestum
Tarentum
CALABRIA
LUCANIA
SARDINIA
Mare Tyrrhenum
Thurii
Cosentia
VIA POPILLIA
Croton
INSULAE LIPARAEAE
BRUTTIUM
Messana
AEGATES
Panormus
Rhegium
Mare Ionium
Segesta
Aetna
Tauromenium
SICILIA
Catina
Mare Africum
Selinus
Agrigentum
VIA VALERIA
Syracusae
Utica
Carthago
Tunes
NUMIDIA
Zama
Hadrumetum
AFRICA
MELITA
0
200 km
Nomentum
Veii
Tiberis
Allia
Fidenae
ROMA
Gabii
Alba Longa
Ostia
Corioli
Cumae
Puteoli
Neapolis
Vesuvius
Baiae
Misenum
Herculaneum
Sinus Cumanus
Pompeii
AENARIA
Surrentum
CAPREAE